KB051672

觀梅易數

【 소강절의 관매수전집 】

관매역수

인쇄한 날 / 2001년 6월 25일
펴낸 날 / 2001년 6월 30일

葦堂 金 浚 九 譯解

芸谷 金 周 成 監修

펴낸이 / 임정량
펴낸 곳 / 해들누리

주소 / 서울시 마포구 동교동 170-35
전화 / (02)322-1490 팩스 / (02)322-1492
등록일 / 1999년 4월 28일
ISBN 89-86758-51-2 03180
값 20,000원

ⓒ 2001, 김준구

· 파본은 바꾸어 드립니다.
· 독자의견 전화 / (02)322-1490(代)

觀梅易數

葦堂 金 浚 九 譯解

芸谷 金 周 成 監修

해들누리

책머리에

    역(易)은 본래 점서(占書)이다. 주자(朱子)는 『역학계몽』을 저술하고 그 서문에서 "성인이 자연의 현상을 살펴서 괘(卦)를 그리고 시초(蓍草)의 수를 셈하여 효(爻)의 이름을 명명(命名)함으로써 천하의 후세 사람으로 하여금 모두 의심스러운 것을 해결하고 망설이고 머뭇거림을 결정하도록 하여 길(吉)한 것과 흉(凶)한 것, 그리고 후회(悔)함과 인색(吝)함에 미혹되지 않게 하였으니, 그 공은 가히 대단하다고 할 것이다"라고 하였으며, 또 『주역』 「계사전」에는 "역은 천지의 도(道 - 原理)와 그 기준을 같이하는 것이니, 천지 자연의 법칙과 원리를 빠짐없이 엮어 채워서 포함하지 않음이 없다"고 하였다. 이로써 보면 역(易)은 점서(占書)로 씌어진 경전이나 그 구성은 우주 대자연의 오묘한 원리를 그대로 옮겨 괘(卦)와 효(爻)로써 상징하고 문자로써 그 뜻을 밝혀 천지만물의 모든 이치를 망라하고 있으므로 이러한 원리를 바탕으로 한 역점(易占)을 통하여 천지만물의 변화를 통찰(洞察)하고 능히 미래의 변화를 헤아릴 수 있게 함으로써 사람으로 하여금 순리(順理)를 알게 하여 바른 길을 가도록 함에 있는 것이니, 역의 진리는 참으로 위대하다고 아니할 수 없다.

이와 같은 진리를 담고 있는 역서(易書-周易)는 천지만물이 존재하는 원리와 자연의 법칙을 그대로 괘(卦)와 효(爻), 그리고 글로 옮겼으므로 이를 법칙으로 하여 능히 천지만물의 변화를 헤아리고 인간만사의 길흉회린(吉凶悔吝)을 판단할 수 있는 것이다. 허나 역서의 글(卦爻辭)은 이미 일정(一定)한 문자로 고정되어 일점 일획도 바꿀 수 없는 경전이 되었으니, 비록 모든 이치가 함축되어 있다고 할지라도 고정불변의 화석처럼 된 원리를 기본으로 만사만물의 변화를 헤아리기 위해서는 이를 유추(類推)하고 변이통지(變而通之)할 수 있는 묘(妙)를 체득하지 않으면 안 되는 것이다. 이러한 필요에 따라 생겨난 것이 곧 역의 상(象)과 수(數)를 추구하여 원리를 밝히는 상수역학으로서 그 연원은 중국의 격동기인 춘추전국시대에 이미 태동되었다. 이후 많은 학자들에 의하여 그 연구가 다양하게 전개되었으나 그 이론이 백가쟁명(百家爭鳴)으로 분분하여 통합적인 체계를 이루지 못하고 내려오다가 남송(南宋) 시대에 이르러 소강절(邵康節) 선생에 의하여 대성을 보게 되었으니, 곧 심역(心易)을 위주로 하는 선천역학(先天易學)이다.

소강절(1011~77) 선생은 송(宋)나라 하남(河南) 사람으로 이름은 옹(雍) 자(字)는 요부(堯夫)이며, 강절은 서거 후에 문묘(文廟)에 배향(配享)하면서 내린 시호(諡號)이다. 선생은 당시의 수도인 낙양(洛陽)에 사십년을 살았으나 명리(名利)를 멀리 하고 오로지 학문에만 전념하신 학자로서 우거(寓居)를 안락와(安樂窩)라 이름하고 스스로 안락선생이라 자호(自號)하였다.

　선생이 평생 동안 추구한 학문은 곧 선천역학(先天易學)으로서 심역(心易)을 바탕으로 한 상수역학이다. 이른바 심역이라는 것은 서역(書易 - 周易)과 상대를 이루는 개념으로서, 즉 우주 자연계에는 역서가 있기 이전에 이미 천지만물을 생성하고 변역(變易)시키는 법칙과 원리가 존재하고 있으니, 이를 선천역 또는 자연역(自然易)이라 한다. 이 자연역을 그대로 괘효(卦爻)와 글로 옮긴 것이 서역이며, 이 자연역을 그대로 자신의 마음 가운데로 옮긴 것이 곧 심역이다. 선생께서 필생의 공력을 다하여 선천역을 기본으로 한 심역의 이치를 밝힌 뜻은 심역을 통하여 서역의 진리를 확인하려는 데 그 참뜻이 있었다고 하겠다. 서역인 『주역』

은 삼고사성(三古四聖)에 의하여 완성된 이후, 일점 일획도 바꿀 수 없는 경전이 되었으므로 이와 같이 고정된 원리로는 만사만물의 다양한 변화를 헤아림에 있어서 한계가 있을 수밖에 없는 것이므로 이에 선생께서는 심역을 통하여 역리(易理)를 자유롭게 유추(類推)하고 변통(變通)함으로써 주역에 담겨져 있는 진리가 자연의 역과 일치함을 확인하시고 점복(占卜)의 도(道)를 바르게 정립(定立)하여 역학의 새로운 장을 열었으니, 선생의 업적은 복희씨(伏羲氏) 이후에 삼성(三聖)의 뒤를 이은 오직 한 분이라고 하여도 과언이 아닐 것이다.

율곡(栗谷 - 李珥) 선생께서도 선천역의 이치를 밝힌 『획전유역부(畫前有易賦)』를 쓰시고, 그 말미에 "소자(邵子)의 안락와가 비었으니 나는 누구와 더불어 돌아가서 역리를 논할 것인가 (安樂窩空吾誰與歸)"라고 탄식하였는바, 역시 소강절 선생을 흠모하시는 뜻이 함축되어 있다.

소강절 선생의 심역으로 변통(變通)하는 새로운 점법(占法)은 후천역인 『주역』을 기본으로 하는 종래의 서법(筮法), 즉 서죽(筮竹)의 책수(策數)를 헤아려 수(數)와 효(爻)를 얻는 점법에서 과감히 진일보(進一步)

하여 선천 자연역을 기본으로 천지만물의 자연현상에서 직접 수를 일으키고 괘(卦)를 취하여 점괘를 얻는 획기적인 점법을 발명하였으니, 이른바 관매점법(觀梅占法)이다. 선생은 이 점법으로 관매점(觀梅占)을 하여 점험(占驗)을 얻은 이래 모든 변화를 점을 통하여 징험(徵驗)함으로써 역의 진리를 확인하고 새로운 점복(占卜)의 도(道)를 세웠으며, 그리고 선천역의 진리(象數理)를 밝힌 『황극경세서(皇極經世書)』와 관매점법의 진수(眞髓)를 밝힌 『관매수전집(觀梅數全集)』을 저술하여 후세에 전함으로써 역학의 새로운 장을 여는 위업을 이루신 것이다.

특히 『관매수전집』은 선생께서 발명한 관매점법의 원리와 그 비법(秘法)을 밝힌 저술로서 그 문장은 평이(平易)한 듯하나 담겨져 있는 이치와 뜻은 깊고 오묘(奧妙)하여 그 깊은 경지에 접근하기가 어려운 학문으로 남아 있었다. 더욱이 지금은 한문을 숭상하지 않는 시대이므로 이 학문의 진리를 많은 사람이 공유(共有)하기 위해서는 이를 우리 글로 옮겨야 하나 이와 같은 심오(深奧)한 이치를 누구나 이해할 수 있도록 우리 글로 옮긴다는 것은 결코 쉬운 일이 아니다. 그러나 근년에 이르러 학계에서 역학을 탐구하는 열기가 일고 있으므로 은근히 기대하고 있던 차에 후학 김준구(金浚九) 군이 누구도 감히 그 진수(眞髓)에 근접할 수 없었던 『관매수전집』을 거의 원의(原義)에 가깝게 뜻을 밝혀 우리 글로 옮기고 거기에 이해를 돕는 해설과 주석(註釋)을 첨가한 원고를 들고 와서 감수(監修)와 아울러 책머리의 글을 청하는지라 나는 반가움과 경탄을 금할 수 없었다. 나 자신이 소자역학(邵子易學)의 심오한 경지에 근접하지 못하고 있는 터에 무슨 감수를 할 수 있으리요마는 무릇 진리의 탐구는 하나 하나 밝혀나가는 데 그 참뜻이 있으므로 흔연(欣然)히 이에 응하여 감수를 하는 가운데 많은 것을 공감(共感)하고 이에 사학(斯學)을 탐구하고자 하는 동인(同人)들을 위하여 미리 알아두어야 할 몇 가지를 적어 책머리의 글에 갈음하는 바이다.

辛巳年(2001) 仲春

芸谷 金周成 書

10

위대한 책에 부쳐

이 책은 내가 읽은 책들 중에서 『논어』를 제외하곤 가장 위대한 책이었다고 감히 말할 수 있다. 통상 『주역』이라 불리어지는, 수천 년 동안 동양의 모든 것을 지배하였던 위대한 동양의 진리는 수학이자 과학이자 철학인 동시에 점을 치는 책이라 할 수 있다. 서양에서는 자연에 존재하는 모든 것을 수학과 과학 그리고 철학을 바탕으로 한 물리와 화학적인 방법론을 통하여 어느 정도 분석해냄으로써 오늘의 물질문명을 이룩하게 하였으나 물질이 존재하는 근원적 원리는 밝히지 못하고 있다.

이 책에서 우리는 역(易)의 상수(象數) 원리를 바탕으로 과학적인 분석방법으로 자연계 만물의 존재원리와 그 변화하는 이치를 완벽하게 해명하신 위대한 철인 소강절 선생을 만나게 된다. 선생께서 물리적 실험이 아니라 오직 역의 상수원리만으로 점복(占卜)이라는 방법을 통하여 과학적인 분석과 실험을 함으로써 자연계의 모든 변화를 헤아리고 그 이치를 해명한 것은 진실로 위대하다고 아니할 수 없다. 선생께서는 유사이래 누구도 감히 상상할 수 없었던 엄청난 시도를 하시고 이를 모두 징험(徵驗)하신 다음 그 원리와 실험방법을 저술을 통하여 밝힘으로써 『주역』을 한 차원 높게 발전시켜 마음 가운데서 역리(易理)를 변이통지(變而通之)하는 심역(心易)의 경지를 열어 도(道)에 이르는 길을 개척한 것이다.

이 책은 기존의 사주명리학 등 역학을 탐구하는 분들에게는 바이블이 되리라고 나는 확신한다. 동양의 철학을 이해하지 못한 사람에게는 점복(占卜)의 방법론을 쓴 책으로밖에는 여겨지지 않을 것이나, 진실로 역의 정수(精髓)를 탐구하고자 갈망하는 사람들에게는 긴 가뭄 끝에 내린 단비와 같은 생명수가 될 것으로 확신하는 바이다.

나는 소강절 선생의 『관매수전집』을 인류 최고의 걸작이라고 부르고 싶다. 그래서 이같이 높고 심오한 진리를 많은 사람들과 더불어 공유(共有)하기 위하여 이를 역해(譯解)하기로 결심하게 되었으나 막상 착수를 하고 보니 생각했던 것처럼 쉽게 진척되지는 못하였다. 일년여를 노심초사하고 궁리(窮理)한 끝에 원서의 심오한 뜻을 우리 글로 옮기고 이해를 돕기 위하여 많은 주석과 해설을 첨가하였으나 필자의 학식이 깊지 못하고 우매(愚昧)한 까닭에 소자(邵子)께서 밝히신 참뜻을 다 열지 못한 곳이 허다할 것으로 생각되는바, 이 점 독자의 양해를 구하는 바이다.

 이 책이 완성되기까지 고희(古稀)의 연세에도 불구하고 집필하는 동안 언제나 자상하게 자문에 응해주시고 늘 도와주신 나의 스승이시자 도반(道伴)이신 운곡(芸谷) 선생님께 진심으로 감사를 드린다. 그리고 본서의 출판을 흔쾌히 승낙하여주신 해들누리 강근원 사장님의 신뢰에도 깊은 우정을 느낀다.

 이 책은 본래 역학을 전공하시는 분들을 위해 쓴 것이나 역학에 뜻을 세운 초심자에게도 역의 원리를 이해하는 데 도움이 될 것으로 생각되어 감히 일독을 권하는 바이며, 나의 졸저를 바탕으로 소자역학의 진수를 밝히는 데 진일보하는 계기가 되시기를 바라는 바이다.

辛巳年 仲春

葦堂 金浚九

차 례 / 관매역수

邵康節先生梅花觀梅數全集 卷一

1. 필수기초지식 / 31

2. 소강절 선생의 점례(占例) / 81

邵康節先生梅花觀梅數全集 卷二

邵康節先生梅花觀梅數全集 卷三

邵康節先生心易梅花數序

宋慶歷中 康節邵先生 隱處山林 冬不爐 夏不扇 蓋心在於
易忘乎其爲寒暑也 猶以爲未至 糊易於壁心致而目玩焉 邃於
易理欲造易之數而未有徵也 一日午睡有鼠走而前 以所枕瓦
枕投擊之 鼠走而枕破 覺中有字取視之 此枕賣與賢人康節某
年月日某時擊鼠枕破 先生怪而詢之陶家 其陶枕者曰昔一人
手執周易憩坐擧枕 其書此必此老也 今不至久矣 吾能識其家
先生偕陶往訪焉 及門則已不存矣 但遺書一冊謂其家人曰某
年某月某時有一秀士至吾家 可以此書授之 能終吾身後事矣
其家以書授先生 先生閱之 乃易之文幷有訣例 當推例演數謂
其人曰汝父存日有白金置睡床西北窖中可以營葬事 其家如言
果得金 先生授書以歸 後觀梅以雀爭勝布算知次晚有隣人女
折花墮傷其股 其卜蓋始於此 後世相傳遂名觀梅數云 後算落
花之日午爲馬所踐毀 又算西林寺額之有陰人之禍 凡此皆所
謂先天之數也 蓋未得卦先得數也 以數起卦故曰先天 若夫見
老人有憂色卜而知老人有食魚之禍 見少年有喜色卜而知有幣
聘之喜 聞鷄鳴知鷄必烹 聽鳴牛知牛當殺 凡此皆後天之數也
蓋未得數先得卦也 以卦起數故曰後天 一日置一椅以數推之
書椅底曰某年月日當爲仙客坐破 至期果有道者來訪 坐破其
椅仙客愧謝 先生曰物之成毀有數豈足介意且公神仙也幸坐以
示敎 因擧椅下所書以驗 道者愕然趣起出忽不見 乃數之妙雖
鬼神莫逃 而況於人乎 況於物乎.

소강절 선생 심역매화수서

　중국 송(宋)나라 경력(慶歷) 시대 소강절(邵康節) 선생은 산중에 은거(隱居)하면서 겨울에 화로를 쓰지 않고 여름에 부채를 쓰지 않았다. 이는 마음을 오로지 역리(易理) 탐구에만 집중하였으므로 추위와 더위를 느끼지 못하였던 것이다. 그러나 풀리지 않는 대목에 이르면 그 역사(易辭)를 써서 벽의 중심에 붙이고 눈으로 늘 보면서 궁리하여 이해가 될 때까지 탐구(探究)하기를 멈추지 않았다. 이렇게 하여 역의 원리를 깊이 통달하고 역을 지은 수리(數理-易數)도 밝히고자 하였으나 그 징험(徵驗)을 얻지 못하고 있었다.

　하루는 낮잠을 자려고 누웠는데 그 앞으로 쥐(鼠) 한 마리가 지나가는지라 선생은 엉겁결에 베고 있던 베개(瓦枕)를 던졌으나 쥐는 달아나고 도자기로 만든 베개는 깨어졌다. 그런데 깨어진 베개 속에서 언뜻 글씨가 보이므로 주어서 읽어보니 "이 베개는 어진 사람(賢人, 康節)에게 팔려가게 될 것이나 모년(某年) 모월 모일 모시에 쥐를 치다가 깨어지게 되리라"라고 씌어져 있었다. 선생은 괴이(怪異)하게 여기고 그 베개를 구입한 도가(陶家)를 찾아가서 물어보니, 베개를 만든 도공(陶工)이 말하

24

기를, "옛날에 한 사람이 손에 주역(周易)을 들고 찾아와 앉아 쉬면서 그 베개를 들어 구경을 하고 살펴보다가 간 일이 있는데, 이 글은 반드시 그 노인이 쓴 것으로 생각됩니다. 그 동안 오지 않은 지 오래 되었으나 내가 그 집을 알고 있습니다"라고 대답하므로 선생은 도공과 함께 그 집에 이르니, 노인은 이미 세상을 떠나고 없었다. 그 집 가족들이 말하기를 임종할 때 책 한 권을 주면서 "모년 모월 모일에 훌륭한 선비 한 분이 우리 집에 올 것이니, 그 선비에게 이 책을 주면 나의 신후사(身後事-葬禮)를 치를 수 있도록 일러줄 것이다"라는 말씀을 남겼다고 하면서 책을 주는지라 선생은 이를 받아서 열어보니, 주역(周易)의 글과 아울러 역수(易數)를 추구(推究)하는 비결과 예시(例示)가 들어 있었다. 선생은 그 예에 따라 수(數)를 연산(演算)하고 추리한 다음 그 아들에게 "그대의 아버지가 세상에 계실 때 백금(白金)을 침상(寢床)의 서북쪽 구들(窖) 밑에 묻어 두었으니 그것으로 장례를 치르도록 하라"고 일러주었다. 그 아들은 즉시 선생의 말씀대로 구들 밑을 파 보니 과연 백금이 있었으며, 선생은 장례 절차를 일러준 다음 책을 가지고 돌아왔다.

그 후 선생은 정원의 매화(梅花)를 구경하던 중 새(雀) 두 마리가 매화나무 가지에 서로 앉으려고 다투다가 땅에 떨어지는 것을 보고 역수(易數)로서 연산(演算)하여 다음날 저녁 때 이웃집 여인이 꽃을 꺾으려고 하다가 떨어져 다리를 다칠 것을 미리 알았다. 선생의 역점(易占)은 이에서 비롯되었는데, 후세 사람들이 서로 전하는 중에 관매수(觀梅數)라고 이름하여 부르게 된 것이다. 그 뒤에도 역수를 셈하여 모란꽃이 낮(晝) 오시(午時)에 말에 밟혀 떨어질 것을 알았고 또 서림사(西林寺)의 편액(扁額, 懸板) 글씨를 보고 음인(陰人, 女人)에 의한 화(禍)가 있을 것을 알았다. 무릇 이와 같은 역수(易數)를 이른바 선천수(先天數)라고 하는 것이다. 이는 괘(卦-象)를 얻기 전에 먼저 수(數)를 얻었음을 말함이니, 즉 수(數)로써 괘(卦)를 일으켜 점괘를 얻었으므로 선천이라 한다. 후천수(後天數)의 경우는, 노인의 얼굴에 근심하는 빛이 있음을 보고 점을 하여 생선을 먹다가 화를 당할 것을 알았고, 소년의 얼굴에 기쁜 빛이 있음을 보고 점을 하여 불원간 장가를 드는 기쁨이 있을 것을 알았으며, 닭의 울음소리를 듣고 그 닭이 반드시 삶겨질 것을 알았고, 소의 울음소리를 듣고 그 소가 도살(屠殺)될 것을 알았다. 무릇 이렇게 하여 얻은 역수(易數)를 다 후천(後天)의 수(數)라고 하는바, 이는 수를 얻기 전에 먼저 괘(卦)를 얻었고 그 괘로써 수를 일으켜 점괘를 이루었으므로 후천이라 하는 것이다.

선생께서 하루는 의자(椅子) 하나를 놓고 역수로써 추산(推算)한 다음 그 의자 밑에 "모년 모월 모일에 선객(仙客)이 와서 앉다가 파괴되리라"라고 글을 써놓았다. 그 후 써 놓은 날에 이르니, 과연 도인(道人) 한 사람이 찾아와서 그 의자에 앉았는데 갑자기 의자가 부서져버렸다. 이에 도인은 부끄러운 듯 실수를 사과하므로 선생께서는 "물건이 만들어지고 부서지는 것이 모두 수(數)에 달려 있는 것이니 어찌 개의(介意)하리요. 또한 그대는 신선이시니 부디 앉으시어 가르침을 내려주시오"라고 말씀하시고 이어 부서진 의자 밑을 들어 예전에 써놓은 글을 보여주니, 그 도인은 깜짝 놀라면서 급히 일어나 밖으로 달려나갔는데 문득 모습이 사라져 보이지 않았다. 이에 수(數)의 오묘(奧妙)함은 비록 귀신이라도 피할 수 없음을 알았으니, 하물며 사람이겠는가. 하물며 물건이겠는가.

〔역주〕
1) 경력(慶歷) : 송(宋)나라 인종(仁宗)의 연호(年號).
2) 소강절(邵康節, 1011~1077) : 송(宋)나라 때의 명현(名賢)으로서 역의 상

수(象數) 원리를 밝히고 점복(占卜)의 도(道)로써 역의 진리를 확인하여 역학의 새로운 장을 연 학자이다. 선생의 이름은 옹(雍), 자는 요부(堯夫), 강절(康節)은 시호(諡號)이다. 낙양(洛陽)에 우거(寓居)하기를 40년, 신종(神宗, 在位 1068~1085) 때에 비서저작랑(秘書著作郎)의 벼슬을 내렸으나 받지 아니하고 오직 학문에만 전념하였으며, 선생은 우거를 안락와(安樂窩)라 이름하고 스스로 안락 선생(安樂先生)이라 자호(自號)하였다. 선생 졸후(卒後)에 강절(康節)이라 시호(諡號)하고 문묘(文廟)에 배향하였다. 저서로는 『격양집(擊壤集)』 23권, 『황극경세서(皇極經世書)』 12권이 전한다.

3) 와침(瓦枕) : 흙으로 빚어 구워서 만든 베개로서 그 형상은 대개 목침(木枕)과 같으나 양쪽 마구리에 둥근 구멍이 뚫려 있고 그 안은 비어 있다. 주로 여름철에 사용하는 베개로 지금도 그와 같은 도자기 베개를 간혹 볼 수 있다.

4) 서문을 쓴 사람은 전하는 기록이 없어 알 수 없으나, 선생이 서거한 후에 선생의 아들 소백온(邵伯溫)이 문집을 편찬하였다고 전하는데, 이 서문은 소씨가 선생의 제자들과 더불어 편찬을 마치고 쓴 것으로 추측된다.

邵康節先生梅花觀梅數全集 卷一

1. 필수기초지식

1) 주역괘수(周易卦數)

건(乾☰) 一   태(兌☱) 二   이(離☲) 三   진(震☳) 四
손(巽☴) 五   감(坎☵) 六   간(艮☶) 七   곤(坤☷) 八

【해설】이 괘수(卦數)는 복희씨(伏羲氏)가 최초로 획괘(畫卦)한, 즉 괘
의 배치와 팔괘의 모습을 그린 선천팔괘도(先天八卦圖)의 생성괘수(生成
卦數)이다.

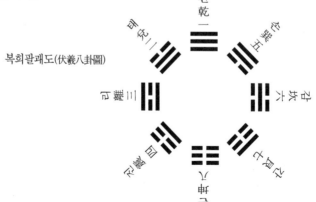

복희팔괘도(伏羲八卦圖)

복희씨는 황하(黃河)에서 하도(河圖)를 얻어 이를 바탕으로 팔괘(八卦)를 지었다고 전하는바,『주역』「계사전(上十一章)」에 "하늘에서 신물(神物)을 내시니 성인은 이를 법칙으로 하였고, 천지가 변화를 보이시니 성인은 이를 본받았으며, 하늘이 상(象)을 드리워서 길흉을 보이시니 성인은 이를 변화의 상으로 취하였고, 황하에서 하도가 나오고 낙수에서 낙서(洛書)가 나오니 성인은 이를 법칙으로 하여 팔괘를 지으시니, 역에 사상(四象)이 있음은 이를 보여 나타내는 것이며, 괘에 글을 매어놓음은 그 까닭을 알리는 것이고, 길흉을 정함은 이를 판단한 것이다(天生神物 聖人則之 天地變化 聖人效之 天垂象見吉凶 聖人象之 河出圖 洛出書 聖人則之 易有四象所以示也 繫辭焉所以告也 定之以吉凶所以斷也)"라고 하였는바, 이는 바로 복희씨가 하도를 얻어 작역(作易)한 사실을 말한 것이다.

소강절 선생은『황극경세서(皇極經世書)』「관물외편(觀物外篇)」에서 "태극이 음양으로 나뉘어져 양의(兩儀)를 생하고 양의는 서로 사귀어 사상(四象)을 생하며, 사상 역시 서로 사귀어 팔괘를 생하고 팔괘도 역시 서로 사귀어 만물을 생한다(陰陽分而生二儀 二儀交而生四象 四象交而生八卦 八卦交而生萬物)"라고 하였는바, 이는 선천팔괘가 곧 만물을 생성하는 근본 원리임을 밝힌 것이다.

팔괘	곤 ☷	간 ☶	감 ☵	손 ☴	진 ☳	이 ☲	태 ☱	건 ☰
사상	태음 ☷		소양 ☳		소음 ☵		태양 ☰	
양의	음 --				양 —			
본체	태극							

32

팔괘의 생성과정은 태극에서 양의(兩儀), 양의에서 사상(四象), 사상에서 팔괘로 나뉘어지면서 완성되는 것이다. 그 분화(分化)는 이분(二分)법이나 삼변(三變)으로 성도(成道)하여 삼재(三才)를 이루는 것이니, 역은 음양과 삼재를 기본 바탕으로 한다. 그러므로 선천괘수(先天卦數)는 역서(易書)가 있기 이전에 만물을 생성한 괘수(卦數)이므로 괘(卦)를 얻기 전에 먼저 수(數)를 얻어 점(占)을 하려고 할 때에는 반드시 이 괘수로써 기괘(起卦)하는 것이 만물의 생성 원리에 부합하는 것이다. 고로 이 괘수는 단순한 수가 아니라 팔괘를 상징하는 수로 만물의 상(象)과 리(理)를 내포하고 있는 진리의 수이다.

2) 오행생극(五行生剋)

상생(相生) : 금생수(金生水)　　금은 수를 생하고
　　　　　　 수생목(水生木)　　수는 목을 생하고
　　　　　　 목생화(木生火)　　목은 화를 생하고
　　　　　　 화생토(火生土)　　화는 토를 생하고
　　　　　　 토생금(土生金)　　토는 금을 생한다.

상극(相剋) : 금극목(金剋木)　　금은 목을 극하고
　　　　　　 목극토(木剋土)　　목은 토를 극하고
　　　　　　 토극수(土剋水)　　토는 수를 극하고
　　　　　　 수극화(水剋火)　　수는 화를 극하고
　　　　　　 화극금(火剋金)　　화는 금을 극한다.

【해설】오행(五行)의 원리는 중국의 고대(古代) 하왕조(夏王朝 : 기원전 2205~1767)를 창업한 우왕(禹王)이 낙서(洛書)의 원리를 바탕으로 지은 『홍범구주(洪範九疇)』에서 최초로 밝힌 것이니, 『서경(書經)』「홍범편」에 "하늘은 우왕에게 큰 규범 아홉 가지를 내리시어 일정한 윤리가 베풀어졌으니, 그 첫째는 오행이다. 오행은 첫째는 물(水)이고 둘째는 불(火)이요 셋째는 목(木)이고 넷째는 금(金)이요 다섯째는 토(土)이다. 수는 적시고 내려가는 것이고 화는 타 올라가는 것이며, 목은 굽고 곧은 것이요 금은 따르고 변혁하는 것이며, 토는 심고 거두는 것이다. 수는 짠 것을 만들고 화는 쓴 것을 만들며, 목은 신 것을 만들고 금은 매운 것을 만들며, 토는 단 것을 만든다(天乃錫禹 洪範九疇 倫攸敍 初一曰五行…五行 一曰水 二曰火 三曰木 四曰金 五曰土 水曰潤下 火曰炎上 木曰曲直 金曰從革 土爰稼穡 潤下作鹹 炎上作苦 曲直作酸 從革作辛 稼穡作甘)"라고 하였는바, 이로써 볼 때 오행의 원리는 이미 상고시대에 밝혀진 것이다.

오행의 원리는 하도(河圖)의 수리(數理)에서 유래한 것이니, 천지만물의 생성(生成)과 변화(變化)는 모두 오행(五行)의 상생상극(相生相剋)의 원리에 의하여 이루어지는 것이다. 그러므로 미래의 변화를 헤아리는 역점(易占)에서 오행의 원리는 기본이 되는 것이다. 여기에서 말하는 오행의 상생상극은 물론 괘기오행(卦氣五行)을 말하는 것이나, 오행은 괘기오행이나 수리오행(數理五行)이나 모두 동일한 오행이다. 하늘과 땅 사이에 존재하는 만물은 모두 오행의 상생과 상극에 의하여 생성되고 변화하는 것이므로 만사만물을 모두 분류하여 오행의 범주 안에 배속할 수 있는 것이니, 그 중요한 것만을 예시하면 다음과 같다.

사물오행배속(事物五行配屬)

五行	목(木)	화(火)	토(土)	금(金)	수(水)
五方 :	동(東)	남(南)	중(中)	서(西)	북(北)
五季 :	춘(春)	하(夏)	계월(季月)	추(秋)	동(冬)
五常 :	인(仁)	예(禮)	신(信)	의(義)	지(智)
五色 :	청(靑)	적(赤)	황(黃)	백(白)	흑(黑)
五味 :	산(酸)	고(苦)	감(甘)	신(辛)	함(鹹)
五音 :	각(角)	치(徵)	궁(宮)	상(商)	우(羽)
五臟 :	간(肝)	심(心)	비(脾)	폐肺	신(腎)
五腑 :	담(膽)	소장(小腸)	위(胃)	대장(大腸)	방광(膀胱)
五氣 :	온(溫)	서(暑)	습(濕)	양(凉)	한(寒)
五情 :	노(怒)	희(喜)	사(思)	우(憂)	공(恐)
五官 :	안(眼)	설(舌)	구(口)	비(鼻)	이(耳)
五數 :	三 八	二 七	五 十	四 九	一 六
天干 :	甲乙	丙丁	戊己	庚辛	壬癸
地支 :	寅卯	巳午	辰戌丑未	申酉	亥子

이상은 오행의 대표적인 것만을 분류한 것이나 이를 바탕으로 유추하고 변통(變通)한다면 만사만물을 모두 오행으로 분류할 수 있다. 혹자는 오행은 역의 원리와는 무관하다고 주장하고 있으나 이는 역을 의리(義理)에만 치중하여 해석하고, 역의 괘효를 이룬 상수(象數) 원리를 도외시한 데 따른 소치이다. 오행은 곧 음양변화의 동정(動靜)을 이름한 것이니, 즉 음이 양으로 변하고 양이 음으로 화하는 음변양화(陰變陽化)의 현

상을 말한다.

주렴계(周濂溪) 선생의 『태극도설(太極圖說)』에 "무극이면서 태극이니, 태극이 동(動)하여 양(陽)을 낳고 그 동함이 극에 이르면 정(靜)하게 된다. 태극이 정하면 음(陰)을 낳고 그 정함이 극에 이르면 다시 동하는 것이니, 한번 동하고 한번 정하는 것이 서로 뿌리가 된다. 이에 음으로 나뉘고 양으로 나뉘어져 양극(兩極, 兩儀)이 세워지니, 양이 변하면 음이 이를 합하여서 수화목금토(水火木金土)의 오행을 낳으며, 이 오행의 기(氣)가 고루 분포되어 사시(四時)가 운행되는 것이다. 그러므로 오행은 하나의 음양이고 음양은 하나의 태극이며, 태극은 본래 무극이니, 오행은 생(生)하면서 각기 하나의 성정(性情)이 갖추어진다. 무극(無極)의 진리와 二五(陰陽五行)의 정기가 묘하게 합하고 응결하여 건도(乾道)는 남(男)을 생하고 곤도(坤道)는 여(女)를 생한다. 이 남녀(음양)의 두 기(氣)가 사귀어 감응함으로써 만물을 화생(化生)하는 것이니, 만물이 생하고 또 생하여 변화가 무궁한 것이다(無極而太極 太極動而生陽 動極而靜 靜而生陰 靜極復動 一動一靜 互爲其根 分陰分陽 兩儀立焉 陽變陰合而生水火木金土 五氣順布 四時行焉 五行一陰陽也 陰陽一太極也 太極本無極也 五行之生也 各一其性 無極之眞 二五(陰陽五行)之精 妙合而凝 乾道生男 坤道生女 二氣交感 化生萬物 萬物生生 而變化無窮焉)"라고 하였는바, 이로써 볼 때 역의 원리와 오행은 분리하여 논할 수 없는 하나의 원리인 것이다. 그러므로 역점(易占)에서 오행이 상생(相生)하고 상극(相剋)하는 원리는 필수 불가결한 기본원리가 되는 것이다.

〔역주〕 周濂溪(1017~73) 이름은 돈이(敦頤), 자는 무숙(茂叔), 렴계(濂溪)는 호이다. 송(宋)나라 도주(道州)사람으로서 벼슬은 광주전운판관(廣州轉運判官)에 올랐으나 병으로 사임하고 여산(廬山)의 연화봉 아래에 우거(寓

居)를 정하고 요양을 하면서 제자들을 가르쳤다. 집 앞에 시내가 흘렀는데 선생은 그 이름을 렴계(濂溪)라고 명명하였다. 이에 당시의 사람들이 선생을 렴계 선생이라 불렀기에 호가 된 것이다. 선생은 송대이학(宋代理學 - 性理學)을 연 개조(開祖)로서 『태극도설』과 『통서(通書)』를 지었으며, 만물의 본체를 태극(太極)이라 하고 음양 二기의 교감에 의하여 현상(現象)이 생성된다고 하였다. 서거 후에 이정자(二程子)와 주자(朱子)에 의하여 전승되고 드디어 대성(大成)을 보게 되었다.

3) 팔괘소속오행(八卦所屬五行)

건태(乾☰兌☱) 金   곤간(坤☷艮☶) 土

진손(震☳巽☴) 木   감(坎☵) 水   이(離☲) 火

【해설】팔괘(八卦)를 오행(五行)에 배속한 것이니, 이를 괘기오행(卦氣五行)이라 한다. 이는 감(坎☵水)괘와 이(離☲火)괘를 체로 한 문왕(文王)의 후천팔괘도(後天八卦圖)의 원리이다.

문왕팔괘도(文王八卦圖)

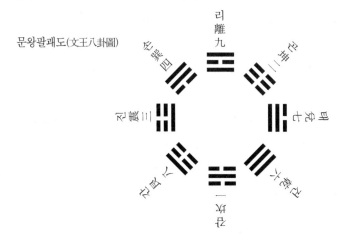

문왕괘도를 보면 감리(☵☲)를 체(體)로 하고 진태(☳☱)를 용(用)으로 하여 배열하였는데, 남북 정위(正位)의 감(☵)괘와 이(☲)괘는 水火이고, 동방의 진(☳)괘와 손(☴)괘는 木이며, 서방의 건(☰)괘와 태(☱)괘는 金이고, 만물의 종시(終始)을 주관하는 동북방의 간(☶)괘와 서남방의 곤(☷)괘는 土이다. 문왕팔괘도가 나온 이후 선진(先秦) 시대에 이미 학자들에 의하여 괘기오행설이 나왔고 또한 점을 한 기록이 전하고 있다. 그러므로 괘수(卦數 - 先天數)는 복희씨의 선천팔괘도에 근거한 것이고 괘기오행은 문왕의 후천팔괘도에 근거한 것이다.

복희씨의 선천팔괘도는 하도(河圖)의 진리를 법칙으로 하여 만물의 생성(生成) 원리를 밝힌 것이며, 문왕의 후천팔괘도는 낙서(洛書)의 진리를 법칙으로 하여 만물의 변역(變易) 원리를 밝힌 것이다. 하도와 낙서는 출현한 시기는 다르나 서로 가로와 세로의 경위(經緯)가 되고 겉과 밖의 표리(表裏)가 되는 것이니, 주자의 『역학계몽』 첫머리에 이렇게 나와 있다.

"공안국이 이르기를 하도는 복희씨가 하늘의 뜻에 따라 천하를 다스릴 때에 용마가 황하에서 나와 그 등에 지고 나온 도상(圖象 - 河圖)을 얻어 이를 법칙으로 하여 처음으로 팔괘(八卦)를 그렸으며, 낙서는 우왕(禹王)이 천하의 물을 다스릴 때에 낙수에서 신령(神靈)한 거북을 얻어 그 등에 나열된 수상(數象 - 洛書)을 얻으니, 우왕은 이를 바탕으로 하여 아홉 가지의 법칙(九疇)을 이루었다. 또 유흠이 말하기를 하도와 낙서는 서로 경위(經緯)가 되고 팔괘와 홍범구주는 서로 표리가 된다(孔安國云河圖者 伏義氏王天下 龍馬出河 遂則其文 以畵八卦 洛書者禹治水時 神龜負文而列於背 有數至九 禹遂因而第之 以成九類 劉歆云 河圖洛書 相爲經緯 八卦九章 相爲表裏)."

또 하도와 낙서의 진리에 의하여 십천간(十天干)과 십이지지(十二地支)의 상수문자(象數文字)가 이루어져 만물의 생성과 변화를 헤아릴 수 있는 척도(尺度 −六十甲子)가 이루어졌으니(下文 干支論參照), 소강절 선생은 이와 같은 진리를 근본으로 하여 점복(占卜)의 도(道)를 바로 세우시고 점(占)을 통하여 역의 진리를 확인한 것이다.

4) 괘기왕쇠(卦氣旺衰)

왕(旺) : 震巽木旺於春　진손(☳☴)木의 기는 봄에 왕성하고

　　　離火　旺於夏　이(☲)火의 기는 여름에 왕성하고

　　　乾兌金旺於秋　건태(☰☱)金의 기는 가을에 왕성하고

　　　坎水　旺於冬　감(☵)水의 기는 겨울에 왕성하고

　　　坤艮土旺於四季　곤간(☷☶)土는 사계월(辰未戌丑月 :
　　　　　　　　　　　三 · 六 · 九 · 十二月)에 왕성하다.

쇠(衰) : 春坤艮　　곤간(☷☶)土의 기는 봄에 쇠약하고

　　　夏乾兌　　건태(☰☱)金의 기는 여름에 쇠약하고

　　　秋震巽　　진손(☳☴)木의 기는 가을에 쇠약하고

　　　冬　離　　이(☲)火의 기는 겨울에 쇠약하고

　　　辰戌丑未坎　감(☵)水의 기는 사계월(四季月 : 三 · 六 ·
　　　　　　　　　九 · 十二月)에 쇠약하다.

【해설】역(易)에는 불역(不易), 변역(變易), 간이(簡易)의 세 가지 기본 원리가 존재한다. 이는 천지만물을 생성하고 변화시키는 근본 원리는 지구가 존재하는 한 영원히 바뀌지 않으므로 곧 불역(不易)이고, 생성된 만물은 잠시도 정지함이 없이 변화하므로 곧 변역(變易)이며, 이와 같이 만물의 변화하는 현상과 법칙은 간명하면서도 알기 쉬우므로 곧 간이(簡易)이다. 『주역』「계사전(上一章)」에 "쉽고 간명하므로 천하의 이치를 얻을 수 있으니, 천하의 이치를 얻음으로써 하늘과 땅 사이에서 삼재(三才)의 중위(中位)를 이루는 것이다(易簡而天下之理得矣 天下之理得而成位乎其中矣)"라고 함이 바로 역의 이간지도(易簡之道)를 말한 것이다. 그러므로 불역의 원리에 의하여 기(氣-陰陽)의 상호작용(相互作用-陰變陽化)으로 생성된 만물은 잠시도 멈춤이 없이 변역(變易)을 반복하는 것이니, 그 변역은 모두 생왕(生旺)과 쇠멸(衰滅)의 과정을 반복하면서 순환한다.

그런 원리에 의해서 괘기오행(卦氣五行)도 왕하고 쇠하는 과정이 있음은 필연적인 자연(易)의 원리이니, 이는 사시(四時)가 춘하추동의 과정을 거치면서 순환을 반복하는 것이나 또는 만물의 생로순환이 생로병사(生老病死)의 과정을 거치면서 순환을 반복하는 것이나 모두 오행의 기(氣)가 왕쇠(旺衰)를 반복하며 순환하는 원리와 동일한 것이다. 송(宋)나라 태종(太宗) 2년(977)에 칙명(勅命)으로 편찬한 『태평어람(太平御覽)』에 괘기오행의 왕쇠를 세분하여 논한 기록이 있으니, 이를 살펴보면 다음과 같다.

立春　艮旺 震相 巽胎 離沒 坤死 兌囚 乾廢 坎休,

立夏　巽旺 離相 坤胎 兌沒 乾死 坎囚 艮廢 震休,

立秋　坤旺 兌相 乾胎 坎沒 艮死 震囚 坎廢 離休,

立冬　乾旺 坎相 艮胎 震沒 兌死 離囚 坤廢 兌休.

　이와 같은 괘기휴왕론(卦氣休旺論)은 이미 선진시대에 나온 것이며, 한(漢)나라 초기의 학자 경방(京房, 기원전 77~37) 등 상수(象數) 역학자에 의하여 체계화되었다. 이에 소강절 선생은 괘기오행의 왕쇠를 세분하지 아니하고 다만 괘기의 왕쇠(旺衰)만을 사시(四時)로 구분하여 단순하게 함으로써 이를 점복(占卜)에 활용하는 데 편리하도록 하였다.

5) 십천간(十天干)

갑을 동방목(甲乙 東方木)　갑을은 동방의 목이다.

병정 남방화(丙丁 南方火)　병정은 남방의 화이다.

무기 중앙토(戊己 中央土)　무기는 중앙의 토이다.

경신 서방금(庚辛 西方金)　경신은 서방의 금이다.

임계 북방수(壬癸 北方水)　임계는 북방의 수이다.

　【해설】十천간은 하도(河圖) 十수의 수리(數理)를 바탕으로 수(數)를 음양 오행의 상(象)으로 표시한 진리문자이다.

하도(河圖)

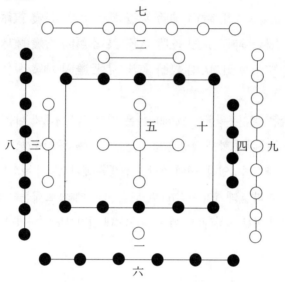

　　이를 살펴보면 하도 좌측(동방)의 三 · 八은 甲(三陽木)과 乙(八陰木)
을 이루고, 상단(남방)의 二 · 七은 丙(七陽火)과 丁(二陰火)을 이루며,
중앙의 五 · 十은 戊(五陽土)와 己(十陰土)를 이루고, 우측(서방)의
四 · 九는 庚(九陽金)과 辛(四陰金)을 이루며, 하단(북방)의 一 · 六은
壬(一陽水)과 癸(六陰水)를 이루어 이에 十천간이 이루어진 것이다. 이
는 하도 十수의 홀수(奇)와 짝수(偶)에 의하여 자연스럽게 음양으로 나
뉘어진 것이니, 즉 一三五七九의 홀수(陽數)는 壬甲丙戊庚의 양간(陽
干)을 이루고 二四六八十의 짝수(陰數)는 丁辛癸乙己의 음간(陰干)
을 이루어 음양 오행이 갖추어진 것이므로 十천간의 문자는 만물의 상
수(象數)와 이기(理氣)를 모두 함축하고 있으며, 아울러 시간과 공간의
뜻이 내포되어 있다. 이것이 이른바 수(數)가 있으면 그 상(象)이 있고

상(象)이 있으면 그 리(理)가 있다는 상수리(象數理)의 원리이다.

하도의 十수는 즉 기본수(基本數)로서 이 十수의 원리를 척도화(尺度化)하여 천지만물의 변화를 헤아릴 수 있는 것이니, 『주역』「계사전(上九章)」에 "하늘 하나, 땅 둘, 하늘 셋, 땅 넷, 하늘 다섯, 땅 여섯, 하늘 일곱, 땅 여덟, 하늘 아홉, 땅 열이며, 하늘의 수(數)가 다섯이요 땅의 수(數)가 다섯이라 이 다섯 수위(數位)가 서로 얻어서 각각 합함이 있으니, 하늘의 수는 二十五요 땅의 수는 三十이라 무릇 천지의 수는 五十五이니, 이 수로써 변화를 이루며 귀신(鬼神 - 陰陽屈伸)을 행하느니라(天一地二天三地四天五地六天七地八天九地十 天數五 地數五 五位相得 而各有合 天數二十五 地數三十 凡天地之數 五十有五 此所以成變化 而行鬼神也)"라고 하였는 바, 주자는 『역학계몽』에서 이를 주해하여 "이 一절은 공부자(孔夫子)께서 하도 十수의 원리를 역리(易理)로 풀어 밝힌 것이다(此一節 夫子所以 發明河圖之數也)"라고 하였다. 그러므로 하도 十수의 그 수(數) 안에는 만물이 생성하고 변화하는 원리를 모두 담고 있으므로 이 十수의 진리에 의하여 이루어진 十천간은 천지만물의 변화를 능히 헤아릴 수 있는 기본척도(基本尺度)가 되는 것이다. 그리고 하도 十수는 하늘을 상징하므로 원상(圓相)이며, 一에서 시작하여 十에 이르면 영(零 - ○)으로 환원하고 다시 一로 시작하는 종즉유시(終則有始)의 순환(循環)을 나타내고 있다. 고로 하도는 원상(圓相 - ○)이며, 원상의 순환은 시작도 없고 끝도 없는 무시무종(無始無終)한 운행이므로 그 순환은 무한한 것이다.

『태극도설』에서 무극이태극(無極而太極)이라 한 것은 곧 하도의 순환 원리를 밝힌 것이니, 一은 태극으로서 선천(先天)을 뜻하고 十은 무극으로서 후천을 뜻하므로 태극과 무극의 순환은 역시 종즉유시라 무궁한 것이다. 一양(陽)의 시작을 뜻하는 지뢰복(地雷復)괘의 단전(彖傳)에 "음의 용사(用事)가 끝나고 양의 용사가 시작하는 복괘에서 천지의 마음을 보게 되지 않겠는가(復其見天地之心乎)"라고 함이 곧 마치면 다시 시작하는 천지지도(天地之道)를 복괘의 이치로 보게 된다는 뜻이니, 역시 하도 十수의 순환 원리를 괘를 통하여 밝힌 것이다. 그러므로 점복(占卜)에 있어서 괘기오행을 이해하기 위해서는 먼저 하도 十수의 상수(象數) 원리에 의하여 성립한 十천간의 오행원리를 이해하는 것이 필수적이다.

6) 십이지지(十二地支)

자수서(子水鼠) 자는 수이며 동물의 상은 쥐이다.

축토우(丑土牛) 축은 토이며 동물의 상은 소이다.

인목호(寅木虎) 인은 목이며 동물의 상은 범이다.

묘목토(卯木兎) 묘는 목이며 동물의 상은 토끼이다.

진토용(辰土龍) 진은 토이며 동물의 상은 용이다.

사화사(巳火蛇) 사는 화이며 동물의 상은 뱀이다.

오화마(午火馬) 오는 화이며 동물의 상은 말이다.

미토양(未土羊) 미는 토이며 동물의 상은 양이다.

신금후(申金猴) 신은 금이며 동물의 상은 원숭이이다.

유금계(酉金鷄) 유는 금이며 동물의 상은 닭이다.

술토견(戌土犬) 술은 토이며 동물의 상은 개이다.

해수저(亥水猪) 해는 수이며 동물의 상은 돼지이다.

【해설】十二지지(地支)는 낙서(洛書) 九수의 진리와 문왕의 후천팔괘도의 원리를 바탕으로 한 상수문자(象數文字)로서 하도 十수의 원리를 바탕으로 한 十천간의 진리를 계승한 것이다.

낙서(洛書)

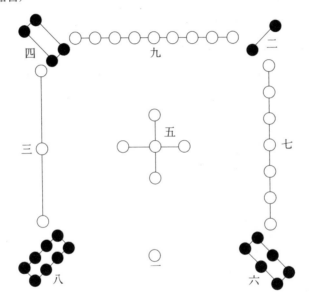

그러므로 十二지지의 상수문자에는 상수이기(象數理氣)의 원리는 물론 시간(時間)과 공간(空間 – 方位)의 뜻이 모두 내포되어 있으며, 十二지지도 역시 음양과 오행의 원리가 갖추어져 있다. 그 성립 원리는 낙서의 북방 六一八에 亥子丑, 동방 八三四에 寅卯辰, 남방 四九二에 巳午未, 서방 二七六에 申酉戌을 배속하여 동서남북의 사방(四方)과 춘하추동의 사시(四時)를 나타낸 것이니, 이를 다시 문왕의 후천팔괘도에

배속하면 一감수(坎水☵)에 子, 八간토(艮土☶)에 丑寅, 三진목(震木☳)에 卯, 四손목(巽木☴)에 辰巳, 九이화(離火☲)에 午, 二곤토(坤土☷)에 未申, 七태금(兌金☱)에 酉, 六건금(乾金☰)에 戌亥를 배속한 것이다. 그리고 八간(☶) 四손(☴) 二곤(☷) 六건(☰)의 네 모퉁이(四隅)에는 각각 지지(地支) 두 자리를 배속하여 지(地)가 방(方-有限)함을 나타내고 있다. 그러므로 팔괘의 괘수(卦數)는 복희씨의 선천팔괘도에서 선천의 생성수를 취하고 괘기오행은 문왕의 후천팔괘도에서 변화하는 상(象, 五行)을 취하여 만물의 생성과 변화의 원리를 모두 구비(具備)하게 되는 것이다.

소강절 선생은 『황극경세서』「관물편」에서 "十간은 하늘(天)을 상징하고 十二지지는 땅(地)을 상징하며, 지지와 천간을 배합하여 천지의 용(用)으로 한다. 간(干)은 줄기(幹)를 뜻하므로 양이고 지(支)는 가지(枝)를 뜻하므로 음이며, 천간의 十수와 지지의 十二수에는 양수(陽數) 중에 음이 있고 음수 중에 양이 있다(十干天也 十二支地也 支干配天地之用也 干者幹之義陽也 支者枝之義陰也 干十而支十二 是陽數中有陰 陰數中有陽也)"라고 하였는바, 지지와 천간을 배합하여 천지의 용(用)으로 한다는 것은 十천간과 十二지지를 배합하여 六十갑자를 이루고 이를 척도(尺度)로 하여 천지만물의 운행(運行-碁)을 측도(測度)하고 그 변화를 헤아리는 쓰임으로 하는 것을 말함이다.

그리고 十二지지에 동물을 배속한 것은 역시 홀수와 짝수(奇偶)로 음양을 상징한 것이니, 즉 양지(陽支)인 자인진오신술(子寅辰午申戌)에 배속한 쥐(鼠), 범(虎), 용(龍), 말(馬), 원숭이(猴), 개(犬)는 모두 발가락이 홀수(奇)이므로 양을 상징하며 음지(陰支)인 축묘사미유해(丑卯巳未酉亥)에 배속한 소(牛), 토끼(兎), 뱀(蛇), 양(羊), 닭(鷄), 돼지(猪)는 모두 발가락이 짝수(偶)이므로 음을 상징하는 것이다. 다만 뱀은 발이 없으나 혀(舌)가 두 갈래로 갈라져서 역시 음을 상징한다. 그러나 十二지지에 배속한 동물의 상은 생명체의 유상(類象)을 표시한 것으로 반드시 그 동물 하나만을 뜻하는 것은 아니다. 예를 들면 子에 배속한 쥐(鼠)는 오직 쥐 하나만을 뜻하는 것이 아니라 쥐의 속성을 가진 유상(類象)을 모두 포함하는 것이다.

그리고 지지(地支)의 속상(屬象)은 동물에만 국한하는 것이 아니라 하늘과 땅 사이의 만유사물을 모두 十二지지의 범주에 배속할 수 있는 것이니, 상(象)의 개념에 있어서 천간(天干)의 상은 형체가 없는 오행의 상(象－氣)을 뜻하며, 지지(地支)의 상은 천간(天干)의 기를 받아 형(形－形質)을 이룬 만물의 물상(物象)을 뜻한다. 『주역』「계사전(上一章)」에 "하늘에서는 상을 이루고 땅에서는 형(形)을 이루니 변화가 나타나는 것이다(在天成象 在地成形 變化見矣)"라고 함이 바로 하늘의 상(象)과 땅의 형(形)이 이루어져 변화가 나타나는 원리를 밝힌 것이다.

7) 팔괘상례(八卦象例)

건삼연(乾三連)	곤육단(坤六斷)	진앙우(震仰盂)
간복완(艮覆碗)	이중허(離中虛)	감중만(坎中滿)
태상결(兌上缺)	손하단(巽下斷)	

【해설】八괘의 상례(象例)는 八괘의 형상을 물상에 비유하여 밝힌 것이다. 이는 단순히 기억하는 데 편리하도록 한 것이라고 생각하기 쉬우

나, 여기에도 역시 그 괘의 물상이나 성정(性情)을 상징하는 뜻이 내포되어 있다. 예를 들면 태상결(兌上缺)은 그릇의 입구(주둥이)가 결손된 상이므로 결(缺)자를 표시한 것이니, 만약 그릇을 대상으로 점을 하여 태괘를 얻었을 경우, 그 그릇의 입(口)에 해당하는 부분이 이미 결손되었거나 또는 장차 반드시 결손될 것으로 판단할 수 있다. 그러므로 이 상례에서 상징하는 괘상을 차례로 살펴보면 다음과 같다.

건삼련(乾三連) : 세 효(爻)가 모두 연결되어 있으므로 강건(剛健)한 남자(아버지) 또는 하늘을 상징한다.

곤육단(坤六斷) : 세 효가 모두 단절(斷絶)되어 있으므로 유순(柔順)한 여자(어머니) 또는 하늘과 상대를 이루는 땅을 상징한다.

진앙우(震仰盂) : 사발이 하늘을 우러르는 상이며, 우레(雷)와 같은 동적인 것, 또는 하늘을 우러르며 자라나는 목을 상징한다.

간복완(艮覆碗) : 주발(周鉢)을 엎어놓은 상이므로 정적(靜的)인 것, 또는 움직이지 않는 산(山)을 상징한다.

이중허(離中虛) : 가운데 효가 단절되어 가운데가 비어 있으므로 외실내허(外實內虛)의 상이니, 이명(離明)하나 외명내암(外明內暗)한 불(火)을 상징한다.

감중만(坎中滿) : 밖은 단절되었으나 가운데 효는 연결되어 안이 차있는 외허내실(外虛內實)의 상이므로 외암내명(外暗內明)한 물(水)을 상징한다.

태상결(兌上缺) : 상효(上爻)가 단절되어 기물(器物)의 상단(上端 -

入口)이 결손된 상이므로 태강(太剛)한 금(金)을 상
징한다.

　손하단(巽下斷) : 가장 아래의 효가 단절되어 있으니, 아래가 허(虛)
한 상이라 어느 곳이나 통하는 바람 또는 땅 속으로
뿌리를 내리는 나무(木)를 상징한다.

8) 점법(占法)

> 역중비밀궁천지(易中秘密窮天地)
> 조화천기설미연(造化天機泄未然)
> 중유신명사화복(中有神明司禍福)
> 후래절막교경전(後來切莫敎輕傳)

　역(易)의 은밀한 원리로 천지만물이 존재하는 이치를 궁구(窮究)하고,
조화(造化)를 이루는 하늘의 기미(機微)를 누설하여서는 아니 된다. 역
의 심오한 원리에는 만물의 화복을 다스리는 신명(神明)함이 있으니, 후
세에 이 학문을 탐구하는 사람은 절대로 아무에게나 이 비법을 가르치지
말고 또한 가벼이 전하지도 말라.

　【해설】점법(占法)은 점을 하는 마음의 자세와 그 법도(法度)를 밝힌 것
이다. 점을 하는 목적은 점을 통하여 미래에 다가올 변화를 헤아려 밝힘
으로써 천지의 현기(玄機)와 인사(人事)의 길흉을 궁구(窮究)하여 진정
한 인도(人道)를 세우려는 데 그 참뜻이 있다. 그러므로 오로지 사리사욕

만을 추구하거나 또는 장난삼아 점을 하여서는 아니 된다. 그리고 미래의 변화는 함부로 누설하여서는 더욱 아니 되며, 또한 신성한 점복(占卜)의 도(道)를 전수(傳授)받을 만한 자질을 갖추지 못한 사람에게 가벼이 가르치거나 전하지 말라고 당부한 뜻은 신성한 역점을 악용하여 역의 진리를 왜곡하거나 모독하여서는 안 된다는 뜻을 말씀한 것이다. 그러므로 역의 원리를 탐구하고 점복(占卜)의 도를 추구하는 목표는 사람으로 태어나서 사람답게 살아갈 수 있는 지혜를 얻어 정도를 행하는 데 뜻을 두어야 할 것이다.

　『주역』건위천(乾爲天)괘「문언전(文言傳)」에 "무릇 대인은 천지와 더불어 그 덕을 합하고, 일월과 더불어 그 밝음을 합하며, 사시(四時 – 春夏秋冬)와 더불어 그 시서(時序)를 합하고, 귀신과 더불어 그 길흉을 합하여서 하늘보다 앞서 행하여도 하늘이 어김없이 이를 이루어주며, 하늘보다 뒤에 행하여도 하늘의 시명(時命)을 받들어 행하는 것이니, 하늘도 또한 어기지 아니할진대 하물며 사람에게 있어서랴 또는 귀신에 있어서랴(夫大人者 與天地合其德 與日月合其明 與四時合其序 與鬼神合其吉凶 先天而天不違 後天而奉天時 天且弗違 而況於人乎 而況於鬼神乎)"라고 하였으니, 대인군자(大人君子)가 되고자 하는 뜻을 세우고 노력하는 사람만이 이 학문을 통하여 심역(心易)으로 변통(變通)할 수 있는 심오한 경지에 이르게 될 것이다.

9) 완법(玩法)

일물종래유일신(一物從來有一身)

일신환유일건곤(一身還有一乾坤)

능지만물비우아(能知萬物備于我)

긍파삼재별입근(肯把三才別立根)

천향일중분조화(天向一中分造化)

인어심상기경륜(人於心上起經綸)

선인역유양반화(仙人亦有兩般話)

도불허전지재인(道不虛傳只在人)

천지의 조화(造化)에 의하여 하나의 물질로부터 하나의 몸이 이루어졌으니, 하나의 몸은 그 근원을 추구하면 곧 하나의 건곤(乾坤 - 天地)이로다. 능히 내 몸 안에 천지만물의 이치가 갖추어져 있음을 안다면 굳이 삼재(三才 - 天地人)의 뿌리를 달리 세워서 무엇하리. 하늘(天一)의 중심이 둘(陰陽)로 나뉘어져 조화(造化)를 이루니, 사람(人一)의 마음 역시 둘(善惡)로 나뉘어져 그 위에서 경륜(經綸)이 일어나네. 하나의 도(道) 역시 선도(仙道 - 道家)와 인도(人道 - 儒道)로 나뉘어져 있으니, 이러한 도(道)를 전해 헛되지 않게 하는 것은 다만 사람에게 달려 있을 뿐이로다.

【해설】완법(玩法)이라 함은 역리를 탐구하고 점을 통하여 얻은 점괘의 괘상(卦象)을 살피고 그 동효(動爻)의 효사(爻辭)를 즐겨 완미(玩味)함으로써 변화하는 원리를 깨닫는 법을 말함이다. 『주역』「계사전(上二章)」에 "성인이 괘를 베풀어서 괘의 형상을 보고 말씀(辭)으로 매어(繫辭) 길

흉을 밝혔으며, 강(剛-陽)함과 유(柔-陰)함이 서로 사귀고 밀어서 변화가 일어나는 것이다. 이런 까닭으로 길(吉)함과 흉(凶)함은 잃고 얻는 상이고, 뉘우침(悔)과 인색(吝)함은 근심하고 걱정하는 상이며, 변하고 화(化)하는 것은 나아가고 물러가는 상이니, 강함과 유함은 낮과 밤의 상이고, 육효(六爻)가 동(動)함은 삼극(三極-天地人)의 도(道)이다.

이런 까닭에 군자가 거처하면서 편안한 것은 역의 변화하는 차례(一陰一陽之道)를 알기 때문이며, 즐겨 완미(玩味)하는 것은 효에 매어 있는 말씀(爻辭) 때문이다. 이런 고로 군자는 거처할 때는 그 괘상을 보고 그 말씀을 완미하며, 움직일 때는 그 변화를 보고 그 점(占)을 완미하나니, 이로써 하늘로부터 도움을 얻어 길하여 불리함이 없느니라(聖人設卦 觀象繫辭焉而明吉凶 剛柔相推而生變化 是故吉凶者失得之象也 悔吝者憂虞之象也 變化者進退之象也 剛柔者晝夜之象也 六爻之動三極之道也 是故君子所居而安者 易之序也 所樂而玩者 爻之辭也 是故君子居則觀其象而玩其辭 動則觀其變而玩其占 是以自天祐之吉無不利)"라고 하였다.

이는 곧 역점(易占)의 완법을 밝힌 것이니, 점복(占卜)의 도는 군자의 도이므로 이 학문을 탐구하는 사람은 점을 통하여 변역(變易)의 원리를 깨닫고 군자의 도(道)를 추구하라는 뜻이다. 그리고 선생께서는 점복(占卜)의 도(道)는 전할 만한 사람이 아니면 가벼이 전하지 말라(後來切莫敎輕傳)고 하였는바, 이는 역(易)의 도(道)는 하나인데 도가역(道家易) 유가역(儒家易) 등으로 나뉘어져 그 주장이 불일(不一)하고, 또한 역점을 오직 사리사욕에만 이용하여 역의 진리(眞理)를 모독(冒瀆)하거나 심지어는 악용(惡用)하는 사례도 허다하므로 이를 경계(警戒)하신 것이다. 그러므로 이 학문에 뜻을 둔 사람은 이 완법(玩法)의 시를 좌우명으로 하여 늘 음미(吟味)하면서 탐구한다면 분명 얻는 바가 있을 것이다.

10) 괘수기례(卦數起例)

　수(數)로써 괘(卦)를 일으킴에는 먼저 얻은 수를 八수(八卦之數)로 제(除)하고 그 남는 수로써 괘(卦)를 이루는 것이다. 무릇 괘를 일으킴에는 그 수의 다소를 불문하고 八수를 기본으로 하여 작괘(作卦)하는 것이니, 수가 八수를 넘을 때에는 八수로 제하여 남는 수로써 작괘한다. 한번 八수로 제하여도 八수가 넘을 때에는 두 번(二八) 세 번(三八) 제하고 마지막으로 남는 수를 취하여 작괘한다. 남은 수가 八수일 때에는 곧 곤괘(坤卦)이니, 더 제할 필요가 없다.

> 原文 : 卦以八除　凡起卦不問數多少　卽以八作卦　數過八數 卽以八數退除　以零數作卦　如一八除不盡　再除二八　三八　直 除盡八數　以零數作卦　如得八數整卽坤卦　更不必除也

　【해설】여기에서 논하는 수(數)는 선천의 수를 말함이다. 즉 괘를 얻기 전에 먼저 수를 얻은 경우에 수로써 괘를 일으키는 예이다. 수를 먼저 얻는 경우는 점을 할 일이 생겨 점을 할 때, 연월일시의 수로써 기수(起數)하거나 또는 무리를 이룬 동물 등의 수로써 수를 얻은 경우를 말함이다. 이와 같이 먼저 얻은 수로써 괘를 일으키는 경우는 선천팔괘도의 건(☰) 一, 태(☱)二, 이(☲)三, 진(☳)四, 손(☴)五, 감(☵)六, 간(☶)七, 곤(☷)八의 괘수(卦數)에 의하여 괘를 취한다. 그리고 수가 많을 경우에

팔팔제지(八八除之)라고 한 것은 八수는 곧 八괘의 수이기 때문이다.

① 동효(動爻)는 六수로 제한다(爻以六除)

무릇 동효를 일으킴에 있어서는 중괘(重卦 - 大成卦)를 이룬 총수(上下卦數)를 六수(六爻之數)로 제하고 남는 수를 동효로 취한다. 총수가 六수 미만일 때에는 제할 필요 없이 그 수를 동효로 하며, 六수가 넘을 때에는 六수가 남을 때까지 한 번(一六) 두 번(二六) 세 번(三六) 계속 제하여 남는 수를 동효로 취한다. 이에 한 효가 동할 것 같으면 곧 변효(變爻)로 그 한 효를 보는 것이니, 동효가 양효(陽爻)이면 음효(陰爻)로 변하고 음효이면 양효로 변한다. 동효를 취할 때는 마땅히 시수(時數)를 가산하여야 한다.

原文 : 凡起動爻 以重卦總數除六 以零作動爻 如不滿六 只用此數爲動爻不必再除 如過六數則除之 一六不盡 再除二六三六 直除盡以零數作動爻 若一爻動則看此一爻 是陽爻則變陰爻 陰爻則變陽爻 取爻當以時加之

【해설】 동효(動爻)를 구함에 있어서 특별한 경우를 제외하고는 반드시 괘를 이룬 총수에 시수(時數)를 가산하여 육효(六爻)의 수인 六으로 제(除)하고 남는 수로 동효를 취하여야 한다. 만일 시수를 가산하지 않고 상하 괘수만으로 동효를 취한다면 언제나 그 괘를 얻으면 동효가 일정할 것이므로 이는 변통(變通)의 원리에 어긋나는 것이다. 예를 들면 천택리(天澤履)괘를 얻었을 경우, 시수를 가산하지 않고 상하괘수만으로 동효

를 구한다면 괘수(卦數)가 건(乾)— 태(兌)二로 합이 三수이므로 동효
는 제三효가 될 것이니, 이렇게 되면 천택리괘를 얻었을 때에는 언제나
동효는 제三효가 될 것이므로 이는 변하고 통하는 이치가 없어 불가한
것이다.

②호괘(互卦)

호괘는 효(爻) 여섯으로 이룬 중괘(重卦 – 大成卦)에서 초효(初爻 – 第
一爻)와 상효(上爻 – 第六爻)를 제외하고 중간의 四개효(二三四五爻)를
상하로 나누어서 두 괘를 작괘한 다음 그 얻은 괘가 어느 괘인가를 살펴
보는 것이다. 그리고 호괘는 다만 八괘(小成卦)만을 취하여 그 괘기(卦
氣)를 용(用)하며, 六十四괘로 된 중괘(重卦)의 이름이나 뜻은 취하지
아니한다. 또 중괘인 건위천괘(乾爲天卦)와 곤위지괘(坤爲地卦)는 호괘
가 없으므로 동효에 의하여 이룬 변괘(變卦)에서 호괘를 취한다.

> 原文 : 互卦以重卦去了初爻　及第六爻　以中間四爻分作兩
> 卦　看得何卦　互卦只用八卦不必取六十四卦重名　又云乾坤無
> 互　互其變卦

【해설】호괘(互卦)는 점괘의 안에 내포된 괘기(卦氣)를 살펴보는 것이
므로 밖(外)에 해당하는 초효(第一爻)와 상효(第六爻)를 제외하고 안의
四효(二三四五爻)를 상하로 나누어 작괘하고 그 괘기(卦氣)를 보는 것이
다. 그러므로 二효, 三효, 四효로써 한 괘를 취하고 三효, 四효, 五효로
써 또 한 괘를 취하여 그 괘기를 쓰는 것이다. 이 호괘는 이미 점괘로 얻

은 중괘(重卦) 안에 내포된 효에서 취한 것이므로 중괘의 이름이나 뜻은 성립하지 않으므로 다만 八괘의 괘기만을 취하는 것이니, 이는 동효가 변하여 이룬 변괘(變卦－之卦)의 경우와는 다르다. 그리고 건위천(乾爲天)괘와 곤위지(坤爲地)괘는 호괘(互卦)가 없다고 함은, 예를 들면 건위천괘는 여섯 효가 모두 양효(陽爻)이므로 호괘도 역시 건괘가 될 수밖에 없는 것이니, 이는 모두가 양효뿐이라 변화가 없으므로 호괘는 있으나 없는 것과 같다는 뜻이다. 그러므로 건곤(乾坤) 두 괘만은 동효에 의하여 얻은 변괘(變卦)에서 호괘를 취하라고 한 것이다.

③ 연월일시로써 괘를 일으키는 예(年月日時起例)

연월일의 수(數)로써 상괘(上卦)를 작괘하고 연월일의 수에 시수(時數)를 합산한 총수로써 하괘(下卦)를 작괘하며, 또 연월일시의 총수로 동효를 취한다. 예를 들면 연(年)은 자(子)년은 一수, 축(丑)년은 二수, 이렇게 헤아려서 해(亥)년을 十二수로 하며, 월(月)은 정월은 一수, 二월은 二수, 이렇게 헤아려서 역시 十二월을 十二수로 하고, 일(日)은 초一일은 一수, 二일은 二수, 이렇게 헤아려서 三十일을 三十수로 한다. 이상 연월일의 합수를 八수로 제하여 남는 수로써 상괘(上卦)를 작괘하고, 시(時)는 자시(子時) 一수, 축시(丑時) 二수 이렇게 헤아려서 해시(亥時)를 十二수로 하는데, 이에 연월일에서 얻은 수에 시수(時數)를 합하여 그 총수를 역시 八수로 제하고 남는 수로써 하괘(下卦)를 작괘한다. 그리고 이 총수를 또 六수로 제하여 남는 수로 동효를 취한다.

原文 : 年月日爲上卦 年月日加時總爲下卦 總數取爻 如子
年一數 丑年二數 直至亥年十二數 月如正月一數 直至十二月
亦作十二數 日如初一日一數 直至三十日爲三十數 以上年月
日共計幾數 以八除之以零數作上卦 時如子時一數 直至亥時
爲十二數 就將年月日數加時之數 總計幾數 以八除之零數作
下卦 就以除六數作動爻

【해설】 연월일시로써 수(數)를 일으키는 것은 괘를 얻기 위함이니, 괘
를 얻기 전에 먼저 수를 얻었으므로 이를 선천의 수라고 한다. 이는 점을
할 당시에 달리 괘를 취할 만한 물상이 없거나 또는 있다고 하여도 복합
적이어서 어느 하나만을 취할 수 없는 경우에 연월일시로써 기수(起數)
하여 괘를 일으키는 것이다. 예를 들면 새가 매화나무 가지에 서로 앉으
려고 다투다가 땅에 떨어진 경우, 새와 매화나무 중에서 어느 것 하나만
을 취하기 어려우므로 연월일시로써 수를 일으킨 것이다(占例參照).

주역의 점서법(占筮法)인 서의(筮儀)에는 초효(初爻)로부터 올라가면
서 하괘(下卦)를 먼저 작괘하고 상괘(上卦)는 다음에 작괘하는 것을 법
칙으로 하고 있으나, 소강절 선생은 주역의 작괘법과는 반대로 상괘를
먼저 작괘하고 하괘를 다음으로 한다. 이는 괘를 이루는 순서는 아래에
서 위로 생(生)하여 올라가나 이루어진 괘를 보는 순서는 위를 먼저 보
고 아래로 내려가면서 보는 이치에 따른 것이다. 예를 들면 주역의 작괘
법은 만물이 처음 태어나 차차 커 올라가는 이치를 취한 것이고, 소강절
선생은 이미 완성된 사물을 위로부터 아래로 내려가면서 보는 이치를 취
한 것이니, 비록 작괘하는 법은 서로 다르나 그 원리는 같은 것이다.

점괘의 체용법(體用法)도 주자(朱子)의 『역학계몽(易學啓蒙)』에는 일

률적으로 내괘(內卦-下卦)를 체(體)로 하고 외괘(外卦-上卦)를 용(用)으로 하고 있으나, 선생의 체용법은 동효(動爻)가 없는 괘를 체로 하고 동효가 있는 괘를 용으로 하며, 체괘를 위주로 하여 괘기의 생극제화(生剋制化)로써 길흉을 판단한다. 이는 사물이 동하는 것을 보고 기수(起數)하여 괘를 얻었으므로 동효가 있는 괘를 용괘로 하는 것이 이치에 합당한 것이다. 그리고 『역학계몽』의 구괘법(求卦法)은 서죽(筮竹)으로 한 효(爻)씩 얻어 초효(初爻)에서부터 작괘하여 올라가는 것이며, 특히 동효는 노음(老陰) 노양(老陽)의 책수(策數)로써 취하므로 상하 괘에 모두 동효가 나올 수 있으므로 동효가 있는 괘를 용괘로 하는 체용법은 쓸 수가 없는 것이다. 그러므로 일률적으로 하괘(下卦-內卦)를 체로 하고 상괘(上卦-外卦)를 용으로 하여 역서(易書-周易)의 괘효사(卦爻辭)를 기본으로 길흉회린(吉凶悔吝)을 판단하는 것이다. 참고로 『역학계몽』의 판단법인 고변점(考變占)을 살펴보면 다음과 같다.

六爻皆不變 : 여섯 효가 모두 변하지 않으면 본괘(本卦)의 단사(彖辭)로써 판단한다. 무릇 점괘는 하괘를 정(貞-體)으로 하고 상괘를 회(悔-用)로 한다.

一爻變 : 한 효만 변하면 본괘 변효의 효사(爻辭)로써 판단한다.

二爻變 : 두 효가 변하면 본괘 변효 중 위의 효사로써 판단한다.

三爻變 : 세 효가 변하면 본괘의 단사(彖辭)와 지괘(之卦-變卦)의 단사로써 판단한다.

四爻變 : 네 효가 변하면 지괘의 변하지 않은 두 효로써 판단한다. 그러나 아래의 효를 위주로 한다.

五爻變 : 다섯 효가 변하면 지괘 불변효의 효사로써 판단한다.

六爻變 : 여섯 효가 다 변하면 지괘의 단사로써 판단한다. 다만 건곤
(乾坤) 두 괘는 용구(用九) 용육(用六)으로 판단한다.

　이상이 역서(易書)를 기본으로 한 역점(易占)의 점법이다. 그러나 이
점법은 체용과 판단 근거를 고정하였으므로 변이통지(變而通之)하는
역의 원리에 어긋난다고 할 수 있다. 그러므로 소강절 선생은 동효는
하나만을 취하여 체용을 정하고 괘기오행의 생극제화로 길흉을 판단하
는 획기적인 점법을 발명하여 모든 변화를 능동적으로 판단하기에 이
른 것이다.

④ 물수점(物數占)

　종류가 같은 물건으로서 헤아릴 수 있는 물건을 보고 점을 할 경우, 그
물건을 헤아려 얻은 수로써 상괘(上卦)를 작괘하고 그것을 본 시간의 시
수(時數)와 상괘의 수를 합한 수로써 하괘(下卦)를 작괘한다. 그리고 그
총수를 六수로 제하여 남는 수로 동효(動爻)를 취한다.

原文 : 比見有可數之物　即以此數起作上卦　以時數配作下
卦　却以卦數幷時數總除六取動爻

【해설】물수점(物數占)은 같은 종류의 동물(動物)이나 혹은 기물(器物)
등 수(數)를 헤아릴 수 있는 것을 가지고 점을 하려고 할 때에 곧 그 수를
헤아려 얻은 수로써 괘를 일으키는 것이다. 그러나 그 물건이 하나일 경
우는 수를 헤아릴 것이 없으므로 수를 취하지 않고, 그 물건의 물상(物

象)을 취하여 기괘(起卦)할 수도 있다. 그러므로 먼저 수를 얻는 것은 선천의 수이고, 물상에서 괘를 취하여 괘수(卦數)로써 수를 얻는 것은 후천의 수이다. 여기에서 유의할 것은 물상으로 괘를 취한 경우는 물상이 있는 방위(方位)로 하괘(下卦)를 취하나, 수로써 기괘할 때에는 방위의 괘는 취하지 아니하고 반드시 얻은 수에 시수(時數)를 가산하여 하괘를 취하며, 그 총수를 다시 六수로 제하여 동효를 취하는 것이다. 그러므로 물건의 수를 헤아려 얻은 수로써 괘를 일으킨 경우에 그 수는 선천수이며, 물상으로 괘를 먼저 취하고 그 괘수로써 산출한 수는 후천수이다.

⑤ 성음점(聲音占)

무릇 음성이나 소리를 듣고 점을 하는 경우, 그 소리의 수를 헤아려 그 수로써 상괘(上卦)를 작괘하고, 상괘수에 시수(時數)를 합하여 그 총수로써 하괘(下卦)를 작괘한다. 그리고 그 총수를 六수로 제하여 동효를 취한다. 성음(聲音)이라 함은 동물의 울음소리나 짖는 소리 혹은 사람이 물건을 두드리거나 치는 소리를 말함이니, 모두 그 소리를 헤아려 작괘할 수 있다.

原文 : 凡聞聲音 數得幾數 起作上卦 加時數配作下卦 又以聲音 如聞動物鳴叫之聲 或聞人敲擊之聲 皆可作數起卦

【해설】 무릇 소리(聲音)를 듣고 수(數)를 일으킬 때에는 물론 그 수를 헤아려서 그 수로써 괘(卦)를 일으킨다. 그러나 그 소리가 선후로 들렸을 때에는 먼저 들은 소리의 수로써 상괘를 작괘하고 뒤에 들은 소리의

수로써 하괘를 작괘하며, 상하 괘의 수에 시수(時數)를 가산하여 그 총수
로 동효를 취하기도 한다. 그러나 동물의 울음소리가 특히 슬프게 들렸
을 경우에 그 동물의 명수(命數)를 점(占)하려고 하면 울음소리의 수를
헤아리지 아니하고 후천단법(後天端法), 즉 동물의 물상(八卦屬象)에 의
하여 괘를 취하기도 한다. 그러므로 소리를 듣고 점을 하는 경우에 그 소
리의 수를 헤아려 괘를 일으킬 수도 있고 또는 소리를 낸 물상에서 괘를
취할 수도 있는 것이니, 이와 같은 선택은 묻고자 하는 바에 따라 다르므
로 이치로 미루어 분별하고 변통(變通)하는 묘가 필요한 것이다.

⑥ 글자점(字占)

무릇 글자(字)의 수(數)를 보고 점을 하는 것이니, 글자의 수가 균등
하게 평분(平分)할 수 있는 수이면 위의 반수(半數)를 상괘로 하고 아래
의 반수를 하괘로 한다. 평분(平分)이 안 되는 수는 한 글자가 적은 수를
상괘로 하는데, 이는 하늘이 경청(輕淸)한 뜻을 취한 것이다. 그리고 한
글자가 많은 수를 하괘로 하는데, 이는 땅이 중탁(重濁)한 뜻을 취한 것
이다.

> 原文 : 凡見字數 如停均卽平分一半爲上卦 一半爲下卦 如
> 字數不均卽少一字爲上卦 取輕淸之義 以多一字爲下卦 取地
> 重濁之義

【해설】자점(字占)은 글자의 뜻이나 상(象)으로써 점을 하는 상자점(相
字占)이 있으나, 여기의 글자점은 글자에서 수(數)를 취하는 것이므로

그 뜻이 다르다. 글자에서 수를 일으키는 법은 글자의 획수로 혹은 글자의 평측(平仄-四聲音韻)으로 혹은 글자가 많을 때에는 글자의 수를 헤아려 기수(起數)하고 그 수로써 괘를 일으켜 작괘한다. 이하의 예시는 글자의 수에 따라 수를 일으키는 법을 논한 것이다.

　·한 글자로 작괘하는 점(一字占)

　한 자(字)는 태극이 판별되지 아니한 초창기의 혼돈불명(混沌不明)한 상이니, 괘를 얻을 수 없다. 그러나 해서(楷書-正字)의 경우는 그 한 자(字)의 획수로써 수를 취할 수 있다. 즉 글자 획(畫)의 왼쪽을 양으로 하고 그 오른쪽을 음으로 하여 왼쪽의 획수를 헤아려 상괘를 취하고 오른쪽의 획수를 헤아려 하괘를 취하며, 좌우를 합한 총획수로 동효를 취한다. 왼쪽의 획은 삐침(丿), 두인변(彳) 등의 획이고 오른쪽의 획은 한일(一), 새을변(乙), 점(丶), 등글월문(攵) 등의 획이다.

> 原文 : 一字爲太極未判 如草混沌不明 不可得卦 如楷書則取其字 以左爲陽 右爲陰 居左者看幾數取爲上卦 居右者看幾數取爲下卦 又以一字之陰陽全畫取爻 彳丿此爲左者 一乙丶攵此爲右者

【해설】좌우를 나눌 수 있는 글자는 위의 예시와 같이 괘를 지을 수 있으나 좌우의 획을 나눌 수 없는 글자, 즉 한일(一)자와 같은 경우는 괘를 얻을 수 없으므로 다른 작괘법을 찾아야 할 것이다. 그러나 필자의 관견(管見)으로는 획을 좌우로 나눌 수는 없으나 획수가 많은 글자, 즉 중(中)자나 차(車)자 등의 경우는 그 총 획수를 헤아려 얻은 수를 나누어서

상하 괘를 작괘하면 될 것이다. 그리고 한자(漢字)가 아닌 한글의 경우에도 역시 획수를 헤아려 괘를 지을 수 있을 것이다. 그리고 글자의 수로써 괘를 얻은 경우에는 시수(時數)를 가산하지 아니하고 점괘를 이룬 총수만으로 동효를 취하는 것이 특이하다고 할 수 있다.

・두 글자로 작괘하는 점(二字占)
두 자(字)는 양의(兩儀)의 상이니, 평분(平分)하여 한 자를 상괘로 하고 다음 한 자를 하괘로 한다.

原文 : 二字爲兩儀 平分以一字爲上卦 以一字爲下卦

【해설】 두 글자로 작괘하는 점은 앞의 글자 획수로써 상괘를 작괘하고 뒤의 글자 획수로써 하괘를 작괘한다. 그리고 두 글자의 총획수로 동효를 취한다. 글자로 작괘하는 경우에는 시수(時數)를 가산하지 않고 총획수만으로 동효를 취하는데, 그 까닭은 밝히지 않았으나 필자의 관견(管見)으로는 글자에서 획수만을 취하는 것이 아니라 점괘를 판단함에 있어서 그 글자의 뜻과 상(象)도 아울러 취하기 때문이라고 생각한다.

・세 글자로 작괘하는 점(三字占)
세 자(字)는 삼재(三才)의 상이니, 위의 한 자를 상괘로 하고 다음의 두 자를 하괘로 한다.

原文 : 三字爲三才 以一字爲上卦 二字爲下卦

·네 글자로 작괘하는 점(四字占)

　네 자(字)는 사상(四象)의 상이니, 평분(平分)하여 상괘와 하괘를 작
괘한다. 또 네 자 이상은 획수를 헤아릴 필요 없이 다만 평측(平仄－四聲
音韻)으로 그 수를 일으킨다. 즉 평성(平聲)은 一수, 상성(上聲)은 二수,
거성(去聲)은 三수, 입성(入聲)은 四수로 한다.

　　原文 : 四字爲四象　平分上下爲卦　又四字以上不必數畫數
只以平仄聲音調之　平聲爲一數　上聲爲二數　去聲爲三數　入聲
爲四數

　【해설】지금은 평측(平仄)의 사성음운(四聲音韻)을 쓰지 않는 시대이므
로 글자의 평측으로 수를 헤아리기는 어려운 것이 현실이다. 그러므로
역시 획수를 헤아려 그 수로써 작괘하여도 무방할 듯하다.

·다섯 글자로 작괘하는 점(五字占)

　다섯 자(字)는 오행(五行)의 상이니, 위의 두 자를 상괘로 하고 나머지
세 자를 하괘로 한다.

　原文 : 五字爲五行 以二字爲上卦 三字爲下卦

·여섯 글자로 작괘하는 점(六字占)

　여섯 자(字)는 육효(六爻)가 모인 상이니, 평분(平分)하여 위의 세 자
를 상괘로 하고 나머지 세 자를 하괘로 한다.

· 일곱 글자로 작괘하는 점(七字占)

일곱 자(字)는 칠정(七政)의 수가 갖추어진 상이니, 위의 세 자를 상괘로 하고 아래 네 자를 하괘로 한다.

〔역주〕 칠정(七政) : 일월(日月)과 수화목금토(水火木金土)의 오성(五星)을 말함이니 그 운행이 절도가 있고 또 어김이 없다. 이는 성군(聖君)이 나라를 다스리는 정사(政事)와 같으므로 이에 정(政)자를 붙여 칠정이라 한다.

原文 : 七字爲數齊七政 以三字爲上卦 四字爲下卦

· 여덟 글자로 작괘하는 점(八字占)

여덟 자(字)는 팔괘(八卦)가 정위(定位)한 상이니, 상하를 평분(平分)하여 작괘한다.

原文 : 八字爲八卦定位 平分上下爲卦

· 아홉 글자로 작괘하는 점(九字占)

아홉 자(字)는 홍범구주(洪範九疇)의 뜻을 함축(含蓄)하고 있으니, 위의 네 자를 상괘로 하고 아래의 다섯 자를 하괘로 한다.

〔역주〕 홍범구주(洪範九疇) : 하(夏)나라의 우왕(禹王)이 황하를 치수(治水)할 때, 낙수(洛水)에서 신령한 거북(神龜)의 등에 새겨진 낙서(洛書)를 얻으시고, 낙서 구궁(九宮)의 원리를 바탕으로 하여 九장의 글을 지어서 천하를

다스리는 대법(大法)을 밝혔으니, 곧 홍범구주이다(書經周書 洪範章 參照).

原文 : 九字爲九疇之義 以四字爲上卦 五字爲下卦

・열 글자로 작괘하는 점(十字占)

열 자(字)는 기본수(基本數)를 이룬 것이니, 평분(平分)하여 상하로
작괘한다.

原文 : 十字爲成數 平分上下爲卦

・열한 글자로 작괘하는 점(十一字占)

열한 자(十一字) 이상 백자(百字)에 이르기까지 다 기괘(起卦)할 수
있다. 단 열한 자 이상은 글자의 획수나 평측성음(平仄聲音)으로 기수(起
數)하지 않고 다만 글자의 수를 헤아려 작괘한다. 글자의 수가 균등하게
평분(平分)이 되면 반을 상괘로 하고 나머지 반을 하괘로 하나, 평분이
안 되면 한 글자가 적은 수를 상괘로 하고 한 글자가 많은 수를 하괘로
한다. 그리고 상하 괘의 수를 합한 총수로 동효를 취한다.

原文 : 十一字以上至於百字 皆可起卦 但十一字以上 又不
平仄聲音調之 止用字數 如字數均平以半爲上卦以半爲下卦
又合二卦總數取爻

【해설】이상이 글자의 수로써 괘를 일으키는 예이다. 글자의 획수나 글
자의 수로써 점괘를 지음에 있어서 특기할 것은 시수(時數)를 가산하지

않고 괘를 이룬 총수만으로 동효를 취한다는 점이다. 물상이 동(動)하는 것을 보고 괘를 일으키는 경우는 시수를 가산한 총수로 동효를 취하는 것이 통례인데, 글자의 수로써 괘를 일으키는 경우는 동하는 것을 보고 기수(起數)하는 것이 아니기 때문에 시수를 취하지 않는 듯하다.

⑦ 장척점(丈尺占)

길이를 잴 수 있는 물건은 장(丈, 十尺) 척(尺, 十寸)의 수로써 기괘(起卦)하는바, 장수(丈數)를 상괘로 하고 나머지 척수(尺數)를 하괘로 한다. 그리고 장척의 수를 합한 총수로 동효를 취한다. 여기서는 촌수(寸數)는 쓰지 아니한다.

原文 : 丈尺之物 以丈數爲上卦 尺數爲下卦 合丈尺之數取 爻 數寸不係

【해설】 장척지물(丈尺之物)이라 함은 길이를 잴 수 있는 물건을 말함이다. 이러한 물건으로써 괘를 일으키는 경우는 그 물건의 명수, 즉 언제 고장이 나겠는가를 알아보고자 하거나 또는 그 물건을 쓰거나 취하려고 할 때에 가부(可否)를 묻는 것 등이다. 지금은 장척(丈尺)의 척도를 별로 쓰지 않으나 아직도 자(尺)는 쓰고 있으므로 十척을 一장으로 환산하여 작괘하면 될 것이다. 그리고 동효를 취함에 있어서 아래 척촌물점(尺寸物占)에서는 시수(時數)를 가산하여 동효를 취하라고 하였으나 장척점(丈尺占)에서는 장척의 합수로 동효를 취하라고 하였는바, 필자의 관견으로는 장척의 경우도 역시 시수를 가산하여 동효를 취하는 것이

이치에 합당할 듯하다.

⑧ 척촌물점(尺寸物占)

길이가 一장(丈)이 안 되는 물건은 척촌(尺寸)의 수로써 작괘한다. 척수(尺數)를 상괘로 하고 나머지 촌수(寸數)를 하괘로 하며, 척촌을 합한 수에 시수(時數)를 보태어 그 총수로 동효를 취한다. 촌(寸) 이하 분(分)은 쓰지 아니한다.

原文 : 以尺數爲上卦 寸數爲下卦 合尺寸之數加時取爻 分數不用

⑨ 위인점(爲人占)

무릇 사람을 위하여 점을 하는 예는 일정하지 않다. 혹 음성을 듣고 괘를 일으키거나 혹은 그 인품을 보고 혹은 그 몸을 보고 혹은 갖고 있는 물건을 보고 혹은 입고 있는 옷의 색상을 보고 혹은 접촉하는 외물(外物)을 보고 혹은 그때의 연월일시로써 수를 일으키거나 혹은 그 사람의 글씨나 보내온 글을 보고 기수(起數)하여 작괘한다.

原文 : 凡爲人占 其例不一 或聽語聲起卦 或觀其人品 或取諸身 或取諸物 或因其服色 觸其外物 或以年月日時 或以書寫來章

【해설】위인점(爲人占)은 누구의 의뢰를 받거나 또는 누구를 위하여 점을 하는 경우의 기례(起例)를 논한 것이다. 점을 하려고 할 당시에 귀에 들리는 말소리나 혹은 그 사람의 인품 등 눈에 보이는 외물(外物)에서 괘를 취한다. 이와 같이 살펴도 괘를 취할 만한 것이 없으면 연월일시로써 수를 일으키거나, 혹은 글로 써서 가지고 온 경우는 그 글자의 수를 헤아려서 자점(字占)의 예에 의하여 괘를 취한다.

그 말소리를 듣고 점을 하는 경우는 예컨대 한 마디를 하였으면 이를 글로 옮겨 그 자수(字數)를 헤아려 자점(字占)의 예에 의하여 작괘하고, 두 마디를 하였을 경우는 먼저 한 말을 상괘로 하고 뒤에 한 말을 하괘로 한다. 말을 많이 하였을 경우는 처음의 한 마디나 혹은 끝의 한 마디만을 취하여 작괘하며, 중간의 말들은 쓰지 아니한다.

原文 : 聽其語聲者 如或一句卽如字數分之起卦 如人說兩句卽用先一句爲上卦 後一句爲下卦 語多則但用初聽一句 或末後所聞一句 餘句不用

그 인품을 보고 점을 하는 경우는 노인(老人)은 건(乾)괘, 소녀는 태(兌)괘를 취하는 류이다.

原文 : 觀其人品者 如老人爲乾 少女爲兌之類

그 몸에서 괘를 취하는 경우는 머리를 움직이면 건(乾)괘, 발을 움직이면 진(震)괘, 눈을 움직이면 이(離)괘로 하는 류이다.

原文：取諸其身者 如頭動爲乾 足動爲震 目動爲離之類

　　그 물건을 보고 괘를 취하는 경우는 당시 그 사람이 손에 무슨 물건을 들고 있는가를 보는 것인데, 금옥(金玉)이나 둥근 물건을 갖고 있으면 건(乾)괘, 질그릇이나 토산품을 갖고 있으면 곤(坤)괘에 속하는 류이다.

原文 : 取諸其物者 如人手中偶有何物 如金玉及圓物之屬爲乾 土瓦及方物之屬爲坤之類

　　옷의 색상을 보고 괘를 취하는 것은 그 사람이 푸른 옷을 입었으면 진(震)괘, 붉은 옷을 입었으면 이(離)괘로 하는 류이다.

原文：因其服色者 如其人靑衣爲震 赤衣爲離之類

　　접촉하는 외물(外物)을 보고 점을 하는 것은 기괘(起卦)할 때, 그 사람이 물을 보면 감(坎)괘, 불을 보면 이(離)괘로 하는 류이다.

原文：觸其外物者 起卦之時 見水爲坎卦 見火爲離卦之類

　　연월일시로써 괘를 일으키는 경우는 예컨대 매화를 구경할 때, 점을 할 일이 일어난 류이다.

原文 : 年月日時 如望梅之類推之

방문하는 뜻을 글로 써서 들고 온 경우, 그 글의 글자 수를 헤아려서 작괘한다. 작괘법은 자점(字占)의 예에 따른다.

原文 : 書寫來意者 其人來占 或寫來意 卽以其字占之

⑩ 자기점(自己占)

무릇 자기의 점을 하고자 하면 연월일시로써 기괘(起卦)하거나 혹은 밖에서 들려오는 소리를 듣고 괘를 취하거나 혹은 당시 눈에 띈 외물(外物)을 보고 괘를 취할 수 있다. 이상의 예는 앞의 위인점(爲人占)의 점법과 같다.

原文 : 凡自己欲占 以年月日時 或聞有聲音 或觀當時有所觸之外物 皆可起卦 以上三例 如前章爲人占法同

【해설】 자기의 점은 대개 자신의 능력으로는 판단할 수 없는 어려운 일을 당하였을 때나 혹은 괴이한 소리를 듣거나 혹은 이상한 외물을 만나거나 하여 그것이 무슨 길흉의 조짐인지 알 수 없을 때에 점을 하여 판단한다. 선현(先賢)들의 문집이나 행장(行狀) 등에 점을 하여 길흉을 판단한 기록이 간혹 전하고 있다. 이 학문의 진수(眞髓)를 터득하기 위해서는 점을 많이 하여 점험(占驗)을 많이 얻는 것이 첩경(捷徑)이라고 할 수 있으나 그렇다고 아무런 까닭 없이 점을 하거나, 또는 옳지 않은 일의 판단을 구한다면 점험을 얻을 수 없으므로 학문 탐구에 도움이 되지 않는다.

『주역』몽(蒙)괘의「괘사(卦辭)」에 "처음 점을 하면 알려주고 재삼 점을 하면 이는 모독함이라 모독하면 알려주지 않으니 바르게 함이 이로우니라(初筮告 再三瀆 瀆則不告 利貞)"라고 하였는바, 사학(斯學)을 탐구하는 사람은 이 괘사를 교훈으로 삼아야 할 것이다. 그러므로 점을 하는 자세는 자신이 판단할 수 없는 문제를 스승에게 묻는 것처럼 정중하고 진지하여야 한다.

⑪ 점동물(占動物)

무릇 무리를 지어 움직이는 동물은 기괘(起卦)하여 점을 할 수 없다. 그러나 하나의 동물이 움직일 경우는 그 동물의 물상을 취하여 상괘로 하고 그 동물이 온 방위(方位)를 하괘로 한다. 그리고 물괘의 수와 방위괘의 수에 시수(時數)를 가산하여 그 총수로 동효를 취한다. 이러한 점단(占斷)은 그 동물의 명수(命數) 등을 판단하는 것이니, 예를 들면 후천점(後天占)으로 소(牛)나 닭(鷄)의 우는 소리를 듣고 점을 하는 경우와 또는 소(牛), 말(馬), 개(犬), 돼지(豕) 등의 동물이 태어날 때 그 연월일시를 취하여 괘를 일으키고 그 동물의 명수 등을 판단하는 것이다. 혹은 동물을 사온 경우에는 처음 집에 들어온 연월일시로써 수를 일으켜 점을 한다.

原文 : 凡占群物之動 不可起卦 如見一物則就而此物爲上卦 物來之方位爲下卦 合物卦數及方位卦數加時數取爻 以此卦總斷其物 如後天占牛鳴鷄叫之類 又凡牛馬犬豕之類 初生則以年月日時占之 又或置買此物 亦可以初置買之時推之

【해설】 동물을 대상으로 하는 점은 대개 점험(占驗)을 얻기 위한 경우가 많으므로 점을 하는 사람의 길흉과는 무관한 것이다. 그러나 가축을 들여오는 경우는 그 가축의 성쇠(盛衰)가 곧 그 집의 재운과 연관되므로 사람의 길흉과 무관하다고 할 수는 없다. 그러므로 동물점의 경우도 동물의 명수를 점단(占斷)하여 점험을 얻음으로써 역의 진리를 확인하는 경우가 있고 또 하나는 그 동물을 들여옴으로써 가운(家運)에 미치는 길흉의 조짐 등을 판단하는 경우가 있으므로 역시 신중하게 살피는 변통이 필요한 것이다.

⑫ 점정물(占靜物)

무릇 정물(靜物)을 보고 점을 하는 경우 강(江), 하천(河川), 산(山), 암석(岩石) 등은 괘를 일으킬 수 없다. 그러나 가옥이나 수목(樹木)의 류는 기괘(起卦)할 수 있으니, 즉 가옥은 처음 지은 때, 그리고 수목은 처음 심은 때의 연월일시를 취하여 작괘할 수 있다. 또 침대나 의자 등속의 기물도 처음 만들었을 때나 처음 들여놓았을 때를 취하여 역시 점을 할 수 있다. 이외는 까닭 없이 점을 하지 아니한다.

예를 들면 매화를 보고 있는데 새가 서로 가지에 앉으려고 다투다가 땅에 떨어지는 것을 보고 점을 한 경우, 또는 모란꽃을 구경하다가 사람들이 물어와서 점을 한 경우, 무성한 나무에서 썩은 가지가 바람도 없는데 떨어지는 것은 보고 점을 한 경우 등은 모두 까닭이 있는 것이므로 점을 할 수 있다.

原文 : 凡占靜物 有如江河山石不可起卦 若至屋宅樹木之
類 則屋宅初創之時 樹木初置之時 皆可起卦 至于器則置成之
時可占 如枕椅之類是矣 餘則無故不占 若觀梅則見雀爭枝墜
地而占 牧丹則自有問而占 茂樹則枝枯自墜而後占也

【해설】정물(靜物)이라 함은 스스로 움직일 수 없는 물건을 말함이니,
즉 초목이나 가옥 기물 등이 이에 속한다. 정물점 역시 동물점과 마찬가
지로 그 정물에 주어진 명수(命數)를 알아보는 경우와 또는 그 정물로 인
한 조짐이 사람에게 미치는 길흉을 판단하는 경우 등이다. 사람은 생활
하면서 많은 정물을 접하고 또는 사용하게 되는데, 자주 접한다고 하여
쓸데없이 점을 하여서는 아니 된다. 그러므로 선생께서는 점을 할 만한
까닭이 없으면 점을 하지 말라고 주의를 환기한 것이다.

11) 단법후천기괘지례(端法後天起卦之例)

〔역주〕 단법후천기괘(端法後天起卦)라 함은 눈앞에 나타난 사물(事物)의
형상(形象)을 바르게 보고 그 물상을 취하여 기괘(起卦)하는 법을 뜻한다.
이미 변화되어 나타난 단말적(端末的) 형상을 八괘로 분류한 속상(屬象)에
의하여 괘를 취하는 것이므로 이를 후천기괘(後天起卦)라 한다. 예를 들면
소년을 보고 간(☶)괘를 취하고 마른 나무(枯木)에서 이(☲)괘를 취하는 류
이다. 그러므로 먼저 괘를 얻고 그 상하괘의 괘수(卦數)에 시수(時數)를 가
산한 총수로 동효를 취하는바, 이렇게 괘를 얻은 다음에 얻은 수를 곧 후천수
라고 하는 것이다.

① 물괘를 일으키는 예(物卦起例)

후천단법의 기괘(起卦)는 물상(物象)에서 괘를 취하여 상괘로 하고 그 물상의 방위(方位)를 하괘로 하며, 물괘의 수와 방괘의 수에 시수(時數)를 가산하여 그 총수로 동효를 취한다.

原文 : 物卦起例…後天端法 以物爲上卦 方位爲下卦 合物卦之數與方卦之數 加時數以取動爻

【해설】후천단법으로 괘를 일으키는 경우는 물상에서 취한 괘를 상괘로 하고 물상이 있는 방위괘를 하괘로 하며, 점괘를 이루는 것은 위 기례(起例)에서 밝힌 바와 같다. 그러나 방위를 정함에 있어서 괘를 취한 물상이 정물(靜物)인 경우에는 그 물상이 있는 방위를 가려서 방위괘를 취하면 되나, 괘를 취하는 물상이 사람이나 동물 등 움직이는 물상인 경우에는 오는 방위와 가는 방위가 있으므로 방위를 정하는 기준이 필요한 것이다. 예컨대 괘를 취하는 물상이 동남방에서 서북방으로 가고 있다면 어느 방위를 취하여야 할 것인가. 필자의 관견으로는 나를 향하여 오는 것을 보고 괘를 취하였다면 오는 방위를 취함이 마땅하고, 가는 것을 보고 괘를 취하였다면 가는 방위를 취함이 마땅할 것이다. 그리고 방위의 괘는 후천단법으로 괘를 일으킨 것이므로 당연히 문왕의 후천팔괘도를 기본으로 하여야 한다. 그러므로 동남방이면 손(☴)괘를 취하고 서북방이면 건(☰)괘를 취한다.

② 팔괘만물속류(八卦萬物屬類) 병위상괘(並爲上卦)

〔역주〕만물을 분류하여 팔괘에 배속(配屬)하는 것은 단법(端法)으로 괘를 취하기 위함이니, 물상을 보고 단법으로 취하여 얻은 괘를 상괘로 하고 그 물상이 있는 방위에서 취한 방위괘 하괘로 하여 점괘를 이루는바, 이는 이미 앞에서 해설한 바와 같다. 그리고 만물이 비록 다양하고 많으나 이를 분류하면 모두 팔괘(八卦)의 범주(範疇) 안에 배속할 수 있으며, 이 범주를 벗어나서 존재하는 것은 없다. 그러므로 수(數)로써 괘를 일으킬 수도 있고 또 만물의 형상을 보고 그대로 괘를 취할 수도 있는 것이다. 예를 들면 노인(老人)을 보고 건괘(乾卦)를 얻고 소년(少年)을 보고 간괘(艮卦)를 얻는 류이다. 수(數)를 얻어 그 수로써 괘를 일으키는 것을 선천(先天 先得數後得卦)이라 하고, 물상에서 단법으로 괘를 취하고 그 괘수(卦數)와 시수(時數)로 기수(起數)하는 것을 후천(後天 先得卦後得數)이라 한다.

· 건괘(乾卦☰)
하늘(天), 아버지(父), 노인(老人), 관귀(官貴), 머리(頭), 뼈(骨), 말(馬), 보주(寶珠), 금(金), 옥(玉), 나무열매(木果), 둥근 물건(圓物), 관(冠, 帽子), 거울(鏡), 강물(剛物), 대적색(大赤色).

· 곤괘(坤卦☷)
땅(地), 어머니(母), 할머니(老婦), 흙(土), 소(牛), 금(金), 베·비단(布帛), 문장(文章), 수레(輿), 상여(喪輿), 토산물(方物), 자루(柄), 황색(黃色), 질그릇(瓦器), 배(腹), 치마(裳), 흑색(黑色), 기장(黍稷), 글씨(書), 쌀(米), 곡식(穀).

· 진괘(震卦☳)

우레(雷), 장남(長男), 발(足), 모발(髮), 용(龍), 백충(百蟲), 발굽(蹄), 대나무(竹), 갈대밭(雚葦), 말울음(馬鳴), 모족(母足), 이마(額), 농사(稼), 악기류(樂器類), 초목(草木), 청벽녹색(靑碧綠色), 나무(樹), 나무씨(木核), 섶(柴), 뱀(蛇).

· 손괘(巽卦☴)

바람(風), 장녀(長女), 여승(僧尼), 닭(鷄), 넓적다리(股), 새(百禽), 잡초(百草), 절구(臼), 향기(香氣), 냄새(臭), 끈(繩), 눈(眼), 깃털(羽毛), 돛(帆), 부채(扇), 나무잎류(枝葉之類), 선도(仙道), 기술인(工匠), 곧은 물건(直物), 공구류(工匠之器).

· 감괘(坎卦☵)

물(水), 비·눈(雨雪), 기능공(工), 돼지(豕), 중남(中男), 하수구(溝瀆), 활(弓輪), 귀(耳), 피(血), 달(月), 도둑(盜), 궁율(宮律), 용마루(棟), 가시덤불(叢棘), 여우(狐), 질려(蒺藜), 질곡(桎梏), 수족(水族), 생선(魚), 소금(鹽), 술·젓갈(酒醢), 씨 있는 물건(有核之物), 흑색(黑色).

· 이괘(離卦☲)

불(火), 꿩(雉), 태양(日), 눈(目), 번개(電), 무지개(霓), 노을(霞), 중녀(中女), 갑옷(甲胄), 병기(戈兵), 문서(文書), 마른 나무(枯木), 화로(爐), 부엌(竈), 거북(龜), 게(蟹), 조개(蚌) 껍질이 있는 물건(凡有殻之物), 홍적자색(紅赤紫色) 꽃(花), 문인(文人), 건조물(乾燥物).

· 간괘(艮卦☶)

산(山), 흙(土), 소남(少男), 동자(童子), 개(狗), 손(手), 손가락(指), 지름길(徑路), 대궐문(門闕), 과일(果蓏), 내시(閹寺), 쥐(鼠), 범(虎), 여우(狐), 검은 부리의 족속(黔喙之屬), 나무에서 나는 물건(木生之物), 넝쿨의 열매류(藤生之瓜), 코(鼻).

· 태괘(兌卦☱)

못(澤), 소녀(少女), 무당(巫), 혀(舌), 첩(妾), 폐(肺), 양(羊), 부수고 꺾는 물건(毀折之物), 주둥이가 있는 기물(帶口之器), 금속류(屬金者) 폐품이나 결손된 물건(廢缺之物), 시중을 드는 여종(奴僕婢).

③ 팔괘방위도(八卦方位圖)

巽 東南方	離 南方	坤 西南方
震 東方	ⓤ中 中央	兌 西方
艮 東北方	坎 北方	乾 西北方

위 방위도는 이(離☲)괘는 남방, 감(坎☵))괘는 북방, 진(震☳)괘는 동방, 태(兌☱)괘는 서방이며, 사람은 그 중앙(中央)에 위치한다. 무릇 만물은 육갑(六甲)의 二十四방위를 쫓아오므로 위 방위도에 따라 하괘(下卦)를 작괘한다. 그리고 물괘(上卦)와 방위괘(方位卦)의 수(數)에 시

수(時數)를 가산하여 동효를 취한다.

原文 : 離南坎北震東兌西　人則介乎其中　凡物之從花甲來
竝起作下卦 加時取爻

【해설】위 방위도는 문왕의 후천팔괘도(文王八卦圖)에 의한 방위도이
다. 문왕괘도는 후천의 변화 원리를 밝힌 괘도이며, 점(占)을 하는 목적
은 변화를 판단하기 위한 것이므로 후천괘의 방위를 취하는 것이 원리에
합당하다. 만물이 화갑(花甲)의 방위를 쫓아온다고 한 것은 반드시 괘도
의 방위대로만 오는 것이 아니므로 화갑의 방위(二十四方位)를 참작하여
어느 괘의 방위인가를 가려서 작괘하라는 뜻이다.

2. 소강절 선생의 점례(占例)

【해설】소강절 선생이 점(占)을 한 것은 점술(占術)을 이용하기 위함이 아니라 점을 통하여 역(易)의 진리를 확인하기 위함이었다. 역에는 변역(變易)과 불역(不易)의 원리가 있는바, 변하고 바뀌는 것은 유형적(有形的)인 만물이고, 변하지 않는 것은 만물을 변역하게 하는 무형적(無形的) 원리이다. 변역하는 만물은 모두 유한(有限)한 존재로서 모두 명운(命運)에 따라 변화하고 그 수(數)에 따라 자연으로 돌아간다. 이 명수(命數)의 원리를 탐구하고 헤아리는 학문이 곧 역의 상수(象數) 원리이다. 선생은 상수역학의 원리를 바탕으로 사람의 명수(命數)는 물론 동물(動物)과 식물(植物) 그리고 기물(器物)에 이르기까지 모두 명수가 성립되어 있음을 점복(占卜)을 통하여 확인하였다. 이와 같이 상수원리를 통하여 명수를 확인할 수 있는 것은 일정불변(一定不變)하게 순환하는 불역의 원리가 있음으로써 가능한 것이다.

주자(朱子)가『역학계몽(易學啓蒙)』을 저술하면서 소강절 선생의 상수론(象數論)을 많이 인용하였는바, 이는 선생이 점을 통하여 역의 진리를 확인하였고 또한 그 확인방법과 상수원리를 저술을 통하여 밝혀놓았기 때문이다. 자신의 명수(命數)를 안다고 하더라도 그 변화를 바꿀 수는 없는 것이나 모르고 사는 것보다는 정신적으로 한 차원 높은 경지에서 초연(超然)한 삶을 누릴 수 있는 것이다. 다음의 점례는 선생께서 점을 통하여 명수(命數)를 확인한 과정을 점단(占斷) 방법과 아울러 밝힌 것이다.

선천점례(先天占例)

1) 매화를 구경하다가 점을 하다(觀梅占)
─ 연월일시로 점을 한 예(年月日時占例)

소강절 선생은 진년(辰年) 十二월 十七일 신시(申時)에 우연히 정원에 핀 매화를 구경하고 있었는데, 참새(雀) 두 마리가 서로 매화나무의 가지에 앉으려고 다투다가 땅에 떨어지는 것을 보았다. 선생은 혼잣말로 "동(動)하는 것이 없으면 점(占)하지 아니하고 어떤 일에 연유하지 않으면 점을 하지 않는다고 하였으나 지금 새 두 마리가 가지를 다투다가 땅에 떨어지는 것을 보니 이는 괴상한 일이다"라고 말하고 인하여 연월일시로써 수(數)를 일으켜 점을 하였다.

진(辰)년은 五수, 十二월은 十二수, 十七일은 十七수이니 이 연월일의 수를 합하여 三十四수를 얻게 되므로 이를 八수(八卦數)로 제하면 四八 三十二로 제하고 남는 수가 二수라 곧 태괘(兌卦☱)를 얻어 이를 상괘(上卦)로 하고, 상괘를 얻은 수 三十四수에 신(申)시 九수를 가산하여 합계 四十三수를 얻게 되므로 역시 八수로 제하면 五八 四十

으로 제하고 남는 수가 三이라 곧 이괘(離卦☲)를 얻어 하괘(下卦)로 하였다. 그리고 또 위 총수 四十三수를 六수(六爻數)로 제하면 六 七 一四十二로 제하고 남는 수가 一수이므로 동효(動爻)는 초효(初爻)이다. 이에 작괘를 마치니, 택화혁(澤火革)괘에 초효(初爻)동이라 택산함(澤山咸)괘로 변하고 호괘(互卦)에는 건(☰)금과 손(☴)목이 보인다.

이에 선생은 판단하기를 "얻은 괘를 자세히 살펴보니, 내일 저녁 때 여자가 담(牆) 위에서 꽃을 꺾으려다가 실수로 담 위에서 떨어져 넓적다리(股)를 다치는 일이 있게 되리라. 이렇게 판단하는 이유는 택화혁괘에 초효가 동하였으므로 변효(變爻)가 없는 태괘(☱)를 체괘(體卦)로 하고 변효가 있는 이괘(☲)를 용괘(用卦)로 하는데, 태금(兌金)의 체를 이화(離火)가 극(剋)하고 호괘의 손(巽☴)목이 이화(離火)를 도와 생(生-木生火)하는지라 체를 극하는 괘기(卦氣)가 왕성하다. 극(剋)을 당하는 태괘(☱)의 물상(物象)은 소녀(少女)이므로 인하야 여자가 다칠 것을 알았으며, 또 호괘의 손목(巽木☴)은 건금(乾金☰)과 태금(兌金☱)의 극(金剋木)을 받아 손목(巽木)이 손상을 당하게 되는바, 손(☴)의 물상(物象)은 넓적다리(股)에 해당하므로 다리를 다치는 것으로 응하였다. 그러나 다행히 초효가 동하여 간토(艮土☶)로 변하므로 태금(兌金)의 체가 생(土生金)을 얻게 되는지라 고로 여자가 다리를 다치기는 하나 위험한 지경에는 이르지 않을 것을 알았다"라고 하였다.

그 다음날 저녁 때 과연 이웃집 여자가 담 위에서 엎드려 꽃을 꺾으려고 하는데, 정원에서 일하는 사람이 꽃을 꺾지 말라고 고함을 지르자 이에 놀란 여자가 실수로 담 위에서 떨어져 다리를 다치는 일이 선생께서 판단한 대로 일어났다. 그리고 이 일로 인하여 매화나무는 가지가 부러지고 꽃은 모두 떨어졌다. 그러나 그 여자는 다리를 다치기는 하였으나 다행히 위험한 지경에는 이르지 않았다.

原文 : 辰年十二月十七日申時 康節先生偶觀梅 見二雀爭
枝墜地 先生曰不動不占不因事不占 今二雀爭枝墜地怪也 因
占之 辰年五數 十二月十二數 十七日十七數 共三十四數 除
四八三十二 得二屬兌爲上卦 加申時九數 總得四十三數 五八
除四十 零得三數爲離作下卦 又上下總四十三數 以六除六七
除四十二 得一零爲動爻 是爲澤火革初爻變咸 互見乾巽 斷之
曰詳此卦 明晚當有女子折花 園丁不知而逐之 女子失驚墜地
遂傷其股 右兌金爲體離火剋之 互中巽木復生起離火 則剋體
之卦氣盛 兌爲少女因知女子之被傷 而互中巽木又逢乾金兌
金剋之 則巽木被傷而巽爲股 故有傷股之應 幸變爲艮土兌金
得生 知女子但被傷而不至凶危也

【해설】위의 점단(占斷)은 괘를 얻기 전에 먼저 수(數)를 얻어 기괘(起
卦)하였으므로 이를 선천점(先天占)이라 한다. 고로 주역의 괘사(卦辭)
나 효사(爻辭)는 참작하지 아니하고 오로지 점괘(占卦)의 체용(體用)을
위주로 하여 괘기오행(卦氣五行)의 생극제화(生剋制化)와 당시에 응하
는 조짐(兆朕) 등을 종합하여 이치(理致)로 추구(推究)하고 이를 심역
(心易)으로 변통(變通 - 變而通之)한 연후에 길흉을 판단하며, 또한 괘의
물상(物象)으로써 판단하고자 하는 일의 구체적인 변화를 통변하는 것
이다. 그러므로 소강절 선생의 점단원리(占斷原理)를 이해하기 위해서는
기수기괘법(起數起卦法)과 아울러 선천팔괘의 괘수(卦數)와 괘기오행,
그리고 팔괘의 물상(物象) 등을 숙지(熟知)하는 것이 필수적이다.

그리고 서죽(筮竹)으로 괘를 이루는 점(占)은 아래의 초효(初爻)부터 작괘하여 올라가나 선생은 이미 나타난 사물(事物)을 보고 기수기괘(起數起卦)하므로 상괘(上卦)를 먼저 작괘하고 하괘(下卦)를 다음에 작괘하는 것이다. 선생의 점례 중에서 이 관매점이 가장 유명하며, 이로 인하여 선생의 역수(易數)를 관매수(觀梅數) 혹은 매화역수(梅花易數) 등으로 부르게 된 것이다.

2) 모란꽃의 미래를 점단하다(牧丹占)

사년(巳年) 三월 十六일 묘시(卯時)에 소강절 선생은 여러 사람과 더불어 당시 높은 벼슬에 재임하던 사마공(司馬公)의 집 정원에 있는 모란꽃을 구경하였는데 때마침 꽃이 만개하여 매우 아름다웠다. 이때 어떤 사람이 선생에게 "꽃이 만개하여 이처럼 아름다운데 꽃에도 역시 수(數)가 있습니까"라고 물으니, 선생은 "수(數)가 존재하지 않는 것은 없다. 또한 그대가 물어왔으므로 점을 하여 알아볼 수 있다"라고 대답한 다음 즉석에서 기수(起數)하여 점을 하였다.

사년(巳年)은 六수, 三월은 三수, 十六일은 十六수이니, 연월일의 수를 합하면 二十五수를 얻게 되므로 이를 三八 -二十四로 팔팔제지(八八除之)하여 남는 수가 一이라 곧 一수로써 건(乾☰)괘를 얻어 상괘(上卦)로 하고, 상괘를 얻은 수 二十五수에 묘시(卯時) 四수를 합산하여 총 二十九수를 얻으니, 역시 三八 -二十四로 제하고 남는 수가 五수이므로 곧 五수로써 손괘(巽卦☴)를 얻어 하괘(下卦)로 하였다. 그리고 위 총수 二十九를 六수로 제하여 四六 -二十四로 제하고 남는 수

五를 동효로 취하니, 이에 천풍구(天風姤)괘에 五효동이라 화풍정(火風鼎)괘로 변하였고 호괘(互卦)에는 건(☰)금이 거듭 보인다.

　선생은 작괘를 마친 다음 물었던 사람에게 "괴이(怪異)한 일이로다. 이 꽃은 내일 오시(午時)에 반드시 말(馬)에 짓밟혀 훼손을 당하게 되리라"라고 판단하니, 여러 사람들이 모두 선생의 말씀을 듣고 놀랐으나 믿지는 않는 듯하였다. 다음날 오시가 되니 과연 관원(官員) 두 사람이 말을 타고 그 앞을 지나다가 아름답게 만개한 모란꽃을 보고 말에서 내려 모란꽃을 구경하는데, 세워놓은 말 두 마리가 서로 물고 뜯는 싸움이 일어나 두 말이 모란꽃 사이로 들어가 날뛰면서 싸우는 통에 모란꽃은 모두 다 말굽에 짓밟혀 훼손되었다.

　이에 점괘대로 모란꽃이 말에 밟혀 훼손되었으므로 선생은 그렇게 판단한 원리를 말씀하시기를, "천풍구(天風姤)괘에 동효가 五효이므로 하괘인 손목(巽木☴)을 체로 하는데, 용괘(用卦-上卦)인 건금(乾金☰)이 체괘인 손목(巽木)을 극(金剋木)하고 호괘(互卦)에 건금(乾金)이 중중하여 체를 극하는 괘가 많으므로 괘중(卦中)에는 상생(相生)하는 뜻이 전혀 없다. 그러므로 반드시 모란꽃이 밟혀 훼손당할 것을 알았다. 그리고 말에게 밟힌다고 한 것은 건괘(☰)의 물상(物象)이 말이기 때문이다. 일어나는 시간을 오시(午時)라고 한 것은 동효에 의하여 건괘가 이괘(☲)로 변하였으므로 이는 이명(離明)의 상이라 고로 오(午)시로 판단한 것이다"라고 하였다.

原文 : 巳年三月十六日卯時　先生與客往司馬公家　共觀牧丹時値花開甚盛　客曰花盛如此亦有數乎　先生曰莫不有數且因問而可占矣　遂占之　以巳年六數　三月三數　十六日十六數　總得二十五數　除三八二十四數　零得一數爲乾爲上卦　加卯時

得四數　共得二十九數　又除三八二十四　得零五爲巽卦作下卦
得天風姤又以總計二十九數　以六除之　四六二十四　得零五爻
動　變鼎卦　互見重乾　遂語客曰怪哉　此花明日午時　當爲馬所
踐毀　衆客愕然不信　次日午時果有貴官觀牧丹　二馬相嚙群至
花間馳驟　花盡爲踐毀　斷之曰巽木爲體　乾金剋之互卦又見重
乾　剋體之卦多矣　卦中無生意　固知牧丹必爲踐毀　所謂馬者乾
爲馬也　午時者離明之象　是以知之也

【해설】소강절 선생은 판단한 원리는 밝혔으나 일어나는 시기를 그 다음
날로 판단한 이유는 밝히지 않으셨다. 필자가 생각하기에는 점을 한 날과
그 다음날의 일진(日辰)을 참작하였거나 아니면 꽃은 오래 갈 수 없는 것
이므로 점괘를 얻은 수(數)를 시간으로 계산하여 판단한 것이 아닌가 하
고 추리해보았다. 그리고 오(午)시라고 한 것은 변괘가 이(離)괘이므로
오(午)에 해당하며, 또 한 가지는 꽃을 훼손한 말(馬)도 역시 오(午─馬)
이므로 그렇게 판단한 듯하다. 만약 지금, 같은 연월일시에 모란꽃을 구
경하면서 똑같은 질문을 하였을 경우, 과연 위와 같이 점단(占斷)하여 적
중할 것인가는 의문이나, 요는 그것이 우연(偶然)이어야만 한다는 것이
다. 시험해보려는 사람의 의사가 개입되었다면 그것은 점복(占卜)의 도
(道)를 모독하는 것이므로 점험(占驗)을 얻을 수는 없다.
　『주역』몽(蒙)괘의「괘사」에 "몽(蒙)은 형통하니 내가 동몽(童蒙)을 구
(求)하는 것이 아니라 동몽이 나를 구함이니. 처음 점(占)을 하거든 알려
주고 두 번 세 번 하면 점을 모독하는 것이라 모독하면 알려주지 말지니
바르게 함이 이로우니라(蒙 亨 匪我求童蒙 童蒙求我 初筮告 再三瀆 瀆則
不告 利貞)"라고 함이 바로 그것이다. 그러므로 장난삼아 또는 좋은 괘가

나오지 않았다고 하여 두 번 세 번 점을 한다면 이는 신성한 점복의 도를 모독하는 것이므로 이 학문을 추구하는 사람으로서는 취할 바가 아니다.

3) 물건을 빌리려 문을 두드리는 소리를 듣고 점을 하다(隣夜扣門借物占)
    ── 소리를 듣고 점을 한 예(係聞聲占例)

겨울날 저녁 때 유시(酉時)에 선생께서는 바야흐로 화로를 끼고 앉아 한가하게 계셨다. 이때 밖에서 대문을 두드리는 소리가 들렸다. 처음은 한 번을 두드리고 그쳤다가 이어서 다섯 번을 두드리면서 하는 말이 물건을 빌리러 왔다고 하므로 선생은 그 사람을 들어오게 한 다음 무엇을 빌리러 왔는지 말하지 말라고 이르고, 같이 앉아 있던 아들에게 점(占)을 하여 무엇을 빌리러 온 것인지 알아보라고 하였다. 선생의 아들은 즉시 문을 두드린 소리로 수(數)를 일으켜 점을 하였다. 처음에 한 번을 두드렸으므로 一이라 一수는 건괘(乾卦☰)에 속하므로 이를 상괘(上卦)로 하고, 다음은 다섯 번을 두드렸으므로 五수라 이는 손괘(巽卦☴)에 속하므로 이를 하괘(下卦)로 하였다. 그리고 또 일건(一乾) 오손(五巽)의 합수 六에 유시(酉時)十수를 가산하여 총 十六수를 얻으니, 이를 六수로 제하여 二六 十二로 제하고 남는 四수를 동효로 취하였다.

이렇게 작괘(作卦)를 마치니, 천풍구(天風姤)괘에 四효가 동하여 중풍손(重風巽)괘로 변하였고 호괘(互卦)에는 건(乾☰)괘가 거듭 보인다. 이에 괘를 살펴보니 괘중에는 건금(乾金)이 셋이요 손목(巽木)이 둘이므로 이는 금목(金木)으로 된 물건이며, 또 건(☰)금은 짧은 것이고 손(☴)목은 긴 것이므로 이는 도끼(斧)이다.

그러나 선생의 아들은 판단하여 말하기를 "금은 짧고 나무는 긴 것 (金短木長)이므로 이는 기물(器物)이니, 빌리러 온 물건은 호미(鋤)입니다"라고 판단하여 아뢰었다. 이에 선생께서는 "호미가 아니라 반드시 도끼일 것이다"라고 말하고 그 사람에게 물어보니 과연 도끼를 빌리러 온 것이다. 아들이 그 까닭을 물으니, 선생은 말씀하시기를 "수(數)를 추리함에 있어서 반드시 먼저 그 이치를 밝혀야 한다. 괘(卦)만으로 추리한다면 도끼라고 해도 되고 호미라고 해도 되나 이치로 추리한다면 저녁 늦게 호미를 쓸 일이 있겠는가. 반드시 도끼를 빌려다가 땔감을 장만하려는 것이다"라고 하였다.

　　수를 추리함에 있어서 반드시 이치를 밝혀야 하는 것이 점복(占卜)의 절실한 요체이다. 그러므로 이치를 추구하지 않으면 그 진수를 얻을 수 없다. 이 학문을 탐구하는 사람은 기억해두어야 할 일이다.

　　原文 : 冬夕酉時 先生方擁爐 有扣門者 初扣一聲而止 繼而又 五聲 且云借物 先生令勿言 令其子占之試所借何物 以一聲屬乾爲上卦 以五聲屬巽爲下卦 又以一乾五巽共六數 加酉時十數 共得十六數 以六除之二六一十二 得天風姤第四爻變巽卦 互見重乾 卦中三乾金二巽木 爲金木之物也 又以乾金短而巽木長 是借斧也 子乃斷曰金短木長者器也 所借鋤也 先生曰非鋤必斧也 問之果借斧 其子問何故 先生曰起數必先明理以卦推之斧亦可也鋤亦可也 以理推之夕晚安用鋤必借斧 盖斧切于劈柴之用耳 推數又須明理爲占卜之切要也 盖數不推理是不得也 學數者誌之

〔역주〕선생의 아들은 소백온(邵伯溫)으로 역시 상수역학의 대가이다. 선생이 서거하신 후에 『황극경세서(皇極經世書)』를 비롯한 선생의 문집을 편찬하였다고 전한다. 그리고 선생의 아들이 점단(占斷)한 호미(鋤)는 김을 매는 자루가 긴 농기구로서 우리 나라의 호미와는 다르다.

4) 동정을 묻는 말로써 점을 하다(今日動靜如何)
― 말소리로 점을 한 예(係聲音占例)

선생의 벗이 놀러 와서 말하기를 "今日動靜如何(오늘 나의 동정이 어떠하겠는가)"라고 물으니, 소강절 선생은 '今日動靜如何' 여섯 자로 점을 하였다. 글자가 여섯 자이므로 이를 균등하게 평분(平分)하여 '今日動' 세 글자를 상괘로 평측(平仄－四聲)으로써 기수(起數)하였는바, '今' 자는 평성(平聲)이니 一수, '日'은 입성(入聲)이니 四수, '動'은 거성(去聲)이니 三수라 이를 합하면 八수이므로 곤괘(坤卦☷)를 얻어 상괘로 하고, 다음 '靜如何'를 하괘로 하여 '靜'은 거성이니 三수, '如'는 평성이니 一수, '何'는 역시 평성이니 一수라 이를 합하면 五수이므로 손괘(巽卦☴)를 얻어 하괘로 하였으며, 또 상하괘의 수를 합한 十三수를 六수로 제하여 二六－十二로 제하니 一수가 남는지라 이를 동효로 취하였다. 이에 작괘를 마치니, 지풍승(地風升)괘에 초효가 동하여 지천태(地天泰)괘로 변하였고 호괘(互卦)에는 진(震☳)목과 태(兌☱)금이 보인다.
선생은 점괘를 살펴본 다음 벗에게 "오늘은 초대를 받을 것이나 손님은 많지 않을 것이고 술은 취하지 않을 정도에 그칠 것이며, 음식은 닭국(鷄羹)에 기장밥 정도일 것이다"라고 판단하였다. 벗은 과연 저녁 때 초대를 받았는데 술과 음식이 선생의 판단과 같았다.

선생은 판단한 원리에 대하여 "지풍승(地風升)괘의 승(升)은 계단을 올라가는 뜻이 있고 호괘(互卦)의 진(震☳)과 태(兌☱)는 동서로 마주 보면서 자리를 같이 하는 상이며, 태(兌)의 상은 입(口)이고 곤(坤)의 상은 배(腹)이므로 먹는 일로 초대를 받을 것을 알았고, 손님이 많지 않은 것은 체괘(體卦)인 곤토(坤土)가 동류의 괘기(卦氣)가 없이 홀로 있기 때문이다. 술이 취하지 않을 정도임은 괘중에 감수(坎水☵)가 없기 때문이고, 음식이 닭국에 기장밥 정도임은 곤(坤)의 물상이 기장(黍稷)이므로 그렇게 판단한 것이다. 괘중에 상생하는 뜻이 없으므로 술이 많지 않고 음식도 풍성하지 못한 것이다"라고 말씀하였다.

原文 : 有客問曰今日動靜如何 遂將此六字占之 以平分今日動三字爲上卦 今平聲一數 日入聲四數 動去聲三數 共八數得坤爲上卦 以靜如何爲下卦 靜去聲三數 如平聲一數 何平聲一數 共五數得巽爲下卦 又以八五總爲十三數 除二六一十二 零得一數 爲地風升初爻動 變泰卦互見震兌 遂謂客曰今日有人相請 客不多酒不醉 味至鷄黍而已 至晚果然 斷曰升者有升階之義 互見震兌有東西席之分 卦中兌爲口坤爲腹 爲口腹之事 故知有人相請 客不多者坤土獨立無同類之卦氣也 酒不醉卦中無坎 味止鷄黍者坤爲黍稷耳 盖無相生之氣 故知酒不多食品不豊也

〔역주〕 선생은 판단한 원리를 밝히면서 닭(鷄)에 대하여는 설명이 없었다. 이는 용괘(用卦)인 손(巽)괘의 물상이 닭이므로 기장밥에 곁들여 계서(鷄黍)라고 한 것이다. 그리고 기수(起數)도 사성의 수로 하였는바, 지금은 사성음운(四聲音韻)을 쓰지 않는 시대이므로 획수로 기수하여도 무방할 듯하며, 또

한글로 쓴 글씨도 역시 획수를 헤아려 작괘하면 될 것이다.

5) 서림사의 현판을 보고 점을 하다(西林寺牌額占)
  — 자획으로 점을 한 예(係字畵占例)

　소강절 선생은 밖에 나왔다가 우연히 서림사(西林寺)의 편액(扁額－懸板)을 보시고 그 글자 중 '林'자의 나무목(木) 자에 치켜올리는 갈고리획(鉤劃)이 없으므로 이상하게 생각하고 글자의 획수로 수를 일으켜 점을 하였다. '西'자는 七획이므로 간괘(艮卦☶)를 얻어 상괘로 하고, '林'자는 八획이므로 곤괘(坤卦☷)를 얻어 하괘로 하였다. 그리고 상하괘의 합수 十五획을 六수로 제하고(二六－十二) 남는 수 三을 동효로 취하여 작괘하니, 산지박(山地剝)괘에 三효동이라 중산간(重山艮)괘로 변하였고 호괘에는 곤(坤☷)괘가 거듭 보인다.

　이에 판단하여 말하기를 "절(寺)은 순양(純陽－男子)의 사람들이 거처하는 곳인데, 지금 얻은 괘는 음효(陰爻)가 거듭되어 있고 또 박(剝)괘의 상으로 보면 음의 무리가 하나의 양효(上爻)를 깎아 내리는 조짐이 보인다. 이러한 괘상(卦象)으로 볼 때, 이 절에는 반드시 음인(陰人－女子)들에 의한 화(禍)가 있을 것이다"라고 판단하고 절에 들어가서 물어보니 과연 그러하였다. 이에 절의 승려(僧侶)에게 "편액의 수풀림(林)자에 왜 치켜올리는 구획(鉤劃)을 첨가하지 않는가. 그것만 고친다면 자연히 음인에 의한 화는 없어질 것이다"라고 일러주었다. 승려들은 선생의 말씀을 믿고 즉시 '林'자에 두 획을 첨가하였는데, 그 뒤 과연 무사하였다.

　선생은 위와 같이 판단한 원리에 대하여 "절은 순양(純陽)의 사람들이 거처하는 곳인데 순음(純陰)의 괘를 얻었으므로 불길한 것이며, 또 괘상

(卦象)이 음의 무리가 양을 깎아 내리는 뜻이 있으므로 음인(陰人)에 의한 화가 있었다. 이에 '林'자에 두 획(兩鉤)을 첨가할 것 같으면 十획이 되므로 八수로 제하고 남는 二수로 태괘(兌卦☱)를 얻어 하괘로 하므로 상괘인 간괘(艮卦☶)와 합하면 산택손(山澤損)괘에 동효는 五효가 되어 풍택중부(風澤中孚)괘로 변하며, 호괘에는 곤(坤☷)토와 진(震☳)목이 보인다. 이렇게 되면 손자익지(損者益之)하여 용괘(艮☶)와 호괘(☷ ☳)가 모두 체괘인 태(☱)를 생하여 길한 괘가 되므로 편안함을 얻게 되는 것이다"라고 하였다.

原文: 先生偶見西林寺之額 林字無兩鉤 因占之 以西字七畫爲艮作上卦 以林字八畫爲坤作下卦 以上七畫下八畫總十五畫除二六一十二零數得三 是山地剝卦第三爻動變艮 互見重坤 斷曰寺者純陽之所居 今卦得衆陰之爻 而又有群陰剝陽之兆 詳此則寺中當有陰人之禍 詢之果然 遂謂寺僧曰何不添林字兩鉤 則自然無陰人之禍矣 僧信然卽添林字兩鉤 寺果無事 右純陽之人所居 得純陰之卦故不吉 又有群陰剝陽之義故有陰人之禍 若添林字兩鉤 則十畫除八得二爲兌卦 合上艮是爲山澤損第五爻變動爲中孚卦 互卦見坤震 損者益之始用互俱生體爲吉卦 可以得安矣

이상의 점례(占例)는 모두 수(數)를 먼저 얻고 그 수로써 기괘(起卦)하였으므로 이른바 선천의 수이다.

原文 : 右以上竝是先得數 以數起卦 所謂先天之數也

단법점례(端法占例)

【해설】단법점(端法占)이라 함은 변화의 끝말(端末)에 나타난 형상(形象)을 보고 그 형상으로 괘(卦)를 취하여 작괘(作卦)하는 점법(占法)을 말함이다. 이 법은 나타난 형상에서 괘를 먼저 얻고 수(數)는 괘수(卦數)를 헤아려 뒤에 얻으므로 이른바 후천지수(後天之數)라고 하는 것이다. 이하의 점례는 모두 선생께서 단법으로 괘를 취하여 점을 한 점례이다.

1) 노인이 근심하는 빛이 있어 점을 하다(老人有憂色占)

소강절 선생이 기축일(己丑日) 묘시(卯時)에 우연히 길을 가다가 손방(巽方 - 東南方)으로 가는 노인이 얼굴에 근심하는 빛이 있으므로 선생은 노인에게 "어찌하여 얼굴에 근심하는 빛이 있습니까"라고 물으니, 노인은 "근심할 만한 일이 없다"고 하므로 괴이(怪異)하게 여겨 점을 하였다. 노인은 건(乾☰)에 속하므로 건괘를 상괘로 하고 손방(巽方)으로 가고 있었으므로 손괘(巽卦☴)를 하괘로 하여 천풍구(天風姤)괘를 얻었으며,

그리고 건(乾)一 손(巽)五의 괘수(卦數)에 묘시 四수를 합산하여 총 十수를 얻으므로 이를 六수로 제하고 四수를 얻어 동효로 하였다. 이에 성괘(成卦)하니 천풍구괘에 四효동이라 중풍손(重風巽)괘로 변하였다. 천풍구괘의 九四효사에 "包無魚起凶(꾸러미에 고기가 없으니 흉함이 일어나리라)"라고 하였으므로 역사(易辭)가 불길하다.

괘로써 논하면 동효가 없는 손목(巽木)이 체괘(體卦)인데, 용괘인 건금(乾金)이 극(剋-金剋木)하고 호괘에 건금이 거듭하여 모두 체괘를 극하는지라 생기(生氣)가 없으며, 또 점을 할 때 노인은 길을 가는 중이었으므로 그 응(應)함은 빠른 것이다. 그러므로 괘를 이룬 十수를 나누어 그 반을 취하여 노인에게 이르기를 "그대는 五일 동안 출입하지 말고 근신하시오. 만약 출입한다면 중한 화(禍)를 당할까 두렵소"라고 일러주었다. 그 뒤 노인은 과연 五일 안에 잔치집에 초대되어 가서 생선요리를 먹다가 센 생선뼈가 목에 걸려 아무것도 먹지 못하고 죽었다.

原文: 己丑日卯時偶在途行 有老人往巽方有憂色 問其何以有憂 曰無 怪而占之 以老人屬乾爲上卦 巽方爲下卦 是天風姤又以乾一巽五之數加卯時四數 總十數除六得四爲動爻 是爲天風姤之九四 易曰包無魚凶 是易辭不吉矣 以卦論之 巽木爲體乾金剋之 互卦又見重乾 俱是剋體竝無生氣 且時在途行其應速 遂以成卦之數中分而取其半 謂老人曰汝於五日內謹愼出入恐有重禍 果於五日內 此老往赴吉席 因魚骨鯁而終

【해설】 선천의 수(數)로 점을 한 경우는 먼저 수를 얻고 괘를 뒤에 얻으므로 주역의 괘사(卦辭)나 효사(爻辭)는 참작하지 않았으나, 후천의 수로

점을 하는 경우는 단법(端法)으로 괘를 먼저 얻고 수는 뒤에 얻으므로 주역 효사의 길흉을 본 다음에 체용(體用)의 괘상과 생극제화(生剋制化)를 살펴 점사(占事)의 길흉과 응기(應期)를 판단하는 것이다. 이 원리를 다시 부연(敷衍)하면 선천수는 역서(易書)가 나오기 전의 수이므로 선천수로 얻은 점괘는 역사(易辭)를 참작하지 아니하고 판단하나, 후천수는 역서가 나온 뒤의 수이므로 즉 괘를 먼저 얻고 괘에서 수를 취하여 동효를 얻은 까닭에 후천단법으로 얻은 점괘는 반드시 역서의 효사를 먼저 보고 길흉을 살핀 다음 체용괘의 생극제화를 살펴서 판단하는 것이다.

무릇 점단(占斷)을 함에 있어서 그 극응(剋應)하는 시기는 점을 할 당시의 동정(動靜)을 살펴서 점단한 일이 빨리 응할 것인가 또는 늦게 응할 것인가를 결정한다. 그러므로 걸어서 움직이는 경우는 그 응함이 빠르므로 성괘(成卦)한 수를 나누어서 그 반(半)을 취하는 것이다. 앉아 있는 경우는 그 응함이 느리므로 성괘한 수의 배(倍)로 정하며, 서 있는 경우는 반지반속(半遲半速)이라 성괘한 수로써 그 응하는 시기를 정하는 것이 가하다. 비록 이와 같으나 또한 변통(變通)이 필요한 것이니, 모란꽃이나 매화를 보고 점을 하는 류(類)는 두 꽃이 다 아침저녁에 시들 수 있는 것이므로 어찌 성괘의 수만큼 오래 갈 수 있겠는가.

原文 : 右凡占小剋應之期 看自己之動靜 以決事之遲速 故行則應速 以逐成卦之數中分而取其半也 坐則事應於遲當倍其成卦之數而定之也 立則半遲半速止以成卦之數定之可也雖然如是又在變通 如占牧丹及觀梅之類則二花皆朝夕之故豈特成數之久也

【해설】 점을 함에 있어서 길흉의 변화를 판단하고 그 응하는 시기를 정하는 것은 길흉을 판단하는 것 못지않게 중요한 것이다. 점괘를 얻은 성괘지수(成卦之數)로 응하는 시기(應期)를 정한다고 하였으나 그 응기가 날(日)로 응할 수도 있고 시간으로 응하는 경우도 있으며, 또는 달(月)로 응할 수도 있으므로 응기의 판단 역시 변통(變通)이 필요한 것이다.

『주역』「계사전(上十二章)」에 "천하의 잡란(雜亂 - 森羅萬象)함을 다 형상으로 나타내는 것은 괘상(卦象)에 있고, 천하에 동(動)하는 현상을 두드려 깨우치는 것은 말씀(辭 - 卦爻辭)에 있고, 변하고 화(化)함을 마름(裁 - 主宰)하는 것은 변(變 - 法則)에 있고, 이치를 미루어서 행하는 것은 통(通)함에 있고, 신묘한 이치를 밝히는 것은 사람에게 있고, 묵묵한 가운데 이루어 말하지 않아도 믿음이 있음은 덕행에 있는 것이다(極天下之 賾者存乎卦 鼓天下之動者存乎辭 化而裁之存乎變 推而行之存乎通 神而明之存乎人 默而成之不言而信存乎德行)"라고 함이 바로 점복(占卜)의 도(道)는 변통(變通)에 있음을 밝힌 것이다.

이 학문을 추구하는 사람은 「계사전」의 말씀을 깊이 새겨 신이명지(神而明之)할 수 있는 경지에 이르러야 할 것이다. 선생께서 심역(心易)으로 변통할 것을 강조하신 뜻이 여기에 있는 것이다.

2) 소년이 희색이 있음을 보고 점을 하다(少年有喜色占)

임신일(壬申日) 오시(午時)에 한 소년이 이방(離方 - 南方)에서 오는데 얼굴에 기쁜 빛을 띠고 있으므로 선생은 "무슨 기쁜 일이 있는가"라고 물어보니, 소년은 "아무런 기쁜 일이 없다"고 대답하므로 이상하게 여겨 점을 하였다. 소년은 간(艮☶)에 속하므로 간괘를 상괘(上卦)로 하고 남방에서 왔으므로 이괘(離卦☲)를 하괘(下卦)로 하여 산화비(山火賁)괘를 얻었으며, 상하괘의 수 간(艮)七 이(離)三에 오시(午時)七수를 합산하니 총 十七수라 이를 六수로 제하여(二六 - 十二) 남는 수 五를 동효로 취하였다. 이에 성괘하니 산화비괘에 五효동이라 풍화가인(風火家人)괘로 변하였다. 산화비괘의 六五효사에 "賁于丘園束帛戔戔吉(전원에 빛남이니 비단묶음의 예물이 작으나 마침내는 길하리라)"라고 하였으므로 역사(易辭)가 이미 길하다.

괘상을 살펴보니 산화비괘가 풍화가인괘로 변하고 호괘에 진(震☳) 감(坎☵)이 보이는바, 이화(離火)의 체를 호괘와 변괘가 모두 생(生)하여 돕고 있다. 이에 판단하여 말하기를 "자네는 十七일 안에 반드시 장가를 들게 되는 기쁨이 있으리라"라고 하였다. 그 뒤 기한에 이르자 과연 혼사(婚事)가 정하여졌다.

原文 : 壬申日午時 有少年從離方來喜形於色 問有何喜 曰 無 遂占之 以少年屬艮爲上卦 離爲下卦 得山火賁 以艮七離三加午時爲七 總十七數 除十二零五爲動爻 是爲賁之六五 爻曰賁於丘園束帛戔戔吉 易辭已吉矣 卦則賁之家人互見震坎 離爲體 互變俱生之 斷曰子於十七日內必有聘幣之喜 至期果然定親

3) 소(牛)의 슬픈 울음소리를 듣고 점을 하다(牛哀鳴占)

계묘일(癸卯日) 오시(午時)에 소의 울음소리가 감방(坎方 – 北方)에서 들려왔는데 그 소리가 아주 슬펐다. 선생은 이상하게 생각되어 점을 하였다. 소는 곤(坤 ☷)에 속하므로 곤괘를 상괘로 하고, 울음소리가 북방에서 들려왔으므로 감(坎 ☵)괘를 하괘로 하였다. 그리고 상하 괘의 수 감(坎)六 곤(坤)八에 오시(午時)七수를 합하여 모두 二十一수를 얻으니, 이를 六수로 제하고(三六 – 十八) 남는 수 三을 동효로 취하여 이에 성괘하니, 지수사(地水師)괘에 三효동이라 지풍승(地風升)괘로 변하였다. 지수사괘 六三효사에, "師或興尸凶(군사가 혹 시체를 수레에 싣고 돌아오니 흉하다)"라고 하였으므로 역사(易辭)가 불길하다.

괘상으로 보면 '지수사괘'가 '지풍승괘'로 변하고 호괘에 곤(☷) 진(☳)이 보이는바, 곤(☷)괘의 체를 호괘와 변괘가 모두 극(剋 – 木剋土)하므로 생기가 전혀 없다. 선생은 판단하기를 "이 소는 二十一일 안에 반드시 도살을 당하게 되리라"라고 하였다. 그 뒤 二十일에 군사(軍士)들을 위로하기 위하여 이 소를 사서 도살(屠殺)하였는바, 이를 아는 사람들은 모두 기이(奇異)하게 여겼다.

原文 : 癸卯日午時 有牛鳴於艮方其聲極悲 因占之 牛屬坤 爲上卦 艮方爲下卦 坎六坤八加午時七數 共二十一數 除三六 一十八三爻動 得地水師之三爻 六三易辭曰師或興尸凶 卦則 師變升互坤震 乃坤爲體互變俱剋之 竝無生氣 斷曰此牛二十 一日內必遭屠殺 後二十日人果買此牛殺以犒衆 悉皆異之

4) 닭(鷄)의 슬픈 울음소리를 듣고 점을 하다(鷄悲鳴占)

갑신일(甲申日) 묘시(卯時)에 닭의 울음소리가 건방(乾方-西北方)에서 들려왔는데, 그 소리가 몹시 슬프고 처량하였다. 선생은 이상하게 생각하고 점을 하였다. 닭은 손(巽☴)에 속하므로 손괘를 상괘로 하고 울음소리가 서북방에서 들려왔으므로 건(乾☰)괘를 하괘로 하여 풍천소축(風天小畜)괘를 얻었다. 이에 상하 괘의 수 손(☴)五 건(☰)一에 묘시(卯時)四수를 합하여 총 十수를 얻어 이를 六수로 제하고 남는 四수를 동효로 취하니, 풍천소축괘에 四효동이라 중천건(重天乾)괘로 변하였다. 소축괘의 六四효사에, "有孚血去惕出以血(믿음이 있으면 유혈참사도 없어지고 위태로움에서 벗어날 수도 있으리라)"라고 하였으나 피(血)를 말하였으니, 추리하면 닭을 잡는 뜻이 있다.

괘상으로 보면 소축괘가 건괘로 변하고 호괘에 이(離☲) 태(兌☱)가 보이는바, 건금(乾金☰)의 체를 이화(離火☲)가 극(剋)하고 괘중에는 손목(巽木)과 이화(離火)가 있으므로 닭을 잡아 삶는 뜻이 있다. 이에 선생은 판단하기를 "이 닭은 十일 안에 삶기게 되리라"라고 하였다. 그 뒤 과연 十일째 되는 날 손님이 와서 그 닭이 삶겨졌다.

原文 : 甲申日卯時 有鷄鳴于乾方 聲極悲愴 因占之 鷄屬巽 爲上卦 乾方爲下卦 得風天小畜 以巽五乾一 共六數加卯時四數 總十數除六 得四爻動變乾 是爲小畜之六四 易曰有孚血去 惕出以血 推之割鷄之義 卦則小畜之乾 互見離兌 乾金爲體離火剋之 卦中巽木離火有烹 之義 斷曰此鷄十日當烹 果十日客至有烹鷄之驗

5) 마른 가지가 떨어짐을 보고 점을 하다(枯枝墜地占)

무자일(戊子日) 진시(辰時)에 우연히 길을 가는 도중, 울창한 나무에서 바람도 불지 않는데 마른 가지가 스스로 태방(兌方－西方)으로 떨어졌다. 선생은 이상하게 여겨 점을 하였다. 마른 나무(枯木)는 이(離☲)에 속하므로 이괘를 상괘로 하고, 태(兌☱)방으로 떨어졌으므로 태괘를 하괘로 하여 화택규(火澤睽)괘를 얻었으며, 상하의 괘수 태(☱)二 이(☲) 三에 진시(辰時)五수를 합하여 총 十수를 얻어 이를 六수로 제하고 남는 四수를 동효로 취하니, 화택규괘에 四효동이라 산택손(山澤損)괘로 변하였다. 규(睽)괘 九四효사에 "睽孤遇元夫(규가 외로이 원부를 만나다)"라고 하였으며, 괘상을 살펴보면 화택규괘가 산택손괘로 변하였고 호괘에 감(坎☵) 이(離☲)가 보인다. 체괘가 태금(兌金☱)인데 용괘인 이화(離火)가 극(剋)하고 또한 규(睽)와 손(損)의 괘명(卦名)이 모두 손상(損傷)의 뜻이 있으므로 이에 판단하기를 "이 나무는 十일 안에 반드시 벌채(伐採)를 당하게 되리라"라고 하였다. 그 뒤 十일째 되는 날에 과연 관아(官衙)의 건축을 위해 이 나무를 벌채하였는데, 나무를 벌채한 장인(匠人－木手)의 자(字)가 원부(元夫)였으므로 공교롭게도 주역의 효사(爻辭) 고우원부(孤遇元夫, 외로이 원부를 만나다)와 부합(符合)하였다.

이상의 여러 점례(占例)는 모두 괘(卦)를 먼저 얻고 괘수로써 수를 일으키는 것이니, 이른바 후천(後天)의 수이다.

〔역주〕 나무를 벌채한 목수(木手)의 자(字-元夫)와 『주역』의 효사(孤遇元夫)가 일치한 데 대하여 율곡(栗谷) 선생은 『역수책(易數策)』(栗谷全書 권 14)에서 "나무의 마른 가지(枯枝)가 바람도 없는데 떨어지는 것을 보고 곧 장인(匠人)이 벌채하러 올 것을 안 것은 수(數)로써 그 물(物)의 변화를 추

리하여 장차 그렇게 될 것을 미리 안 것이나 원부(元夫)의 이름이 효사(爻辭)와 부합(符合)한 것은 우연(偶然)이다(枯枝無風而墜 則便知匠石之來伐 此則以數推物 而預知其將然也 若元夫之名則偶然也)"라고 하였다.

율곡 선생이 말씀한 우연이란 무엇을 말하는 것인가. 이는 사람의 의지가 개입함이 없이 스스로 그렇게 되었음을 말함이다. 사람이 일생을 살아가는 것은 사람의 의지대로 삶을 선택하는 것인가. 아니면 우연의 선택에 의하여 살아가게 되는 것인가. 사람들은 대개 잘된 선택은 자신의 의지라고 주장하나 잘못된 선택은 운(運)이라고 말한다. 우연이란 스스로 그러함(自然)을 말함인가. 혹은 조물주의 뜻이 작용하여 그렇게 되지 않을 수 없도록 운명적으로 정해놓은 것을 말함인가. 깊이 생각해볼 문제이다.

原文：戊子日辰時 偶行至中途 有樹蔚然 無風 枯枝自墜地 於兌方 占之 槁木爲離作上卦 兌方爲下卦 得火澤睽以兌二離 三加辰時五數 總十數除六零四 變山澤損 是睽之九四 易曰睽 孤遇元夫 卦中火澤睽變損 互見坎離 兌金爲體離火剋之 且睽 損卦名俱有傷殘之義 斷曰此樹十日當伐 果十日伐樹起公廨 而匠者適字元夫也. 以上諸占例 竝是先得卦以卦起數 所謂後 天之數也

【해설】이상 선천점과 후천점의 점례를 살펴보면 소강절 선생은 먼저 얻은 괘를 상괘로 하고 뒤에 얻은 괘를 하괘로 하며, 동효는 한 효(爻)만을 취하고 있다. 이 점법이 종래의 점법과 다른 이유는 『주역』의 서의(筮儀)는 서역(書易-周易)을 기본으로 하여 서죽(筮竹) 五十책(策)으로 효(爻)를 구하고 아울러 동효를 구하는 점법이고, 선생은 역서(易書)가 나오기 전의 수(數)를 기본으로 하여 점괘를 구하고 심역(心易)으로 변통

(變通)하는 점법이므로 다를 수밖에 없는 것이다. 그리고 동효를 구하는 법도 서죽(筮竹)으로 하는 경우는 노음(老陰) 노양(老陽)으로 동효를 취하므로 동효가 많이 나올 수 있으나, 선생은 상하 괘를 이룬 수에 시수(時數)를 가산한 총수를 六수로 제하고 남는 수로서 동효로 취하므로 반드시 동효는 하나이다. 그리고 체용(體用)괘를 구분하는 것도 주자(朱子)의 『역학계몽』에서는 반드시 내괘(內卦－下卦)를 체로 하고 외괘(外卦－上卦)를 용으로 하여 역사(易辭)를 기본으로 길흉회린(吉凶悔吝)을 판단하라고 하였으나, 선생은 동효가 없는 괘를 체(體)로 하고 동효가 있는 괘를 용(用)으로 하여 심역(心易)으로 이치를 추구(推究)하고 괘기오행(卦氣五行)의 생극제화(生剋制化)로 점사(占事)의 길흉을 판단하는 것이다. 다만 후천점의 경우에만 역사(易辭－爻辭)를 참작하나 이때에도 반드시 심역으로 추구하고 괘기의 생극제화를 살펴서 판단한다.

선생께서 밝히신 심역으로 변통(變通)하는 점법은 고금을 통하여 오직 하나뿐인 위대한 점법으로서 선생께서는 점을 통하여 역의 진리가 추호도 어긋남이 없음을 확인한 것이다.

3. 풍각조점(風覺鳥占)

풍각조점이라 함은 바람이 부는 것을 깨닫고 또는 새의 형상과 움직임 등을 보고 점을 하는 것을 이른다. 그러나 바람과 새만을 점하는 것이 아니라, 보이지 않는 바람을 보고 인간사회의 보이지 않는 변화를 깨닫고 새의 형상과 움직임을 보고 역시 사람의 길흉과 변화를 판단하는 것이다. 그러므로 무릇 괘(卦)에 배속된 사물을 점단(占斷)하는 것을 모두 풍각조점(風覺鳥占)이라고 한다. 예를 들면 역수(易數)를 다 관매수(觀梅數)라고 하는 것과 같은 것이다.

原文 : 風覺鳥占者 謂見風而覺 見鳥而占也 然非風鳥而占 而謂風覺鳥占也 凡卦之寓物者 皆謂之風覺鳥占 如易數總謂 之觀梅之數也

【해설】풍각(風覺)은 고대(古代)의 점법인 풍각점(風角占)에서 유래한 것이다. 풍각(風角)은 사방(四方－東西南北)과 사우(四隅－四間方, 東北 東南 西南 西北)에서 불어오는 바람을 팔괘의 방위에 배속하고 그 소리

는 오음(五音 - 宮商角徵羽)으로 감별하여 길흉을 판단하는 점법이다. 『후한서(後漢書)』에 "경씨(京氏, 京房 - 기원전 77~37)의 역학을 하는 사람은 풍각점을 잘한다(學京氏易 善風角星算)"라고 하였다. 그러나 여기서는 후천적으로 나타난 사물의 모든 현상을 보고 점하는 것을 총칭하는 것이라고 하였다.

1) 풍각점(風覺占)

풍각점이라 함은 그 바람을 보고 깨닫고 새를 보고 점하는 것을 말함이다. 무릇 바람이 일어남을 보고 점을 하고자 하면 곧 바람이 어느 방위에서 오는가를 보고 괘를 일으킨다. 또 반드시 그 때와 빛을 살피고 그 소리와 기세를 헤아린 연후에 그 길흉을 판단한다.

바람이 어느 방위에서 오는가를 보아 남방(離方)에서 불어오면 풍화가인(風火家人)괘, 동방(震方)에서 불어오면 풍뇌익(風雷益)괘를 얻는 류이다. 그 때를 살핀다 함은 봄은 만물을 발생하는 화창(和暢)한 바람이고, 여름은 만물을 길러 자라게 하는 바람이며, 가을은 만물을 숙살(肅殺)하는 바람이고, 겨울은 만물을 얼어붙게 하는 차가운 바람으로 보는 류이다. 그 색을 살핀다 함은 먼지나 연무(烟霧)의 구름을 띤 것이 황색으로 보이면 상서(祥瑞)로운 기(氣)이고, 푸른색은 반흉반길(半凶半吉)하며, 흰색은 주로 살기를 뜻하고, 검고 어두우면 흉하며, 붉은 색은 재난을 뜻하고, 분홍자색이면 길하다. 그 소리와 기세의 분별은 바람소리가 군진(軍陣)의 말발굽소리와 같으면 주로 투쟁을 하고, 파도소리와 같으면 위험에 놀랄 일이 있으며, 슬피 오열하는 듯하면 근심과 걱정이 있고, 악기를 연주하는 소리와 같으면 기쁜 일이 있으며, 떠들고 부르짖는 소리와 같으면 시끄러운 일이 있고, 맹렬하게 불타는 소리와 같으면 불에 놀라며, 잔잔하게 불어 서서히 지나가는 바람은 길하고 경사가 있을 조짐이다.

原文 : 風覺占者謂其見風而覺也 見鳥而占也 凡見風起而欲占之 便看風從何方而來 以之起卦 又須審其時察其色 以推其聲勢然後可斷其吉凶 風從何方來者 如風從南方來者爲家人(南方屬離火合得風火家人卦) 東來者爲益卦之類 審其時者 春爲發生和暢之風 夏爲長養之風 秋爲肅殺 冬爲凜冽之類 察其色者 帶埃煙雲氣 可見其色黃者祥瑞之氣 靑者半凶半吉 白主刃 氣黑昏者凶 赤色者災 紅紫者吉 辨其聲勢者 其風聲如陣馬主鬪爭 如波濤者有驚險 如悲咽者有憂虞 如奏樂者有喜事 如喧呼者主鬧開 如烈焰者有火驚 其聲洋洋而來徐徐而去者吉慶之兆也

2) 조점(鳥占)

조점이라 함은 새를 보고 점하는 것을 말함이다. 무릇 새의 무리를 보면 그 수를 헤아리고 그 있는 방위를 보며, 그 울음소리를 듣고 그 깃털의 색을 분별하여 모두 수(數)를 일으킬 수 있다. 또 반드시 그 이름을 살피고 그 지저귀는 울음소리로 길흉을 판단한다.

새를 보고 점을 함에 있어서 그 마리 수를 헤아리는 것은 한 마리면 건

(☰)괘, 두 마리면 태(☱)괘, 세 마리면 이(☲)괘에 속하는 류이다. 그
있는 방위를 보는 것은 즉 남방은 이(☲)괘, 북방은 감(☵)괘로 하는 류
이며 그 울음소리를 듣는 것은 새의 울음소리가 한 번이면 건(☰)괘, 두
번이면 태(☱)괘, 세 번이면 이(☲)괘에 속하는 류이니, 모두 괘를 일으
킬 수 있다. 또 그 울음소리를 듣는 것은 예를 들면 소리가 울부짖듯 시
끄러우면 주로 구설이 있고 슬피 오열하는 듯하면 주로 근심이 있으며,
소리가 맑고 명랑하면 주로 길하고 경사가 있는 류이니, 이는 울음소리
를 취하여 길흉을 판단하는 것이다. 그리고 이름의 뜻을 살피는 것은 까
마귀는 재난을 알리고 까치는 기쁨을 알리며, 난학(鸞鶴)은 상서롭고 독
수리(鴞鵬)는 요상한 류 등이다.

原文 : 鳥占者見鳥可占也 凡見鳥 數其隻數 看其方所聽其
聲音 辨其毛羽色皆可起數 又須審其名義 察其鳴叫取其吉凶
見鳥而占數其隻數者 如一隻屬乾 二隻屬兌 三隻屬離 看其方
所者 卽離南坎北之數 聽其聲音者 如鳥叫一聲屬乾 二聲屬兌
三聲屬離之類 皆可起卦 聽聲音者 若夫鳴叫之喧 者主口舌
鳴叫悲咽者主憂愁 鳴叫 亮者主吉慶 此取斷吉凶之聲音也 察
其名義者 如鴉報災 鵲報喜 鸞鶴爲祥瑞 鴞鵬爲妖孽之類是也

3) 청성음점(聽聲音占)

성음(聲音)이라 함은 예를 들면 고요한 방에서 보이는 것은 없으나 다
만 귀에 들리는 소리로써 기괘(起卦)하는 것이니, 혹은 그 소리를 헤아리

거나 그 방위를 살피고 혹은 그 물건의 소리를 분별하여 어느 괘에 속하느냐를 살피는 등으로 모두 괘를 지을 수 있으며, 그 소리의 희비(喜悲)를 살펴 판단의 참고로 한다.

그 수를 헤아리는 것은 소리가 한 번이면 건(☰)괘, 두 번이면 태(☱)괘에 속하는 류이고 그 방위를 분별하는 것은 남방은 이(☲)괘, 북방은 감(☵)괘로 하는 류이다. 또 사람의 음성이나 동물의 울음 등 소리가 입에서 나오는 것은 태(☱)괘에 속하고, 정물(靜物)을 두드리는 소리는 진(☳)괘에 속하는데 판자나 나무를 치거나 또는 기물을 두드리는 소리이다. 금속의 소리는 건(☰)괘에 속하는데 종(鐘)이나 경쇠(磬), 징(鉦), 방울소리(鐸) 등이고 불의 소리는 이(☲)괘에 속하는데 불타는 소리나 폭죽소리 등이며, 토(土)의 소리는 곤(☷)괘에 속하는데 터를 다지고 담을 쌓는 소리나 언덕이 무너지고 산이 갈라지는 소리 등이니, 이는 물건의 소리를 분별하여 그 소속한 괘를 살피는 것이다. 또 소리의 희비를 살펴 길흉 판단에 참고로 하는 것은 예를 들면 사람의 웃는 말소리나 길한 말 또는 즐거워하는 웃음소리 등을 들으면 기쁜 일이 있고, 슬픈 울음소리나 원망하는 소리, 또는 근심하는 말, 욕설, 신세한탄 등의 소리를 들으면 불길하다.

原文：聲音者 如靜室無所見 但於耳中所聞起卦 或數其數 驗其方所 或辨其物聲詳其所屬皆可起卦 察其喜悲助斷吉凶 數其數目者 如一聲屬乾 二聲屬兌 驗其方所者 離南坎北之類 是也 如人語聲及動物鳴叫之聲 聲自口出者屬兌 而靜物扣擊 屬震 鼓拍搥敲板木之聲是也 金聲屬乾 鐘磬鉦鐸之聲是也 火 聲屬離 烈焰爆竹等聲是也 土聲屬坤 築基杵垣坡崩山裂是也

此辨其物聲詳其所屬也 察其悲喜助斷吉凶者 聞人語笑聲又說
吉語娛笑者 有喜也 悲泣聲與怨聲愁語及罵詈窮歎等聲不吉也

4) 형물점(形物占)

형물점이라 함은 무릇 물건의 형상을 보고 괘를 일으키는 것을 이름이
니, 예를 들면 물건이 둥근 것은 건(☰)괘에 속하고, 강(剛)한 것은 태
(☱)괘에 속하며, 네모가 진 것은 곤(☷)괘에 속하고, 부드러운 것은 손
(☴)괘에 속하며, 위가 넓은 것은 진(☳)괘에 속하고, 엎어진 것은 간
(☶)괘에 속한다. 또 긴 물건은 손(☴)괘에 속하고, 가운데는 강하고 밖
은 부드러운 것은 감(☵)괘에 속하며, 안은 부드럽고 밖은 강한 것은 이
(☲)괘에 속한다. 또 건조하고 마른 것은 이(☲)괘에 속하고, 문채(文
彩)가 있는 것 역시 이(☲)괘에 속하며, 가로막는 용도에 쓰이고 또는 물
건이 파손된 것은 태(☱)괘에 속한다.

原文 : 形物占者 凡見物形可以起卦 如物之圓者屬乾 剛者
屬兌 方者屬坤 柔者屬巽 仰者屬震 覆者屬艮 長者屬巽 中剛
外柔者屬坎 內柔外剛者屬離 乾燥枯槁者屬離 有文彩者亦屬
離 用障礙之勢物之破者屬兌

5) 험색점(驗色占)

무릇 색상으로 점을 함에 있어서 색이 푸른 것은 진(☳)괘, 홍색이나 자색 적색은 이(☲)괘, 황색은 곤(☷)괘, 흰색은 태(☱)괘 검은색은 감(☵)괘에 속하는 류이다.

原文 : 凡占 色之靑者屬震 紅紫赤者屬離 黃色者屬坤 白色 屬兌 黑色屬坎之類是也

6) 팔괘소속내외동정지도(八卦所屬內外動靜之圖)

건(乾 ☰)

검고 누런색(玄黃), 큰 붉은색(大赤色), 금옥(金玉), 보주(寶珠), 거울(鏡), 사자(獅), 둥근 물건(圓物), 나무(木), 과실(菓), 귀한 물건(貴物), 관(冠), 코끼리(象), 말(馬), 백조(天鵝), 굳은 물건(剛物).

감(坎 ☵)

물점병(帶水子), 씨 있는 물건(帶核之物), 돼지와 물고기(豕魚), 활 바퀴(弓輪), 물의 용구(水具), 수중의 물건(水中之物), 소금(鹽), 술(酒), 검은 색(黑色).

〔주〕玄은 하늘의 색, 黑은 물의 색.

간(艮 ☶)

토석(土石), 황색(黃色), 범(虎), 개(狗), 흙 속의 물건(土中之物), 쥐(鼠), 외과의 과일(瓜菓), 뭇새(百禽), 부리가 검은 물건(黔啄之物).

진(震 ☳)

대나무(竹木), 청·녹·벽색(靑綠碧色) 용·뱀(龍蛇), 갈대 숲(葦), 풀

(草), 대나무악기(竹木樂器), 번성하고 선명한 물건(蕃鮮之物).

손(巽☴)

나무(木), 뱀(蛇), 긴 물건(長物), 청·벽·녹색(靑碧綠色) 곧은 물건(直物), 대나무 그릇(竹木之器), 산림숲의 새(山木之禽鳥), 나무공예그릇(工巧之器), 향(香), 닭(鷄).

이(離☲)

불(火), 문서(文書), 무기(干戈), 갑옷(甲胄), 꿩(雉), 거북(龜), 게(蟹), 소라(螺), 조개(蚌), 자라(鼈), 마른 나무(枯木), 색이 붉은 물건(物赤色).

곤(坤☷)

흙(土), 만물(萬物), 오곡(五穀), 부드러운 물건(柔物), 황색(黃色), 소(牛), 실 솜(絲綿), 천 비단(布帛), 수레(輿), 황금(金), 질그릇(瓦器), 뭇 새(百禽).

태(兌☱)

금속칼날(金刃), 금속그릇(金器), 악기(樂器), 못 가운데 물건(澤中之物), 백색(白色) 주둥이가 결손 된 물건(有口缺之物), 양(羊).

【해설】 내외 동정(動靜)의 사물을 분류하여 팔괘에 배속한 것은 나타난 사물의 동정을 보고 이를 단법(端法)으로 괘를 취하여 점괘를 이루기 위함이다. 만사만물(萬事萬物)의 변화를 헤아리기 위해서는 먼저 내외 사물의 동정을 살펴 점괘를 얻어야만 그 길흉회린(吉凶悔吝)을 판단할 수 있기 때문이다.

앞에 예시한 선생의 단법점례를 보면 단법으로 점괘를 얻어 판단한 것이 그대로 추호의 오차도 없었음을 볼 때, 위의 사물분류는 팔괘의 상리(象理)에 의하여 배속한 것이므로 그 원리를 체득하여야만 어떤 사물이라도 유추(類推)하여 괘를 취할 수 있을 것이다.

4. 팔괘만물류점(八卦萬物類占)

〔역주〕 아래의 사물분류는 만사만물(萬事萬物)을 팔괘의 범주(範疇) 안에 배속한 것이니, 팔괘에 담겨져 있는 상수(象數)의 원리로써 만사만물을 분류할 수 있고 또 만물의 변화를 판단할 수 있으므로 제목을 '팔괘만물류점'이라 한 것이다. 이는 눈에 보이는 모든 사물(事物)에서 괘(卦)를 취하고 아울러 점괘를 변통(變通)하여 정확한 판단을 할 수 있도록 하기 위함이다. 그러므로 팔괘의 사물분류를 유추(類推)하고 변통한다면 어떤 사물이라도 모두 괘를 취하여 점괘를 얻을 수 있고 또한 점괘를 판단함에 있어서는 외응(外應)과 조짐(兆朕) 등을 물상에 근거하여 유추하고 변통할 수 있으며, 또는 시서(時序)에 따른 괘기의 쇠왕(衰旺)과 희기(喜忌) 등을 분별하여 인사 백반에 활용할 수 있는 것이다. 그러므로 이 학문의 심오한 경지에 이르기 위해서는 팔괘에 배속한 사물분류를 바탕으로 하여 분류한 상수(象數)의 원리를 궁구(窮究)하고 깨닫는 것이 그 첩경(捷徑)이라고 할 수 있다.

그리고 아래의 팔괘 분류에 배속된 중괘(重卦 ─大成卦) 역시 다른 사물과 마찬가지로 팔괘의 범주 안에 배속한 것이며, 중괘의 배열순서는 팔궁(八宮)의 괘변원리에 따른 순서이다. 팔궁의 괘변은 팔본궁(八本宮 ─重天乾 重澤兌 重火離 重雷震 重風巽 重水坎 重山艮 重地坤)을 기본으로 하여 제一변(初爻變), 제二변(二爻變), 제三변(三爻變), 제四변(四爻變), 제五변(五爻變), 제

六변(遊魂 -返下四爻), 제七변(歸魂 -還本宮)으로 마친다. 이는 선진(先秦)
시대의 상수역학에서 유래한 것이다.

1) 건괘(乾卦☰) 一 金

건위천(乾爲天), 천풍구(天風姤), 천산둔(天山遯), 천지비(天地否),
풍지관(風地觀), 산지박(山地剝), 화지진(火地晉), 화천대유(火天大有)

〔天時〕하늘(天), 얼음(氷), 우박(雹), 노을(霞).

〔地理〕서북방(西北方), 서울(京都), 큰 고을(大郡), 명승지(形勝之
地), 높고 건조한 곳(高亢之所).

〔人物〕임금·아버지(君父), 대인(大人), 노인(老人), 덕망 있는 사람
(長者), 환관(宦官 -內侍), 명인(名人), 공직인(公門人).

〔人事〕강건한 무용(剛健武勇), 과감한 결단(果決), 움직임이 많고 고
요함은 적다(多動少靜), 위는 높고 아래는 굴한다(高上下屈).

〔身體〕머리(首), 뼈(骨), 폐(肺).

〔時序〕가을(秋), 九·十월의 바뀜(九十月之交), 술해연월일시(戌亥
年月日時), 오금연월일시(五金年月日時).
〔주〕九十月之交는 霜降에서 立冬으로 바뀜.

〔動物〕말(馬), 백조(天鵝), 사자(獅), 코끼리(象).

〔靜物〕금옥(金玉), 보주(寶珠), 둥근 물건(圓物), 나무열매(木果),
거울(鏡), 굳고 강한 물건(剛物), 관(冠).

〔屋舍〕관공서(公廨), 누대(樓臺), 높은 집(高堂), 큰 집(大厦), 역사
(驛舍), 서북향의 집(西北向之居).

〔家宅〕 가을의 점은 집이 흥왕한다(秋占宅興旺), 여름의 점은 재난이 있다(夏占有禍), 겨울의 점은 집이 몰락한다(冬占冷落), 봄의 점은 길하고 이롭다(春占吉利).

〔주〕 가택점에 건(☰)괘를 체괘(體卦)로 얻었을 때의 예이다.

〔婚姻〕 귀관의 집안이나 명성 있는 집안과 혼사(貴官之眷 有聲名之家), 가을의 점은 혼인이 성사된다(秋占宜成), 겨울 여름의 점은 불리하다(冬夏占不利).

〔주〕 역시 건(☰)괘를 체괘로 얻었을 때의 예이다.

〔飮食〕 말고기(馬肉), 진미(珍味), 뼈 많은 음식(多骨), 간과 허파고기(肝肺), 마른 고기(乾肉), 나무과일(木果), 모든 동물의 머리(諸物之首), 매운 음식(辛辣之物).

〔生産〕 쉽게 낳는다(易生), 가을의 점은 귀자를 낳는다(秋占生貴子), 여름의 점은 손상이 있다(夏占有損), 서북을 향한 앉음이 좋다(坐宜向西北).

〔주〕 건(☰)괘를 체괘로 얻었을 때의 예이다.

〔求名〕 명성이 있다(有名), 조정의 내직이 좋다(宜隨朝內任), 형관(刑官), 무관(武職), 권력을 장악한다(掌權), 서북방의 직책이 좋다(宜西北方之任), 임금의 특사(天使), 역관(譯官).

〔謀望〕 도모함은 성취한다(有成), 관청이 유리하다(利公門), 움직이는 중에 재가 있다(宜動中有財), 여름의 점은 성취가 안 된다(夏占不成), 겨울의 점은 노력에 비해 성취함은 적다(冬占多謀少遂).

〔주〕 건(☰)괘를 체괘로 얻었을 때의 예이다.

〔交易〕 금옥 진귀한 보주 귀화의 교역이 마땅하다(宜金玉珍寶珠貴貨), 쉽게 성취된다(易成), 여름의 점은 교역이 불리하다(夏占不利),

〔주〕건(☰)괘를 체괘로 얻었을 때의 예이다.

〔求利〕 재운이 있다(有財), 금옥이 이롭다(金玉之利), 관청에서 득재한
다(公門中得財), 가을의 점은 이익이 크다(秋占大利), 여름의
점은 손재한다(夏占損財), 겨울의 점은 재운이 없다(冬占無財).
〔주〕건(☰)괘를 체괘로 얻었을 때의 예이다.

〔出行〕 출행함이 이롭다(利於出行), 서울로 들어감이 좋다(宜入京
師), 서북방으로 출행함이 이롭다(利西北之行), 여름의 점은
출행이 불리하다(夏占不利).
〔주〕건(☰)괘를 체괘로 얻었을 때의 예이다.

〔謁見〕 대인을 봄이 이롭다(利見大人), 덕행이 있는 사람을 봄이 좋
다(有德行之人), 고관을 봄이 마땅하다(宜見官貴), 알현이 가
능하다(可見).
〔주〕건(☰)괘를 체괘로 얻었을 때의 예이다.

〔疾病〕 머리와 얼굴의 질병(頭面之疾), 폐병(肺疾), 근육과 뼈의 질병
(筋骨疾), 상초의 질병(上焦病), 여름의 점은 질병에 불리하
다(夏占不利).

〔官訟〕 송사는 유리하게 된다(健訟), 귀인의 도움을 받는다(有貴人
助), 가을의 점은 송사에 이긴다(秋占得勝), 여름의 점은 송사
로 이익을 잃는다(夏占失利).
〔주〕건(☰)괘를 체괘로 얻었을 때의 예이다.

〔墳墓〕 서북향으로 씀이 마땅하다(宜向西北), 건(서북방)산의 기맥
이 마땅하다(宜乾山氣脈), 천연적 혈이 마땅하다(宜天穴), 높은
곳의 묘지가 마땅하다(宜高), 가을의 점은 산음으로 귀한 자손
이 난다(秋占出貴), 여름의 점은 장례에 크게 흉하다(夏占大凶).
〔주〕건(☰)괘를 체괘로 얻었을 때의 예이다.

116

〔方道〕 서북(西北, 乾卦方 - 戌亥方).

〔五色〕 큰 붉은 색(大赤色), 검은 색(玄色, 天色).

〔姓字〕 쇠금변이나 금을 띤 글자(帶金傍者), 상음(商音 - ㅅ ㅈ ㅊ),
　　　　행 一四九(行一四九).

〔數目〕 一(乾卦之數), 四(陰金之數), 九(陽金之數).

〔五味〕 매운 맛(辛 辣).

2) 곤괘(坤卦 ☷) 八土

곤위지(坤爲地), 지뇌복(地雷復), 지택림(地澤臨), 지천태(地天泰),
뇌천대장(雷天大壯), 택천쾌(澤天夬), 수천수(水天需), 수지비(水地比)

〔天時〕 구름이 가려 흐림(雲陰), 안개(霧氣).

〔地理〕 전야(田野), 향리(鄕里), 평지(平地), 서남방(西南方).

〔人物〕 노모(老母), 후모(后母), 농부(農夫), 시골사람(鄕人), 뭇사람
　　　　(衆人), 배가 큰 사람(大腹人).

〔人事〕 인색(吝嗇), 유순(柔順), 나약(懦弱), 많은 군중(衆多).

〔身體〕 배(腹), 비장(脾), 위(胃), 살(肉).

〔時序〕 진술축미월(辰戌丑未月, 三月 九月 十二月 六月), 미신연월
　　　　일시(未申年月日時), 八五十월일(八五十月日).

〔靜物〕 네모진 물건(方物), 부드러운 물건(柔物), 베 비단(布帛), 실
　　　　솜(絲綿), 오곡(五穀), 수레(輿), 도끼(斧), 질그릇(瓦器).

〔動物〕 소(牛), 백수(百獸), 암말(爲牡馬).

〔屋舍〕 서남향 집(西南向), 시골집(村居), 전원주택(田舍), 왜소한
집(矮屋), 흙계단(土墻), 창고(倉庫).

〔家宅〕 안온한 집(安穩), 음기가 많음(多陰氣), 봄의 점은 집안이
불안(春占宅舍不安).
〔주〕 곤(☷)괘를 체괘로 얻었을 때의 예이다.

〔飮食〕 쇠고기(牛肉), 토중의 산물(土中之物), 단맛(甘味), 전원의 맛
(野味), 오곡의 맛(五穀之味), 토란 죽순류(芋筍之物), 내장으
로 만든 음식(腹臟之物).

〔婚姻〕 혼인에 이롭다(利于婚姻), 지주 가문이 마땅하다(宜稅産之
家), 향촌의 가문(鄉村之家) 혹은 과부집안(或寡婦之家), 봄
의 점은 혼사에 불리하다(春占不利).
〔주〕 곤(☷)괘를 체괘로 얻었을 때의 예.

〔生産〕 쉽게 출산한다(易産), 봄의 점은 난산한다(春占難産), 봄의 출
산은 태아에 손상이 있다(有損), 혹은 산모에게 불리하다(或
不利於母), 서남방에서 출산함이 좋다(生宜西南方).
〔주〕 곤(☷)괘를 체괘로 얻었을 때의 예.

〔求名〕 명망이 있다(有名), 서남방에서 구함이 마땅하다(宜西南
方) 혹은 교관(或教官), 농관·지방수령(農官守土之職), 봄의
점은 헛된 이름뿐이다(春占虛名).
〔주〕 곤(☷)괘를 체괘로 얻었을 때의 예.

〔交易〕 교역을 함이 이롭다(宜利交易), 전지의 교역이 마땅하다(宜田
土交易), 오곡의 교역이 이롭다(宜五穀利), 값싼 물건이 유리
(賤貨), 무거운 화물이 유리(重物), 베 비단이 유리(布帛), 조
용한 가운데 재물이 있다(靜中有財), 봄의 점은 교역에 불리
하다(春占不利).

〔주〕 곤(☷)괘를 체괘로 얻었을 때의 예.

〔求利〕 이익 있다(有利), 흙(土) 가운데 이익을 구함이 마땅하다(宜
土中之利), 값싸고 무거운 물건이 유리하다(賤貨重物之利),
고요한 중에 재물을 얻는다(靜中得財), 봄의 점은 재운 없다
(春占無財), 많고 흔한 가운데서 이익을 취하라(多中取利).
〔주〕 곤(☷)괘를 체괘로 얻었을 때의 예.

〔謀望〕 도모함이 유리하다(利求謀), 향리에서 도모하라(鄕里求謀),
조용히 도모하라(靜中求謀), 봄의 점은 성취함이 적다(春占少
遂) 혹은 부녀자와 도모하라(或謀於婦人).
〔주〕 곤(☷)괘를 체괘로 얻었을 때의 예.

〔出行〕 출행이 가하다(可行), 서남행이 좋다(宜西南行), 시골행이
좋다(宜往鄕里行), 육로가 좋다(宜陸行), 봄의 출행은 불리하
다(春占不宜行).
〔주〕 곤(☷)괘를 체괘로 얻었을 때의 예.

〔謁見〕 알현이 가능하다(可見), 고향사람을 봄이 이롭다(利見鄕
人), 친한 벗을 봄이 이롭다(宜見親朋) 혹은 여인을 알현하게
된다(或陰人), 봄의 알현은 마땅치 않다(春不宜見).
〔주〕 곤(☷)괘를 체괘로 얻었을 때의 예.

〔疾病〕 배의 질병(腹疾), 비위의 질병(脾胃之病), 음식의 정체 증상
(飮食停傷), 곡식의 소화불량(穀食不化).

〔官訟〕 송사는 순조롭다(理順), 여러 사람의 도움을 얻는다(得衆
情), 송사를 해소함이 마땅하다(訟當解散).
〔주〕 곤(☷)괘를 체괘로 얻었을 때의 예.

〔墳墓〕 서남향의 혈이 마땅하다(宜向西南之穴), 평평한 양지에 모
심이 좋다(平陽之地), 들의 근처가 좋다(近田野), 낮은 곳에

모심이 마땅하다(宜低葬), 봄의 장례는 불가하다(春不可葬).

〔주〕곤(☷)괘를 체괘로 얻었을 때의 예.

〔姓字〕궁음(宮音 - ㅇ ㅎ) 토를 띤 성씨(帶土姓人), 행위(行位) 八 五 十

〔數目〕八(坤卦之數), 五(陽土之數), 十(陰土之數).

〔方道〕서남(西南, 坤卦方位 - 未申方).

〔五味〕단맛(甘).

〔五色〕황색(黃), 검은 색(玄),

〔주〕육지와 바다의 색 또는 晝夜의 색.

3) 진괘(震卦 ☳) 四 木

진위뇌(震爲雷), 뇌지예(雷地豫), 뇌수해(雷水解), 뇌풍항(雷風恒),
지풍승(地風升), 수풍정(水風井), 택풍대과(澤風大過), 택뇌수(澤雷隨)

〔天時〕우레(雷).

〔地理〕동방(東方), 수목(樹木), 시장(鬧市), 큰길(大途), 죽림 초목
이 무성한 곳(竹林草木茂盛之所).

〔身體〕발(足), 간(肝), 모발(髮), 성음(聲音).

〔人事〕기동(起動), 성냄(怒), 헛된 놀램(虛驚), 치고 떠든다(鼓躁),
움직임이 많다(多動), 고요함이 적다(少靜).

〔人物〕장남(長男).

〔時序〕춘삼월(春三月), 묘연월일시(卯年月日時), 四三八월일(四三
八月日時).

〔靜物〕 나무와 대(木竹), 갈대밭(雚葦), 대나무·나무 악기(樂器－屬竹木者), 번성하고 선명한 화초(花草繁鮮之物).

〔動物〕 용(龍), 뱀(蛇).

　　〔주〕龍은 도롱룡 등 龍字가 붙은 동물.

〔屋舍〕 동향집(東向之居), 산림 속의 집(山林之處), 누각(樓閣).

〔家宅〕 집안에 놀랄 일이 불시에 있다(宅中不時有虛驚), 봄 겨울은 길하다(春冬吉), 가을의 점은 불리하다(秋占不利).

　　〔주〕진(☳)괘를 체괘로 얻었을 때의 예.

〔飮食〕 발굽요리(蹄), 정육(肉), 산림야화(山林野火), 생선(鮮肉), 신과일(菓酸味), 채소(茱蔬).

〔婚姻〕 혼인이 성사된다(可有成), 명성 있는 가문과 혼인한다(聲名之家), 장남의 혼사에 유리하다(利長男之婚), 가을은 혼사에 불리하다(秋占不宜婚).

　　〔주〕진(☳)괘를 체괘로 얻었을 때의 예.

〔求名〕 명망이 있다(有名), 동방의 직책이 마땅하다(宜東方之任), 호령을 발하고 시행하는 직책(施號發令之職), 형벌과 감옥을 관장하는 벼슬(掌刑獄之官), 다(茶)·죽목(竹木)에 과세하는 직책(有茶竹木稅課之任) 혹은 시장과 상품을 관리하는 직책(或鬧市司貨之職).

　　〔주〕진(☳)괘를 체괘로 얻었을 때의 예.

〔生産〕 놀람으로 태동이 불안하다(虛驚胎動不安), 첫 애면 반드시 생남한다(頭胎必生男), 동향으로 앉아 있음이 좋다(坐宜東向), 가을의 점은 반드시 손실이 있다(秋占必有損).

　　〔주〕진(☳)괘를 체괘로 얻었을 때의 예.

〔疾病〕 발의 질병(足疾), 간경의 질병(肝經之疾), 공포불안(驚怖不安).

〔謀望〕 가망이 있다(可望), 구함이 가하다(可求), 움직이면서 도모함이
마땅하다(宜動中謀), 가을의 점은 성취하기 어렵다(秋占不遂).
〔주〕 진(☳)괘를 체괘로 얻었을 때의 예.

〔交易〕 교역을 이룸이 유리(利於成交), 가을의 점은 이루기 어렵다(秋占
難成), 산림산물(木竹茶)의 교역이 이롭다(山林木竹茶貨之利).
〔주〕 진(☳)괘를 체괘로 얻었을 때의 예.

〔官訟〕 송사가 유리하다(健訟), 송사로 공연한 놀람이 있다(有虛
驚), 따지는 방향으로 전환하면 송사는 불리하다(行移取勘反覆).
〔주〕 진(☳)괘를 체괘로 얻었을 때의 예.

〔謁見〕 알현 가능(可見), 산림의 재야인사를 봄이 마땅하다(宜見山林
之人), 명성 있는 인사를 알현함이 이롭다(利見宜有聲名之人).
〔주〕 진(☳)괘를 체괘로 얻었을 때의 예.

〔出行〕 동방으로 출행함이 유리하다(宜向利於東方), 산림에 사는
사람을 찾아감이 유리하다(利山林之人), 가을의 점은 출행이
불리하다(秋占不宜行), 다만 헛된 놀람이 두렵다(但恐虛驚).
〔주〕 진(☳)괘를 체괘로 얻었을 때의 예.

〔墳墓〕 동향의 묘혈이 이롭다(利於東向), 산림의 혈이 좋다(山林中
穴), 가을은 불리하다(秋不利).

〔姓字〕 각음성씨(角音 - ㄱ ㅋ), 목을 띤 성씨(帶木姓氏), 행위(行位)
四八三.

〔數目〕 四(震卦之數), 八(陰木之數), 三(陽木之數).

〔方道〕 동(東, 震卦之方 - 卯方).

〔五味〕 신맛(酸味).

〔五色〕 청(靑), 녹(綠), 벽(碧).

122

4) 손괘(巽卦 ☴) 五 木

손위풍(巽爲風), 풍천소축(風天小畜), 풍화가인(風火家人),
풍뇌익(風雷益), 천뇌무망(天雷无妄), 화뇌서합(火雷噬嗑),
산뇌이(山雷頤), 산풍고(山風蠱)

〔天時〕 바람(風).

〔地理〕 동남방의 땅(東南方之地), 초목이 무성한 곳(草木茂秀之所),
꽃 과일 채소농원(花果菜園).

〔人物〕 장녀(長女), 준수한 선비(秀士), 홀로 사는 부인(寡婦之人),
산림에서 선도를 하는 사람(山林仙道之人).

〔人事〕 유순, 온화(柔和), 정처가 없다(不定), 고무(鼓舞), 리시삼배
(利市三倍), 진퇴에 결과가 없다(進退不果).

〔身體〕 팔과 넓적다리(股肱), 기운(氣), 풍병(風疾).

〔時序〕 봄 여름의 바뀜(春夏之交), 三五八月일시(三五八之月日
時), 삼월(三月), 진사연월일시(辰巳年月日時), 사월(四月).

〔靜物〕 나무향(木香), 노끈(繩), 곧은 물건(直物), 긴 물건(長物), 대
나무(竹木), 목공예 기물(工巧之器).

〔動物〕 닭(鷄), 모든 새(百禽), 산림의 새와 벌레(山林中之禽虫).

〔屋舍〕 동남향의 집(東南向之居), 절간 누각(寺觀樓閣), 산림의 집(山
林之居).

〔家宅〕 안온한 도시가 이롭다(安穩利市), 봄의 점은 집안이 길하다
(春占吉), 가을의 점은 집안이 불안하다(秋占不安).
〔주〕 손(☴)괘를 체괘로 얻었을 때의 예.

〔飮食〕 닭고기(鷄肉), 산림에서 나는 먹거리(山林之味), 채소와 과일
(蔬菓), 신맛(酸味).

〔婚姻〕 혼사가 이루어진다(可成), 장녀의 혼사가 마땅하다(宜長女
之婚), 가을의 점은 혼사에 불리하다(秋占不利).
〔주〕 손(☴)괘를 체괘로 얻었을 때의 예.

〔生産〕 쉽게 출산한다(易生), 첫애면 생녀(頭胎生女), 가을의 점은
낙태한다(秋占損胎), 동남방을 향하여 앉음이 마땅하다(宜向
東南坐).
〔주〕 손(☴)괘를 체괘로 얻었을 때의 예.

〔求名〕 명망이 있다(有名), 문관으로서 풍교를 다스리는 직책이 마땅
하다(宜文職有風憲之力), 풍헌이 마땅하다(宜入風憲), 나무의
산물을 과세하는 직책(宜茶課竹木稅貨之職), 동남방의 직책
이 마땅하다(宜東南之任).
〔주〕 1) 손(☴)괘를 체괘로 얻었을 때의 예.
2) 풍헌(風憲)은 지방의 관원으로서 풍속의 교화를 담당하고
아울러 풍기를 단속하였다.

〔求利〕 三배의 이익이 있다(有利三倍), 산림의 이익이 마땅하다(宜山林之
利), 가을의 점은 불길(秋占不吉), 산림 목재류(山林木貨之類).
〔주〕 손(☴)괘를 체괘로 얻었을 때의 예.

〔謀望〕 도모함이 가능하다(可謀望), 재운이 있다(有財), 성취 가능하다(可
成), 가을의 점은 노력을 많이 해도 성취함은 적다(秋占多謀少遂).
〔주〕 손(☴)괘를 체괘로 얻었을 때의 예.

〔出行〕 출행 가능(可行), 출입에 이익 있다(有出入之利), 동남방으로 행
함이 마땅하다(宜向東南行), 가을의 출행은 불리하다(秋占不利)
〔주〕 손(☴)괘를 체괘로 얻었을 때의 예.

〔謁見〕 알현 가능(可見), 산림의 인사를 봄이 이롭다(利見山林之
人), 문인선비를 봄이 이롭다(利見文人秀士).

　　〔주〕 손(☴)괘를 체괘로 얻었을 때의 예.

〔疾病〕 팔다리의 질병(股肱之疾), 풍의 질환(風疾), 장의 질병(腸
疾), 중풍(中風), 한사병(寒邪), 기의 질병(氣疾).

〔姓字〕 각음의 성(角音 - ㄱ ㅋ), 초와 목변의 성씨(草木傍之姓氏),
행위(行位) 五 三 八.

〔官訟〕 화해함이 마땅하다(宜和), 풍헌의 견책을 당할까 두렵다(恐遭
風憲之責).

〔墳墓〕 동남방향의 묘혈이 마땅하다(宜東南方向), 산림의 묘혈이 좋
다(山林之穴), 나무가 많은 곳이 좋다(多樹木), 가을의 점은
불리하다(秋占不利).

〔數目〕 五(巽卦之數), 三(陽木之數), 八(陰木之數).

〔方道〕 동남(東南, 巽卦之方 - 辰巳之方)).

〔五味〕 신맛(酸味).

〔五色〕 청록(靑綠), 벽결백(碧潔白),

　　〔주〕 碧潔白은 깨끗한 푸른색.

5) 감괘(坎卦 ☵) 六 水

　　감위수(坎爲水), 수택절(水澤節), 수뇌둔(水雷屯),
　　수화기제(水火旣濟), 택화혁(澤火革), 뇌화풍(雷火豊),
　　지화명이(地火明夷), 지수사(地水師)

〔天時〕 비(雨), 달(月), 눈(雪), 서리(霜), 이슬(露).

〔地理〕 북방(北方), 강호(江湖), 계곡의 냇물(溪澗), 우물(泉井), 낮고 습한 땅(卑濕之地), 봇도랑 · 하수도랑 · 못 · 늪 등 무릇 물이 있는 곳(溝瀆池沼凡有水處).

〔人物〕 중남(中男), 강호의 사람(江湖之人), 뱃사람(舟人), 도적(盜賊).

〔人事〕 낮은 데 있으면서도 음험하다(陰險卑下), 밖으로 보임은 부드럽다(外示以柔), 안의 성품은 날카롭다(內序以利), 떠돌아 다니나 성취함은 없다(漂泊不成), 파도를 따르고 흐름을 좇는다(隨波逐流).

〔身體〕 귀(耳), 혈액(血), 신장(腎).

〔時序〕 겨울 十一月(冬十一月), 자연월일시(子年月日時), 一 · 六의 월일(一 六之月日).

〔靜物〕 수대자(水帶子), 씨앗을 띤 물건(帶核之物), 활 바퀴, 부드럽게 바로 잡은 물건(弓輪矯揉之物), 술과 물을 담는 그릇(酒器水具),

〔動物〕 돼지 · 물고기(豕魚), 수중의 물건(水中之物).

〔屋舍〕 북향집(向北之居), 물가 집(近水), 수중의 누각(水閣), 강변정자(江樓), 찻집 · 주점(茶酒肆), 집안의 땅이 습한 곳(宅中濕地之處).

〔飮食〕 돼지고기(豕肉), 술(酒), 찬 맛(冷味), 해물의 맛(海味), 국 · 탕의 신맛(羹湯酸味), 묵은 음식(宿食), 생선(魚), 대혈(帶血), 담근 음식(淹藏), 씨앗을 띤 물건(有帶核之物), 수중의 산물(水中之物), 뼈 많은 음식(多骨之物).

〔家宅〕 불안하고 한때 암매하다(不安一暗昧), 도둑을 예방하라(防盜), 〔주〕 감(☵)괘를 체괘로 얻었을 때의 예.

〔婚姻〕 중남의 혼사에 유리하다(利中男之婚), 북방의 혼인은 마땅
하다(宜北方之姻), 성혼은 불리하다(不利成婚), 진술축미월
에 혼인함은 불가하다(不可婚辰戌丑未月).
　　〔주〕 감(☵)괘를 체괘로 얻었을 때의 예.

〔生産〕 난산의 위험이 있다(難産有險), 첫애가 아니면 좋다(宜次
胎), 아들이면 중남(男中男), 진술축미월은 손상이 있다(辰戌
丑未月有損), 북쪽을 향함이 좋다(宜北向).
　　〔주〕 감(☵)괘를 체괘로 얻었을 때의 예.

〔求名〕 명예를 구함에 어려움이 있다(艱難), 모함을 받는 재난이 두
렵다(恐有災陷), 북방의 직책이 마땅하다(宜北方之任), 수산
물이나 항만관리직(魚鹽河泊之職), 술에 식초를 겸한 관리직
(酒兼醋).
　　〔주〕 감(☵)괘를 체괘로 얻었을 때의 예.

〔求利〕 재물의 손실이 있다(有失財), 물(水)가의 재물이 마땅하다
(宜水邊財), 물에 침몰하는 손실이 두렵다(恐防失陷), 생선이
나 소금이 이롭다(宜魚鹽), 술 종류의 상품이 이롭다(酒貨之
利), 음성적 손실을 예방하라(防陰失), 도둑을 예방하라(防盜).
　　〔주〕 감(☵)괘를 체괘로 얻었을 때의 예.

〔交易〕 교역을 함이 불리하다(不利成交), 함몰되는 손실을 예방하
라(恐防失陷), 물가의 교역은 좋다(宜水邊交易), 생선·소
금·주류의 교역은 좋다(宜魚鹽酒貨之交易) 혹은 삼수변 성
씨와 교역함이 유리하다(或點水人之交易).
　　〔주〕 감(☵)괘를 체괘로 얻었을 때의 예.

〔謀望〕 도모함은 마땅하지 않다(不宜謀望), 성취가 불가능하다(不
能成就), 가을과 겨울에 도모함은 가능하다(秋冬占可謀望).

〔주〕 감(☵)괘를 체괘로 얻었을 때의 예.

〔出行〕 멀리 감은 좋지 않다(不宜遠行), 배편으로 감은 좋다(或有水傍
姓氏之人), 북방의 출행은 좋다(宜北方之行), 도둑을 예방하라
(防盜), 험한 길에서 물에 빠지는 일을 만날까 두렵다(恐遇險
阻陷溺之事).

〔주〕 감(☵)괘를 체괘로 얻었을 때의 예.

〔謁見〕 알현이 어렵다(難見), 강호의 사람을 봄은 마땅하다(宜見江湖
之人) 혹은 삼수변의 성씨를 봄은 좋다(或有水傍姓氏之人).

〔주〕 감(☵)괘를 체괘로 얻었을 때의 예.

〔疾病〕 귀병(耳疼), 심장병(心疾), 감기(感寒), 신장병(腎病), 위가 냉
하여 설사(胃冷水瀉), 냉한 고질병(痼冷之病), 혈액병(血病).

〔주〕 감(☵)괘를 체괘로 얻었을 때의 병.

〔官訟〕 송사는 불리하다(不利), 음모가 있다(有陰險), 송사로 인한 손
실이 있다(有失因訟), 실수에 빠진다(失陷).

〔주〕 감(☵)괘를 체괘로 얻었을 때의 예.

〔墳墓〕 북향의 혈이 좋다(宜北向之穴), 물(水) 가까운 곳의 묘(近
水傍之墓), 장례는 불리하다(不利葬).

〔주〕 감(☵)괘를 체괘로 얻었을 때의 예.

〔姓字〕 우음(羽音 - ㅁ ㅂ ㅍ) 삼수변의 성씨(點水傍之姓氏), 행위
(行位) 一 六.

〔數目〕 一(陽水之數), 六(陰水之數, 坎卦之數).

〔方道〕 북방(北方, 坎卦之方-子方).

〔五味〕 짠맛(鹹), 신맛(酸).

〔五色〕 검은색(黑).

6) 이괘(離卦 ☲) 三 火

이위화(離爲火), 화산여(火山旅), 화풍정(火風鼎),
화수미제(火水未濟), 산수몽(山水蒙), 풍수환(風水渙),
천수송(天水訟), 천화동인(天火同人)

〔天時〕 태양(日), 번개(電), 무지개(虹), 암무지개(霓), 노을(霞).

〔地理〕 남방(南方), 높고 건조한 땅(高亢之地), 부엌·아궁이(窯竈)
용광로·대장간(爐冶之所), 굳고 마른 땅(剛燥厥地), 양지바
른 땅(其地面陽).

〔人物〕 중녀(中女), 문인(文人), 배가 큰 사람(大腹), 눈병이 있는 사
람(目疾人), 갑옷과 투구를 갖춘 인사(介冑之士).

〔人事〕 글과 그림이 있는 곳(文畵之所), 총명한 재사(聰明才學), 마음
을 비우고 서로 본다(相見虛心), 글쓰는 일(書事).

〔身體〕 눈(目), 마음 심장(心), 상초(上焦).

〔時序〕 여름 五월(夏五月), 오화연월일시(午火年月日時), 三二七일
(三二七日).

〔靜物〕 불(火), 서책(書), 글(文), 갑옷 투구(甲冑), 방패 창(干戈), 말린
옷(槁衣), 건조한 물건(乾燥之物), 붉은 색의 물건(赤色之物).

〔動物〕 꿩(雉), 거북(龜), 자라(鱉), 게(蟹), 소라(螺), 조개(蚌).

〔屋舍〕 남향집(南舍之居), 햇볕이 잘 드는 집(陽明之宅), 밝은 창(明
窗), 빈 방(虛室).

〔家宅〕 집안이 안온하다(安穩), 평온하고 좋다(平善), 겨울의 점은
불안하다(冬占不安), 점괘에 체를 극하면 주로 화재를 당한다

(剋體主火災).

〔주〕이(☲)괘를 체괘로 얻었을 때의 예.

〔飮食〕 꿩고기(雉肉), 지지고 볶은 음식(煎炒), 불에 구운 음식(燒炙
之物), 건포류(乾脯之類), 삶은 고기(熱肉).

〔婚姻〕 혼사는 성사 안 된다(不成), 중녀의 혼사는 이롭다(利中女
之婚), 여름의 점은 혼사가 가능하다(夏占可成), 겨울의 점은
불리하다(冬占不利).

〔주〕이(☲)괘를 체괘로 얻었을 때의 예.

〔生産〕 쉽게 낳는다(易産), 둘째면 딸이다(産中女), 겨울의 점은 태아에
손상이 있다(冬占有損), 남쪽을 향하여 앉음이 좋다(坐宜向南).

〔주〕이(☲)괘를 체괘로 얻었을 때의 예.

〔求名〕 명망이 있다(有名), 남방의 직책이 좋다(宜南方之職), 문관의
벼슬(文官之任), 제련 광산의 관리직이 좋다(宜冶爐坑場之職).

〔주〕이(☲)괘를 체괘로 얻었을 때의 예.

〔求利〕 재물이 있다(有財), 남방에서 구함이 좋다(宜南方求), 문서의
재물이 있다(有文書之財), 겨울의 점은 손실이 있다(冬占有失).

〔주〕이(☲)괘를 체괘로 얻었을 때의 예.

〔交易〕 교역이 가능하다(可成), 문서로 교역함이 좋다(宜有文書之交易).

〔謀望〕 도모할 기망이 있다(可以謀望), 문서로 하는 일이 마땅하다
(宜文書之事).

〔出行〕 출행이 가하다(可行), 남방으로 향함이 좋다(宜動向南方), 문
서로 행함이 성취한다(就文書之行), 겨울의 점은 출행이 불리
하다(冬占不宜行), 배를 타고 출행함은 좋지 않다(不宜行舟).

〔주〕이(☲)괘를 체괘로 얻었을 때의 예.

〔謁見〕 남방 사람을 봄이 가하다(可見南方人), 겨울의 알현은 순조롭

지 않다(冬占不順), 가을에는 학문을 하는 재사를 본다(秋見
文書考案才士).

〔주〕 이(☲)괘를 체괘로 얻었을 때의 예.

〔官訟〕 쉽게 해소된다(易散), 문서가 동한다(文書動), 송사를 밝게 분
별한다(辭訟明辨).

〔주〕 이(☲)괘를 체괘로 얻었을 때의 예.

〔疾病〕 눈병(目疾), 심장병(心疾), 상초의 병(上焦), 열병(熱病), 여
름의 점은 더위를 먹는다(夏占伏暑), 시절의 병(時疫).

〔주〕 이(☲)괘를 체괘를 얻었을 때의 예.

〔墳墓〕 남향의묘(南向之墓), 나무가 없는 양지쪽 혈(無樹木之所陽
穴), 여름의 점은 문인이 난다(夏占出文人), 겨울의 점은 불리
하다(冬占不利).

〔주〕 이(☲)괘를 체괘로 얻었을 때의 예.

〔姓字〕 치음(徵音－ㄴ ㄷ ㅌ ㄹ), 치음의 성씨 또는 인(人)변의 성씨
(帶次及立人傍姓氏), 행위(行位) 三 二 七.

〔數目〕 三(離卦之數), 二(陰火之數), 七(陽火之數).

〔方道〕 남(南, 離卦之方－午方).

〔五色〕 빨간색(赤), 자색(紫), 분홍색(紅).

〔五味〕 쓴맛(苦).

7) 간괘(卦艮☶) 七 土

간위산(艮爲山), 산화비(山火賁), 산천대축(山天大畜),
산택손(山澤損), 화택규(火澤睽), 천택이(天澤履),
풍택중부(風澤中孚), 풍산점(風山漸)

〔天時〕구름(雲), 안개(霧), 산(山), 산의 기운·아지랑이(嵐).

〔地理〕산 지름길(山徑路), 산성 근처(近山城), 산 언덕(坵陵), 무덤
(墳墓), 동북방(東北方, 艮卦方).

〔人物〕소남(少男−第三男), 한가한 사람(閑人), 산중인(山中人).

〔人事〕가로막힌다(阻滯), 고요함을 지킨다(守靜), 진퇴를 결정하지
못한다(進退不決), 서로 등진다(反背), 거처에 머무른다(止
住), 보이지 않는다(不見).

〔身體〕손가락(手指), 뼈(骨), 코(鼻), 등(背).

〔時序〕겨울과 봄의 달(冬春之月), 十二월(十二月), 축년월일시(丑年
月日時), 토연월일시(土年月日時), 七 五 十수월일(七五十數
月日).

〔靜物〕토석(土石), 외과 과일(瓜菓), 황색 물건(黃物), 흙 속의 물건
(土中之物).

〔動物〕범개(虎狗), 쥐(鼠), 백수(百獸), 부리가 검은 동물(黔喙之物).

〔家宅〕집안이 안온하다(安穩), 모든 일이 막힌다(諸事有阻), 집안 사
람들이 화목하지 못하다(家人不睦), 봄의 점은 집안이 불안하
다(春占不安).

〔주〕간(☶)괘를 체괘로 얻었을 때의 예.

132

〔屋舍〕 동북방의 거처(東北方之居), 산의 암석이 가까이 있는 거처 (山居近石), 길가의 집(近路之宅).

〔飮食〕 흙 속 산물의 맛(土中之味), 모든 짐승고기(諸獸之肉), 무덤 둔덕에 있는 죽순 등속(墓畔竹笋之屬), 야생 산물의 맛(野味).

〔婚姻〕 장애가 막혀 성사가 어렵다(阻隔難成), 성사가 되어도 늦다(成亦遲), 막내아들의 혼사는 이롭다(利少男童之婚), 봄의 점은 혼사에 불리하다(春占不利), 마주 보는 고을의 혼사는 좋다(宜對鄕里婚).
　　〔주〕 간(☶)괘를 체괘로 얻었을 때의 예이다.

〔求名〕 장애가 막혀 명망이 없다(阻隔無名), 동북방의 직책은 좋다(宜東北方之任), 지방 또는 산성을 지키는 직책은 좋다(宜土官山城之職).
　　〔주〕 간(☶)괘를 체괘로 얻었을 때의 예.

〔求利〕 재물을 구하나 장애가 있다(求財阻隔), 산림에서 재물을 취함이 마땅하다(宜山林中取財), 봄의 점은 불리하다(春占不利), 재물의 손실이 있다(有損失).
　　〔주〕 간(☶)괘를 체괘로 얻었을 때의 예.

〔生産〕 난산이다(難産), 출산에 위험한 진통이 있다(有險阻之阨), 동북으로 향함이 좋다(宜向東北), 봄의 점은 손실이 있다(春占有損).
　　〔주〕 간(☶)괘를 체괘로 얻었을 때의 예.

〔交易〕 교역은 성사가 어렵다(難成), 산림과 농지의 교역은 있다(有山林田土之交易), 봄의 점은 손실이 있다(春占有失).
　　〔주〕 간(☶)괘를 체괘로 얻었을 때의 예.

〔謀望〕 도모하는 일이 장애가 막혀 이루기 어렵다(阻隔難成), 진퇴를 결정할 수 없다(進退不決).
　　〔주〕 간(☶)괘를 체괘로 얻었을 때의 예.

〔出行〕 멀리 출행함은 좋지 않다(不宜遠行), 장애가 있다(有阻), 가

까운 육지의 출행은 좋다(宜近陸行).

〔주〕간(☶)괘를 체괘로 얻었을 때의 예.

〔謁見〕알현이 불가능하다(不可見), 장애가 있다(有阻), 산림의 인사
를 봄은 좋다(宜見山林之人).

〔주〕간(☶)괘를 체괘로 얻었을 때의 예.

〔疾病〕손가락의 질병(手指之疾), 비장 위장의 질병(脾胃之疾).

〔官訟〕송사는 귀인이 가로막고 있다(貴人阻滯), 송사도 안 되고 화
해도 안 된다(未訟未解), 묶이고 얽혀서 해결이 안 된다(牽連
不決).

〔주〕간(☶)괘를 체괘로 얻었을 때의 예.

〔墳墓〕동북의 혈이 좋다(東北之穴), 산중의 혈도 좋다(山中之穴),
봄의 점은 불리하다(春占不利), 길에서 가까운 돌이 있는 곳
이 가하다(近路邊有石).

〔주〕간(☶)괘를 체괘로 얻었을 때의 예.

〔姓字〕궁음의 성씨(宮音 - ㅇ ㅎ), 흙토변의 성씨(帶土字傍姓氏), 행
위(行位) 五 七 十.

〔數目〕五(陽土之數), 七(艮卦之數), 十(陰土之數).

〔方道〕동북방(東北方, 艮卦之方-丑寅方).

〔五色〕황색(黃色).

〔五味〕단맛(甘).

8) 태괘(兌卦 ☱) 二 金

태위택(兌爲澤), 택수곤(澤水困), 택지취(澤地萃), 택산함(澤山咸),
수산건(水山蹇), 지산겸(地山謙), 뇌산소과(雷山小過), 뇌택귀매(雷
澤歸妹)

〔天時〕 비가 와서 못을 이룸(雨澤), 초생달(新月), 별(星).

〔地理〕 못(澤), 물가(水際), 이지러진 못(缺池), 폐정(廢井), 산이 무너
　　　　져 파열된 땅(山崩破裂之地), 굳고 거친 황무지(其地爲剛鹵).

〔人物〕 소녀(少女), 첩(妾), 노래하는 기녀(歌妓), 악사·배우 등 예
　　　　인(伶人), 통역인(譯人), 무당(巫師).

〔人事〕 기쁨(喜悅), 구설(口舌), 참소와 헐뜯음(讒毁), 비방함(謗說)
　　　　먹고 마심(飮食).

〔身體〕 혀(舌), 입(口), 폐(肺), 가래(痰), 침(涎).

〔時序〕 가을 八月(秋八月), 유연월일시(酉年月日時), 금연월일(金年
　　　　月日), 二 四 九월(二四九數月).

〔靜物〕 금속칼날(金刃), 금속류(金類), 악기(樂器), 결손된 그릇(缺
　　　　器), 폐물(廢物).

〔動物〕 양(羊), 못 가운데 물건(澤中之物).

〔屋舍〕 서향 집(西向之居), 못 근처의 집(近澤之居), 담과 벽이 파손
　　　　된 집(敗墻壁宅), 출입문의 손상이 있다(戶有損).

〔家宅〕 집안이 불안(不安), 구설을 예방하라(防口舌), 가을 점은 기쁨이
　　　　있다(秋占喜悅), 여름의 점은 집안에 화가 있다(夏占家宅有禍).
　　　　〔주〕 태(☱)괘를 체괘로 얻었을 때의 예.

〔飮食〕 양고기(羊肉), 못 가운데 산물(澤中之物), 삭힌 음식(宿味),
매운맛(辛辣之味).

〔婚姻〕 혼사는 성사되지 않는다(不成), 가을의 점은 성사가 가능하다
(秋占可成), 또 기쁨이 있다(又喜), 주로 성혼의 길사이다(主
成婚之吉), 막내딸 혼사에 유리하다(利婚少女), 여름의 점은
혼사에 불리하다(夏占不利).
〔주〕 태(☱)괘를 체괘로 얻었을 때의 예.

〔生産〕 출산에 불리하다(不利), 태아 손상이 두렵다(恐有損胎), 혹은
생녀한다(或則生女), 여름의 점은 불리하다(夏占不利), 서향
하여 앉음이 좋다(坐宜西向).
〔주〕 태(☱)괘를 체괘로 얻었을 때의 예.

〔求名〕 구함을 이루기 어렵다(難成), 이름으로 인하여 손실이 있다
(因名有損), 서방의 직책이 이롭다(利西之任), 형관이 마땅하
다(宜刑官) 혹은 무관(武職), 음악을 담당하는 벼슬(伶官),
통역관(譯官).

〔求利〕 이익은 없고 손해만 있다(無利有損), 재물의 이익에는 주로
구설이 따른다(財利主口舌), 가을의 점은 재물의 기쁨이 있다
(秋占有財喜), 여름의 점은 파재한다(夏占破財).
〔주〕 이상은 태(☱)괘를 체괘로 얻었을 때의 예.

〔出行〕 멀리 감은 불리하다(不宜遠行), 구설을 예방하라(防口舌) 혹
은 손실이 있다(或損失), 서쪽으로 감은 마땅하다(宜西行),
가을의 점은 출행함이 유리하다(秋占宜行有利).
〔주〕 태(☱)괘를 체괘로 얻었을 때의 예.

〔交易〕 교역이 불리하다(不利), 구설을 예방하라(防口舌), 다투는 두
려움이 있다(有爭競), 여름의 점은 교역에 불리하다(夏占不

利), 가을의 점은 교역으로 재물의 기쁨이 있다(秋占有交易之
財喜).

〔주〕 태(☱)괘를 체괘로 얻었을 때의 예.

〔謀望〕 도모함은 성취가 어렵다(難成), 도모하는 중에 손재가 있다
(謀中有損), 가을의 점은 기쁨이 있다(秋占有喜), 여름에는
이룸이 없다(夏占不遂).

〔주〕 태(☱)괘를 체괘로 얻었을 때의 예.

〔謁見〕 서방으로 가면 화합하여 알현한다(和行西方見), 원망의 말
을 듣는다(有呢詛).

〔疾病〕 입·혀·인후의 질환(口舌咽喉之疾), 기가 거슬러 헐떡이고
기침하는 질환(氣逆喘疾), 음식을 먹지 못한다(飮食不食).

〔墳墓〕 서향이 마땅하다(宜西向), 혈안에 물이 있음을 예방하라(防穴
中有水), 못 근처의 묘(近澤之墓), 여름의 점은 불리하다(夏占
不利) 혹은 폐혈에 장례한다(或葬廢穴).

〔주〕 태(☱)괘를 체괘로 얻었을 때의 예.

〔官訟〕 다툼과 송사가 끊이지 않는다(爭訟不已), 옳고 그름이 가려지
지 않는다(曲直未決), 관으로 인한 손재가 있다(因公有損),
형벌을 예방하라(防刑), 가을의 점은 괘체가 때를 얻으므로
승소한다(秋占爲體得理勝訟).

〔주〕 태(☱)괘를 체괘로 얻었을 때의 예.

〔姓字〕 상음의 성(商音－ㅅ ㅈ ㅊ), 입구(口)가 있거나 금(金)변의
성씨(帶口帶金字姓氏), 행위(行位) 四 二 九.

〔數目〕 四(陰金之數), 二(兌卦之數), 九(陽金之數).

〔方道〕 서방(西方, 兌卦之方).

〔五色〕 백색(白).

〔五味〕 매운맛(辛辣).

이상의 물상은 만물의 상이다. 여러 사물의 많음은 이에 그치지 않으나 점을 하는 사람은 마땅히 각 물상의 그 유상(類象)를 살펴 괘를 세우고 추리하면 될 것이다.

原文 : 右萬物之象 庶事之多不止於此 占者宜各以其類而推之耳

【해설】이상 만유사물(萬有事物)의 분류는 물론 만사(萬事) 만물(萬物)을 모두 예시한 것은 아니나, 그 대표적인 것은 모두 망라하고 있으므로 이를 유추(類推)하고 응용한다면 어떠한 사물이라도 모두 괘(卦)를 취하여 얻을 수 있고 그 길흉을 통변할 수 있는 것이다.

『주역』「설괘전(說卦傳)」에 팔괘(八卦)의 동정지리(動靜之理)와 팔괘의 대표적인 물상을 밝혀놓았으나 이를 만사(萬事) 만물(萬物)에 응용하기에는 어려움이 있으므로 선생께서는 설괘전을 기본으로 하여 사물을 부류(部類)별로 나누어 광범하게 밝혀 응용하는 데 어려움이 없도록 한 것이니, 이를 바탕으로 하여 유추하고 변통한다면 만사만물에 모두 응용이 가능한 것이다.

이 만물류점(萬物類占)의 물상은 주로 문왕(文王)의 후천팔괘도의 원리를 바탕으로 한 것이므로 역의 괘상과 십익(十翼)을 탐구하여 만사만물을 팔괘의 범주에 배속한 근본 원리를 이해하는 것이 필수적인 과제이다. 선생께서는 점괘를 판단함에 있어서 체용의 생극비화(生剋比和)를 살피는 것만으로는 미흡하며, 정확한 판단을 내리기 위해서는 이치로서 미루어 추구하고 변통하는 것이라고 강조하셨는바, 이는 상수(象

138

數)의 판단에 있어서 이(理)를 소홀히 함은 불가하기 때문이다. 예를 들면 위의 만물분류 중 감(坎 ☵)괘의 출산 통변에서 "난산의 위험이 있다. 그러나 두번째 출산이라면 마땅하다(難產有險 宜次胎)"라고 판단한 데 대하여 괘의 이치로 살펴보면 감수(☵水)가 체괘이므로 곧 산모이니, 초산(初產)인 경우에 아들이면 진목(☳木‐長男), 딸이면 손목(☴木‐長女)이라 모두 체괘(☵)를 설기(泄氣)하므로 위험하다고 한 것이며, 두번째 출산이라면 감(☵水‐中男)괘와 이(☲火‐中女)괘에 해당하므로 모두 체괘에 유리한 까닭에 "두번째 출산은 마땅하다"고 통변한 것이다. 그러므로 이치로 추구하고 변통한다면 그렇게 통변한 원리를 다 이해할 수 있는 것이다. 그리고 문왕팔괘에는 十二지지(地支)도 배속되어 있으므로 이를 추구하면 十二지지에 함축된 물상도 역시 유추할 수 있는 것이다.

邵康節先生梅花觀梅數全集 卷二

1. 심역점복현기(心易占卜玄機)

    천하의 일에는 길흉이 있으므로 점(占)에 의탁하여 그 현묘(玄妙)한 이치를 밝히며, 천하의 변화하는 원리는 형체나 자취가 없으므로 괘의 상(象)을 빌려서 그 뜻을 나타내는 것이다. 그러므로 건(乾)괘의 성정(性情)에는 굳건(健)한 이치가 있고 그 굳건한 상은 말(馬)의 류(類)에서 볼 수 있다. 그러므로 점복(占卜)에는 길흉의 이치가 함축되어 있으며, 이를 괘 안의 상(象)을 통하여 볼 수 있으나 괘의 상은 일정(一定)하여 바꿀 수 없는 원리로 되어 있으므로 변통(變通)할 수 있는 도(道)를 체득함이 없으면 불가한 것이다.

    역(易)이라는 것은 변역(變易)의 원리일 따름이니, 예컨대 오늘 매화를 구경하다가 택화혁(澤火革)괘를 얻어 여자가 꽃을 꺾을 조짐이 있음을 판단하였다고 하여 다른 날에 또 여자가 꽃을 꺾다가 다리를 다친다고 한다면 과연 옳은 판단이라고 하겠는가. 또 오늘 모란꽃을 보고 천풍구(天風姤)괘를 얻어 그 꽃이 말에 밟혀 훼손될 조짐을 헤아렸다고 하여 다른 날에도 역시 말이 밟아서 꽃을 훼손한다고 한다면 과연 옳은 통변이라고 할 수 있겠는가. 또한 태(兌☱)괘에 속한 상이 여자 하나만이 아니고 건(乾☰)괘의 상이 말(馬) 하나만이 아닌데, 여자가 꽃을 꺾고 말이 꽃을 밟는다고 점단(占斷)한 것은 다 역의 진리를 바르게 징험(徵驗)한 것이므로 이는 천지만물을 八괘의 범주(範疇)에 배속한 유상(類象)이 틀림없음을 밝힌 것이다. 아~ 점복(占卜)의 도(道)는 변통(變通)을 구하는 데 있고 변통의 도를 얻는 길은 심역(心易)의 오묘한 진리를 터득함에 있는 것이다.

原文 : 天下之事有吉凶 托占以明其機 天下之理無形迹 假象以顯其義 故乾有健之理於馬之類見之 故占卜寓吉凶之理於卦象內見之 然卦象一定不易之理而無變通之道不可也 易者變易而已矣 至如今日觀梅復得革兆 有女子折花 異日果有女子折花可乎 今日算牧丹得姤兆爲馬所踐 異日果爲馬所踐毁可乎 且兌之屬非止女子 乾之屬非止馬 謂他人折花有毁 皆可切驗之眞 是必有屬矣 嗟呼占卜之道要變通 得變通之道者在乎心易之妙耳

【해설】소강절 선생은 점복(占卜)의 도는 변통(變通)에 있고 변통은 심역(心易)의 묘리를 얻는 데 있다고 강조하였다. 선생이 강조한 심역이란 대체 무엇인가. 이는 서역(書易)과 대(對)를 이루는 개념으로서 역서(易書-周易)는 역의 괘리(卦理)·괘의(卦義)·괘상(卦象)·괘변(卦變)의 원리를 글로 옮긴 것이다. 하지만 그 글은 일점(一點) 일획(一劃)도 바꿀 수 없는 일정(一定)한 원리로 되어 있으므로 점괘의 길흉을 판단함에 있어서 천편일률로 역서의 괘효사(卦爻辭)에만 의존하여 늘 동일한 통변을 할 수는 없다. 까닭에 선생께서는 심역으로 변통(變通)하는 묘리를

강조한 것이니, 심역이라 함은 역서의 글은 바꾸지 아니하고 다만 역의 원리를 마음 가운데로 옮겨 이를 변통하고 유추하는 묘리(妙理)를 말하는 것이다.

이 관매수의 글은 선생께서 심역으로 변통하는 원리를 점험(占驗)을 예로 하여 밝힌 것이나 이 글 역시 심역의 묘리를 얻는 데에는 참고자료에 불과한 것이니, 그 이유는 선생께서 점험을 얻은 점괘를 지금 다시 얻었을 경우에 선생이 판단한 대로 판단할 수는 없기 때문이다. 그러므로 심역은 이 학문을 탐구하는 사람들 스스로가 마음 가운데서 통달해야 하는 문제인 것이다.

선생께서는 심역을 추구하는 선천역학에 대하여 『황극경세서』 「관물편(觀物篇)」에서, "선천의 역학은 심법(心法)이다. 까닭에 괘도(卦圖)는 다 중(中 - 太極)으로부터 일어나며, 만물의 변화와 인간만사는 마음에서 나오는 것이다. 그러므로 선천학은 주로 성심(誠心)을 다하는 데 있으며, 지성을 다하면 가히 신명(神明)을 통할 수 있으나 성심이 부족하면 도(道)를 얻을 수 없다. 고로 마음(心)이 곧 태극이며, 또는 도(道 - 理)가 태극인 것이다(先天之學心法也 故圖皆自中起 萬化萬事生於心也 先天學主乎誠 至誠可以通神明 不誠則不可以得道 心爲太極 又曰道爲太極)"라고 말씀하였다. 선생께서는 역은 태극으로부터 비롯되는 것이므로 마음 가운데서 태극의 원리를 통하는 것이 심법(心法)이며, 심법으로써 변통하는 것이 곧 심역(心易)임을 밝힌 것이다. 그리고 마음이 곧 태극이므로 모든 변화가 마음으로부터 일어난다고 한 것이니, 심역의 경지에 이르는 길은 오직 지성을 다하는 데 있음을 강조한 것이다.

1) 점복총결(占卜總訣)

　대저 점복(占卜)의 법은 점괘를 이룬 후, 먼저 『주역』의 효사(爻辭)를 본 다음 길흉을 판단한다. 예를 들면 동효(動爻)가 건괘(乾卦-乾爲天)의 초九효일 경우 효사가 "잠겨 있는 용이니 쓰지 말라(潛龍勿用)"이므로 모든 일을 진행하여서는 아니 되고 마땅히 숨어서 때를 기다려야 한다는 류이며, 또 九二효사는 "나타난 용이 밭에 있으니 대인을 봄이 이롭다(見龍在田利見大人)"이므로 마땅히 귀인을 알현(謁見)해야 한다는 류이니, 여타 괘효(卦爻)도 이 예에 따라 판단하면 될 것이다.

　다음은 괘의 체용(體用)을 보고 괘기오행(卦氣五行)의 생(生)과 극(剋)을 살펴 길흉을 논하는 것이다. 체용이라 함은 곧 동정(動靜)을 말함이니, 체는 주(主-主體)가 되고 용(用-用事)은 판단하고자 하는 일이 된다. 그러므로 용괘(用卦)가 체괘(體卦)를 생(生)하여 돕거나 또는 체용의 괘기(卦氣)가 동일한 오행으로 비화(比和)하면 길하고, 반대로 체괘가 용괘를 생하여 기(氣)를 도설(盜洩)당하거나 또는 용괘가 체괘를 극하면 불길한 것이다.

　또 다음은 점(占)을 할 당시 괘상(卦象) 이외에 응하는 동정(動靜) 즉 극응(克應)을 살피는 것이니, 예를 들면 길한 말을 들어 조짐(兆朕)이 길한데 얻은 괘도 길하면 반드시 길하며, 반대로 흉한 말을 들었는데 얻은 괘도 흉하면 반드시 흉한 것이다. 또 당시에 원만(圓滿)한 물건을 보면 일이 쉽게 이루어지고 반대로 결손(缺損)된 물건을 보면 마침내 일이 성사되지 않는 류이다.

　또 점을 할 당시에 유의할 것은 판단(判斷)하고자 하는 사람의 동정을 살피는 것이니, 그 사람이 앉아 있으면 일은 늦게 응하고 걸어가는 중이면 일은 빨리 응하며, 달려가는 경우면 더욱 빨리 응하고 누워 있는 경우는 더욱 늦게 응하는 류이다. 이미 수(數)가 갖추어지면 가히 점복(占卜)의 도를 다할 수 있으나 반드시 괘(卦)를 위주로 하고 극응(克應)을 다음으로 하며, 괘와 극응이 다 길하면 대길하고 다 흉하면 대흉한 것이다. 흉함도 있고 길함도 있는 경우는 괘사(卦辭-爻辭)를 자세히 살피고 또한 체용의 생극(生剋)과 극응 등을 종합적으로 살펴 길흉을 판단하여야 한다. 점사(占事)의 요는 온전하게 현기(玄機)를 변통(變通)하는 데 있으므로 어느 한 가지만을 고집하여서는 아니 된다.

原文：大抵占卜之法 成卦之後先看周易爻辭 以斷吉凶 如乾卦初九潛龍勿用 則諸事未可爲宜隱伏之類 九二見龍在田利見大人 則宜爲謁見貴人之類 餘皆倣此 次看卦之體用以論五行生剋 體用卽動靜之說 體爲主用爲事 應用事體及比和則吉 體生用及剋體則不吉 又次看克應 如聞吉說見吉兆則吉 聞凶說見凶兆則凶 見圓物事易成 見缺物事終毀之類 復驗已身動靜 坐則事應遲 行則事應速 走則事愈速之類 臥則愈遲之類 數者旣備 可盡占卜之道 必需以易卦爲主克應次之 俱吉則大吉 俱凶則大凶 有凶有吉則詳審卦辭 及剋用體應之類 以斷吉凶也 要在圓機不可執

【해설】 극응(克應)은 역서(易書)의 원리 이외의 변통원리(變通原理)라고 말할 수 있다. 천하의 만사(萬事)는 돌연히 변화하는 것이 아니라 변화할 조짐을 미리 보인 다음에 변화하는 것이다.

옛 글에 "一葉落知天下秋"라는 시구(詩句)가 있으니, 이는 나뭇잎 하나가 떨어지는 것을 보고 천하에 가을이 다가옴을 안다는 것이다. 그러므로 점을 할 당시의 그 사람의 동정은 잎 하나가 떨어지는 가을의 조짐과 같은 것으로 그 사람에게 다가올 길흉의 조짐으로 보는 것이니, 이것이 곧 극응(克應)의 원리이다. 장차 기쁜 일이 있을 때에는 반드시 그 조짐을 나타내는 심응(心應)이 있는 것이고 반대로 슬픈 일에는 반드시 슬픈 조짐이 있는 것이다. 이러한 극응을 자세히 살펴 이치로 추구하고 길흉의 조짐을 판단하는 것이 이른바 마음 가운데로 옮긴 역리(易理)로서 변통하는 심역(心易)이다.

2) 점복논리결(占卜論理訣)

점복에서 수(數)를 논함은 당연하나 반드시 이치로 추구하여 논한 뒤에 판단을 하여야만 온전한 것이다. 만약 수만을 논하고 이치를 논하지 않는다면 이는 하나만을 본 것에 구애되어 판단의 징험(徵驗)을 얻을 수는 없을 것이다. 또한 예를 들면 음식의 점(占)에 진(震☳)괘를 얻었을 경우, 진은 용(龍)이나 이치로 논하면 용은 음식으로 취할 수 있는 것이 아니므로 당연히 잉어(鯉) 등으로 대신해야 한다. 또 하늘의 기상(氣象)을 점하여 진(☳)괘를 얻으면 당연히 뇌성(雷聲)이 진동하는 것으로 판단할 수 있으나 그 때가 겨울일 경우에는 이치로 미루어 살펴보면 겨울철에 뇌성이 진동할 이치가 없으므로 당연히 강풍(强風)이 요란하게 불어 진동할 것이라는 등으로 변통하여 판단해야 할 것이다. 이상의 몇 가지 비결을 이미 알고 다시 이치를 추구하여 밝힐 수 있다면 점복의 원리는 더 습득(習得)할 것이 없을 것이다.

原文 : 數說當也 必以理論之而後備 苟論數而不論理 則拘
其一見而不驗矣 且如飲食得震則震爲龍 以理論之龍非可取
當取鯉魚之類代之 又以天時之得震當有雷聲 若冬月占得震
以理論之冬月豈有雷聲 憾當有風撼震動之類 旣知以上數條
之訣 復明乎理則占卜之道 無餘蘊矣

【해설】논리결(論理訣)은 점복(占卜)을 함에 있어서 반드시 이치로 추
구(推究)하고 변통해야 하는 원론을 밝힌 것이다. 물론 점에는 괘상(卦
象)과 체용(體用)의 생극제화(生剋制化)를 살피는 것이 기본이나 판단을
함에 있어서는 이치로서 추구함이 없다면 점험(占驗)은 얻을 수 없는 것
이다. 수(數)나 괘상 또는 체용의 생극(生剋) 등은 모두 점괘(占卦)의 틀
안에서 작용을 살피는 것이므로 이는 일정한 공식이라고 할 수 있다. 그
러나 최종적으로 점괘의 길흉을 판단하기 위해서는 이 공식만으로는 부
족하며, 반드시 역리에 의한 큰 변화의 흐름을 이치로 추구하고 아울러
점을 할 당시의 외응(外應)이나 길흉의 조짐(兆朕) 등을 살펴 변이통지
(變而通之)한 연후에 결론을 내려야 하는 것이다. 만약 이와 같은 이치의
추구와 변통을 소홀히 한다면 산의 나무만 살피고 숲 전체는 보지 못하
는 우(愚)를 범하게 될 것이다.

3) 선천후천론(先天後天論)

선천수로 괘를 얻어 길흉을 판단할 때에는 점괘의 괘기(卦氣)와 괘상
(卦象)으로 논하는 데 그치고 역서의 효사(爻辭)는 별로 쓰지 아니한다.

그러나 후천 단법(端法)으로 괘를 얻은 경우에는 반드시 효사를 용(用)하고 겸하여 괘사로써 판단한다. 이와 같이 선천과 후천이 다름은 무슨 까닭인가. 이는 선천수로 괘를 얻은 것은 괘를 얻기 전에 먼저 수(數)를 얻은 것이므로 이는 역서(易書)가 있기 이전에 역의 원리가 있었음을 뜻하며, 선천의 수리(數理)는 역서의 괘효사(卦爻辭)가 있기 이전의 역인 것이다. 그러므로 반드시 역서의 효사를 쓰지 아니하며, 오로지 괘로써 길흉을 판단하는 것이다. 그러나 후천의 경우는 먼저 괘를 얻었으므로 반드시 괘의 효사를 쓰는 것이니, 이는 역서가 있은 후의 역이기 때문이다. 그러므로 효사를 쓰고 겸하여 역괘의 체용으로써 길흉을 판단하는 것이다. 또 후천의 기괘(起卦)와 선천이 기수(起數)가 같지 않음은 그 수(數)가 일정(一定)하지 않기 때문이다.

지금 사람들은 감(坎 ☵)一, 곤(坤 ☷)二, 진(震 ☳)三, 손(巽 ☴)四, 중(中)五, 건(乾 ☰)六, 태(兌 ☱)七, 간(艮 ☶)八, 이(離 ☲)九의 후천 팔괘의 수를 많이 쓰고 있으나, 성인께서 역을 지으시고 괘를 그리실 때 태극(太極)으로부터 시작하여 차례로 양의(兩儀), 사상(四象), 팔괘(八卦)로 一배수(倍數)를 더하여 자연스럽게 건(乾 ☰)一, 태(兌 ☱)二, 이(離 ☲)三, 진(震 ☳)四, 손(巽 ☴)五, 감(坎 ☵)六, 간(艮 ☶)七, 곤(坤 ☷)八의 선천팔괘의 수가 이루어졌으므로 점복(占卜)의 괘를 일으킬 때에는 이 수를 쓰는 것이 원리에 합당하다. 그리고 또 지금 사람들은 후천단법으로 괘를 얻은 뒤에 시수(時數)를 가산하지 않고 동효(動爻)를 취하는 사람이 많은데, 이럴 경우 한 괘를 얻으면 언제나 그 괘의 동효는 일정하므로 다시 바뀌고 변통하는 이치가 없는 것이니, 고로 후천으로 괘를 얻어 동효를 정할 때에는 반드시 시수(時數)를 가산하여야 옳다.

선천수로 괘를 얻어 그 점사(占事)의 응하는 시기를 정하려 하면 그 괘기(卦氣)의 五행을 취하여 판단하는데, 예를 들면 건금(乾 ☰ 金)은 경신(庚辛) 또는 五금(金)의 일시나 혹은 술해(戌亥)가 닿는 일시에 응하며, 태금(兌 ☱ 金)은 유(酉) 일시에 응한다. 진손목(震 ☳ 巽 ☴ 木)의 경우는 당연히 갑을(甲乙) 또는 五목의 일시에 응하고 혹은 진(震 ☳)은 묘(卯)를 취하고 손(巽 ☴)은 진(辰)을 취하는 류이다.

후천의 경우는 상하 괘의 수에 시수(時數)를 가산한 총수로써 응기를 판단하는데, 점복(占卜)을 의뢰한 사람이 보행중인가 누워 있는가 또는 앉아 있는가 서 있는가 등의 동정을 살펴 그 응하는 시기가 늦고 빠름을 판단하는 것이다. 그리고 괘수에 시수를 가산하여 응하는 시기를 판단함에 있어서, 가까운 시기는 판단이 가능하지만 멀리는 판단이 불가능하다고 하나 이 경우에도 반드시 선후의 괘수를 합산하여 이치로 추구하고 변통한 다음 늦고 빠름을 판단하면 옳은 것이다.

무릇 점괘(占卦)로써 길흉을 판단함에 있어서 먼저 이치로 통찰(洞察)하여 본 다음 체용괘의 생극(生剋)을 살피고 역의 효사를 참작하여 판단한다면 그것으로 족하다. 오늘날 후천괘로 점을 하면서 六十갑자의 일진(日辰)을 취하고 그 때와 방위의 신(方魁)인 청룡(青龍), 주작(朱雀), 백호(白虎), 현무(玄武) 등과 아울러 파패망멸(破敗亡滅) 등의 신살(神煞)을 참고하여 판단하고 있으나 이와 같은 역상(曆象)을 택하여 쓰임으로 하는 것은 주역의 괘효(卦爻)와는 연관이 되지 않으므로 불가한 것이다.

原文 ： 先天卦斷吉凶 止以卦論不甚用易之爻辭 後天則用爻辭 兼用卦辭何也 盖先天者未得卦先得數 是未有易書先有易理 辭前之易也 故不必用易書之辭專以卦斷 後天則以先得卦必用卦畫辭後之易也 故用以爻之辭 兼易卦辭以斷之也 又

後天起卦與先天不同其數不一　今人多以坎一坤二震三巽四中
五乾六兌七艮八離九此數爲用　盖聖人作易畫卦　始以太極兩
儀四象八卦加一倍數　自成乾一兌二離三震四巽五坎六艮七坤
八　故占卜起卦合以此數爲用　又今人起後天卦多不加時　得此
一卦止此一爻動　更無移易變通之道　故後天起卦定爻必加時
而後可　又先天之卦定時應之期則取之卦氣　如乾兌則應如庚
辛及五金之日　或乾爲戌亥之日時兌爲酉日時　如震巽當應於
甲乙及五木之日　或震取卯巽取辰之類　後天則以卦數加時數
總之而分　行臥坐立之遲速以爲事應之期　卦數時類應近而不
能決諸遠者　必合先後之卦數　取訣可也　又凡占卦中決斷吉凶
其理洞見止於全卦體用生剋之理及參易辭斯可矣　今日以後天
卦却於六十甲子之日　取其時方之魁　破敗亡滅等迹以助斷決
盖歷象選時竝於周易不相干涉不可用也

【해설】역수(易數)의 선천과 후천을 논한 것이다. 선천수라 함은 괘를
얻기 전에 먼저 얻은 수를 말함이니, 즉 역서(易書)가 나오기 전의 역수
이다. 후천수라 함은 수를 얻기 전에 먼저 괘를 얻고 그 괘수(卦數)에 의
하여 얻은 수를 말함이니, 즉 역서가 나온 이후의 수이다. 그러므로 역서
가 나오기 전의 선천수로 얻은 점괘는 역서의 괘효사를 참작하지 아니하
고 오로지 체괘와 용괘의 생극비화(生剋比和)와 아울러 외응(外應)이나
조짐 등을 변통하여 길흉을 판단한다. 그러나 후천단법으로 점괘를 얻은
경우는 역서에 기본을 두고 있으므로 먼저 역서의 효사(爻辭)를 본 연후
에 괘기와 외응 등을 살펴 길흉을 판단하는 것이다.
　이와 같은 선천 후천론은 소강절 선생께서 복희씨(伏羲氏)의 선천팔괘

도에서 만물의 생성원리를 취하고 문왕(文王)의 후천팔괘도에서 만유사물(萬有事物)의 변화원리를 취하여 발명한 점단비법(占斷秘法)으로서, 이 비법을 통달하여 활용할 수 있다면 하늘과 땅 사이에 존재하는 어떤 사물의 변화라도 능히 헤아릴 수 있을 것이다.

4) 괘단유론(卦斷遺論)

무릇 점복(占卜)으로 길흉을 결단(決斷)함에 있어서 당연히 괘의 체용(體用)을 위주로 한다. 그러나 체용에 구애되지 않는 경우가 있으니, 예를 들면 점례(占例－卷一)에서 예시한 서림사(西林寺)의 편액(扁額)을 보고 점을 한 경우이다. 즉 산지박(山地剝)괘를 얻어 용괘(坤≡≡土)와 호괘(坤≡≡土), 변괘(艮≡≡土)가 모두 체괘(艮≡≡土)와 동류로 비화(比和)하므로 당연히 길해야 할 것이나 불길하였음은 무슨 까닭인가. 대개 절은 순양(純陽)의 사람(男子)들이 거처하는 곳인데, 얻은 괘는 순음(純陰)의 효상(爻象)으로 무리를 이룬 음효가 하나의 양효(上爻)를 깎아 내리는 뜻이 현저하게 드러나므로 이는 괘상(卦象)과 이치로 길흉이 쉽게 밝혀지는 것이므로 괘의 체용에 구애할 필요가 없는 것이다.

또 점례에 어떤 사람이 "오늘 나의 동정이 어떠하겠는가(今日動靜如何)"라고 물었는데, "今日動靜如何" 여섯 자로 기수(起數)하여 지풍승(地風升)괘에 동효는 초효를 얻었는데, 체용으로 살펴보면 용괘인 손목(巽≡木)이 체괘인 곤토(坤≡≡土)를 극(剋)하므로 음식을 대접받는 뜻은 전혀 찾을 수 없다. 그러나 역시 친지의 초청을 받아 비록 음식은 풍성하지 않았으나 마침내 접대를 받았음은 무슨 까닭인가. 이는 이 사람이 당시에 반드시 그 날의 응함이 있었던 것이고 또 '如何' 두 자는 모두 입 구(口)자를 띠고 있으므로 태(兌☱-口)가 거듭되어 음식과 기쁨의 뜻이 확연히 드러나 있는 것이다. 또 용괘가 체괘를 생하지는 않으나 호괘(互卦)와 변괘(變卦)가 체괘를 생함으로써 길하게 된 경우가 있으니, 즉 점례에 소년의 얼굴에 희색이 있음을 보고 점을 하여 산화비(山火賁)괘를 얻은 것이 그 예이며, 또 용괘가 체괘를 생하지 않고 호괘와 변괘가 모두 체괘를 극함으로써 흉하게 된 경우가 있으니, 즉 소(牛)의 슬픈 울음소리를 듣고 점을 하여 지수사(地水師)괘를 얻은 것이 그 예이다.

이상의 예시를 살펴보면 소년의 얼굴에 희색(喜色)이 있음을 보고 점을 할 당시에 이미 희색을 띠고 있었으므로 대략 기쁨이 있을 것을 알았고 또 산화비(山火賁)괘의 동효(六五) 효사가 "束帛戔戔之吉(비단묶음의 예물이 작으나 길하리라)"이므로 두 가지가 모두 길하고 호괘(震☳木-坎☵水)와 변괘(巽☴ 木)의 목이 모두 체괘(離☲火)를 생하여 더욱 길하므로 비록 용괘(艮 ☶土)가 체괘(☲)를 생하지 않아 불길한 듯하나 호괘와 변괘의 도움으로 해(害)가 되지 않은 것이며, 소(牛)의 슬픈 울음소리를 듣고 점을 할 때에 이미 울음소리에 슬픔이 띠었으므로 대략 흉(凶)할 것을 알았고 또 지수사(地水師)괘의 동효인 六三효사가 "輿尸之凶(시체를 수레에 실으니 흉하다)"이므로 모두 흉하며, 호괘(☷土☳木)와 변괘(☷木)가 모두 체괘(☷土)를 극하여 더욱 흉하므로 비록 용괘(☵水)가 체괘(☷土)를 극하지는 않으나 그 흉함을 막을 수는 없는 것이다. 무릇 역괘(易卦)로써 길흉을 판단함에 있어서 마땅히 이치로 추구(推究)하여 괘의 체용(體用)을 앞서는 곳에서 점험(占驗)을 얻을 수 있는 것이니, 한 가지만을 고집하여 거기에 얽매임은 불가하다.

原文 : 凡占卜決斷 固以體用爲主 然有不拘體用者 如起例
中西林寺額 得山地剝體用互變 俱比和則爲吉 而乃不吉何也
盖寺者純陽人居之地 而純陰爻象 則群陰剝陽之義顯然也 此
理甚明不必拘體用也 又若有人問 今日動靜如何 得地風升初
爻動 用剋體卦俱無飮食矣 而亦有人相請 雖飮食不豊而終有
請何也 此人當時必有當日之應 又有如何二字帶口 爲重兌之
義 又有用不生體 互變生之而吉者 若少年有喜色占得山火賁
是也 又有用不生體 互變俱剋之而兇者 如牛哀鳴占得地水師
是也 盖少年有喜色占則略知其有喜 而易辭又有束帛戔戔之吉
是二者俱吉 互變俱生 愈見其吉矣 雖用不生體不吉 不爲其害
也 牛鳴之哀則略知其有兇 而易爻復有輿尸之凶 互變俱剋愈
見其兇 雖用爻不剋 不能掩其凶也 盖用易斷卦 當用理勝處驗
之 不可拘於執一也

【해설】이 괘단유론(卦斷遺論)은 선생께서 저술로 남기신 것이 아니라
제목에서 보듯이 즉 남기신 말씀(遺論)을 제자들이 기록해두었다가 편찬
한 것으로 짐작된다. 선생께서 제자들에게 점복(占卜)의 도(道)를 설명
하면서 선생의 점례(占例)를 예로 하여 그렇게 판단한 원리를 밝힌 것이
므로 점단(占斷)의 비법을 그대로 밝힌 것이라고 할 수 있다. 물론 점괘
의 판단은 괘기(卦氣)의 생극제화(生剋制化)를 살펴 길흉을 판단하는 것
이 점단의 기본이나, 괘기도 역시 역리(易理)의 범주 안에 있는 것이므로
이에 앞서 먼저 이치로 추구하고 또 외응(外應)과 길흉의 조짐 등을 살핀
연후에 괘기를 살펴 종합적으로 판단해야만 점험을 얻을 수 있다는 것이
다. 그러나 결론은 어느 한쪽만을 고집하여서는 안 된다는 점이다.

5) 팔괘심역체용결(八卦心易體用訣)

　심역(心易)의 수(數)를 얻은 사람은 많으나 그 체용의 판단비법(判斷秘法)을 체득한 사람은 드물다. 나는 어려서부터 역서(易書)를 읽으면서 늘 상수(象數)의 학문에 마음을 두고 탐구(探究)하여 비로소 심역(心易)의 원리와 괘수(卦數)의 성립원리를 터득하였다. 그러나 처음 예(例)에 따라 수(數)를 일으키고 괘(卦)를 지어 점복(占卜)으로써 그 길흉을 안다는 것은 마치 표주박으로 바다의 물을 헤아리려고 하는 것처럼 아득하고 멍하여 그 끝을 알 수가 없었다. 뒤에 슬기로운 현인(智人)으로부터 체용(體用)과 심역(心易)의 비결을 전수(傳授)받은 이후 점사(占事)의 의문이 사라지고 비로소 심역의 원리를 체득하여 정(定)함이 있었다.

　이후 점(占)에 의거하여 길흉을 판단하면 곧 점험(占驗)을 얻었으니, 이때부터 명궁(名弓) 양유기(養由基)가 활을 쏘아 백발백중하는 것과 같았다. 그 요점은 얻은 괘(卦)를 체용(體用)으로 나누어 괘기오행(卦氣五行)의 생극(生剋)과 비화(比和)하는 이치를 살펴서 길흉회린(吉凶悔吝)의 현기(玄機)를 밝히는 데 있는 것이니, 이에 이르러 역수(易數)의 묘리(妙理)가 비로소 나타나고 역도(易道)의 괘의(卦義)가 갖추어지게 되었다. 이 세상에 진실한 사람은 있으나 만날 수 있는 기회는 드무니, 이 비법을 체득하는 사람은 이를 잘 간직한다면 다행이라 하겠다.

〔역주〕

1) 智人 : 이치를 통달한 슬기로운 사람을 말한다. 본서의 서문에서 자세하게 밝힌 바와 같이 선생에게 체용심역(體用心易)의 비법을 전수한 사람을 말함이니, 즉 와침(瓦枕)의 명수(命數)를 판단한 달인(達人)을 지칭하는 것이다. 그러나 그 이름과 행적은 전하지 않으므로 알 수 없다.

2) 養由基 : 중국 춘추전국시대 초(楚)나라의 장군으로서 천하의 명궁(名弓)이었다. 그는 백보(百步) 밖에서 버들잎을 꿰뚫어 천하 사람들을 놀라게 하였다. 당시 사람들은 이를 백보천양지능(百步穿楊之能)이라고 칭송하였다.

3) 吉凶悔吝 : 역점(易占)을 판단하는 기본적인 네 가지 원칙이니, 즉 길(吉)은 길함이 정점에 이른 것이고, 흉(凶)은 흉함이 정점에 이른 것이며, 회(悔)는 뉘우침을 뜻하는 것으로 즉 흉함이 극에 이르러 자신을 반성하고 뉘우쳐서 장차 길(吉)로 향하는 과정에 있음을 뜻하고, 인(吝)은 인색(吝嗇)함을 뜻하는 것으로 즉 길함이 극에 이르러 당연히 베풀어야 함에도 이에 인색하여 장차 흉으로 향하는 과정에 있음을 뜻한다. '길흉회린'의 판단은 춘하추동의 계절을 판단하는 것과 같은 것이니, 즉 吉은 하지(夏至), 凶은 동지(冬至), 悔는 차차 따뜻해지는 춘분(春分), 吝은 차차 추워지는 추분(秋分)과 같은 것이라고 할 수 있다.

原文 : 心易之數得之者衆 體用之訣有之者罕 余幼讀易書 長參數學 始得心易卦數 初見起例以知占其吉凶如以蠡測海茫然無涯 後得智人見授體用心易之訣 而後占事之訣疑始有定據 驗則驗 與由基射的百發百中 其要在於分體用之卦 察其五行生剋比和之理 而明乎吉凶悔吝之機也 於是易數之妙始見 而易道之卦義備矣 乃世有眞實人罕遇之耳 得此者幸甚秘之

【해설】이 심역체용결은 소강절 선생께서 심역(心易)을 체득하고 현기(玄機)를 통관(洞觀)하신 과정을 밝힌 것이다. 그러나 선생은 체용의 비법과 마음속에서 변통(變通)하는 심역(心易)의 묘리를 통함에 있어서 지인(智人)의 전수(傳授)에 힘입은 바 컸음을 솔직하게 고백하고 있다.

본서의 서문에서도 이미 그 과정을 자세하게 밝히고 있는 바와 같이 점복(占卜)의 도(道)를 체득한다는 것은 분명 쉬운 일이 아니다. 그러므로 더위와 추위를 잊을 정도로 각고의 노력이 필요한 것이다. 그리고 선생은 세상에 진실한 사람이 없는 것은 아니나 만나기가 어렵다고 하였는바, 이는 역학을 하는 사람은 많아도 그 진수(眞髓)를 체득하는 사람은 드물다는 뜻이다. 그러므로 완법(玩法)에서 도(道)는 헛되이 전해지는 것이 아니며, 다만 사람에게 달려 있을 뿐이라고 말씀한 것이다(道不虛傳只在人). 그리고 이 도(道)를 체득한 사람은 잘 간직하라고 당부하신 뜻은 이 학문을 함부로 아무에게나 가르치지 말고 또 전할 만한 사람이 아니면 가벼이 전하지 말라는 뜻이 함축되어 있다.

2. 체용총결(體用總訣)

체용이라고 이르는 것은, 예컨대 역괘(易卦)와 복서(卜筮)의 도(道)를 갖추었다고 하면 곧 역괘가 체(體)가 되고 복서가 용(用)이 되는 것이다. 여기에서 이르는 바 체용이라는 것은 체용 두 자를 빌려다가 동정(動靜)의 뜻을 괘에 붙여 이로써 괘를 주객(主客)으로 나누고 이를 상징하는 것이니, 이는 점(占)을 하는 격식으로서 준칙(準則)이 되는 것이다. 대저 점괘(占卦)의 체용이라는 것은 체괘(體卦)가 주(主-主體)가 되고 용괘(用卦)는 알고자 하는 일(事-用事)이며, 호괘(互卦)는 일의 진행과정(中間)이고 변괘(變卦)는 길흉이 응하는 때와 일의 끝을 뜻한다.

〔역주〕動靜之卦 : 기(氣)가 동(動)하고 정(靜)하는 원리를 점괘에 우의(寓意)하여 체괘(體卦)와 용괘(用卦)로 나누고 이를 상징하였다는 뜻이다. 즉 동은 동효가 있는 용괘를 뜻하고, 정은 동효가 없는 체괘를 뜻한다. 그러나 동은 적극적이고 정은 수동적이라는 뜻은 아니며, 생(生)하고 극(剋)하는 작용에 있어서는 체괘나 용괘가 동일하게 서로 극하기도 하고 생하기도 하는 것이다. 그러므로 동(動)은 동효가 있는 괘로 변하는 괘(用卦)를 뜻하고, 정(靜)은 동효가 없으므로 변하지 않는 괘(體卦)를 뜻하는 것이다.

『주역』「계사전(上一章)」에 "動靜有常 剛柔斷矣"라고 하였는바, 소강절 선생은 이 동정의 상도(常道)를 체용에 인용하여 점복(占卜)의 상도(常道)로 하시고 이로써 길흉을 판단하는 원리를 밝힌 것이다.

체괘에 응(應)하는 괘기(卦氣)는 왕성함이 마땅하고 쇠약함은 마땅하지 않으니, 왕성한 것은 봄(春)에는 진(震☳) 손(巽☴)木·가을(秋)에는 건(乾☰) 태(兌☱)金·여름에는 이(離☲)火·겨울(冬)에는 감(坎☵)水·四계월(辰戌丑未月)에는 곤(坤☷) 간(艮☶)土가 왕성하고, 쇠약한 것은 봄에는 곤간土·가을에는 진손木·여름에는 건태金·겨울에는 이火·四계월에는 감水가 쇠약하다. 그리고 또 체괘는 다른 괘의 생(生)을 받는 것이 마땅하고 다른 괘의 극(剋)을 받는 것은 마땅하지 않으니, 다른 괘라 함은 용괘(用卦)·호괘(互卦)·변괘(變卦)를 말함이다. 생(生)한다는 것은 체괘가 건태金이면 곤간土가 생하고, 체괘가 곤간土이면 이火가 생하며, 체괘가 이火면 진손木이 생하는 류이니, 다른 괘도 역시 같다. 체괘를 극(剋)한다는 것은 체괘가 金이면 火가 극하고 체괘가 火이면 水가 극하는 류이다.

原文 : 體用云者 如易卦具卜筮之道 則易卦爲體 以卜筮用之 此所謂體用者 借體用二字 以寓動靜之卦 以分主客之兆 以爲占例之準則也 大抵體用之說 體卦爲主 用卦爲事 互卦爲事之中間 刻應變卦爲事之終 應體之卦氣 宜盛不宜衰 盛者如春震巽 秋乾兌 夏離冬坎 四季月之坤艮是也 衰者春坤艮 秋震巽 夏乾兌 冬離 四季月之坎是也 宜受他卦之生 不宜受他卦之剋 他卦者 用互變也 生者如乾兌金體坤艮生之 坤艮土體離火生之 離火體震巽木生之 餘皆倣此 剋者如金體火剋 火體水剋之類

체용(體用)과 동정(動靜)의 현기(玄機)를 논함은 팔괘를 주객(主客)으로 나누어 괘기오행(卦氣五行)의 생극(生剋)을 논하려는 데 있는 것이니, 체(體-體卦)는 점(占)의 당사자를 상징하고 용(用-用卦)은 점을 하려는 일의 단서를 뜻한다. 그러므로 체괘는 용괘의 생(生)을 받는 것이 마땅하고, 용괘는 체괘의 극(剋)을 받는 것이 마땅하며, 그리고 체괘의 괘기는 왕성하면 길하고 쇠약하면 흉하다. 또 용괘가 체괘를 극(剋)하는 것은 실로 마땅하지 않으며, 체괘가 용괘를 생하는 것도 역시 이롭지 못하다. 체괘를 이롭게 하는 무리가 많으면 체괘의 기세가 왕성한 것이고, 용괘를 이롭게 하는 무리가 많으면 체괘의 기세는 쇠약하게 되는 것이다. 예를 들면 체괘가 금(金)인데 호괘나 변괘가 다 금이면 이는 체괘의 무리가 많은 것이고, 용괘가 금(金)인데 호괘나 변괘가 다 금이면 이는 용괘의 무리가 많은 것이다. 또 체괘가 용괘를 생하면 기가 빠져나가는 것이니, 여름의 화(火)가 토(土)를 만나 설기(泄氣)를 당하는 것과 같다.

原文 : 體用之說 動靜之氣 八卦主賓 五行生剋 體爲己身之兆 用爲應事之端 體宜受用卦之生 用宜見體卦之剋 體盛則吉 體衰則凶 用剋體固不宜 體生用亦非利 體黨多而體勢盛 用黨多則體勢衰 如卦體是金而互變皆金則是體之黨多 如用卦是金而互變皆金則是用之黨多 體生用爲之泄氣 如夏火逢土亦泄氣

체괘와 용괘의 사이에 괘기(卦氣)가 서로 같은 동기(同氣)로서 화합하면 길하다. 호괘(互卦)는 중간에 응(應)하는 현상이고, 변괘(變卦)는 가장 끝말에 나타나는 결과로 그 응하는 시기를 판단한다(주 : 變卦는 動

爻에 의하여 用卦가 變하여 이룬 卦). 그러므로 용괘는 길(吉)하였으나 변괘가 흉(凶)하면 처음은 길하고 뒤에는 흉하며, 용괘는 흉하였으나 변괘가 길하면 처음은 흉하나 뒤에는 길하다. 그리고 체괘가 용괘를 극하면 모든 일이 길하나 반대로 용괘가 체괘를 극하면 모든 일이 흉하다. 체괘가 용괘를 생(生)하면 물심양면으로 소모(消耗)하는 손실이 있고 용괘가 체괘를 생하면 지위의 향상이나 이익을 얻는 기쁨이 있으며, 체괘와 용괘가 동기(同氣)로서 화합하면 만사가 순조롭게 이루어진다. 또 점괘 중에서 체괘를 생하여 주는 괘가 어느 괘인가를 잘 살펴보고 통변하여야 한다.

原文 : 體用之間 比和則吉 互乃中間之應 變乃末後之期 故用吉變凶者先吉後凶 用凶變吉者先凶後吉 體剋用諸事吉 用剋體諸事凶 體生用有耗失之患 用生體有進益之喜 體用比和則百事順遂 又看全卦中 有生體之卦 看是何卦

【해설】 이상의 체용론은 점괘를 체용으로 나누는 법식과 아울러 괘기오행의 왕쇠(旺衰)와 그 희기(喜忌)를 논하고 이어서 체괘와 용괘 그리고 호괘와 변괘의 생극비화(生剋比和)를 논한 것이다. 세상사, 특히 인간만사에는 손익(損益)이 있게 마련이고 그 손익에 따라 희로애락(喜怒哀樂)이 교차하므로 점을 한다는 것은 점괘를 통하여 만사만물의 손익과 그에 따르는 길흉(吉凶－得失)을 판단하는 것이다. 그러나 그 길하고 흉한 현상이 천태만상이므로 이를 통변하는 것은 쉬운 일이 아니다.

전편에서 만사만물을 팔괘의 범주 안에 배속하고 분류해놓았으나 이를 어떻게 분별하여 점괘에 응용하고 통변할 것인가는 전적으로 이 학문을 탐구하는 사람들의 능력에 달려 있다. 선생께서는 이를 우려하시어 그 구체적인 사례를 적시하고 후학들이 쉽게 이해할 수 있도록 이 체용총결을 전하신 것이니, 선생이 점을 한 목적은 점을 통하여 역의 진리가 자연계에 존재하는 만물의 존재원리와 완벽하게 일치함을 확인하려는 데 있었던 것이다. 그러므로 후학들은 점의 이용가치보다는 진리를 탐구하는 학문적 가치에 치중하는 것이 곧 선생께서 선천지학(先天之學)을 밝히신 뜻에 부합하는 것이다.

아래의 예시는 팔괘의 성정에 따라 길흉의 현상이 다르게 나타나는 이치를 예시와 함께 밝힌 것이니, 고로 "체괘를 생하는 괘가 어느 괘인지 살펴 보라"고 한 것이다. 팔괘는 각 괘가 지니고 있는 상수(象數)와 성정이 서로 다른 까닭에 괘에 따라서 길흉의 현상이 다르게 나타나는 것은 지극히 당연한 이치이다. 그러므로 이를 체득하지 않고서는 심역으로 변통할 수 있는 경지에 이르기 어려우니, 학자는 마땅히 힘써야 할 과제이다.

1) 용괘가 체괘를 생하는 점괘의 통변

건(乾≡金)괘가 용괘로서 체괘를 생(生)하면 주로 관청과 관련하여 기쁨과 이익이 있고 혹은 공명(功名)을 얻어 명예나 직위가 올라가는 기쁨이 있으며, 혹은 관청과 연유한 재물이 생기거나 혹은 송사(訟事)의 심리(審理)에 유리함을 얻게 되거나 혹은 금은보화가 생기는 이익이 있거나 혹은 늙은 어른으로부터 재물을 얻게 되거나 혹은 존장(尊長)이 재물을 보내주는 베풀음이 있거나 혹은 관직에 임용되는 기쁨이 있다.

〔역주〕 건괘가 용괘로서 체괘를 생하는 경우의 길흉 현상을 통변한 예시이다. 이는 용괘인 건금(乾═金)이 체괘인 감수(坎═水)를 생하는 경우이니, 얻을 수 있는 점괘는 천수송(天水訟)괘와 수천수(水天需)괘로 동효가 건(═)괘에 있는 때에 응하는 현상(現象)을 예시한 것이다. 예시를 여러 가지로 통변한 까닭은 동효가 건(═)괘 어느 효(爻)인가에 따라 변괘(變卦)가 달라지기 때문이다.

이를 살펴보면 천수송괘의 경우 九四효가 동하면 손(巽═)괘, 九五효가 동하면 이(離═)괘, 上九효가 동하면 태(兌═)괘로 변하며, 변효로 인하여 이루어지는 중괘(重卦)는 천수송(訟)괘의 경우 풍천소축(小畜)괘, 화수미제(未濟)괘, 택수곤(困)괘로 변한다. 수천수(需)괘의 경우는 수풍정(井)괘, 수화기제(旣濟)괘, 수택절(節)괘로 변하므로 그 길흉 판단은 다를 수밖에 없는 것이다. 이하 각 괘의 예시도 역시 같다.

原文 : 乾卦生體則主公門中有喜益 或功名上有喜 或因官有財 或問訟得理 或有金寶之利 或老上人進財 或尊長惠送或有官貴之喜

곤(坤☷土)괘가 용괘로서 체괘를 생하면 주로 밭이나 토지로 인한 기쁨이 있고 혹은 전토(田土)로 재물을 늘리며, 혹은 고향 사람이나 시골 사람에 의하여 이익을 얻거나 혹은 여인의 도움으로 이익을 얻는다. 혹은 과물(果物)이나 곡식으로 재물을 늘리거나 혹은 베(布)나 비단을 얻는 기쁨이 있다.

〔역주〕 곤(坤☷土)괘가 용괘로서 생하는 체괘(體卦)는 건(乾═金)괘와 태(兌═金)괘이다. 이는 지천태(泰), 천지비(否), 지택림(臨), 택지취(萃) 등의 점괘를 얻은 경우이며, 점괘의 동효가 곤(☷)괘에 있을 때의 변화(현상)

를 통변한 예시이다.

原文 : 坤卦生體 主有田土之喜 或於田土進財 或得鄉人之
益 或得陰人之利 或有果穀之進 或有布帛之喜

진(震☳木)괘가 용괘로서 체괘를 생하면 주로 산림(山林)의 이익이 있
고 혹은 산림으로 인해 재물을 얻으며, 혹은 동방의 재물이 늘어나거나 혹
은 움직이는 가운데 기쁨이 있거나 혹은 나무의 교역(交易)으로 이익을 얻
거나 혹은 초두(艹)나 목(木)변 성씨의 사람으로부터 칭송을 듣거나 한다.

〔역주〕 진(震☳木)괘가 용괘로서 생하는 체괘는 이(離☲火)괘이다. 이는
뇌화풍(豊)괘와 화뢰서합(噬嗑)괘를 점괘로 얻은 경우이며, 점괘의 동효가 진
(☳)괘에 있을 때의 변화(현상)를 통변한 예시이다.

原文 : 震卦生體則主山林之益 或因山林得財 或進東方之
財 或因動中有喜 或木貨交易之利 或因草木姓氏人稱心

손(巽☴木)괘가 용괘로서 체괘를 생하면 역시 주로 산림(山林)의 이익
이 있고 혹은 산림으로 인하여 재물을 얻으며, 혹은 동남방에서 재물을
얻거나 혹은 초(艹)두와 목(木)변의 성씨로 인하여 이익을 얻거나 혹은
다과(茶果)로 이익을 얻거나 혹은 다과나 채소를 보내오는 기쁨이 있거나
한다.

〔역주〕 손(巽☴木)괘가 용괘로서 생하는 체괘는 이(離☲火)괘이다. 이는
풍화가인(家人)괘와 화풍정(鼎)괘를 점괘로 얻은 경우이며, 점괘의 동효가 손

(☳)괘에 있을 때의 변화(현상)를 통변한 예시이다.

原文 : 巽卦生體 亦主山林之益 或因山林得財 或於東南得
財 或因草木人之進利 或以茶果得利 或茶果茱蔬餽送之喜

감(坎 ☵ 水)괘가 용괘로서 체괘를 생하면 북방의 기쁨이 있으며, 혹은
북방의 재물을 얻거나 혹은 물가(水邊) 사람에 의하여 재물을 벌어들이
거나 혹은 삼수변 성씨에 의하여 흡족함을 얻거나 혹은 생선·소금·술
(酒)등 화물의 문서 교역으로 이익을 얻거나 혹은 생선·소금·술 등을
보내오는 기쁨이 있거나 한다.

〔역주〕 감(坎 ☵ 水)괘가 용괘로서 생하는 체괘는 진(震 ☳ 木)괘와 손(巽 ☴
木)괘이다. 이는 수뢰둔(屯), 뇌수해(解), 수풍정(井), 풍수환(渙) 등의 괘를
점괘로 얻은 경우이며, 점괘의 동효가 감(☵)괘에 있을 때의 변화(현상)를 통
변한 예시이다.

原文 : 坎卦生體 有北方之喜 或受北方之財 或水邊人進入
或因點水人稱心 或因魚鹽酒貨文書交易之利 或有餽送魚鹽
酒之喜

이(離 ☲ 火)괘가 용괘로서 체괘를 생하면 주로 남방에 재물이 있으며,
혹은 문서에 의한 기쁨이 있거나 혹은 용광로 또는 대장간에서 이익을
얻거나 혹은 화(火)성씨로 인하여 재물을 얻는다.

〔역주〕 이(離 ☲ 火)괘가 용괘로서 생하는 체괘는 곤(坤 ☷ 土)괘와 간(艮 ☶

166

土)괘이다. 이는 화지진(晉), 지화명이(明夷), 화산여(旅), 산화비(賁) 등의 괘를 점괘로 얻은 경우이며, 점괘의 동효가 이(☲)괘에 있을 때의 변화(현상)를 통변한 예시이다.

原文 : 離卦生體 主有南方之財 或有文書之喜 或有爐冶場之利 或因火姓氏而得財

간(艮☶土)괘가 용괘로서 체괘를 생하면 주로 동북방에 재물이 있으며, 혹은 산전(山田)에 의한 기쁨이 있거나 혹은 산림이나 전토(田土)로 인하여 재물을 획득하게 되거나 혹은 궁음(宮音, ㅇ ㅎ)의 성씨(姓氏)나 토(土)가 들어 있는 성씨에 의하여 재물을 얻거나 한다. 이와 같은 점괘를 얻으면 재물을 평온(平穩) 무사하게 지킬 수 있으며, 모든 일이 유종(有終)의 미가 있고 또 새로운 시작이 있다.

〔역주〕간(艮☶土)괘가 용괘로서 생하는 체괘는 건(乾☰金)괘와 태(兌☱金)괘이니, 이는 산천대축(大畜), 천산돈(遯), 산택손(損), 택산함(咸) 등의 점괘를 얻었을 때의 변화를 예시한 것이다. 그리고 끝에 일의 종시가 있다고 한 것은 『주역』「설괘전(第七章)」에 "만물을 마치게 하고 또 새로 시작하게 하는 것은 간(艮)만큼 왕성한 것이 없다(終萬物始萬物者莫盛乎艮)"라고 하였으므로 "事有終始"라고 한 것이다. 또 간(艮)은 축(丑) 인(寅)의 바뀜을 뜻하는바 축월(丑月 十二月)은 한 해를 마치는 달이고 인월(寅月 正月)은 한 해를 새로 시작하는 달이므로 이와 같은 마침과 시작을 반복하는 순환원리를 취하여 변화하는 현상을 밝힌 것이다.

原文 : 艮卦生體 有東北方之財 或山田之喜 或因山林田土獲財 或宮音帶土人之財 物當安穩 事有終始

태(兌☱金)괘가 용괘로서 체괘를 생하면 서방(西方)에 재물이 있으며, 혹은 기쁜 일이 있거나 혹은 식품이나 금옥(金玉)으로 이익의 원천이 마련되거나 혹은 상음(商音, ㅅ ㅈ ㅊ) 성씨나 시정(市井)의 사람을 만나 기쁨을 얻게 되거나 혹은 빈객(賓客)을 초청하여 접대하는 즐거움이 있거나 혹은 벗(朋友)들과 더불어 학문을 강습하거나 한다.

〔역주〕태(兌☱金)괘가 용괘로서 생하는 체괘는 감(坎☵水)이니, 이는 택수곤(困)괘와 수택절(節)괘를 점괘로 얻었을 때의 변화를 통변한 예시이다. 괘기(卦氣)는 같으나 괘가 다르면 통변이 달라지는 것이니, 건금(乾金)이 감수(坎水)를 생하는 경우와 비교하면 유사한 것도 있으나 거의 대부분이 같지 않은바, 이는 괘기는 같아도 괘의 성정이나 물상이 다르기 때문이다. 그러므로 본문에서 "체를 생하는 괘가 있으면 어느 괘인지 살펴보라(有生體之卦看是何卦)"라고 한 것이다.

原文 : 兌卦生體 有西方之財 或喜悅事 或食物金玉貨利之源 或商音之人或市口之人欣逢 或主賓之樂 或朋友講習之事

【해설】이상으로 용괘가 체괘를 생하는 점괘를 얻었을 때, 이를 괘기오행으로 변통(變通)하고, 역사(易辭)와 괘상을 기본으로 이치로서 추구하고 변통하여 그 변화(현상)를 예시한 것이다. 그러나 이 예시는 어디까지나 예시일 뿐이며, 이와 같은 점괘를 얻었을 경우에 이 예시대로 통변하라는 뜻은 아니다. 그렇다면 무슨 뜻으로 예시하였는가라고 반문할 수도 있겠으나, 이는 심역(心易)으로 변통하고 유추할 수 있는 자료를 예시한 것에 불과하다. 인간이 사는 세상에는 점을 통하여 판단하고자 하는 일이 천태만상으로 일정하지 않으므로 예시를 기본 자료로 하여 변통하고

유추한다면 어떤 사안이라도 정확한 판단을 도출할 수 있을 것이다.

건금(乾金)이 용괘로서 체괘인 감수(坎水)를 생하는 경우에도, 예를 들면 천수송(天水訟)괘를 점괘로 얻었을 경우, 동효가 용괘인 건(乾 ☰)괘에 있으므로 九四효가 동효이면 손(巽 ☴)괘로 변하여 풍수환(風水渙)괘가 이루어지므로 용괘(☰)는 비록 체괘를 생하였으나 변괘(☴)는 체괘를 생하지 않을 뿐만 아니라 도리어 체괘(☵)의 기(氣)를 설기(泄氣)하므로 선길후흉(先吉後凶)의 상이며, 九五효가 동효이면 이(離 ☲)괘로 변하여 화수미제(火水未濟)괘를 이루게 되므로 용괘(☰)는 체괘(☵)를 생하고 변괘(☲)는 체괘(☵)가 극취(剋取)하므로 재물을 얻는 상이고, 上九효가 동효이면 태(兌 ☱)괘로 변하여 택수곤(澤水困)를 이루는지라 용괘(☰)와 변괘(☱)가 모두 체괘(☵)를 생하므로 기쁨을 얻는 상이다.

점괘는 괘기오행의 생극비화(生剋比和)로 길흉을 판단하므로 점괘나 변효로 이루어진 변괘의 괘명(卦名)이 좋고 나쁨은 길흉 판단에 별로 참작하지 않는다. 위에 예로 든 上九효가 변하여 이룬 택수곤(困)괘는 六十四괘 중 사대난괘(四大難卦)의 하나이나 점괘의 길흉을 판단하는 데는 아무런 영향도 미치지 않는다.

또 괘 중에 체괘를 극하는 괘가 있으면 그 괘가 어느 괘인지를 보고 살펴서 판단하게 되는데, 이 경우에 나타나는 현상을 예시하면 아래와 같다.

原文 : 又看卦中 有剋體之卦者 看是何卦 如

【해설】 역의 원리는 모두 상대적이며, 절대적인 것은 존재하지 아니한

다. 그러므로 용괘가 체괘를 생하는 점괘가 있으면 반드시 용괘가 체괘를 극하는 점괘도 있는 것이다. 이런 까닭에 음(陰)이 있으면 반드시 양(陽)이 대대(待對)하여 상대를 이루며, 길(吉)함이 있으면 반드시 흉(凶)함이 있고, 인색(吝)함이 너무 지나치면 흉으로 변하고 너무 불급(不及)하였음을 뉘우치면(悔) 다시 길(吉)로 화하는 것이다. 인간사의 길흉이 일조일석(一朝一夕)에 일어나는 것이 아니라 작은 길한 조짐이 쌓여서 대길(大吉)로 나타나고, 작은 흉한 조짐이 쌓여서 대흉으로 나타나는 것이니, 사람들은 대개 이기적인 자기 주관적인 생각에만 집착하여 그 조짐을 알아차리지 못하는 것이다.

　이것이 바로 적선(積善)과 적악(積惡)의 논리이니, 『주역』 곤위지(坤爲地)괘 「문언전(文言傳)」에 "선(善)을 쌓은 가문에는 반드시 남는 경사가 있고, 불선(不善)을 쌓은 가문에는 반드시 남는 재앙(災殃)이 있나니, 신하가 임금을 죽이고 자식이 아비를 죽이는 일이 하루아침 하루저녁의 연고가 아니며, 그 말미암은 바가 점차로 쌓여서 그렇게 되는 것이니, 이는 분별할 것을 일찍 분별하지 못한 데서 기인하는 것이다. 역에 이르기를 "서리((霜)를 밟으면 굳은 얼음(氷)이 이른다"라고 함이 대개 순리(順理)대로 삼가할 것을 말함이다(積善之家必有餘慶 積不善之家必有餘殃 臣弑其君 子弑其父 非一朝一夕之故 其所由來者漸矣 由辨之不早辨也 易曰履霜堅氷至 蓋言順也)"라고 한 것이 바로 그것이다. 그러므로 이 학문을 하는 사람은 길한 괘를 얻거나 흉한 괘를 얻거나 간에 그렇게 응할 만한 원인을 쌓은 일이 있는가를 자성해보아야 하며, 길한 경우에도 방자하거나 인색함이 없어야 하고 흉한 경우에는 반성하고 뉘우쳐서 봉흉화길(逢凶化吉)이 되도록 노력하여야 할 것이다.

　다음의 예시는 용괘가 체괘를 극(剋)하는 점괘를 얻었을 때에 일어나는 현상을 변통(變通)하고 유추(類推)하여 예시한 것이다.

2) 용괘가 체괘를 극하는 점괘의 통변

건(乾 ☰ 金)괘가 용괘로서 체괘를 극(剋)하면 주로 관청과 관계되는 일이나 또는 공적(公的)인 일이 시끄러워지며, 혹은 문중의 일이 어지럽고 시끄러워지거나 혹은 재물이나 보물을 잃는 일이 있거나 혹은 재물이나 곡식의 손실이 있거나 혹은 높은 어른으로부터 큰 꾸지람을 듣게 되거나 혹은 고귀한 사람에게 죄를 짓는 일이 있거나 한다.

〔역주〕 건(乾 ☰ 金)괘가 용괘로서 극(剋)하는 체괘는 진(震 ☳ 木)괘와 손(巽 木)괘이다. 이는 천뇌무망(无妄), 뇌천대장(大壯), 천풍구(姤), 풍천소축(小畜) 등의 괘를 점괘로 얻은 경우이며, 동효가 건(☰)괘에 있을 때의 변화를 통변한 예시이다.

原文 : 乾卦剋體　主有公事之擾　或門戶之擾　或有財寶之失 或於金穀有損　或有怒於尊長　或得罪於貴人

곤(坤 ☷ 土)괘가 용괘로서 체괘를 극하면 주로 농지나 토지로 인하여 시끄러운 일이 있으며, 혹은 농지나 토지의 손실이 있거나 혹은 여인이 음해(陰害)하는 침범이 있거나 혹은 소인(小人)의 음해가 있거나 혹은 베(布)나 비단 등의 재물에 손실이 있거나 혹은 곡식의 이익이 상실되거나 한다.

[역주] 곤(坤☷土)괘가 용괘로서 극하는 체괘는 감(坎☵水)괘이다. 이는 지수사(師)괘와 수지비(比)괘를 점괘로 얻은 경우이며, 점괘의 동효가 곤(☷)괘에 있을 때의 변화를 통변한 예시이다.

原文 : 坤卦剋體 主有田土之擾 或於田土有損 或有陰人之侵 或有小人之害 或失布帛之財 或喪穀粟之利

진(震☳木)괘가 용괘로서 체괘를 극하면 주로 헛되게 놀라는 일이 있어 늘 두려움이 많으며, 혹은 몸과 마음을 안정할 수가 없거나 혹은 집안에 요사(妖邪)한 재난을 보게 되거나 혹은 초두(艹)나 목(木)이 있는 성씨의 침범이 있거나 혹은 산림(山林)의 손실이 있거나 한다.

[역주] 진(震☳木)괘가 용괘로서 극하는 체괘는 곤(坤☷土)괘와 간(艮☶土)괘이다. 이는 뇌지예(豫), 지뇌복(復), 뇌산소과(小過), 산뇌익(益) 등의 괘를 점괘로 얻은 경우이며, 점괘의 동효가 진(☳)괘에 있을 때의 변화를 통변한 예시이다.

原文 : 震卦剋體 主有虛驚 常多恐懼 或身心不能安靜 或家宅見妖災 或草木姓氏之人相侵 或於山林有所失

손(巽☴木)괘가 용괘로서 체괘를 극하면 역시 초두(艹)나 목(木)이 들어 있는 성씨의 음해(陰害)가 있으며, 혹은 산림(山林)에 근심이 생기거나 한다. 일을 꾀하는 것은 동남방의 사람과 하게 되며, 집안에서 꺼리는 것은 여자나 어린애의 액운이다.

〔역주〕손(巽☴木)괘가 용괘로서 극하는 체괘는 곤(坤☷土)괘와 간(艮☶土) 괘이다. 이는 풍지관(觀), 지풍승(升), 풍산점(漸), 산풍고(蠱) 등의 괘를 점괘로 얻은 경우이며, 점괘의 동효가 손(☴)괘에 있을 때의 변화를 통변한 예시이다.

原文 : 巽卦剋體 亦有草木姓人相害 或於山林上生憂 謀事 乃東南方之人 處家忌陰人小口之厄

감(坎☵水)괘가 용괘로서 체괘를 극하면 주로 험한 곳에 빠지는 일이 있으며, 혹은 강도나 도둑을 당하는 근심이 있거나 혹은 물가(水邊) 사람에 의하여 뜻을 잃는 일이 생기거나 혹은 술을 먹은 뒤에 재앙이 생기거나 혹은 삼수변 성씨의 사람으로부터 침해를 당하거나 혹은 북방의 사람에 의하여 재앙을 보게 되거나 한다.

〔역주〕감(坎☵水)괘가 용괘로서 극하는 체괘는 이(離☲火)괘이다. 이는 수화기제(旣濟)괘와 화수미제(未濟)괘를 점괘로 얻은 경우이며, 점괘의 동효가 감(☵)괘에 있을 때의 변화를 통변한 예시이다.

原文 : 坎卦剋體 主有險陷之事 或寇盜之憂 或失意於水邊 人 或生災於酒後 或點水人相害 北方人見殃

이(離☲火)괘가 용괘로서 체괘를 극하면 주로 문서에 의한 시끄러움이 있으며, 혹은 실화(失火)의 놀람이 있거나 혹은 남방의 근심이 있거나 혹은 화성(火姓, ㄴ ㄷ ㅌ ㄹ) 성씨의 사람으로부터 침해를 당하거나 한다.

〔역주〕이(離☲火)괘가 용괘로서 극하는 체괘는 건(乾☰金)괘와 태(兌☱金)괘이다. 이는 화천대유(大有), 천화동인(同人), 화택규(睽), 택화혁(革) 등의 괘를 점괘로 얻은 경우이며, 점괘의 동효가 이(☲)괘에 있을 때의 변화를 통변한 예시이다.

原文 : 離卦剋體 主文書之擾 或失火之驚 或有南方之憂 或火人相害

간(艮☶土)괘가 용괘로서 체괘를 극하면 모든 일에 어려움이 많고 백가지 일을 꾀해도 중간에 막힘이 있으며, 혹은 산림(山林)이나 전토(田土)의 손실이 있거나 혹은 토(土)가 들어 있는 성씨의 침해를 당하거나 한다. 그리고 동북방 사람이 침해(侵害)하는 화(禍)를 방지해야 하며, 혹은 분묘(墳墓)가 부당하게 안온(安穩)하지 못한 근심이 있다.

〔역주〕간(艮☶土)괘가 용괘로서 극하는 체괘는 감(坎☵水)괘이다. 이는 산수몽(蒙)괘와 수산건(蹇)괘의 점괘를 얻은 경우이며, 점괘의 동효가 간(☶)괘에 있을 때의 변화를 통변한 예시이다.

原文 : 艮卦剋體 諸事多連百謀中阻 或有山林田土之失 或帶土人相侵 防東北方之禍害 或憂墳墓不當安穩

태(兌☱金)괘가 용괘로서 체괘를 극하면 서방이 불리하고 주로 구설(口舌)의 일로 분쟁이 일어나며, 혹은 입만 가진 사람에게 사기를 당하는 침해가 있거나 혹은 몸을 다치거나 또는 골절의 우환이 있거나 혹은 음식으로 인하여 근심이 생기거나 한다.

174

〔역주〕태(兌☱金)괘가 용괘로서 극하는 체괘는 진(震☳木)괘와 손(巽☴木)괘이다. 이는 택뇌수(隨), 뇌택귀매(歸妹), 택풍대과(大過), 풍택중부(中孚)등의 괘를 점괘로 얻은 경우이며, 점괘의 동효가 태(☱)괘에 있을 때의 변화를 예시한 것이다.

原文 : 兌卦剋體 不利西方 主口舌事之紛爭 或帶口人侵欺 或有毁折之患 或因飮食而生憂

【해설】용괘가 체괘를 극(剋)하는 경우에 나타나는 현상을 통변한 예시를 살펴보았다. 이상의 모든 예시는 용괘가 체괘를 생(生)하거나 극(剋)하는 경우만을 예시하고, 체괘가 용괘를 극하거나 생하는 경우의 통변은 예시함이 없다. 체괘가 용괘를 극하고 생하는 데 따른 현상을 논급하지 않은 것은 용괘의 경우와는 반대 현상이 될 것이므로 위의 예시를 참작하여 변통(變通)하고 유추(類推)하라는 뜻이다. 이 학문을 추구하는 사람은 스스로 그 이치를 깨달아야 하므로, 위 예시에서 통변한 바를 유추하고 변통하여 그렇게 통변한 까닭을 이해하는 경지에 이르게 되면 바야흐로 심역(心易)을 체득하여 변통할 수 있는 경지에 근접하였다고 할 수 있을 것이다.

체괘가 용괘를 생하는 점괘는 용괘가 체괘를 생하는 점괘와 같으나 다만 체용이 다르며, 체괘가 용괘를 극하는 점괘도 용괘가 체괘를 극하는 점괘와 같으나 역시 그 체용이 다르므로 위의 예시를 변통하고 유추하게 되면 반드시 반대 현상을 알 수 있는 것이다.

체괘나 용괘가 서로 생(生)하거나 극(剋)함을 만나지 않으면 본괘(本卦)를 위주로 하여 논하는 데 그친다.

【해설】체괘가 생극(生剋)을 만나지 아니하는 경우는, 점괘의 체괘와 용
괘의 괘기(卦氣)가 동류(同類)로서 서로 생하거나 극함이 없이 비화(比
和)하는 경우를 말함이니, 동류로서 서로 돕고 화합한다면 모든 일이 순
조롭게 이루어짐은 당연한 이치이다. 이는 예를 들면 동기간(同氣間, 兄
弟)이나 붕우(朋友)가 서로 돕고 합심하여 소망하는 바를 꾀하는 상이므
로 매사가 순조로울 것이나, 이 경우 얻어진 결실(結實－利得)에 대하여
는 마음을 비우고 공평하게 배분함으로써 분쟁의 소지가 없도록 하는 것
이 명심할 일이다.

체용이 비화하는 점괘를 살펴보면 건위천(乾爲天), 태위택(兌爲澤),
천택리(履), 택천쾌(夬), 진위뇌(震爲雷), 손위풍(巽爲風), 뇌풍항(恒),
풍뇌익(益), 이위화(離爲火), 감위수(坎爲水), 간위산(艮爲山), 곤위지
(坤爲地), 산지박(剝), 지산겸(謙) 등 十四괘이다.

점괘(占卦)로 얻을 수 있는『주역』六十四괘 중 길괘(吉卦)와 흉괘(凶
卦)를 나누어 정리하여 보면 다음과 같다.

· 길한 점괘 : 용괘가 체괘를 생하는 점괘 二十四괘
　　　　　　　체괘가 용괘를 극하는 점괘 二十六괘
· 비화 점괘 : 체용 동류로 화합하는 점괘 十四괘
· 흉한 점괘 : 용괘가 체괘를 극하는 점괘 二十六괘
　　　　　　　체괘가 용괘를 생하는 점괘 二十四괘

이상과 같이 길흉 괘를 정리하고 이를 종합하여 살펴보면 길(吉)한 점
괘가 五十괘이고 불길(不吉)한 점괘도 역시 五十괘이며, 체용의 괘기가

동류인 비화(比和)하는 점괘가 十四괘이므로 비화하는 괘를 길한 괘로 볼 때, 길한 점괘가 총 六十四괘이고 불길한 점괘가 五十괘이다. 이와 같이 불길한 점괘보다 길한 점괘가 많은 것은 체용이 동류로서 비화(比和)하는 점괘(十四卦)가 길한 괘에 속하기 때문이다. 이는 사람들이 지나친 이기심을 버리고 서로 돕고 서로 양보하는 비화(比和)의 원리를 체득한다면 일생 동안 흉한 일보다는 길한 일이 많음을 뜻하는 것이며, 인류사회는 그 마음가짐에 따라 늘 화기애애하게 살 수 있다는 것을 역의 원리가 보여주는 것이다. 소강절 선생의 시에 "三十六宮都是春"이라 한 것은 바로 일생을 사시춘풍(四時春風)과 같은 마음가짐으로 살라는 뜻도 내포된 것이 아니겠는가.

3. 십팔점례(十八占例)

    이상 체용총결과 팔괘의 체용생극을 논하고, 다음은 점사(占事)를 각 부문별로 구분하고 그 체용을 정하는 법과 아울러 생극비화(生剋比和)에 따른 길흉희기(吉凶喜忌)를 사례를 들어 자세히 논하고 예시하였다. 이를 살펴보면 천시(天時), 인사(人事), 가택(家宅), 옥사(屋舍),혼인(婚姻), 생산(生産), 음식(飲食), 구모(求謀), 구명(求名), 구재(求財), 교역(交易), 출행(出行), 행인(行人), 알현(謁見), 실물(失物), 질병(疾病), 관송(官訟), 분묘(墳墓) 등 무려 十八항목에 달한다. 인간사(人間事)가 천태만상이라고 하나 이를 부문별로 분류하면 거의 이 十八항목의 범주(範疇) 안에 모두 포함될 것이다. 그러므로 이 十八요결(要訣)은 아마도 소강절 선생께서 심역(心易)으로 얻은 비법(秘法)과 진수(眞髓)를 모두 밝히신 것이라고 할 수 있다. 이 학문에 뜻을 세운 사람은 모름지기 이 十八항목에 유념하여야 할 것이다.

1) 천시점(天時占)

무릇 천시(天時)의 점은 점괘를 체와 용으로 나누지 아니하고 본괘(本卦)와 호괘(互卦), 변괘(變卦) 등 모든 괘를 전체적으로 살펴보고 괘기오행(卦氣五行)의 성정을 자세히 추리하여 판단한다. 점괘에 이화(離火 ☲)가 많으면 주로 날씨가 맑으며, 감수(坎水☵)가 많으면 주로 비가 오고, 곤토(坤土☷)가 많으면 주로 흐리며, 건금(乾金☰)이 많으면 주로 청명하고, 진목(震木☳)이 많으면 봄과 여름에는 뇌성벽력이 요란하며, 손목(巽木☴)이 많으면 四시에 바람이 맹렬하고, 간토(艮土☶)가 많으면 오랫동안 비가 오다가도 맑아지며, 태금(兌金☱)이 많으면 비가 오지 않아도 역시 흐리다. 여름의 점괘에 이(離)화가 많고 감(坎)수가 없으면 극심한 가뭄으로 날씨가 찌는 듯이 더우며, 겨울의 점괘에 감(坎)수가 많고 이(離)화가 없으면 우레와 비가 내리고 바람이 일어 날씨가 매우 춥다.

原文 : 凡占天時不分體用 全觀諸卦詳推五行 離多主晴 坎多主雨 坤乃陰悔 乾主晴明 震多則春夏雷轟 巽多則四時風烈 艮多則久雨必晴 兌多則不雨亦陰 夏占離多而無坎則亢旱炎炎 冬占坎多而無離則雨雷飄飄

모든 괘를 전체적으로 살펴보라는 것은 호괘와 변괘를 이름이다. 괘기오행으로 말하면 이(☲)는 불(火)에 속하므로 주로 맑고 감(☵)은 물(水)에 속하므로 주로 비가 오며, 곤(☷)은 땅의 기운이므로 주로 흐리고 건(☰)은 하늘이므로 주로 맑다. 진(☳)은 우레(雷)이고 손(☴)은 바람이므로 가을이나 겨울의 점에 진(☳)이 많고 억제함이 없으면 때아닌 비상한 뇌성이 울리고 여기에 손(☴)이 가세하면 바람이 요동하면서 진동하는 것으로 응한다. 간(☶)은 산이고 구름의 기운이나 오랫동안 비가 오다가도 간(☶)괘를 얻으면 비가 그치게 되는데, 그 까닭은 간(☶)토의 작용은 멈추는 것(止也)이고 역시 토가 수를 극하는 뜻이 있기 때문이며, 태(☱)는 못(澤)이므로 비가 오지 않으면 흐린 것이다.

　대저 자연의 조화(造化)를 분별한다는 것은 진실로 헤아리기 어려우나 오묘한 이치와 수리(數理)는 가히 기댈 만하다. 이러하므로 이수(理數)로써 추구하면 건(☰)은 하늘을 상징하므로 사시(四時)에 청명하고 곤(☷)은 땅을 체로 하므로 하나의 기(氣)가 참연(慘然)하다. 건곤(乾坤) 양괘는 맑거나 비가 옴이 때에 따라서 변하며, 곤간(坤艮) 양괘는 흐리는 것이 일정하지 아니하다. 점괘의 수리(數理)에는 음과 양이 있고 괘상에는 기(奇)와 우(偶)가 있어 음(陰)은 비가 오고 양(陽)은 맑으니, 기우(奇偶)의 괘상에 숨어 있는 뜻은 중요하다. 곤(☷)은 노음(老陰)이 극에 이른 상이므로 오래 맑으면 반드시 비가 오고, 음기(陰氣)가 왕성해도 오래 비가 오면 반드시 맑아진다. 만약 감(☵)수나 이(☲)화를 거듭 만나면 감(☵)은 물이므로 반드시 비가 오고 이(☲)는 불이므로 반드시 청명하다. 건태(☰☱)의 금은 가을에는 청명하나 겨울에는 눈이 내려 만물을 얼어붙게 한다. 곤간(☷ ☶)의 토는 봄에는 비를 내리고 여름에는 습기가 많은 더위가 찌는 듯하다.

　역(易-文言傳)에 "구름(☵)은 용(☳)을 좇고 바람(☴)은 범(☶)을 따른다 (雲從龍風從虎)"라고 하였으니, 간(☶)괘와 손(☴)괘를 거듭 만나면 풍운이 제회(際會)하는 상이라 강풍이 불어 모래를 날리고 돌을 굴려 모래구름이 해를 가리고 산을 감추게 하는바, 이는 四시절 어느 때나 천시점에서 간괘와 손괘가 제회하면 두 괘로 쓰지 아니한다. 감(☵)수가 간(☶)토 위에 있으면 안개가 시야를 가리고 구름이 일며, 만약 태(☱)금 위에 있으면 서리(霜)가 내리고 눈이 날린다. 건태(☰☱)금은 서리·눈·우박·싸락눈이 되고 이(☲)화는 해·번개·무지개·암무지개가 된다. 이(☲)화는 번개이고 진(☳)목은 우레이니, 거듭 모이면 우레와 번개가 모두 일어난다. 감(☵)수는 비(雨)이고 손(☴)목은 바람이니, 서로 만나면 비바람이 세차게 인다. 진(☳)괘를 거듭 만나면 뇌성이 백리를 놀라게 하고, 감(☵)괘가 중첩되면 천하의 강을 넘치게 한다.

그러므로 같은 괘체가 둘이 만나는 경우에 역시 효와 상으로 판단한다. 지천태(泰) 수천수(需)괘는 어두운 밤에 비가 내리는 상이고, 천지비(否) 수지비(比)괘는 겁고 어두운 형상이다. 순리(純離)의 괘를 얻으면 여름에 반드시 가물고 어느 계절이나 다 청명하며, 순감(純坎)의 괘를 얻으면 겨울에 반드시 춥고 어느 계절이나 반드시 비가 온다. 오랫동안 비가 오고 그치지 않을 때에 간(☶)괘를 만나면 반드시 그치며, 오래 가물고 비가 오지 않을 때도 간(艮)괘를 만나면 역시 가뭄이 그친다. 또 수화기제(旣濟) 화수미제(未濟)괘를 얻으면 四시 어느 계절이나 바람과 구름의 조화를 헤아리기 어렵고, 풍택중부(中孚) 택풍대과(大過)괘를 얻으면 삼동(三冬)에도 반드시 비나 눈이 내린다. 수산건(蹇) 산수몽(蒙)괘를 얻으면 백보(百步)를 못 가서 우산을 펴게 되며, 지풍승(升) 풍지관(觀)괘를 얻으면 어느 계절이나 배(船)를 타는 여행은 불가하다. 이(☲)화가 간(☶)토 위에 있으면 저녁 때는 비가 오고 아침에는 맑아지며, 간궁(艮宮)에 이(☲)화가 호괘로 있으면 저녁 때는 맑으나 아침에는 비가 온다. 손감(巽坎)괘의 호괘에 이(☲)화가 있으면 무지개나 노을(霞)을 볼 수 있고, 손리(巽離)괘의 호괘에 감(☵)수가 있으면 그 조화는 역시 같다. 또 四시의 순환하는 이치를 추구하고 헤아려야 하며, 하나의 이치에만 미혹(迷惑)하여 고집함은 불가하다. 진(☳)괘 이(☲)괘는 번개와 우레이므로 그 응함은 여름에 있고, 건(☰)괘와 태(☱)괘는 서리와 눈이므로 그 징험은 겨울에 볼 수 있다. 천지의 원리는 한없이 크고 이수(理數)의 오묘함은 지극한 것이니, 이 글을 얻는 사람은 마땅히 공경하는 마음으로 보물을 간직하듯 소중하게 간직해야 할 것이다.

原文 : 全觀諸卦者 謂互變卦 五行謂離屬火主晴 坎屬水主雨 坤爲地氣主陰 乾爲天主晴明 震爲雷巽爲風 秋冬震多無制 亦有非常之雷 有巽佐之則爲風 震動之應 艮爲山雲之氣 若雨久得艮則當止 艮者止也 亦土剋水之義 兌爲澤故不雨亦陰 夫以造化之辨固難測 理數之妙亦可憑 是以乾象乎天 四時晴明 坤體乎地 一氣慘然 乾坤兩同晴雨時變 坤艮兩立陰晦不常 卜數有陽有陰 卦象有奇有偶 陰雨陽晴 奇偶暗重 坤爲老陰之極而久晴必雨 陰氣而久雨必晴 若逢重坎重離 亦曰時晴時雨 坎爲水必雨 離爲火必晴 乾兌之金秋明晴冬雪凜冽 坤艮之土春雨澤夏火炎蒸易曰雲從龍風從虎 又曰艮爲雲 巽爲風 艮巽重逢 風雲際會 飛沙走石蔽日藏山 不以四時不必二用 坎在艮上布霧興雲 若在兌上凝霜作雪 乾兌爲霜雪電霰 離火爲日電虹霓 離爲電震爲雷 重會而雷電俱作 坎爲雨巽爲風 相逢而風雨驟興 震卦重逢雷驚百里 坎爻疊見潤澤九垓 故卦體之兩逢亦爻象之總斷 地天泰水天需昏濛之象 天地否水地比黑暗之形 人純離夏必旱四季皆晴 人純坎冬必寒四時必雨久雨 不晴逢艮必止 久晴不雨得此亦然 又若水火旣濟火水未濟 四時不測風雲 風澤中孚 澤風大過 三冬必然雨雪 水山蹇山水蒙百步必須

執蓋 地風升風地觀 四時不可行船 離在艮上暮雨朝晴 離互艮
宮暮晴朝雨 巽坎互離虹霞乃見 巽離互坎造化亦同 又須推測
四時不可執迷一理 震離爲電爲雷應在夏天 乾兌爲霜爲雪驗於
冬月 天地之理大矣哉 理數之妙至矣哉 得斯文者 當敬寶之

【해설】 천시점(天時占)에 대하여 상당히 긴 글로 그 이치와 일어나는 현상을 자세하게 밝혀 논하였다. 사람들은 대개 천시(天時)라고 하면 늘 그러한 것이라고 치부하고 무관심한 것이 현실이나, 여기에서 말하는 천시는 하늘의 작용만을 말하는 것이 아니라 천지의 조화(造化)를 말하는 것이다.

천시의 글 뜻을 살펴보면 천(天)은 허공인 하늘만을 뜻하는 것이 아니라 사시(四時)를 운행하는 자연의 순환원리를 뜻하며, 시(時)는 지상에서 일어나는 四시의 변화를 뜻하는 것이다. 사람은 이 위대한 자연의 원리에 따라 일어나는 춘하추동의 어김없는 순환과 변화 속에서 더불어 살아가고 있다. 송대(宋代)의 대유(大儒)이신 정명도(程明道) 선생은 유명한 입도시(立道詩)를 남겼으니, 후학들에게 시사하는 바가 크다.

秋日偶成　　가을의 어느 날 우연히 시를 이루다.
閑來無事不從容　일없이 한가하게 지내나 마음은 조용하지 않아
睡覺東窓日已紅　잠에서 문득 깨니 동창의 해가 이미 붉었구나.
萬物靜觀皆自得　만물을 고요히 관찰하니 그 이치를 다 스스로 얻고
四時佳興與人同　사시의 아름다운 흥취를 사람들과 더불어 같이하네.
道通天地無形外　천지의 큰 도(道)를 형체가 없는 밖까지 통달하고
思入風雲變態中　생각만이 풍운의 변화 속에 들어가 있노라.
富貴不淫貧賤樂　부귀에 물들지 않고 빈천함을 낙으로 삼으니

男兒到此是豪雄　남아가 이 경지에 이르러야 호걸이라 자처하리.

　필자는 정자(程子)의 시를 대할 때마다 심금(心琴)이 울리는 감동을
받는다. 진리를 탐구하는 사람들은 모름지기 이 시의 경지(境地)를 추구
하여야 할 것이다. 四시를 순환하는 천지의 큰 도(道)를 이치로서 미루
어 탐구하고, 마음을 비워 터득한 원리를 담을 수 있어야만 소강절 선생
께서 강조한 심역(心易)의 경지에 이를 수 있을 것이다.

　최초로 팔괘를 지어 역의 원리를 밝힌 태호복희씨(太昊伏羲氏)가 역을
지으신 과정에 대하여 『주역』「계사전(下二章)」에 "옛날 포희씨(包犧氏－
伏羲氏)가 천하를 다스릴 때에 우러러서는 하늘의 형상을 관찰하고 구부
려서는 땅이 존재하는 법을 보며, 새나 짐승들의 무늬와 땅의 마땅함을
살펴 가까이는 자신의 몸에서 취하고 멀리는 저 만물에서 원리를 취하여
이에 비로소 팔괘를 지음으로써 신명의 덕을 통하며, 만물의 정상(情狀)
을 헤아려 같이 하게 되었다(古者包犧氏之王天下也 仰則觀象於天 俯則觀
法於地 觀鳥獸之文 與地之宜 近取諸身 遠取諸物 於是始作八卦 以通神明之
德 以類萬物之情)"라고 하였다. 복희씨가 역을 지으시기 이전에 자연계에
는 이미 만물을 생성하고 변화시키는 원리가 갖추어져 있었으니, 이를 자
연의 역(自然之易)이라 한다. 삼고(三古)의 성인(聖人)들은 이 자연의 역
을 그대로 취하고 본떠서 괘도(卦圖)를 그리시고 그 괘효(卦爻)에 글을
달아 연역(演繹)함으로써 이룩한 역서(易書)가 바로 『주역』이다.

　그러나 역서가 나온 이후, 역의 원리는 글 속에 갇혀 이를 탐구하지 않
으면 그 원리를 꺼내 쓸 수가 없게 되었으니, 이것이 역서의 맹점(盲點)
이라고 하겠다. 이에 소강절 선생은 역서의 글은 자연의 원리를 그대로
옮긴 것이나 일정(一定)하여 바꿀 수 없으므로 이 원리를 쓰기 위해서는

마음으로 변통(變通)하는 심역(心易)의 체득이 필요하다는 것을 강조하였다. 예를 들면 역서에는 진(震 ☳)은 우레(震爲雷)라고 씌어져 있으나 겨울에 천시점(天時占)을 하여 진(震)괘를 얻었을 때, 역서에 씌어진 대로 뇌성이 진동한다고 판단한다면 과연 옳은 판단이겠는가. 마땅히 심역으로 천시(天時 - 季節)의 순환원리를 변통하고 유추하여 뇌성과 유사한 강풍의 진동 등으로 통변함이 옳을 것이다. 역의 진리를 체득하기 위해서는 먼저 자연의 순환원리, 즉 천시의 변화를 이해하는 것이 필수적이므로 이 학문의 진수(眞髓)는 천시점에 있다고 하여도 과언이 아니다. 그러므로 천시점을 논한 말미에 "천지의 원리는 크고 이수(理數)의 오묘함은 지극한 것이니, 이 글을 얻는 사람은 공경하는 마음으로 보배처럼 간직하라(天地之理大矣哉 理數之妙至矣哉 得斯文者當敬寶之)"라고 강조한 것이다.

2) 인사점(人事占)

인사(人事)의 점은 점괘의 체용을 자세히 살펴본 다음 체괘(體卦)를 주인(主人 -體)으로 하고 용괘(用卦)를 손님(賓客 -用)으로 한다. 그러므로 용괘가 체괘를 극(剋)함은 마땅하지 않으며, 체괘가 용괘를 극하면 길하다. 용괘가 체괘를 생(生)하면 힘 안 들이고 이익을 얻는 기쁨이 있고, 반대로 체괘가 용괘를 생하면 물심양면으로 손실을 당하는 근심이 있다. 체용의 괘기가 동기(同氣)로서 화합하면 더불어 일을 도모하는 데 길하고 이롭다. 그리고 호괘(互卦)와 변괘(變卦)를 자세히 살펴보고 이를 변통하여 길흉을 판단하고 다시 괘기의 성쇠(盛衰)를 추구(推究)함으로써 기쁨과 재앙을 밝힌다.

인사의 점은 앞 장의 체용총결(體用總訣)에서 이미 길흉판단을 팔괘로 나누어 밝혔으므로 만약 용괘가 체괘를 생하는 점괘를 얻으면 체용총결의 예시(例示) 중에서 그 괘를 찾아 어떻게 길한가를 볼 것이며, 또 용괘가 체괘를 극하는 점괘를 얻으면 역시 체용총결의 예시를 찾아 어떻게 흉한가를 찾아보고 유추(類推)하여 판단하면 될 것이다. 그리고 체용괘가 생하거나 극함이 없는 점괘를 얻으면 본괘(本卦)만을 기본으로 하여 판단한다.

原文：人事之占 詳觀體用 體卦爲主 用卦爲賓 用剋體不宜 體剋用則吉 用生體有進益之喜 體生用有耗失之患 體用比和 謀爲吉利 更詳觀互卦變卦 以斷吉凶 復究盛衰以明休咎 人事之占 則以全體用總章 向決吉凶 若有生體之卦 卽看前章八卦 生體之卦有何吉 又看剋體之卦有何凶 卽看前章剋體之卦 無生剋止斷本卦

【해설】점을 하는 목적은 거의가 인사(人事)의 길흉과 변화를 판단하려는 데 있는 것이다. 그러므로 앞장에서 이미 소상하게 밝혀 논한 바 있으나 여기에서 다시 인사점을 논한 것은 그 중요성을 환기하고 강조하는 뜻이 함축되어 있다고 하겠다. 사람들이 하고자 하는 일은 헤아릴 수 없이 많으며, 따라서 장래의 희망이나 성취하고자 하는 목표도 또한 다양하고 많으므로 이를 일일이 예시하여 논할 수는 없다. 그러므로 심역으로 변통하고 유추(類推)하여 판단할 것을 강조하고 있는 것이다. 동일한 점괘를 얻었다고 할지라도 점을 한 목적이 다른 경우에는 당연히 앞 장

의 만물분류와 팔괘의 체용결(體用訣)을 바탕으로 유추하고 이치로서 변통(變通)한다면 목적한 바에 부합하는 통변을 할 수 있을 것이다.

3) 가택점(家宅占)

무릇 가택의 점은 체괘를 주인으로 하고 용괘를 가택으로 한다. 체괘가 용괘를 극하면 그 가택에 사는 동안 길함이 많고, 반대로 용괘가 체괘를 극하면 흉함이 많다. 체괘가 용괘를 생하면 소모함이 많아 재물이 흩어지거나 혹은 도둑이 들어 재물의 손실을 당할 우려가 많으며, 용괘가 체괘를 생하면 인덕(人德)으로 재물이 늘어나고 혹은 재물이나 진귀한 것을 보내오는 기쁨이 많다. 그리고 체괘나 용괘의 괘기가 동류로서 화합하면 가택이 안온(安穩)하다. 가택점을 함에 있어서 예컨대 체를 생하는 점괘를 얻게 되면 곧 앞 장(章)의 인사점의 예를 응용하여 그 길흉을 판단하면 될 것이다.

> 原文 : 凡占家宅 以體爲主 用爲家宅 體剋用則家宅多吉 用剋體則家宅多凶 體生用多耗散或防失盜之憂 用生體多進益或有餽送之喜 體用比和家宅安穩 如有生體之卦 卽以前章人事占斷之

【해설】 가택점은 집을 살 때 또는 이사를 하여 처음 입주하였을 때, 그 가택에 사는 동안의 길흉과 회기(喜忌)를 판단하는 점이다. 그러나 살고 있는 집이라도 그 가택에 구설이 있거나 혹은 불길한 조짐이 보일 때에

는 역시 점을 하여 앞날의 길흉을 판단할 수 있는 것이다. 그리고 점괘의 통변은 앞장에서 밝힌 인사점의 예와 체용총결의 예시를 응용하여 판단하면 될 것이다.

4) 옥사점(屋舍占)

〔원주〕이 점(占)은 집을 새로 지을 때의 길흉을 판단한다(此占卜遇創之吉凶).

무릇 집을 새로 지을 때의 점은 체괘를 주(主-建築主)로 하고 집(屋舍)을 용괘로 한다. 체괘가 용괘를 극(剋)하면 그 집에 사는 동안 길하고, 용괘가 체괘를 극하면 그 집에 사는 동안 흉함이 많다. 체괘가 용괘를 생하면 주로 자산(資産)이나 재물이 냉정하게 몰락하고 용괘가 체괘를 생하면 집안이 흥하여 융성하게 된다. 체괘와 용괘의 기(氣)가 동류(同類)로서 화합하면 집안은 자연히 안온하다.

> 原文 : 凡占屋舍 以體爲主 用爲屋舍 體剋用 居之吉 用剋體 居之凶 體生用主資財冷退 用生體則門戶興隆 體用比和自然安穩

【해설】옥사점(屋舍占)은 집을 새로 지을 때, 건축하는 동안의 안위와 완공 후의 길흉을 판단하는 점이다. "새 집 짓고 3년"이라는 속담이 있는데, 이는 새 집을 지은 후 3년 동안은 어려움이 많다는 뜻이다. 그러므로 집을 새로 지으려고 할 때는 고사를 지내거나 또는 점을 하여 미래의 변화를 판

단하는 등 신경을 많이 쓰게 되는 것이니, 이는 고금을 막론하고 다를 바 없다. 이런 점에서 앞 절의 가택점(家宅占)과는 다르다고 할 수 있다.

5) 혼인점(婚姻占)

혼인할 때의 점은 혼인할 사람을 체로 하고, 혼인을 용으로 한다. 용괘가 체괘를 생하면 혼인은 쉽게 이루어지고 혹은 혼인으로 인하여 얻음이 있으며, 체괘가 용괘를 생하면 혼인은 성사되기가 어렵고 혹은 혼인으로 인하여 손실이 있다. 체괘가 용괘를 극하면 혼인은 이루어지나 다만 그 성사가 늦어지며, 용괘가 체괘를 극하면 혼인은 성사되기가 어렵고 혹 성사되어도 역시 해로움이 있다. 체괘와 용괘가 동류로서 화합하면 혼인은 길하고 이롭다.

혼인의 점(占)은 점을 하는 집을 체괘로 하고 혼인할 집을 용괘로 한다. 체괘가 왕성하면 점을 하는 집의 가문이 상대방보다 좋으며, 용괘가 좋으면 혼인할 집의 자산이 풍성하다. 용괘가 체괘를 생하면 혼인에 따른 재물을 얻거나 혹은 저쪽에서 혼인할 의사를 밝히고 청혼을 하며, 체괘가 용괘를 생하면 혼수(婚需)를 마련할 형편이 안 되거나 혹은 이쪽에서 먼저 청혼을 하여야 겨우 허락을 받는다. 체괘와 용괘의 괘기가 동류로서 화합(比和)할 것 같으면 피차 혼인할 의사가 상통하여 쉽게 성사되므로 좋은 배필임을 의심할 바 없다. 그리고 용괘의 괘상(卦象)으로 혼인할 당사자의 용모와 인품 등을 판단하는데, 이를 살펴보면 다음과 같다.

건(☰) 용모가 단정하고 어른스러우며, 인품이 높다.

감(☵) 간사 음란하고 용모는 검으며, 질투와 사치를 한다.

간(☶) 용모는 황색이며, 애교가 많다.

진(☳) 용모가 아름다우며, 위엄이 있어 범하기 어렵다.

손(☴) 모발이 적고 성기며, 용모는 누추하고 탐심이 많다.

이(☲) 용모는 키가 작고 붉으며, 성격이 변덕스럽다.

곤(☷) 용모가 추하고 배가 크며, 황색이다.

태(☱) 키가 크고 일상 대화에 늘 말이 많으나 기쁨을 나타내며, 즐겁게 산다. 얼굴은 흰색이다.

原文：占婚姻 以體爲主 用爲婚姻 用生體婚易成 或因婚有得 體生用婚難成 或因婚有失 體剋用可成 但成之遲 用剋體不可成 成亦有害 體用比和 婚姻吉利

占婚姻 體爲所占之家 用爲所婚之家 體卦旺則此家門戶勝 用卦旺則彼家資盛 生體則得婚姻之財 或彼有相就之意 體生則無嫁奩之資 或此去求婚方諧 若體用比和則彼此相就 良配無疑

乾端正而長 坎淫邪黑色嫉妬奢侈 艮色黃多巧 震美貌難犯 巽髮少稀疎醜陋心貪 離短赤色性不常 坤貌醜大腹而黃 兌高長語話喜悅白色

【해설】 혼인은 인륜지대사(人倫之大事)이므로 다섯번째로 혼인점을 논한 것이다. 지금은 시대와 풍속이 달라져 혼인을 결정함에 있어서 부모의 의사보다는 당사자의 의사가 더 존중되는 풍토로 바뀌었다. 그러나

본인들이 서로 사귀고 뜻이 맞아 혼인을 하는 경우라도 그 결정의 순간에는 역시 어려움이 있다. 그러므로 부모의 도리로서는 본인들의 의사를 존중하되 자녀들의 자유 선택이 잘못되어 상처를 받고 불행하게 되는 일이 없도록 자상한 관심이 필요한 것이다. 혹자는 남녀의 만남은 인연이며 그 결혼생활의 행불행은 모두 운명적이므로 사람의 뜻이 개입할 여지가 없다고 주장하나, 설령 그렇다고 하더라도 불행한 사태를 당하였을 때 점을 통하여 이를 대략 알고 있었다면 이를 대처하면서 모르는 사람보다는 상심하거나 방황하는 일이 적을 것이다. 또한 재기할 수 있는 용기를 얻을 수 있을 것이니, 이러한 것이 인간사에서 점복(占卜)의 도(道)를 필요로 하는 이유인 것이다.

공자(孔子)는 뇌풍항(雷風恒)괘 九三효사를 인용하여 "덕을 지킴이 항상 하지 아니하면 부끄러움을 이을 것이니, 점을 하지 않을 따름이다 (不恒其德 或承之羞 子曰不占而已矣 –論語子路篇)"라고 말씀하였는바, 이는 점을 하지 말라는 뜻이 아니라 덕을 지키지 못하는 사람은 점을 하지 말라는 뜻이다. 그러므로 혼인과 같은 인간대사는 피차 부끄러운 일이 없고 떳떳해야만 그 혼인에서 진정한 행복을 얻을 수 있다는 것을 이번 장을 통하여 배워야 할 것이다.

점복의 도를 탐구함에 있어서 성인(聖人)의 말씀을 되새겨 점(占)보다 앞서는 것이 덕(德)임을 인식하여야 한다. 이러한 까닭에 소강절 선생은 점의 완법(玩法)을 읊은 시에서 "道不虛傳只在人"이라고 말씀한 것이다.

192

6) 생산점(生産占)

　출산의 점은 체괘를 산모(産母)로 하고, 용괘를 출산(出産)으로 한다. 체용의 괘는 모두 그 괘기(卦氣)가 왕성함이 마땅하고 쇠약함은 마땅하지 않다. 체괘가 용괘를 극(剋)하면 태아에게 불리하고 용괘가 체괘를 극하면 산모에게 불리하다. 체괘가 용괘를 극하고 용괘가 쇠약하면 태어날 자식이 완전하기 어렵고, 용괘가 체괘를 극하고 체괘가 쇠약하면 산모의 건강을 보전하기 어렵다. 용괘가 체괘를 생하면 산모가 고통이 적고 쉽게 출산하며, 체괘가 용괘를 생하면 역시 순산한다. 체용의 괘기가 동류로서 비화(比和)하면 낳아 기르는 일이 순쾌(順快)하다.

　만약 태어날 애가 아들인가 딸인가를 알려고 하면 마땅히 점괘로 얻은 괘 전체(體用卦及互卦變卦)를 살펴서 양괘(陽卦)와 양효가 많으면 아들을 낳고, 음괘와 음효가 많으면 딸을 낳으며, 음양의 괘와 효가 상생하는 경우에는 점을 할 당시 좌우에 있는 사람의 수가 홀수인가 짝수인가를 살펴서 아들 딸을 증험(證驗)한다(홀수면 아들, 짝수면 딸) 또 해산할 일진(日辰, 날짜)을 알고자 하면 용괘의 기와 수를 참작하여 판단하는데, 이 기수(氣數)라는 것은 즉 용괘가 어느 괘인가를 보고 그 괘수(卦數)와 팔괘가 배속한 시서(時序, 乾戌亥 艮丑寅 等) 등을 종합적으로 살펴 판단한다.

原文：占生産 以體爲母 用爲生 體用俱宜乘旺 不宜乘衰
體剋用不利於子 用剋體不利於母 體剋用而用卦衰則子難完
用剋體而體卦衰則母難保 用生體易于母 體生用易於生 體用
比和生育順快 若欲辨其男女 當於全卦審之 陽卦陽爻多者則

生男 陰卦陰爻多者則生女 陰陽卦爻相生 則察所占左右人之
奇偶以証之 如欲決其日辰 則以用卦之氣數參決之 日期用卦
之氣數者 則看何爲用卦于八卦時序之類決之

【해설】생산점의 통변을 살펴보면 체용의 생극비화를 변통하여 판단하
는 법이 다른 점(占)과는 다르게 통변하고 있는바, 즉 앞 장의 체용총결
에서 팔괘의 체용을 통변한 내용과는 그 길흉 판단에 있어서 다르게 논
하고 있다. 예를 들면 체괘가 용괘를 극하면 다른 점(占)의 예시에서는
모두 길한 것으로 통변하였으나 출산점에서는 태아와 산모에 불리한 것
으로 통변하였다. 이렇게 통변한 까닭을 이치로 미루어 살펴보면 즉 출
산하기 전에는 산모와 태아는 분리하여 논할 수 없는 한 몸이므로 태아
에 불리하면 결국 산모도 불리하게 되기 때문이다. 이것이 바로 선생께
서 누차 강조한 바 있는 심역의 변통원리이니, 곧 이치로 추구하여 판단
한 예이다.

아들, 딸의 분별은 양괘와 양효가 많으면 아들, 음괘와 음효가 많으면
딸을 낳는다고 하였는데, 건(☰) 진(☳) 감(☵) 간(☶)은 양괘이고 곤
(☷) 손(☴) 이(☲) 태(☱)는 음괘이다. 『주역』「계사전(下四章)」에 "양
괘는 음이 많고 음괘는 양이 많으니, 그 까닭은 무엇인가. 양괘는 홀수요
음괘는 짝수이기 때문이다(陽卦多陰 陰卦多陽 其故何也 陽卦奇 陰卦耦)"
라고 하였다. 이 부분은 양괘와 음괘를 이루고 있는 양효와 음효의 수를
세어보면 이해할 수 있을 것이다. 양효를 1, 음효를 2로 보고 각 수를 더
하면 양의 괘는 홀수이고 음의 괘는 짝수가 되기 때문이다.

그리고 출산할 일진(日辰)을 알고자 하면 용괘의 팔괘시서(時序) 등을
참작하여 판단하라고 하였는바, 이는 문왕(文王)의 '후천팔괘도'의 시서

를 말하는 것이다. 즉 감(☵)은 子(十一月), 간(☶)은 丑 寅(十二 月正月), 진(☳)은 卯(二月), 손(☴)은 辰 巳(三月 四月), 이(☲)는 午(五月), 곤(☷)은 未 申(六月 七月), 태(☱)는 酉(八月), 건(☰)은 戌 亥(九月 十月) 등의 사시순환(四時循環) 시서를 말함이다. 그러므로 이를 참작하라고 한 것은 곧 용괘에 해당하는 十二지지(地支)를 참작하여 출산할 일진을 판단하라는 뜻이다.

7) 음식점(飮食占)

무릇 음식의 점(占)은 체괘가 음식을 먹을 사람이고, 용괘가 음식이다. 용괘가 체괘를 생하면 음식은 반드시 풍성하고, 체괘가 용괘를 생하면 음식을 먹을 일은 이루어지기 어렵다. 체괘가 용괘를 극하면 음식을 먹으려는 일이 막히고, 용괘가 체괘를 극하면 먹고자 하는 음식이 반드시 없으며, 체괘와 용괘의 괘기가 동류로서 화합하면 음식이 풍족하다. 또 점괘 안에 감(坎☵)괘가 있으면 술이 있고 태(兌☱)괘가 있으면 음식이 있다. 태괘도 없고 감괘도 없으면 음식이나 술이 다 없으며, 태괘나 감괘가 체괘를 생하면 술과 고기를 배불리 먹고 취하게 된다.

어떤 음식을 먹게 될 것인가를 알고자 하면 팔괘로 분류하여 배속한 음식에서 추리하고, 어떤 사람들이 자리를 같이 할 것인가를 알고자 하면 호괘(互卦)를 살펴보고 역시 팔괘에 배속되어 있는 인물 중에서 추리한다. 음식과 인물을 팔괘의 배속에서 추리하라고 한 것은 즉 앞 장에서 분류하여 밝힌 팔괘만물류점(八卦萬物類占)에 배속되어 있는 물상을 말하는 것이다.

原文 : 凡占飲食 以體爲主用爲飲食 用生體飲食必豊 體生
用飲食難就 體剋用則飲食有阻 用剋體飲食必無 體用比和飲
食豊足 又卦中有坎則有酒 有兌則有食 無坎無兌則皆無 兌坎
生身酒肉醉飽 欲知所食何物 以飲食推之 欲知席上何人 以互
卦人事推之 飲食人事類者 即前八卦內萬物類屬是也

【해설】음식의 점은 대개 초대를 받았거나 또는 먹고 싶은 음식이 생각
나서 마음이 동(動)하였을 경우에 점을 하여 판단하는 것이다. 음식은 마
시고 먹는 것이므로 마시고 먹는 연회 등에 초대를 받아 가게 되거나 또
는 특별한 음식을 먹으러 가는 경우 등을 말한다. 그러므로 음식의 점은
아무 일도 없는데 집에서 일상 먹는 음식을 점단(占斷)하는 것이 아니다.
소강절 선생께서 점사(占事)에 대하여 "동함이 없으면 점하지 아니하고
점을 할 만한 까닭이 없으면 점하지 아니한다(不動不占 不因事不占)"라
고 말씀한 것은 곧 아무런 까닭 없이 점을 하면 점의 징험(徵驗)을 얻을
수 없다는 뜻이다.

위의 글에서 "태괘와 감괘가 체괘를 생하면 술과 고기를 배불리 먹고
취한다 (兌坎生身酒肉醉飽)"라고 통변한 태괘와 감괘는 반드시 용괘만을
말하는 것이 아니고 점괘 안의 호괘와 변괘를 모두 포함하는 것이다. 그
리고 만물을 분류하여 팔괘에 배속한 만물류속(萬物類屬)은 역괘(易卦)
의 상(象)·수(數)·리(理)를 추리하고 유추하여 분류한 것이므로 그렇
게 분류한 이치를 모두 알게 된다면 점복(占卜)의 도는 그 반(半)을 넘어
섰다고 할 수 있다.

8) 구모점(求謀占)

꾀함을 구하는 점은 일을 꾀하는 사람을 체괘로 하고, 꾀하려는 일을 용괘로 한다. 체괘가 용괘를 극하면 꾀하는 바가 비록 이루어질 것이나 다만 성사가 늦으며, 용괘가 체괘를 극하면 꾀하는 바를 구하여도 성사가 안 되고 억지로 꾀한다면 손해를 보게 될 것이다. 용괘가 체괘를 생하면 꾀하지 않아도 이루어지며, 체괘가 용괘를 생하면 꾀하는 바는 많아도 성사됨은 적다. 체괘와 용괘의 괘기가 동류로서 화합하면 꾀함을 구하여 뜻대로 만족함을 얻을 것이다.

原文 : 占求謀 以體爲主 用爲所謀之應 體剋用謀雖可成但成遲 用剋體求謀不成謀亦有害 用生體不謀而成 體生用則多謀少遂 體用比和求謀稱意

【해설】사람이 산다는 것이 모두 일을 꾀하면서 살아가는 것이므로 꾀하는 일도 천태만상일 수밖에 없다. 크게는 국가경영을 도모하는 일에서부터 작게는 호구지책을 위하여 생계를 꾀하는 일에 이르기까지 다양한 것이다. 대개 일을 도모하거나 모의(謀議)하는 일을 정도(正道)가 아닌 것처럼 인식하기 쉬우나, 정도이건 정도가 아니건 간에 어떤 목표를 세우고 그 성사를 위해 노력하는 것은 모두 꾀하는 일에 속한다. 인간사회는 더불어 사는 사회이므로 어떤 일을 꾀한다는 것은 뜻이 상통하는 사람과 더불어 합심이 되어야만 그 성사가 가능한 것이다. 그러므로 위의 통변을 보면 용괘가 체괘를 생하여주는 경우는 힘 안 들이고 성사되고(不謀而成), 체괘와 용괘가 동류로서 의기투합(意氣投合)하는 경우는 일

을 꾀하여 만족함을 얻는다(求謀稱意)라고 하였다. 일을 꾀함에 있어서 남보다 자신의 이익을 더 생각한다면 이는 꾀하는 일을 손상하게 되는 것이니, 곧 체괘가 용괘를 극하는 경우에 해당되므로 일이 비록 이루어지기는 하나 그 성사가 늦다(謀雖可成但成遲)라고 통변한 것이다.

사람이 일생을 살아가는 동안 이 구모점(求謀占)의 통변은 완법(玩法)에서 효사를 완미(玩味)하는 것처럼 음미할 만한 대목이라 하겠다. 남을 해롭게 하고 나의 이익만을 취하려는 해인이기(害人利己)의 발상은 일을 꾀함에 있어서 크게 꺼리는 바이니, 그 폐해(弊害)가 결국에는 반드시 자신에게 돌아오는 것이다.

9) 구명점(求名占)

무릇 이름(名譽)을 구하는 점(占)은 구하는 사람을 체괘로 하고, 그 구하는 이름을 용괘로 한다. 체괘가 용괘를 극하면 명예를 구함이 이루어지기는 하나 다만 그 성사가 늦으며, 용괘가 체괘를 극하면 명예를 구하는 일은 이루어지지 않는다. 체괘가 용괘를 생하면 명예를 구하나 진취가 불가능하고 혹은 명예를 구하는 일로 인하여 의지(意志)를 잃게 되며, 용괘가 체괘를 생하면 명예를 구함이 쉽게 이루어지고 혹은 명예로 인하여 얻음이 있다. 체괘와 용괘의 괘기가 동류로서 화합하면 공명(功名)이 뜻대로 이루어져 흡족함을 얻는다.

명예를 구하여 이루어지는 날을 알고자 하면 체괘를 생하는 용괘의 괘기를 자세히 살펴 판단하고, 그 직임(職任)을 맡을 곳(任所)을 알고자 하면 변괘(變卦)의 방위와 팔괘에 소속된 물상을 유추하여 판단한다. 체괘를 극하는 괘가 없을 것 같으면 명예를 구하는 일이 쉽게 진취되는데, 이 때에는 다만 체괘만을 보고 괘의 속상(屬象)을 유추하고 시서(時序) 등을 살펴 그 응하는 때를 정한다. 만약 재임중에 점을 하는 경우는 가장 꺼리는 것이 체괘를 극하는 괘를 보는 것이니, 체괘를 극하는 괘가 있을 것 같으면 재임중에 화(禍)를 당하게 된다. 이때 경하면 상관으로부터 견 책(譴責)의 벌을 받고 중하면 삭탈관직(削奪官職-罷免)을 당하여 불명 예 퇴임을 하게 되며, 그 응하는 시기는 체괘를 극하는 괘의 괘기와 팔괘 에 소속된 물상을 살펴 유추하고 시서(時序) 등을 종합하여 판단한다.

原文：凡占求名 以體爲主 用爲名 體剋用名可成 但成遲
用剋體名不可成 體生用名不可就 或因名有喪 用生體名易成
或因名有得 體用比和功名稱意 欲知名成之日 生體之卦氣詳
之 欲知職任之處 變卦之方道決之 若無剋體之卦則名易就 止
看卦體時序之類以定日期 若在任占卜最忌見剋體之卦 如卦
有剋體者卽居官見禍 輕則上責罰 重則削官退職 其日期剋體
之卦氣者 於八卦所屬時序類中斷之

【해설】 인간사회에서 명예는 상당히 중요한 것이다. 옛날부터 전하는 고언(古諺)에 "사람은 죽어서 이름을 남기고 범은 죽어서 가죽을 남긴다 (人死留名 虎死留皮)"는 말이 있다. 사람이 일생을 살고 남기는 것은 결 국 이름뿐이기 때문이다. 그러나 대부분의 사람들은 이름 없는 잡초처럼 사라져갈 뿐이며, 그 이름을 백세(百世)에 유방(流芳)하는 사람은 흔하 지 않다. 이름을 후세에 길이 남기기 위해서는 비상(非常)한 노력을 하고 비상한 성취를 이루어야만 가능한 것이다.

구명점(求名占)에서 구하는 명예는 곧 관직(官職)을 뜻한다. 명예를 얻는 길은 관직만은 아니나 가장 빠르게 이름이 드러나는 길은 결국 관직이라고 할 수 있다. 그러므로 옛날부터 관직에 진취하는 지름길인 과거급제(科擧及第)를 위해 청춘을 바친 사람이 그 얼마이며, 지금도 등용문(登龍門)인 고시(高試)를 위해 밤을 지새우는 사람이 그 얼마인가. 지금의 공직(公務員)을 옛날 왕조시대의 관직과 비교한다는 것은 무리이나 지금도 각급 선거에 출마하는 후보자들이 모두 그 직위를 얻기 위해 혈안이 되어 동분서주하는 것을 보면 명예를 구하는 일은 옛날과 다를 바 없음을 실감하게 된다. 그러므로 재물보다 앞서는 것이 명예라고 할 수 있으나 고금을 막론하고 명예를 얻어야 부(富)가 따른다는 역설(逆說)이 성립하고 있으니, 뜻 있는 사람들이 세태를 개탄하게 되는 소이(所以)이다.

구명점의 통변 중 유념할 것은 체괘가 용괘를 극하면 명예를 얻기는 하나 다만 그 이룸이 늦다(體剋用名可成但成遲)고 한 대목이니, 명예를 구함은 먼저 자신이 명예를 지닐 만한 자질을 갖춘 다음 순리적으로 구해야 하는 것이므로 극취(剋取)한다는 것은 사리에 어긋나기 때문에 그 성취가 늦어진다고 통변한 것이다. 그리고 관직에 재임하는 중에 점을 하는 경우는 크게 불안한 것이니, 공직자는 모름지기 하늘을 우러러 한 점 부끄러움이 없어야 하므로 그 자리가 불안하여 점을 할 정도라면 요행수로 넘어가기를 기대하여서는 아니 된다. 당연히 책벌(責罰)이 있기 전에 사퇴하는 것이 그나마 양심적이라고 할 수 있다. 그러므로 공직에 재임하는 동안은 점을 해야 할 불안한 일을 하여서는 안 되며, 깨끗한 이름을 지켜야 한다.

10) 구재점(求財占)

　재물을 구하는 점은 재물을 구하는 사람을 체괘로 하고, 재물을 용괘로 한다. 체괘가 용괘를 극하면 재물을 얻음이 있고, 용괘가 체괘를 극하면 재물을 얻음이 없다. 체괘가 용괘를 생하면 재물을 소모하는 손실이 우려되고, 용괘가 체괘를 생하면 재물이 늘어나고 이익을 얻는 기쁨이 있다. 체괘와 용괘의 괘기가 동류로서 비화(比和)하면 재물과 이익을 얻음이 뜻한 대로 이루어진다. 재물을 얻는 날을 알고자 하면 체괘를 생하는 괘의 괘기로써 판단하며, 재물이 손실되는 날을 알고자 하면 체괘를 극하는 괘의 괘기로써 판단한다. 또 점괘 중에 체괘가 용괘를 극하거나 체괘를 생하는 괘가 있을 것 같으면 재물을 구하여 얻음이 있는데, 이 체괘를 돕는 괘의 괘기가 곧 재물을 보는 날이다. 점괘 중에 체괘를 극하는 괘가 있거나 체괘가 용괘를 생할 것 같으면 곧 재물이 파(破－損財)하게 되는데, 이 체괘를 해롭게 하는 괘기가 곧 재물을 파하는 날이다.

　原文：占求財　以體爲主　以用爲財　體剋用有財　用剋體無財　體生用財有損耗之憂　用生體財有進益之喜　體用比和財利快意　知得財之日生體之卦氣定之　欲知破財之日剋體卦氣定之　又若卦中有體剋用之卦　及生體之卦則有財　此卦氣卽見財之日　若卦中有剋體之卦　及體生用之卦則破財　此卦氣卽破財之日

【해설】사람들이 가장 관심을 갖는 점이 곧 재물을 구하는 점일 것이다. 선대(先代)의 학자들은 재물을 추구하는 사람들(工商)을 천시하였으나 재물은 인간이 살아가는 데 필수 불가결한 것이므로 선진(先秦) 시대의

상수(象數) 역학자는 정의(定義)하기를 "재물은 생명을 기르는 원천 (財者養命之源)"이라고 하였다. 그러므로 사람들이 재물을 얻으려고 노력한다는 것은 지극히 당연한 일인 것이다.

성인이신 공자도 재물에 대하여 무관심하였던 것만은 아닌 듯하다. 『논어』「술이편」에 "공자께서 말씀하시기를 부유함을 뜻한 대로 구할 수 있는 것이라면 말 채찍을 잡는 일이라도 나 역시 하겠다. 그러나 뜻대로 되는 것이 아니라면 내가 좋아하는 바를 좇으리라 (子曰富而可求也 雖執鞭之士 吾亦爲之 如不可求 從吾所好)"라고 하였다. 공자께서 말씀하신 뜻은 재물은 구한다고 하여 뜻대로 얻어지는 것이 아님을 깨우치신 것이나 구하지 말라는 뜻은 아니다. 선대의 학자들이 재물을 구하는 사람을 천시한 것은 정당하게 구하는 사람을 천시한 것이 아니라 재물을 얻기 위해 수단과 방법을 가리지 않고 추구하는 사람을 천시한 것이다.

구재(求財)하는 점은 사람마다 지대한 관심을 갖고 있는 재물에 대한 욕구를 풀어주려는 데 그 참뜻이 있다. 재물을 구하여 누구나 뜻대로 얻어지는 것이라면 굳이 점을 할 필요가 없을 것이다. 그러나 재물은 구한다고 하여 쉽게 얻어지는 것이 아니므로 점괘에 희망을 거는 것이다. 그러므로 재물을 구함에 있어서 반드시 정당한 방법으로 구해야만 한다는 것이다. 정당하지 못한 방법으로 재물을 구한다면 설령 얻는다 하더라도 반드시 후환이 따르게 마련이니, 성인께서 하신 말씀을 늘 되새겨야 한다.

위 구재점의 통변을 보면 체괘를 생하거나 극하는 괘의 괘기를 살펴 재물을 얻는 날과 파자(破財)하는 날을 판단하라고 하였으나, 그 괘기를 어떻게 살피라는 것인지 설명이 없다. 여기에서 말한 괘기는 곧 괘기오행을 뜻함이니, 이는 팔괘도 역시 오행의 범주 안에 배속하여 괘기가 성립하는 것이므로 팔괘에 배속한 만물의 속상(屬象)과 시서(時序 -春夏秋

冬)를 헤아려 유추하고 이치로 변통하여 판단하라는 뜻이다.

11) 교역점(交易占)

교역의 점은 교역을 하는 사람을 체괘로 하고, 교역의 응함을 용괘로 한다. 체괘가 용괘를 극하면 교역은 이루어지나 늦으며, 용괘가 체괘를 극하면 교역은 이루어지지 않는다. 체괘가 용괘를 생하면 교역은 이루어지기 어렵고 혹은 교역으로 인하여 손실이 있으며, 용괘가 체괘를 생하면 교역은 즉시 성사되고 성사되면 반드시 재물을 얻게 된다. 체괘와 용괘의 괘기가 동류로서 비화(比和)하면 교역은 쉽게 이루어진다.

> 原文 : 占交易 以體爲主 用爲交易之應 體剋用交易成遲 用剋體不成 體生用難成或因交易有失 用生體卽成成必有財 體用比和易成交易

【해설】교역이라 함은 물건을 사고 파는 장사를 말함이다. 일상생활에서 교역의 비중은 참으로 큰 것이다. 인류사회가 형성된 초창기부터 교역이 이루어졌으니 그 역사는 유구하다고 말할 수 있다.

『주역』「계사전(下二章)」에 "포희씨(伏羲氏)가 죽고 신농씨가 계승하여 나무를 깎아 보습을 만들고 나무를 구부려 쟁기를 만들어서 밭갈고 김매는 이로움으로써 천하를 교화하시니 이는 풍뇌익(益)괘에서 원리를 취하였고, 한낮에 저자(市場)를 열어서 천하의 백성들을 모이게 하여 천하의 산물(産物)을 모아 교역을 하도록 함으로써 각기 마땅한 바를 얻게

하시니 이는 화뇌서합(噬嗑)괘에서 원리를 취한 것이다(包犧氏沒 神農氏
作 斲木爲耜 揉木爲耒 耒耨之利 以敎天下 盖取諸益 日中爲市 致天下之民
聚天下之貨 交易而退各得其所 盖取諸噬嗑)"라고 하였는바, 이로써 미루
어 짐작해보면 농경사회의 초창기부터 교역이 이루어졌음을 알 수 있다.
교역은 남는 것을 팔고 부족한 것을 사는 것이니, 즉 서로 필요한 것을
바꾸는 것이므로 이때부터 수요공급의 경제원리가 성립되었으며, 교역
을 전문으로 하는 직업이 생겨나게 된 것이다.

　교역점의 통변 중에서 특이한 것을 살펴보면, 체괘가 용괘를 극하면
대개 길한 것이나 여기서는 "교역의 이루어짐이 늦다(交易成遲)"라고 통
변하였는바, 교역은 서로 팔고 사는 상호주의(相互主義)의 거래이므로
억지로 극취(剋取)할 수 없는 것임을 이치로 밝힌 것이다. 그러므로 용괘
가 체괘를 생하는 것은 물론 좋으나, 교역을 함에 있어서 가장 바람직한
것은 체용의 괘기가 동류로서 비화(比和)하는 것이라고 할 수 있다. 그
이유는 인간의 사회생활은 더불어 살게 되어 있고 특히 교역은 상대도
이익을 보고 나도 이익을 얻는 상호주의가 가장 적절하기 때문이다. 소
강절 선생께서 심역(心易)으로 변통(變通)하고 이치로 추구(推究)하여
판단하라고 강조하신 뜻이 바로 여기에 있는 것이다.

　12) 출행점(出行占)

　출행(出行)의 점은 출행하는 사람을 체괘로 하고, 출행을 하는 용사(用
事 - 用件)를 용괘로 한다. 체괘가 용괘를 극하면 출행함이 가하고 이르
는 곳마다 뜻을 얻음이 많으며, 용괘가 체괘를 극하면 출행하여 재난(災

204

難)을 당하는 화(禍)가 있다. 체괘가 용괘를 생하면 출행하여 재물을 소모하는 손실이 있고, 용괘가 체괘를 생하면 출행을 하여 의외의 재물을 얻는 기쁨이 있다. 그리고 체괘와 용괘의 괘기가 동류로서 비화(比和)하면 출행을 하여 모든 일이 순조롭고 역시 기쁨을 얻는다. 또 무릇 출행의 점(占)은 체괘의 기(氣)는 마땅히 왕성해야 하고 용괘, 호괘, 변괘 등 모든 괘는 체괘를 생하는 것이 마땅하다. 체괘가 건(乾 ☰)괘 진(震 ☳)괘이면 주로 움직임이 많고, 체괘가 곤(坤 ☷)괘 간(艮 ☶)괘이면 주로 움직이지 않음이 많으며, 체괘가 손(巽 ☴)괘이면 배(舟)편으로 출행함이 마땅하고, 체괘가 이(離 ☲)괘이면 육로(陸路)로 출행함이 마땅하며, 체괘가 감(坎 ☵)괘이면 출행 중 물건을 잃거나 탈선(脫線)을 조심해야 하고, 체괘가 태(兌 ☱)괘이면 주로 출행 중 싸움을 하거나 다투는 일로 응한다.

原文：占出行 以體爲主 用爲所行之應 體剋用可行 所至多得意 用剋體出則有禍 體生用出行有破耗之失 用生體有意外之財 體用比和出行順快 又凡出行 體宜乘旺 諸卦宜生體 體卦乾震多主動 坤艮多主不動 巽宜舟行 離宜陸行 坎防失脫兌主紛爭之應也

【해설】출행점은 외지에 출행을 할 때, 그 안위(安危)와 출행 목적이 성사될 것인가를 판단하는 점(占)이다. 옛날의 출행은 교통편이 거의 없었으므로 부유한 사람은 말을 타고 다녔으나 대부분의 사람들은 걸어서 다녔으므로 여행하는 동안의 안위가 염려되어 점을 하는 경우가 많았다. 지금은 교통이 편리해졌고 따라서 출입도 빈번하므로 일일이 점을 하여 여행중의 안위를 판단하는 사람은 드문 것이 현실이다. 그러나 지금 시

대가 발전했다고 하여 여행하는 동안 안위를 염려하지 않아도 될 만큼 안전한 것만은 아닌 듯하다. 여행중에 일어나는 각종 사건은 언론에 보도되는 것만으로도 그 수를 헤아릴 수 없을 정도이니, 이를 모두 운명으로 돌릴 수는 없는 일이다. 지금의 형편이 이러하므로 시대가 아무리 바뀌었다고 할지라도 역시 출행점은 필요하다. 점을 하여 사고를 다 막을 수 있는 것은 아니나 적어도 자제하도록 하는 예방의 효과는 있다고 보기 때문이다.

출행점의 통변을 살펴보면 특이한 점은 체괘가 용괘를 극하거나 용괘가 체괘를 생하거나 간에 팔괘의 성정과 속상(屬象)에 따라 그 응하는 현상이 다르다는 것이다. 즉 건괘는 건괘의 성정대로 응하고 곤괘는 곤괘의 성정대로 응하는 것이니, 이것을 판단하여 통변하는 것이 곧 괘기와 괘상을 살피고 이치로 변통(變通)하는 심역(心易)의 원리인 것이다.

13) 행인점(行人占)

외지에 나간 행인의 점은 점을 하는 사람을 체괘로 하고, 행인을 용괘로 한다. 체괘가 용괘를 극하면 행인의 돌아옴(歸期)이 늦으며, 용괘가 체괘를 극하면 행인은 돌아오지 않는다. 체괘가 용괘를 생하면 행인은 아직 돌아올 형편이 아니며, 용괘가 체괘를 생하면 행인은 빠르게 돌아온다. 체괘와 용괘의 괘기가 같아 비화(比和)하면 불원간 돌아오게 된다. 그리고 용괘로써 외지에 나가 있는 행인의 안위와 용건의 성사 여부 등을 판단하는데, 용괘가 생함을 만나면 밖에 나간 일이 순조롭게 처리되며, 용괘가 쇠약한데 또 극을 받으면 밖에서 재앙을 당한다. 그리고 진

(☱)괘가 많으면 편안하지 못하고, 간(☶)괘가 많으면 막히는 장애가 있
으며, 용괘가 감(☵)괘이면 험난함이 있고, 태(☱)괘이면 주로 싸움을
하거나 다투는 일로 응한다.

原文 : 占行人 以體爲主 用爲行人 體剋用行人歸遲 用剋體
行人不歸 體生用行人未歸 用生體行人卽歸 體用比和歸期不
日矣 又以用卦爲行人之盈旺 逢生在外順快 逢衰受剋在外災
殃 震多不 艮多有阻 坎有險難 兌主紛爭之應

【해설】 행인점은 밖에 나가 있는 사람이 예정된 날짜에 돌아오지 않거
나 또는 소식을 알 수 없을 때, 이를 판단하는 점이다. 지금은 통신시설
이 잘 갖추어져 있으므로 수시로 소식을 알 수 있으나 옛날에는 그렇지
못하였으므로 주로 점을 하여 그 안부를 판단하였다. 그러나 지금도 가
출을 하였거나 혹은 볼일로 외지에 나갔다가 돌아오지 않는 사람이 하나
둘이 아니므로 이런 경우 역시 점을 하여 그 안부를 판단할 수밖에 없는
것이다.

지금 사람들은 점에 대한 인식이 부족하여 점이라고 하면 대개 신(神)
에 의탁하여 행하는 무속인(巫俗人)들의 점(占)을 생각하는 것이 일반적
인 현실이다. 그러나 역점은 역의 원리를 바탕으로 하여 점괘를 체와 용
으로 나누어 그 괘상을 살피고 이치로 추구하여 변화를 판단하는 것이므
로, 점이라고 하기보다는 이를 과학에 비유하면 자연의 변화를 과학적으
로 분석하는 기상(氣像) 변화의 예측과 같은 것이라고 하겠다.

위 통변을 살펴보면 특이한 것은 대개의 점은 체괘를 기본으로 하여
길흉을 판단하나 행인점에서는 행인에 해당하는 용괘의 괘상과 그 괘기

의 왕쇠강약(旺衰强弱)을 살펴서 행인의 안위(安危)를 판단하는 것이 특이하다고 할 수 있다. 이와 같이 판단하는 까닭은 행인을 대상으로 하는 점이므로 점을 하는 사람(體卦)보다는 행인(用卦)의 안위가 우선이기 때문이다. 그러므로 역점은 이치로 미루어 궁리하고 변통해야만 점험(占驗)을 얻을 수 있는 것이다.

14) 알현점(謁見占)

알현의 점은 알현하는 사람을 체괘로 하고, 알현할 사람을 용괘로 한다. 체괘가 용괘를 극하면 알현이 가능하고, 용괘가 체괘를 극하면 알현이 불가능하다. 체괘가 용괘를 생하면 알현이 어려울 뿐만 아니라 알현을 한다고 하여도 유익함이 없으며, 용괘가 체괘를 생하면 알현이 가능하고 또 알현을 하여 얻는 바가 있다. 그리고 체괘와 용괘의 괘기가 같아 비화(比和)하면 알현을 하여 환대를 받는 기쁨이 있다.

原文 : 占謁見 以體爲主 用爲所見之人 體剋用可見 用剋體不見 體生用難見 見之而無益 用生體可見 見之且有得 體用比和 歡然相見

【해설】 알현이라 함은 신분이 높은 사람을 찾아뵙는 것을 말함이나, 그냥 문안만 하는 인사가 아니라 어떤 목적을 위해 방문함을 가리킨다. 예로부터 권문세가(權門勢家)에 사람들이 모여드는 것은 거의가 이기적인 목적을 위해 다투어 알현을 원하기 때문이니, 그 목적을 달성한다는 것

은 쉬운 일이 아니다. 알현을 하여 아무 소득도 얻지 못한 경우는 차라리 알현하지 않은 것만 못하므로, 알현의 결과에 대한 가부를 점을 하여 판단하고자 하는 것이다.

위의 통변을 살펴보면 체괘가 용괘를 극하는 것보다는 용괘가 체괘를 생하는 것이 좋으며, 더 좋은 것은 체괘와 용괘의 괘기가 동류로서 화합이 되는 것이니, 이는 의기투합(意氣投合)하는 상이므로 환대를 받으면서 목적을 달성하게 되는 것이다. 체괘가 용괘를 극하는 것은 알현하는 사람이 친인척 관계 혹은 학연(學緣) 지연(地緣) 등 거절할 수 없는 연고를 내세워 압력을 가하는 상이므로 비록 알현은 가능하나 그 성과는 만족할 수 없는 것이다. 역(易)은 쉽고 간명한 이간(易簡)의 도(道)이므로 이치로 미루어 변통한다는 것을 어렵게만 생각하여서는 아니 된다.

15) 실물점(失物占)

실물(失物)의 점은 물건을 잃은 사람을 체괘로 하고, 실물을 용괘로 한다. 체괘가 용괘를 극하면 찾기는 하겠으나 늦으며, 용괘가 체괘를 극하면 찾을 가망이 없다. 체괘가 용괘를 생하면 실물을 보기 어려우며, 용괘가 체괘를 생하면 쉽게 찾는다. 체괘와 용괘의 괘기가 같아 비화(比和)하면 물건을 잃어버린 것이 아니라 잘 간직하고 찾지 못하는 것이다. 또 변괘(變卦)로써 물건을 잃어버린 곳을 판단하는 것이니, 차례로 살펴보면 다음과 같다.

변괘가 건(乾 ☰)이면 서북쪽에서 찾게 되는데, 혹 관청의 누각(樓閣)

이 있는 곳이거나 혹은 쇠붙이와 돌이 있는 곁이거나 혹은 둥근 기물(器物) 가운데거나 혹은 높고 건조한 곳에 있을 것이다.

변괘가 곤(坤☷)이면 서남방에서 찾게 되는데, 혹 논밭이 있는 들판이거나 혹은 창고나 곳간이 있는 곳이거나 혹은 농사를 짓는 논밭이거나 혹은 움집 또는 굴이 있는 곳이거나 혹은 질그릇이나 모(方)가 있는 기물 가운데 있을 것이다.

변괘가 진(震☳)이면 동방에서 찾게 되는데, 혹은 산의 나무가 있는 곳이거나 혹은 가시덤불 안이거나 혹은 종이나 북이 있는 곁이거나 혹은 번잡한 시장이거나 혹은 큰길이 있는 곳에 있을 것이다.

변괘가 손(巽☴)이면 동남방에서 찾게 되는데, 혹 산에 나무가 있는 곳이거나 혹은 절간이거나 혹은 채소밭이거나 혹은 배(舟)가 있는 사이거나 혹은 나무그릇 안에 있을 것이다.

변괘가 감(坎☵)이면 북방에서 찾게 되는데, 많게는 물가에 감추어져 있고 혹은 시냇가 우물 또는 도랑이 있는 곳이거나 혹은 술 또는 식초를 둔 곳이거나 혹은 생선이나 소금을 둔 곳에 있을 것이다.

변괘가 이(離☲)이면 남방에서 찾게 되는데, 혹 부엌(廚房)이거나 혹은 난로 곁이거나 혹은 밝은 창가이거나 혹은 빈 방안이거나 혹은 책이 있는 곁이거나 혹은 모닥불을 피운 곳에 있을 것이다.

변괘가 간(艮☶)이면 동북방에서 찾게 되는데, 혹 산의 나무가 있는 안이거나 혹은 가까운 길가이거나 혹은 암석이 있는 곁이거나 혹은 물건을 저장하는 토굴에 있을 것이다.

변괘가 태(兌☱)이면 서방에서 찾게 되는데, 혹 못(澤)가 둔덕이거나 혹은 무너진 담장 또는 파괴된 벽 안이거나 혹은 폐쇄된 우물이나 물이 빠진 늪 가운데 있을 것이다.

原文：占失物 以體爲主 用爲失物 體剋用可尋遲得 用剋體
不可尋 體生用物難見 用生體物易尋 體用比和物不失矣 又以
變卦爲失物之所在 如變是乾則覓於西北 或公廨樓閣之所 或
金石之傍 或圓器之中 或高亢之地 變卦是坤則覓於西南方 或
田野之所 或倉廩之處 或稼穡之處 或土窖穴藏之所 或瓦器方
器之中 震則尋於東方 或山林之所 或叢棘之內 鐘鼓之傍 或
鬧市之地 或大途之所 巽則尋於東南方 或山林之所 或寺觀之
地 或菜蔬之園 或舟居之間 或木器之內 坎則尋於北方 多藏
於水邊 或溪井溝渠之處 或酒醋之邊 或魚鹽之地 離則尋於南
方 或庖廚之間 或爐之傍 或在明窓或遺虛室 或在文書之側
或在烟火之地 艮則尋於東北方 或山林之內 或近路邊 或岩石
傍 或藏土穴 兌則尋於西方 或居澤畔 或敗垣破壁之內 或廢
井缺沼之中

【해설】실물점은 중요한 물건을 잃어버렸을 때, 그 물건을 찾을 수 있을
것인가를 판단하는 점이다. 물건을 잃어버리는 것은 대개 갖고 다니다가
잃어버리는 것이 보통이나 혹은 잘 간직해두고서도 잃어버린 것으로 착
각하는 경우도 있으므로 이러한 것을 판단하는 것이다. 요즈음은 잃어버
린 물건을 수소문하면 쉽게 찾을 수 있는데도 찾아가지 않는 사람이 많
다는 항간의 소문을 듣고 금석지감(今昔之感)이 교차한다. 그러나 지금
도 중요한 물건을 잃어버리고 찾으려고 애쓰는 사람이 많으므로 역시 실
물점은 필요한 것이다.

위 통변 중 특이한 것은 물건을 잃어버린 곳을 변괘(變卦)의 방위나 팔
괘의 속상(屬象)으로 잃어버린 방위와 찾을 수 있는 곳을 통변한 점이다.

변괘는 용괘의 동효가 변하여 이루어진 괘이니, 잃어버린 물건은 용괘이므로 그 물건이 이미 주인으로부터 이탈하여 있는 곳이 바뀌었으므로 곧 동효가 움직여 괘가 바뀐 상과 같은 것이다. 그러므로 변괘의 방위와 상(象)으로써 잃어버린 곳을 알아내는 것이니, 이치로 미루어 변통(變通)하는 묘는 무궁하며, 성현께서 밝혀놓은 만물의 팔괘배속은 추호의 오차도 없는 것이다.

16) 질병점(疾病占)

무릇 질병의 점은 병자를 체괘로 하고, 병증(病症)을 용괘로 한다. 그러므로 체괘는 마땅히 왕성해야 하고 쇠약함은 마땅하지 않다. 체괘는 생하는 괘를 만남이 마땅하고 극(剋)하는 괘를 봄은 마땅하지 않으며, 용괘는 체괘를 생함이 마땅하고 체괘를 극함은 마땅하지 않다. 이런 고로 체괘가 용괘를 극하면 병은 쉽게 안정되며, 체괘가 용괘를 생하면 병은 치유되기가 어렵다. 체괘가 용괘를 극하면 병자는 약을 쓰지 않아도 쾌유되는 기쁨이 있고, 용괘가 체괘를 극하면 병자는 비록 좋은 약으로 치료하여도 효과를 얻을 수 없다. 체괘가 극을 만났으나 괘기가 승왕(乘旺 - 得時令)할 것 같으면 병세는 오히려 차도가 있을 것이나, 체괘가 극을 만나고 또 괘기가 쇠약하면 결단코 세상에 있을 날이 멀지 않다. 점괘가 흉한 중에도 구(救)함이 있음을 알고자 한다면 호괘(互卦)나 변괘(變卦) 중에 체괘를 생하는 괘가 있는가를 살펴서 판단한다. 그러나 체괘가 용괘를 생하게 되면 병세는 오래 끌면서 호전되기가 어렵다. 용괘가 체괘를 생하면 병자는 즉시 쾌유되며, 체괘와 용괘의 괘기가 같아 비화(比

和)하면 병세는 쉽게 안정된다.

만약 병이 치유되어 편안하게 될 날을 알고자 하면 체괘를 주로 하여 그 시령(時令)과 점괘의 생극제화(生剋制化)를 살펴서 판단하며, 또 병세가 중하여 위액(危厄)을 당하는 시기를 알고자 하면 체괘를 극하는 괘를 주로 하여 판단한다. 그리고 의약(醫藥) 등속은 마땅히 체괘를 생하는 괘를 주로 하여 논하고 약을 선택함에 있어서는 예컨대 체괘를 생하는 괘가 이(離 ☲)괘이면 마땅히 체온을 높이는 열약을 써야 하고, 감(坎 ☵)괘가 체괘를 생하면 마땅히 열을 낮추는 냉약을 써야 하며, 간(艮 ☶)괘이면 따뜻하게 보(補)하는 약을 써야 하고, 건(乾 ☰)괘나 태(兌 ☱)괘이면 서늘한 양약(凉藥)을 써야 마땅한 것이니, 이와 같이 팔괘의 성정을 추구(推究)하여 판단하면 될 것이다.

原文 : 凡疾病占 以體爲病人 用爲病症 體卦宜旺不宜衰 體宜逢生不宜見剋 用宜生體不宜剋體 是故 體剋用病易安 體生用病難愈 體剋用者勿藥有喜 用剋體者雖藥無功 若體逢剋而乘旺猶爲庶幾 體遇剋而更衰斷無存日 欲知凶中有救 生體之卦存焉 體生用者遷延難好 用生體者卽愈 體用比和疾病易安 若究和平之日生體之卦決之 若詳危厄之期剋體之卦定之 若論醫藥之屬 當生體之卦 如離卦生體宜服熱藥 坎水生體宜服冷藥 如艮溫補 乾兌凉藥是已

또 질병에 귀신의 설(說)을 믿는 경향이 있는데, 이는 비록 역도(易道)는 아니나 역도에 해당되지 않는다고 하여 말할 수 없는 것은 아니다. 그러므로 이를 이치로 추구(推究)하여 보면 점괘에 체괘를 극하는 괘가 있을 경우 곧 그 괘로써 귀신을 헤아려 볼 수 있는 것이다. 체괘를 극하는 괘가 건(乾☰)괘이면 이는 주로 서북방의 신(神)이며, 혹은 전쟁터에서 칼날에 희생된 귀신이거나 혹은 하늘의 운행에 따라 순환하는 기(氣)에 감염된 것이거나 혹은 바른 신이라고 일컫는 사신(邪神) 등이다. 체괘를 극하는 괘가 곤(坤☷)괘이면 주로 서남방의 신이며, 혹은 거친 들판의 귀신이거나 혹은 윗대 조상의 귀신이거나 혹은 마을 신당(神堂)의 귀신이거나 혹은 건드리지 말아야 할 곳을 범하였거나 혹은 의지할 곳 없는 귀신 등이다. 체괘를 극하는 괘가 진(震☳)괘이면 주로 동방의 신이며, 혹은 나무(神木)의 귀신이거나 혹은 이름 없는 요괴이거나 혹은 시절의 영향을 받았거나 한 것이다. 체괘를 극하는 괘가 손(巽☴)괘이면 주로 동남방의 귀신이며, 혹은 스스로 목숨을 끊은 귀신이거나 혹은 형벌을 당하여 죽은 원귀 등이다.

체괘를 극하는 괘가 감(坎☵)괘이면 주로 북방의 귀신이며, 혹은 물(水)가의 귀신이거나 혹은 물에 빠져 죽은 원혼이거나 혹은 혈질(血疾)로 죽은 귀신 등이다. 체괘를 극하는 괘가 이(離☲)괘이면 주로 남방의 귀신이며, 혹은 용맹한 장군의 신이거나 혹은 부엌의 조왕신(竈王神)을 범하였거나 혹은 모시는 신의 향화를 소홀히 하여 허물을 얻었거나 혹은 불에 타서 죽은 귀신이거나 혹은 열병으로 죽은 귀신 등이다. 체괘를 극하는 괘가 간(艮☶)괘이면 주로 동북방의 신이며, 혹은 산림의 산신이거나 혹은 산의 요귀(妖鬼) 또는 목신(木神)이거나 혹은 땅의 요귀(妖鬼) 또는 바위의 정령(精靈) 등이다. 체괘를 극하는 괘가 태(兌☱)괘이면 주로 서방의 신이며, 혹 전쟁터에서 죽은 귀신이거나 혹은 불치병으로 죽은 귀신이거나 혹은 목이 잘려 죽은 귀신 등이다. 괘중에 체괘를 극하는 괘가 없으면 귀신의 설은 논하지 아니한다.

〔역주〕 귀신을 논한 것은 귀신을 믿으라는 것이 아니라 무속(巫俗)들이 말하는 귀신의 설이라도 역의 원리로 추구(推究)하면 알 수 있다는 뜻이다. 역은 형체가 없는 우주의 밖으로부터 천지만물, 심지어는 눈에 보이지 않는 미물에 이르기까지 모두 포괄하는 원리이므로 비록 귀신의 설이라도 역도(易道)의 범주(範疇)를 벗어날 수 없다는 것을 강조하기 위하여 논한 것이다. 결코 무속을 신봉(信奉)하거나 믿으라는 뜻이 아니다.

原文 : 又有信鬼神之說 雖非易道 然不可謂易道之不該 姑以理推之 如卦有剋體者 卽可測其鬼神 乾卦剋體主有西北方之神 或兵刃之鬼 或天行時氣 或稱正之邪神 坤則西南之神 或曠野之鬼 或連親之鬼 或水土里社之神 或犯方隅 或無主之崇 震則東方之神 或木下之神 或妖怪百端 巽則東南之鬼 或自縊戕生 或枷鎖致命 坎則北方之鬼 或水傍之神 或沒溺而亡 或血疾之鬼 離則南方之鬼 或猛勇之神 或犯灶司 或得愆於香火 或焚燒之鬼 或遇熱病而亡 艮則東北之神 或是山林之崇 或山魈木客 或土怪石精 兌則西方之神 或陣亡之鬼 或廢疾之鬼 或刎頸戕生之鬼 卦中無剋體之卦者 不必論之

또 선생에게 묻기를 "병점(病占)의 점괘에 상괘는 건(乾☰)괘이고 하괘는 곤(坤☷)괘를 얻었을 경우 어떻게 판단합니까"라고 물으니 요부(堯夫, 선생의 字)께서 말씀하시기를, "건상곤하(乾上坤下)는 천지비(天地否)괘인데, 제一효(초효)가 동하면 체는 건금(乾金☰)이므로 용괘인 곤토(坤土☷)가 체괘를 생하는 뜻이 있고, 초효가 변하여 진목(震木☳)으로 변하고 호괘에 손목(巽木☴)과 간토(艮土☶)가 보이므로 모두 생성(生成)하는 뜻이 있으니, 이는 재난이 없다고 말할 수 있다. 그러므로 체괘 건금(☰)이 토(土)의 생을 만나는 날 즉시 쾌유될 것이다."

또 묻기를 "제二효가 동하면 어떠합니까"라고 아뢰니, 선생은 "제二효가 동하면 곤토(☷)가 감수(坎水 ☵)로 변하므로 이는 체괘인 건(☰)금의 기를 설(泄)하여 손상하는 뜻이 있고, 또 금이 수향(水鄕)에 들어 쇠약한데 호괘에 손풍(巽風☴)과 이화(離火☲)를 보게 되어 손풍(巽風)과 이화(離火)가 마치 화로에 부채질을 하는 상이라 모두 체괘를 극하는 뜻이 있으므로 다시 점을 할 때의 외응(外應) 등이 어떠한가를 살펴야 하나 이는 즉 시체를 불에 태우는 상이므로 병이 악화되어 죽을 것이 틀림없다. 병점(病占)을 판단함에 있어서 춘하추동 사계(四季)로써 체괘의 왕약(旺弱)을 살피고 다시 이치로서 자세히 추리하여야 한다"라고 말씀하시고, 이어서 "제三효가 동하면 곤토(☷)가 간토(☶)로 변하므로 모두 체괘를 생하는 뜻이 있으므로 호괘를 살필 것도 없이 길(吉)한 것으로 판단하여도 의심할 바 없다." 또 이어서 "제四효가 동하면 건(☰)괘가 용괘로 바뀌므로 손목(巽木☴)으로 변하는바, 모두 체괘인 곤(☷)토를 극하는 뜻이 있으므로 호괘가 길하여도 역시 흉하며, 변괘 손(☴)목은 시체(屍體)를 나무로 받쳐 드는 뜻이 있고 용괘 건(☰)금은 벽돌로 묘지를 쌓아 올리는 뜻으로 추리할 수 있으니, 이와 같이 판단하는 데는 반드시 이치로 추구하면 시체라고 통변할 수 있는 이치가 그 안에 있는 것이다."

이어서 또 말씀하시기를, "제五효가 동하면 건(☰)괘가 이(☲)괘로 변하여 체괘(☷)를 설(泄)하던 건(☰)금이 도리어 체괘를 생하고 호괘 변괘가 모두 체괘를 생하므로 이는 그 길함을 의심할 바 없고 다시 길한 조짐이 있었다면 더욱 길할 것이며, 흉한 조짐이 있었다고 하더라도 병자의 죽음이 늦어질 것이니, 이러한 판단은 그 이치가 명료한 것이다."

또 이어서 "제六효가 동하면 태(☱)괘로 변하므로 능히 체괘(☷)를 설기하고 호괘의 손(☴)목과 간(☶)토는 하나는 극하고 하나는 비화(比和)하므로 하나는 흉하고 하나는 길한지라 그 병은 죽지 않으면 반드시 위중할 것이니, 점을 할 때의 길흉조짐(吉凶兆朕)을 마땅히 잘 살펴서 길한 조짐이 있으면 길한 것으로 판단하고 흉한 조짐이 있으면 흉한 것으로 판단하여야 할 것이다. 이와 같이 판단하는 것은 그 이치가 심히 명료하므로 나머지 괘도 이상의 통변을 참고로 하여 심역(心易)으로 판단한다면 점험(占驗)을 얻지 못함은 없을 것이다.

原文 : 又問乾上坤下 占病如何斷 堯夫曰乾上坤下第一爻動 便是生體之義 變爲震木互見巽艮 俱是生成之義 是謂不災逢生之日卽愈 又曰第二爻動如何 曰是變爲坎水 乃泄體敗金之義 金入水鄕 互見巽離 乃爲風火扇爐 俱爲剋體之義 更看占時外應如何 卽爲焚尸之象 斷之死無疑矣 以春夏秋冬四季推之 更見詳理 又曰第三爻動 坤變艮土 俱在生體之義 不問互卦 亦斷其吉無疑 又曰第四爻動 乾變巽木 金木俱有剋體之義 互吉亦凶 木有扛尸之義 金爲磚碍之推 是理必定之推 是理尸必定之理 又曰第五爻動 乾變離 反能生體 互變俱生體 是其吉無疑 更有吉兆則愈吉 凶則遲而忍死 其斷明矣 又曰第六爻動 則能泄體 互見巽艮 一凶一吉 其病非死必危 亦宜看兆吉凶 吉則言吉 凶則言凶 此斷甚明 餘卦皆倣此斷 則心易無不驗矣

【해설】우리 인간세상에서 가장 무서운 존재는 질병이라고 할 수 있다. 사람은 누구나 건강하게 오래 살기를 소망하고 있으나 이 희망을 앗아가는 것은 결국 질병이기 때문이다. 과학이 발전함에 따라 약과 의술이 크게 향상되어 많은 질병을 퇴치한다고 하나, 지금도 많은 사람들이 질병으로 고통을 받고 있으며, 또한 병을 이기지 못하고 죽는 사람이 여전한 것을 보면 위대한 자연의 법칙을 인간의 능력으로 저항한다는 것은 분명 한계가 있을 수밖에 없다. 그러나 고금을 막론하고 의술이 죽어가는 생명을 살리지는 못한다 할지라도 많은 병자들의 고통을 덜어주고 삶의 용기를 북돋워준 것만은 사실이다. 여하간 질병이라는 것은 우리 인간에게 있어서 큰 문제임에 틀림없다.

위의 통변을 살펴보면 十八항목의 요결 중에서 질병을 가장 길게 논하였는바, 옛날에도 역시 질병은 그 안위를 예측할 수 없는 심각한 문제이므로 가장 많이 점단(占斷)에 의존하였기 때문일 것이다. 질병점의 통변에 있어서 특히 유의할 것은 병자(病者)에 해당하는 체괘를 세심하게 살피고 또 점을 할 당시 주변 사람들의 말이나 행동을 관찰하여 그 말과 행동이 길하거나 흉하면 이를 길흉의 조짐으로 보고 점괘와 종합하여 병세를 판단하여야 한다는 것이다. 이때 조짐도 길하고 점괘도 길하면 크게 길하여 질병은 즉시 쾌유될 것이고, 조짐이 흉한데 점괘도 흉하면 이는 크게 흉하여 죽지 않으면 위중하게 될 것이다. 이 조짐이라는 것은 계절의 조짐과 같은 것이니, 봄이 오려면 미리 봄의 조짐이 나타나고 가을이 오려면 미리 가을의 조짐이 나타나는 이치와 같은 것이다. 예를 들면 점을 할 당시에 주변 사람이 죽음을 말하거나 또는 우는 형상을 하면 이는 흉한 조짐이며, 길한 말을 하거나 표정이 명랑하면 이는 길한 조짐으로 보는 것이다.

그리고 점괘를 살필 때 유념할 것은 병자는 이미 허약한 상태이므로 체괘의 기는 왕성해야 하고 용괘나 호괘, 변괘의 기는 쇠약한 것이 바람직하다. 이 왕쇠는 계절을 기준으로 하여 판단하게 되는데, 즉 체괘가 진(☳)목인데 점을 할 당시가 봄이라면 이는 체괘가 득시(得時)하여 왕성한 것이고, 체괘를 극하는 건태(☱)금은 시령(時令)을 얻지 못하여 쇠약하므로 점괘가 불길하여도 봄은 넘긴다고 판단하여 틀림이 없을 것이다. 또 반대로 체괘가 진(☳)목인데 점을 할 당시가 가을이라면 체괘는 쇠약하고 태(☱)금은 왕성하여 불길하나 만약 태괘의 초효가 동하여 감(☵)수로 변한다면 변괘가 체괘를 생하므로 선흉후길(先凶後吉)의 상이라 감(☵)수가 득시(得時)하는 겨울에는 쾌유하게 될 것이다.

　이와 같이 점을 하고 판단을 할 때는 체용괘의 생극(生剋)을 먼저 살펴야 하나 이밖에도 호괘와 변괘의 길흉을 살피고 계절에 비추어 괘기의 왕쇠를 살핀 다음, 점을 할 당시의 길흉조짐 등을 종합하여 판단을 하여야만 점험(占驗)을 얻을 수 있을 것이다. 이것이 이른바 이치로 추구(推究)하고 심역으로 변통하는 심역(心易)의 요결(要訣)인 것이다.

17) 관송점(官訟占)

　관송(官訟)의 점은 송사(訟事)의 당사자로서 점을 하는 사람을 체괘로 하고, 송사의 상대방과 그 송사의 응함을 용괘로 한다. 송사의 점(占)은 체괘의 기는 마땅히 왕성해야 하고 용괘의 기는 마땅히 쇠약해야 한다. 체괘는 용괘의 생을 받아야 마땅하고 용괘를 생하여줌은 마땅하지 않으며, 용괘는 체괘를 생함이 마땅하고 체괘를 극함은 마땅하지 않다. 이런 고로 체괘가 용괘를 극하면 내가 상대를 이기게 되고, 용괘가 체괘를 극하면 상대가 나를 이기게 되므로 불리하다. 체괘가 용괘를 생하면 송사에 불리할 뿐만 아니라 관(官)으로 인하여 상실하는 바가 있게 되며, 용괘가 체괘를 생하면 송사에 유리함을 얻는 데 그치지 않고 송사로 인하여 얻는 바가 있게 된다. 체괘와 용괘의 괘기가 같아 동기(同氣)로서 화합하면 송사에는 가장 길한 것이니, 비단 서로 돕고 의지하는 힘이 생길 뿐만 아니라 반드시 주로 화해하는 뜻이 있다.

原文 : 占官訟 以體爲主 用爲對辭之人 與官訟之應 體卦宜旺 用卦宜衰 體宜用生不宜生用 用宜生體不宜剋體 是故 體剋用者己勝人 用剋體者人勝己 體生用非爲失理 或因官有所喪 用生體不止得理 或因訟有所得 體用比和官訟最吉 非但扶持之力 必有主和之義

【해설】 관송(官訟)이라 함은 이해관계로 인하여 이해 당사자간에 다툼이 생겨 법관의 판결을 구하는 소송을 말한다. 송사는 서로 자기가 옳다고 주장하는 것이므로 쉽게 끝나지 않으며, 그 옳고 그름이 판별되지 않은 상태이므로 꼭 이긴다는 보장이 없어 두려운 것이다. 그러므로 송사는 오래 끌게 되면 이기든 지든 간에 서로가 불리한 것이니, 『주역』 천수송(訟)괘 「초六 효사」에 "송사를 길게 하지 않으면 조금 구설이 있으나 마침내는 길하리라(初六 不永所事 小有言終吉)"라고 함이 바로 그것이다.

위의 통변을 살펴보면 첫째로 송사는 힘이 있어야 함으로 "체괘의 기는 왕성함이 마땅하고 용괘의 기는 쇠약함이 마땅하다(體卦宜旺用卦宜衰)"라고 하였는바, 이 왕쇠(旺衰)는 점을 할 당시의 절기로 분별한다.

송사에 힘이 있어야 한다는 것은 아무리 유리한 자료를 갖고 있다 할지라도 소송을 진행할 힘이 없다면 불리하기 때문이다. 그러나 송사는 서로가 한발씩 물러나 화해하는 것이 가장 길하다고 하였으니(體用比和 官訟最吉), 이는 천수송(訟)괘 「초六 효사」와 같은 뜻이다. 원래 싸움이란 바람직한 것이 아니므로 서로 한발씩 물러나 역지사지(易地思之)함으로써 화해의 길을 모색하는 것이 가장 원만하고 좋은 것이기 때문이다. 그러므로 다른 점(占)에서도 대개 비화(比和)하면 길하다고 하였으나, 송사에 있어서만은 특히 화해하는 것이 가장 길하다고 강조한 것이다.

18) 분묘점(墳墓占)

분묘점은 점을 하는 사람을 체괘로 하고 분묘를 용괘로 한다. 체괘가 용괘를 극하면 정한 장지(葬地)에 장례를 하여 길하고 용괘가 체괘를 극하면 흉하다. 체괘가 용괘를 생하면 장례를 모신 후에 주로 집안 형편이 퇴보하며, 용괘가 체괘를 생하면 장례 후에 주로 집안이 홍왕하여 융성하게 되고 또 산음(山蔭)으로 후손에게 유익하다. 체괘와 용괘의 기가 같아 비화(比和)하면 그 장지는 길지(吉地)이므로 안장(安葬)하면 크게 좋으며, 장례 후에는 발복하여 길창(吉昌)하게 될 것이다.

原文：占墳墓 以體爲主 用爲墳墓 體剋用葬之吉 用剋體葬之凶 體生用葬之主令退 用生體葬之主興隆 有蔭益後嗣 體用比和乃爲吉地 大宜安葬 葬之吉昌)

【해설】무덤을 남기는 것은 사람이 이 세상에 다녀간 유일한 표시이며, 자신이 처리할 수 없는 신후사(身後事)이므로 十八항목 중 가장 마지막으로 논한 것이다. 생명체의 일생일사(一生一死)는 거역할 수 없는 자연의 법칙으로서 유사 이래 이를 거부하고 영생한 사람은 없으나 사람들은 모두 무병 장수하기를 소망하고 있으며, 이와 같은 인간의 희망은 고금을 막론하고 다를 바 없다. 죽어서 무덤을 남기는 피할 수 없는 현실을 사람들이 얼마나 혐오(嫌惡)하고 있는가를 중국의 옛 야화(野話)를 하나 소개하여 살펴보기로 한다.

『수신후기(搜身後記)』라는 전기(傳記)에 한나라 때의 요동(遼東) 사람 정령위(丁令威)는 영허산(靈虛山)에서 선도(仙道)를 닦아 학(鶴)이 되어 승천하였다는 이야기가 전하는데, 이를 요약하면 다음과 같다.

정령위는 선도를 닦아 학이 되어 승천하였다가 천년이 지난 뒤에 고향을 찾아와서 요동성 밖 묘지에 세운 화표주(華表柱) 위에 높이 앉아 내려다보니, 산천은 옛날과 다름없으나 다만 성 밖에는 묘지만 총총할 뿐 반겨주는 사람은 없다. 그런데 한 소년이 반겨주기는커녕 활을 들어 쏘려고 한다. 정령위는 급히 하늘로 날아 오르며 슬피 울었다. 그리고 성 위를 배회하면서 시를 지어 노래하였다.

有鳥有鳥丁令威　새가 있으니 새가 있으니 그 이름은 정령위로라
去家千年今始歸　집을 떠난 지 천년 만에 지금 비로소 돌아왔네.
城郭如故人民非　성곽은 옛 성곽이로되 사람은 옛 사람이 아니로다
何不學仙冢纍纍　어찌 선도를 닦지 않아 이처럼 무덤만 총총한가.

정령위는 노래를 부르면서 성 위를 배회하다가 하늘 높이 날아간 뒤 다시는 돌아오지 않았다

이상이 정령위의 고사이다. 이처럼 학이 되어 승천할 수만 있다면 이 좁은 땅에 묘지 걱정은 하지 않아도 될 것이다.

분묘점의 통변을 살펴보면 특이한 것은 체괘가 용괘를 극하는 것보다는 용괘가 체괘를 생하여 주는 것이 좋고 용괘가 체괘를 생하는 것보다는 체용괘의 기(氣)가 동류로서 화합하는 것이 더 좋은 것으로 통변되어 있다. 이를 이치로 미루어 궁리하여 보면 사람은 흙에서 태어났다가 다시 흙으로 돌아가 흙과 합하도록 하는 것이 곧 매장(埋葬)이므로 힘으로 극취하는 것보다는 흙과 화합하는 것이 더 좋은 것이다. 고로 체용이 동기(同氣)로서 화합하면 이는 길지(吉地)이므로 안장(安葬)하여서 크게 좋으며, 장례를 모신 후에는 산음(山蔭)으로 가운이 길창(吉昌)할 것이라고 통변한 것이다.

이상 용(用)과 체(體)의 요결은 처음으로 十八장의 점례(占例)로써 후학들이 이를 법칙으로 하여 탐구할 수 있도록 예시한 것이다. 그러나 여러 가지 잡다한 인간사가 어찌 十八장의 점례에 그칠 뿐이겠는가. 그러나 이 十八장의 점례는 절실하고 중요한 큰 일만을 예시한 것이니, 점을 하는 사람은 이를 법칙으로 하여 만사만물을 유추하고 미루어 변통(變通)함이 가할 것이다.

原文 : 右用體之訣 始以十八章占例 以示後學之法則 然庶務之多 豈止十八占而已乎 然此十八占 乃大事之切要者 占者以類而推之可也

【해설】 이상 천시점(天時占)에서 분묘점(墳墓占)에 이르는 十八항목의

점례는 인간사의 대부분을 망라하고 있다. 점을 함에 있어서 체와 용을 정하는 법, 그리고 체용괘와 호괘, 변괘의 생극제화(生剋制化)를 논하고 괘기의 왕쇠(旺衰)와 조짐 등을 살펴 판단하는 원리를 소상하게 밝혔으므로 이 十八점례를 준칙으로 하여 유추(類推)하고 변통(變通)한다면 심역(心易)의 오묘한 경지에 쉽게 접근할 수 있을 것이다.

서역(書易－周易)이나 심역은 다 자연의 원리(自然之易)를 바탕으로 한 것이나, 다만 다른 것은 자연의 역을 그대로 글로 옮긴 것이 서역이고, 자연의 역을 마음 가운데로 옮겨 변통하는 것이 곧 심역이다. 자연의 역을 마음 가운데로 옮기는 길은 궁리만 하여서 옮겨지는 것이 아니라 자연의 역을 그대로 글로 옮긴 서역을 통하지 아니하고는 불가능하다. 그러므로 소강절 선생께서 "서역은 자연의 역을 그대로 옮긴 것이나 그 글이 일정(一定)하여 바꿀 수 없으므로 이를 마음 가운데로 옮겨 유추하고 변통하는 것이 곧 심역이다"라고 말씀한 것이다.

점복(占卜)의 묘리는 심역에 있으므로 심역을 체득하기 위해서는 먼저 주역의 이해가 필요하다. 선생께서 점복을 통하여 역의 원리가 진리임을 징험(徵驗)하였다고 한 것은 곧 삼고(三古)의 성인에 의하여 완성된 주역(周易)이 자연의 역과 추호의 오차도 없음을 확인하였다는 뜻이다.

4. 삼요영응론(三要靈應論)

〔역주〕삼요영응편은 소강절 선생께서 직접 저술한 것이 아니라 선진(先秦)시대로부터 전해져 온 점법(占法)을 선생께서 이를 산정(刪定)하고 보해(補解)하여 제자들에게 전한 것으로 짐작된다. 내용을 살펴보면 심역(心易)으로 변통하는 길은 귀(耳)·눈(目)·마음(心)의 삼요(三要)에 달려 있음을 논한 것이니, 자연의 역(易)을 마음 가운데로 옮김에 있어서 외물(外物)의 동정(動靜)을 눈으로 보고 귀로 들어서 마음으로 느껴 통하게 되는 이치를 밝힌 것이다. 이 삼요(三要)의 영응(靈應)은 곧 심역(心易)으로 통하는 세 가지 중요한 추기(樞機)이므로 사학(斯學) 탐구에 필수 불가결한 보전(寶典)이라 할 수 있다.

1) 삼요영응편서(三要靈應篇序)

대저 역(易)이라는 것은 사람에게 부여된 품성(稟性)과 천리(天理)의 학문이니, 본성(本性)과 천리는 사람의 마음속에 갖추어져 있는 것이다. 사람의 마음은 크지 않은 방촌(方寸)의 자리에 고요히 잠겨 있고 마음이 자리하고 있는 영대(靈臺)는 희고 깨끗하여 하나의 털끝만한 간섭도 없고 먼지 한 알의 더럽힘도 없는 이 때를 당하여 본성과 천리는 마음 가운데 갖추어지고 역(易)은 내 마음과 혼연(渾然)히 섞여 하나가 되는 것이니, 이 역이 바로 선천(先天)의 역이라 하는 것이다. 그러나 이 고요한 마음속에서 하나의 잡념의 단서(端緖)가 일어나면 그 뿌리에서 사물(事物)의 싹이 터서 그 사물이 마음 가운데 드러나게 되므로 이렇게 되면 푸른 하늘을 구름이 가린 것 같고 또 맑은 거울을 먼지가 덮은 것 같아서 이런 때에는 깊은 물에 빠진 듯 아득하고 정신이 흐려져 내 마음 가운데 머물러 마음의 창을 밝혀주던 역리(易理)는 꺼져 없어지는 것이다.

고로 삼요(三要)의 묘는 귀(耳)·눈(目)·마음(心)을 운용하는 데 있으므로 이 세 가지의 보이지 않는 영기(靈氣)가 사물을 좇아 감응하게 되는 것이니, 귀와 눈이 총명해지면 마음은 이를 모아서 감통(感通)하게 되므로 실로 총명해지는 것이다. 그러나 사물의 뿌리가 마음에 있게 되면 마음은 그 사물로 가게 되나 사물이 싹을 트지 않으면 비록 귀신이라도 그 단서를 헤아리지 못할 것이므로 길흉화복이 들어올 수 있는 문이 없는 것이다.

이런 까닭에 선사(先師)께서 말씀하시기를, "마음이 사물에 끌려 동하지 않는다면 귀신도 알지 못하는 것이니, 나에게 연유함이 없는데 다시 누구에게 연유할 것인가. 그러나 만약 사물의 싹이 마음속에서 트게 되면 귀신이 이를 알게 될 것이다. 길흉회린(吉凶悔吝)에는 그 수(數)가 있는데, 이를 내가 미리 알고자 한다면 무슨 길이 있겠는가라고 묻는다면 반드시 말하기를 내 마음속에 있는 심역의 묘리(妙理)에 구하는 길뿐이라고 대답할 것이다. 이에 심역의 오묘한 이치를 얻게 되면 마음이 적연(寂然)하여 동하지 않으므로 진실로 생각이 고요하게 될 것이니, 이런 연후에 변화를 관찰하고 점(占)을 완상(玩賞)하면서 삼요(三要)를 운용한다면 반드시 사람들이 보면서도 보지 못하는 것을 나는 볼 것이고 들으면서도 듣지 못하는 것을 나는 듣게 될 것이다. 이는 마치 형상(形象)을 들어 보여주는 것 같고 음성으로 들려주는 것과 같으므로 나는 요연(瞭然)하게 이를 살필 수 있으니, 이렇게 되면 역의 복서지도(卜筮之道)를 통달하여 역(易)이 내 마음속에 있게 될 것이다. 삼요(三要)는 헛된 것이 아니므로 영험하게 응하는 오묘한 이치를 이를 통하여 얻게 될 것이다. 이 도(道)에는 지극히 정미(精微)하고 지극히 신명(神明)한 원리가 담겨져 있으나 백성은 날로 쓰면서도 알지 못하니, 어찌 원기통(圓機通)의 삼매(三昧)를 얻어 더불어 논할 수 있으리요"라고 하셨다.

　이 글을 전수한 선사(先師) 유(劉) 선생은 강하(江夏) 사람으로서 호는 담연자(湛然子)이니, 이 삼요영응편을 왕옥산인(王屋山人) 고처사(高處士)로부터 전수받은 것이라고 하였다. 보경(寶慶) 4년(1228, 南宋理宗四年) 중하(仲夏-五月) 기망(旣望-十六日) 청령자(淸靈子) 주허(朱虛)는 절하고 편의 머리에 서(序)하는 바이다.

原文 : 夫易者 性理之學也 性理具於人心者也 當其方寸湛然 靈臺皎潔 無一毫之干 無一塵之累 斯時也 性理具在而易存吾心渾然 是易也其先天之易也 及夫慮端一起 事根忽萌 物之著心 如雲之蔽空 如塵之蒙鏡 斯時也汩沒茫昧 而向之易存吾心者泯焉爾 故三要之妙 在於運耳目心 三者之虛靈 俾應於事物也 耳之聰 目之明 吾心實總乎聰明 蓋事根於心 心該於事 然事之未萌也 雖鬼神莫測其端 而吉凶禍福無門可入 故先師曰思慮未動鬼神不知 不由乎我更由乎誰 若夫事萌於心矣 鬼神知之矣 吉凶悔吝有其數 然吾預知之何道與 必曰求諸吾心易之妙而已矣 於是寂然不動 靜慮誠存 觀變玩占 運乎三要 必使視之不見者 吾見

之 聽之不聞者吾聞之 如形之見示 如音之見告 吾之瞭然鑒之
則易之爲卜筮之道 而易在吾心矣 三要不虛 而靈應之妙斯得也
是道也寓至精至神之理 百姓日用而不知 安得圓機通三昧者與之
論 此先師劉先生 江夏人 號湛然子 得之王屋山人高處士云 寶
慶四年仲夏旣望 淸靈子 朱虛 拜首序

【해설】삼요영응편을 전하였다고 하는 고처사(高處士)와 담연자 유선생
(劉先生) 그리고 서문을 쓴 청령자 주허(朱虛) 등은 남송(南宋) 말기의
학자임은 사실이나 전하는 기록이 없어 서문에서 밝힌 것 이외에는 고증
할 길이 없다. 그러나 모두 소자(邵子)의 학통을 이은 학자임은 틀림없는
듯하며, 이 서문을 쓴 시기(1228)가 소강절 선생께서 서세(1077)하신 후
百五十一년이 되는 해이므로 최초로 삼요영응편을 전수한 고처사도 선
생을 직접 사사(師事)한 제자라고 보기는 어렵다. 이목심(耳目心) 삼요
의 영응(靈應)을 논하고 이를 편명으로 한 것은 소강절 선생이 정하였거
나, 아니면 선진(先秦) 시대로부터 전하여져 온 점법을 선생께서 다시 정
리하고 해석하여 제자에게 전한 것이거나 둘 중의 하나일 것으로 짐작된
다. 선생의 입도시(立道詩)에 이목총명(耳目聰明)을 말씀한 대목이 있으
므로 살펴보기로 한다.

耳目聰明男子身　귀(耳)와 눈(目)이 총명한 남자로 태어난 이 몸은
洪鈞賦予不爲貧　조물주께서 나에게 가난함은 부여하지 않으셨네.
須探月窟方知物　음이 비롯하는 월굴(月窟-天風姤)을 더듬어서 겨
　　　　　　　　우 만물이 존재하는 이치를 알았으나
未躡天根豈識人　양이 비롯하는 천근(天根-地雷復)을 밟아 살피지

228

아니하고 어찌 사람의 도리를 안다 하리요.

乾遇巽時觀月窟　건(☰-陽)이 손(☴-陰)을 만날 때 월굴을 보게
　　　　　　　　되고

地逢雷處見天根　곤(☷-陰)이 진(☳-陽)를 만나야 천근을 보게 된다.

天根月窟閒來往　천근과 월굴이 서로 그 사이를 내왕함을 보고

三十六宮都是春　역괘 三十六궁이 모두 봄(春-始)임을 알았노라.

이 시는 선천 六十四괘 원도(圓圖)의 순환원리를 밝혀 시송(詩頌)한
것이니, 八괘가 건곤(☰☷) 뇌풍(☳☴) 감리(☵☲) 간태(☶☱)로
음양의 괘가 배합하고 대대(待對)한 것처럼 六十四괘 역시 음양의 괘가
배합하고 대대하여 三十六궁을 이루고 천근(地雷復)과 월굴(天風姤)의
사이를 끊임없이 내왕하며 순환을 반복하는 원리를 밝힌 것이다. 이와
같이 음양의 기가 내왕을 반복하는 순환은 즉 종즉유시(終則有始)를 뜻
하는 것이니. 이는 六十四괘의 순환만 그러한 것이 아니라 三十六궁을
이루는 배합괘(配合卦) 역시 그러한 것이다. 예를 들면 수뇌둔(屯)괘와
산수몽(蒙)괘는 서로 짝을 이루어 일궁(一宮)을 이루고 둔괘가 끝나면
몽괘로 도전(倒轉)하고 몽괘가 끝나면 다시 둔괘로 환원하는 순환을 반
복하는 것이다. 음양의 순환은 괘의 순환만 그러한 것이 아니라 천지만
물 하나하나 또는 눈에 보이지 않는 길흉회린(吉凶悔吝)에 이르기까지
모두 음양의 배합을 이루어 대대(待對)하고 종즉유시하는 순환을 반복
하고 있으므로 선생은 이를 "삼십육궁도시춘(三十六宮都是春)"이라고
시송한 것이다.

　이목심(耳目心)의 삼요(三要)는 곧 눈으로는 천지만물의 순환을 보고
귀로는 순환하는 변화의 소리를 들으며, 마음으로는 귀로 듣고 눈으로

본 것을 느껴 감이수통(感而遂通)함으로써 미래를 변이통지(變而通之)하는 것이므로 이를 점복(占卜)의 삼요라고 한 것이니, 선생의 시에 이목총명(耳目聰明)이라 함은 바로 이를 말한 것이다. 위 서문에 심역(心易)의 묘를 통하고 삼요를 운용하면 "보이지 않는 것을 나는 보고 들리지 않는 소리를 나는 듣는다(視之不見者吾見之 聽之不聞者吾聞之)"라고 함이 곧 이목의 총명을 말한 것이다.

『주역』「계사전(上十章)」에 "역은 생각함도 없고 하는 것도 없이 고요하여 움직임(動)이 없다가 느껴서 드디어 천하의 연고를 통하게 되나니, 천하의 지극한 신명(神明)함이 아니면 그 누가 능히 이 경지에 참여할 수 있으리요(易无思也无爲也 寂然不動 感而遂通天下之故 非天下之至神 其孰能與於此)"라고 함이 곧 삼요영응을 통하여 심역으로 변통하는 경지를 말한 것이다. 그러므로 삼요영응의 이치를 알지 못하고서는 점복(占卜)의 도(道)를 논할 수 없는 것이다.

2) 삼요영응편(三要靈應篇)

삼요(三要)라 함은 귀(耳)·눈(目)·마음(心)을 운용(運用)하는 세 가지 추요(樞要)를 말함이며, 영응(靈應)이라 함은 영묘(靈妙)하게 응하는 징험(徵驗)을 말하는 것이다. 대저 귀로 듣고 눈으로 보며, 마음으로 생각하는 이 세 가지는 사람의 한 몸에 있어서 중요한 추기(樞機)이니, 만물의 이치도 보고 듣는 범주(範疇)의 밖에 있는 것이 아니다. 점을 하고 판단을 내릴 때에 고요한 가운데서 듣고 마음을 맑게 하여 생각하고 조용히 만물을 관찰(觀察)한다면 소리를 들어 그 길흉의 조짐을 알 수 있고 나타난 형상을 보아 그 선악을 분별하며, 마음으로는 듣고 본 것을 변통(變通)하여 화복(禍福)의 이치를 밝힐 수 있다. 이렇게 하면 가히 점복(占卜)의 징험을 다 얻을 수 있을 것이니, 이는 골짜기에서 소리가 응하는 것과 같고 그림자가 형체를 따르는 것과 같으므로 밝은 불빛 아래에서 사물을 보는 것처럼 판단할 수 있다.

이와 같은 원리는 모두 주역에서 나왔으니, 즉 멀리는 저 만물에서 취하고 가까이는 저 사람의 몸에서 취하는 법칙에 따른 것이다. 삼요영응편은 선현(先賢)과 선사(先師)로부터 나온 것으로서 세속(世俗)에서 쓰는 말을 그대로 써서 예시하였다. 이 삼요영응의 법을 활용한 사람은 전국시대의 귀곡자(鬼谷子)를 비롯하여 엄군평(嚴君平), 동방삭(東方朔), 제갈공명(諸葛孔明), 곽박(郭璞), 관로(管輅), 이순풍(李淳風), 원천강(袁天罡), 황보진인(皇甫眞人), 마의선(麻衣仙), 진희이(陳希夷) 등이고 이어서 얻은 사람은 소강절(邵康節), 소백온(邵伯溫), 유백온(劉伯溫), 우사회(牛思晦), 우사계(牛思繼), 고처사(高處士), 유담연(劉湛然), 부수자(富壽子), 태연자(泰然子), 주청령자(朱淸靈子) 등이나 그 연대와 서로 전수한 내력이 일정하지 않으며, 이밖에 이름을 알지 못하는 사람도 있으나 여기에는 적지 않았다.

原文 : 三要者 運耳目心三者之要也 靈應者 靈妙而應驗者也 夫耳之於聽 目之於視 心之於思 三者爲人一身之要 而萬物之理 不出於視聽之外 占決之際 寂聞澄慮靜觀萬物 而聽其音知吉凶 見其形之善惡 察其理之禍福 皆可爲占卜之驗 如谷之應聲 如影之隨形 灼然可見也 其理出於周易 遠取諸物 近取諸身之法 是編則出於先賢先師 采世俗之語爲之例 用之者

鬼谷子 嚴君平 東方朔 諸葛孔明 郭璞 管輅 李淳風 袁天罡
皇甫眞人 麻衣仙 陳希夷 繼而得者 邵康節 邵伯溫 劉伯溫
牛思晦 牛思繼 高處士 劉湛然 富壽子 泰然子 朱淸靈子 其
年代相傳不一 而不知其姓名者 不與焉

【해설】위의 글은 서론(緒論)으로서 본 편을 편찬한 사람이 쓴 것이다. 서문과 마찬가지로 삼요영응의 뜻을 밝혀 논하고 이 점법의 유래와 또 이 점법을 활용한 사람들을 대개 연대순으로 기록하였으나 그 확실한 연대나 행적 등을 고증할 수 없는 사람도 적지 않다. 이 점법을 가장 먼저 쓴 귀곡자(鬼谷子)는 전국시대의 인물이므로 이 점법은 이미 전국시대부터 활용되었음을 알 수 있다. 그러나 삼요영응편은 어느 한 사람이 쓴 것이 아니라 여러 학자들이 촌저편린(寸楮片鱗)으로 전한 것을 소강절 선생께서 이를 모아 산정(刪定)하고 선생의 점법과 합하여 집성(集成)한 것이라고 추측될 뿐이다.

본 편의 용법은 이목심(耳目心) 삼요의 영응(靈應)만으로 점단(占斷)을 하라는 뜻이 아니라 점괘의 체용과 생극제화(生剋制化)를 기본으로 하고 다만 판단할 때에는 삼요영응의 법으로 얻은 외응(外應)과 길흉의 조짐 등을 참작하여 판단하라는 것이다. 점복(占卜)의 도는 미래의 변화를 헤아려 판단하는 데 있으므로 그 판단은 반드시 점험(占驗)을 얻어야만 하니, 만약 점을 하여 점험을 얻지 못한다면 점복의 존재가치는 상실되는 것이다. 그러므로 확실한 점험을 얻기 위해서는 마음을 맑게 하고 삼요를 통하여 감응된 길흉의 조짐을 살펴서 점괘와 종합하여 마음 가운데에서 변통(變通)하고 유추한 연후에 판단해야 하는 것이다. 아래의 각 장은 삼요(三要)로 길흉의 조짐을 살피는 법을 논한 것이다.

원래 하늘은 높고 땅은 두터운데 만물은 발생하였다가 사라지며, 음은 탁하고 양은 맑은데 오기(五氣)가 순리대로 펼쳐지니, 화와 복은 그 수(數)를 피할 수 없고 길흉은 다 기미(機微－兆朕)가 있는 것이다. 사람은 만물의 영장(靈長)으로서 마음(心)은 한 몸을 주재(主宰)하고 눈(目)은 형체와 빛을 보고 분별할 수 있는 능력을 지녔으며, 귀(耳)는 모든 소리를 들어 깨달을 수 있으니, 이 삼요(三要)를 다하면 한 몸 안에 만물의 이치가 갖추어지게 된다. 이상은 천지만물의 영험(靈驗)이 귀(耳)·눈(目)·마음(心)의 세 가지 요추(要樞)에 있으므로 삼요(三要)라고 하는 것이다.

原文：原夫天高地厚 萬物散殊 陰濁陽淸 五氣順布 禍福莫逃乎數 吉凶皆有其機 人爲萬物之靈 心乃一身之主 目寓而爲形於色 耳得而爲音於聲 三要總之萬物備矣 右乃天地萬物之靈 而耳目心三者之要 故曰三要也

이런 까닭에 길한 조짐을 만나면 순탄하게 길하고, 흉한 조짐을 보면 흉함을 면할 수 없다. 물건이 둥근 것을 보면 일은 원만하게 이루어지고 깨어진 물건을 보면 일은 실패한다. 이 이치는 결단코 그러한 것이니 무엇을 다시 의심할 것인가.

이상은 점을 할 때, 사물(事物)의 극응(剋應)으로 길흉을 판단하는 것이니 길한 것을 보면 길하고 흉한 것을 만나면 흉한 것이다.

〔주〕극응(剋應)：占卦보다 앞서 응하는 조짐이므로 극응이라 한다.

原文 : 是以遇吉兆而順有吉　見凶識而不免乎凶　物之圓者
事成　缺者事敗　此理斷然　夫復何疑　右乃占物剋應　見吉則吉
遇凶則凶

이런 까닭에 구름이 걷히고 해가 보이면 하는 일은 반드시 더 빛나며,
짙은 안개가 하늘을 가리면 만물은 다 빛을 잃는다. 문득 돌개바람이 일
면 정처 없이 떠돌게 되고, 우레(雷)가 진동하면 헛되이 놀랄 일이 생긴
다. 달빛이 문득 얼굴에 비치면 귀인을 가까이에서 뵙게 되고, 잠시 비가
내려 옷을 적시면 가히 은혜로운 혜택을 받게 된다. 이상은 우러러 천문
을 관찰하고 인사에 징험하는 것이다.

原文 : 是以雲開見日事必增輝　烟霧障空物當失色　忽顚風
而飄蕩　遇震雷以虛驚　月忽當面宜近淸光　雨乍沾衣可蒙恩澤
右乃仰觀天文以驗人事

3) 삼요영응 응용법

① 산(山 - 艮)이 거듭되면 하는 일이 가로막히고, 못(澤 - 兌)을 거듭
만나면 물이 깊이 스며든다. 흘러가는 물을 보면 일이 쉽게 통하고, 흙이
쌓여 있는 것을 보면 일이 정체된다. 돌을 보면 굳은 마음을 비로소 얻게
되고, 모래를 보면 일이 손을 대는 즉시 열린다. 거친 물결을 보면 주로
파도에 놀라고, 언덕이 무너진 것을 보면 주로 전토(田土)의 손실이 있
다. 마른 늪(沼)을 보면 마음과 힘이 모두 고갈(枯渴)되고, 죽은 나무숲

(枯林)의 아래에 있으면 얼굴과 몸이 다 쇠약해진다. 이상은 굽어 지리를 살펴 인사(人事)를 징험하는 것이다.

原文 : 重山爲阻隔之際 重澤爲浸潤之深 水流而事通 沙乃放手卽開 浪激主波濤之驚 坡崩主田土之失 旱沼之傍心力俱竭 枯林之下相貌皆衰 右乃俯察地理 以驗人事

② 점을 할 당시 마침 사람을 만나거나 보게 되면 이는 실로 용사(用事)와 체에 응하는 조짐(兆朕)이다. 그러므로 고관대작을 보면 마땅히 그 귀함을 보게 되고, 부자나 장인(匠人), 상인 등을 보면 가히 그 재운을 물을 만하다. 애들이 우는 것을 보면 자손에 근심이 생기고, 벼슬아치들이 부르짖고 떠드는 것을 보면 관의 송사를 꺼린다. 남자 두 사람이나 여자 두 사람을 보면 혼인을 거듭하게 되는 뜻이 있으며, 승려(僧侶) 한 사람이나 도인 한 사람을 보면 홀로 지내게 될 조짐으로 본다. 부인의 웃는 말소리를 들으면 음성적으로 즐거운 상봉이 있으며, 여자가 끌려가는 것을 보면 여자가 몰래 사사로운 일을 하다가 연루(連累)되는 조짐이다. 장인(匠人)을 보면 주로 집안을 뜯어고치게 되고, 백정을 보면 주로 골육이 분리될 조짐이다. 사냥꾼을 보면 야외(野外)에서 재물을 얻게 되며, 어부를 보면 물가(水邊)의 이익이 있다. 임부(妊婦)를 보면 일이 안에서 싹트고, 봉사(瞽盲)를 보면 근심의 뿌리가 마음속에 있다.

이상은 점을 할 당시 보게 되는 사람에 따라 응(應)하는 조짐으로 인사의 길흉을 징험하는 것이다.

原文 : 適逢人品之來　實爲事體之應　故榮官顯官宜見其貴
富商匠賈可問乎財 兒童哭泣憂子孫　吏卒叫罵忌官訟　二男二
女重婚之義　一僧一道獨處之端　婦人笑語則陰喜相逢　女子牽
連女陰私見累　匠氏主門庭改換　宰夫則骨肉分離　逢獵者得野
外之財　見漁者有水邊之利　見姙婦則事萌於內　遇瞽者則慮根
於心　右乃人品之應　以驗人事

③ 또는 손을 흔들면서 하지 말라고 하거나, 혹은 머리를 흔들면서 수
긍(首肯)하지 않거나, 혹은 눈을 닦으면서 재채기를 하거나, 혹은 막 울
다가 머리를 긁으면서 먼지를 털거나 하는 사람을 보게 되면 주로 근심
이 있을 조짐이다. 발을 흔들면 출행하게 되고, 팔을 꼬아 팔장을 낀 사
람은 손실이 있으며, 손가락을 굽히는 사람은 일이 고비마다 막히고, 한
숨을 내쉬는 사람은 주로 슬픈 근심이 있다. 혀를 내두르는 사람은 시비
가 있고, 등(背)을 서로 향하는 사람은 깜박 속는 것을 방비하여야 한다.
두 팔로 물리치는 사람은 쟁탈전을 벌여야 목적한 것을 얻게 되고, 두 무
릎을 꿇고 앉으면 몸을 굽히고 우러러 구하게 되는 일이 있다. 이상은 가
까이 사람의 몸이나 움직임에서 취하는 응(應)이다.

原文 : 至於搖手而莫爲　或掉頭而不肯　拭目而噴嚏者　方泣
搔首而彈垢者　有憂　足動者有行　交臂者有失　屈指者多阻節
噓氣者主悲憂　舌出掉者有是非　背相向者防閃賺　偶攘臂者爭
奪乃得　偶下膝者屈仰而求　右乃近取諸身之應

④ 만일 동자(童子)를 만나 책을 줄 것 같으면 송사(訟事)를 하는 실마

리가 생길 수 있으며, 주인 늙은이가 종이나 하인을 매질하는 것을 보면 책벌(責罰)을 받는 일을 방비해야 한다. 경사(經史)를 강론하는 것을 보면 나를 섬기거나 따르는 무리들 사이에서 헛소문이 떠돌며, 노래의 가사나 곡조를 말하는 것을 보면 꾀하는 바를 위해 멀리 가서 유랑하게 된다. 도박(賭博)하는 것을 보면 주로 싸우고 다투어서 재물을 얻으며, 글씨 쓰는 것을 보면 주로 문서의 일이 생긴다. 두 사람이 같이 물건을 든 것을 보면 사람의 제휴(提携)를 받게 되고 마침 손을 서로 당기는 사람을 보면 일을 만나서 끌려가게 된다. 이상은 인사의 응이다.

原文 : 若逢童子授書有詞訟之端 主翁笞僕防責罰之事 講論經史事體徒間於虛說 語歌詞曲謀爲轉見於悠揚 見賭博主爭鬪之財 遇題寫主文書之事 偶携物者受人提携 適挽手者遇事牽連 右乃人事之應

⑤ 물에서 배(舟)의 노를 저으면 그것을 빌미로 서로 사귀어 같이 가게 되고, 거마(車馬)로 길에 오르면 이를 빙자하여 짐을 같이 싣고 가게 된다. 활과 화살을 가진 사람을 보면 반드시 천거를 받게 되고, 화살은 있으나 활이 없는 사람을 보면 시험을 보는 것은 불가하다. 칼이나 비수를 지닌 사람을 보면 반드시 이익이 좋은 곳을 구할 수 있고, 갑옷을 입고 창을 든 사람을 보면 강력한 권력을 행사하는 자리에 오를 수 있다. 누에고치에서 실을 뽑는 사람을 보면 하는 일이 번잡해지고, 바둑 두는 사람을 보면 나의 하는 일을 보는 눈이 많아진다. 꽃을 장식하고 과일을 조각하는 것을 보면 하는 일이 마침내 결실을 이루기 어렵고, 그림을 그리는 것을 보면 하는 일이 다 장식을 하는 것에 불과하다. 낙역(絡繹)의

완성을 보게 되면 가히 벼슬자리를 물을 만하고, 붓과 먹이 갖추어져 있음을 보게 되면 가히 글을 구할 수 있다. 마차의 뚜껑이 기울어짐을 보면 권좌에서 물러나게 되고, 문득 거울 앞에 있음을 보면 나라의 부름을 받고 진취하게 된다. 귀한 기물을 안고 있음을 보면 비상한 쓰임이 있고, 큰 나무를 지고 가는 사람을 보면 적지 않은 재물이 생긴다. 되(升)나 말(斗)을 보면 마땅히 앞을 요량할 수 있고, 자(尺)나 가위를 보면 쓰임을 재량할 수 있다. 발로 차고 밟는 것을 보면 나를 배척하는 사람이 있고, 자물쇠를 여는 것을 보면 일을 만났을 때에 쉽게 소통된다.

기물을 고치는 것을 보면 마침내 견고하기 어렵고, 거울을 연마하는 것을 보면 두 번 이루어야 비로소 얻음이 있다. 무딘 도끼를 가는 것을 보면 이익을 얻음이 늦고 둔하며, 예리한 칼로 나무를 자르는 것을 보면 일에는 이로우나 재물은 손실을 당한다. 의복을 마르는 것을 보면 실패한 이후에야 겨우 이루며, 질그릇을 만드는 것을 보면 이루어놓은 뒤에 실패한다. 장기를 두는 것을 보면 계략을 써서 이익을 취하고, 그물을 펼치는 것을 보면 재물을 구하나 헛될 뿐이며, 혹 도끼와 톱을 가진 사람을 보면 몸에 상처를 입게 될 두려움이 있고, 술병과 술잔을 씻는 것을 보면 술을 마시는 일이 생길까 두렵다. 혹 부채를 휘두르는 것을 보면 서로 초청을 하는 뜻이 있으며, 혹 옷을 더럽힌 사람을 보면 모략을 당하는 침해를 방비하여야 한다. 이상은 기물을 봄으로써 응하는 길흉이니, 이는 만물에서 원리를 취하는 뜻이다.

原文 : 及夫舟楫在水 憑其接引而行 車馬登途藉之負戴而往 張弓挾矢者必領薦 有箭無弓者未可試 持刀執刃須求快利之方 披甲操戈可斷剛強之柄 繅絲者事務繁冗 圍棋者眼目衆

多 粧花刻果終非結實之因 畫影描形皆爲粧點之類 絡繹將成
可以問職 筆墨俱在可以求文 偶傾蓋者主退權 忽臨鏡者可赴
詔 抱貴器者有非常之用 負大木者有不小之財 升斗宜量料而
前 尺剪可裁度以用 見蹴踘有人發剔 開鎖鑰遇事疎通 逢補器
終久難堅 値磨鏡再成始得 頑斧磨鋼者遲鈍得利 快刀砍木者
利事傷財 裁衣服者破後方成 造瓦器者成後乃破 奕棋者取之
以計 張網者摸之以空 或持斧鋸恐有傷 或滌壺觴恐有飮 或揮
扇者有相招之義 或汚衣者防謀害之侵 右乃器物之應 卽遠取
諸物之義

⑥ 비록 초목이 무정하다고 말하나 역시 복서(卜筮)에는 응함이 있는
것이다. 그러므로 지초(芝草)나 난초를 보면 상서로우며, 소나무나 잣나
무를 보면 건강하게 장수한다. 참죽나무나 전나무를 보면 역시 장수하
고, 새싹이나 외로이 난 풀을 보면 아침에 나서 저녁에 죽는 상이므로 출
산이나 병점(病占)에 이런 외응을 얻으면 곧 죽게 된다. 나무의 가지나
잎이 돌풍에 날리면 당연히 말라서 시들며, 나무뿌리가 드러나 물결 따
라 일렁이면 주로 끌려다닌다. 진기한 화초는 꽃은 아름다우나 결실이
없는 헛된 꽃이며, 좋은 과목은 가히 열매를 맺는다. 이상은 초목을 본
데서 응하는 길흉이다.

原文 : 雖云草木之無情 亦於卜筮而有應 故芝蘭爲物之瑞
松柏爲壽之堅 遇椿檜則歲久年深 遇苗菰則朝生暮死 占産占
病得之卽死之兆 枝葉飄零當萎謝 根核流落主牽連 奇葩端的
虛花 嘉果可以結實 右乃草木之應

⑦ 새나 짐승에 이르러서는 가장 상서로운 것이니, 새가 재난을 알리고 거미나 벌레가 기쁨을 알리는 것이다. 기러기나 거위를 보면 주로 벗(朋友)의 소식을 들으며, 뱀이나 도마뱀을 보면 표독한 음해(陰害)를 방비하여야 한다. 쥐가 옷을 쏠면 어린 식구에게 재난이 있고, 새가 처마 끝에서 지저귀면 멀리 나갔던 사람이 돌아온다. 개가 싸우면 도둑을 불러들일까 두렵고, 닭이 싸우면 주로 시끄러운 다툼이 있다. 양을 끌고 가는 것을 보면 장차 경사가 있으며, 말을 탄 사람을 보면 출입함에 다 이롭다. 원숭이가 나무에 오르는 것을 보면 심신이 안정되지 않으며, 잉어가 물 위에 뛰어오르는 것을 보면 변화가 범상하지 않다. 말을 잡으려고 줄로 묶는 것을 보면 질병이 안정되기 어렵고, 함정에 빠진 금수를 보면 사람으로 인하여 벗어나지 못한다. 이상은 금수를 보아 응하는 길흉이다.

原文 : 至於飛走最有禎祥 故飛鳥報災蟢虫報喜 鴻雁主朋友之信 蛇虺防毒害之謀 鼠嚙衣有小口之災 雀噪簷有遠行之至 犬鬥恐招盜賊 鷄鬥 主有喧爭 牽羊者喜慶將臨 騎馬者出入皆利 猿猴升木身心不定 鯉魚出水變化不凡 繩牷馬疾病難安 架陷禽因人未脫 右乃禽獸之應

⑧ 술은 근심을 잊게 하는 물건이며, 약은 병(病)을 겁주는 처방이다. 그러므로 술통을 소홀히 하여 깨뜨리면 즐거움이 극에 이르러 슬픔이 생기며, 의사를 길에서 만나면 어려운 가운데서도 구함이 있다. 등나무나 칡 등을 보면 의지할 곳이 생겨 견딜 만하고, 호랑이나 표범의 상을 보면 가히 위엄(威嚴)있는 일을 행할 수 있다. 밭을 갈거나 김매는 것을 보면 일의 대세가 반드시 번복되며, 대나무 막대를 쪼개는 것을 보면 일의 대

세가 반드시 순탄하다. 봄꽃과 가을의 달은 실속은 없으나 경치가 있고, 여름의 솜이나 겨울의 갈포(葛布)는 비록 유용하나 시절에 배치된다. 서늘한 부채는 재물을 버리거나 나갈 일이 많이 생기며, 양산은 점차로 한가하게 물러갈 날을 만나게 된다. 물거품이나 번개 빛을 보면 헛된 환상이라 믿기 어렵고, 거미줄이나 누에고치를 보면 공교로운 계획을 세워야 바야흐로 성공한다. 이상은 여러 가지 물건을 본 관물(觀物)의 응이다.

> 原文 : 酒乃忘憂之物 藥乃怯病之方 故酒樽忽破樂極生悲
> 醫師道逢難中有救 藤蘿之類堪依倚 虎豹之象可施威 耕田鋤
> 地者事勢必翻 破竹剖竿者事勢必順 春花秋月雖無實而有景
> 夏綿冬葛雖有用而背時 凉扇多生棄捐 晴傘漸逢閑廢 泡影電
> 光虛幻難信 蛛絲蠶繭巧計方成 右乃雜見觀物之應

⑨ 물건의 형상을 볼 것 같으면 가히 그 글자 체(體)를 알 수 있다. 그러므로 돌(石)이 가죽(皮)을 만나면 파(破)자가 되므로 일이 깨어지며, 사람이 나무 곁에 있으면 휴(休)자가 되므로 쉬게 된다. 삿갓이 물가에 떠 있으면 읍(泣)자가 분명하므로 울 일이 생기고, 불이 숲(林)으로 들어가면 분(焚, 사를 분)자가 되므로 불을 방비해야 한다. 여자 셋이 있으면 간(姦, 간사할 간)자가 되므로 풍기가 어지러워지고, 소(牛) 세 마리가 있으면 분(犇-달아날 분)자가 되므로 달아날 근심이 있다. 한 나무에 불둘이 걸리면 영(榮)자가 되므로 영화로움이 빛나게 되고, 한 물에 물고기 네 마리가 있으면 환(鰥, 홀아비 환)자가 되므로 홀아비의 상이다.

사람이 소(牛) 뒤에서 엎어지면 실(失)자가 되므로 실물을 방비해야 하고, 사람의 말 가운데 개(犬)를 말하면 옥(獄)자가 되므로 옥에 갇힐 근심이 있다(단 점을 할 때에 개를 말하는 경우이다). 말(斗)을 들고 문 안에 들어서면 투(鬪)자가 되므로 싸움이나 다툼이 생기며, 실타래 둘을 흰 나무에 걸치면 락(樂)자가 되므로 즐거운 일이 있다. 한 사람이 문에 서면 섬(閃)자가 되므로 모든 일이 빛나고 빠르며, 나무 하나를 두 사람이 끼고 오면 래(來)자가 되므로 기다리는 사람이 반드시 온다. 이상은 점을 하고자 하는 사람이 본 것을 말함이니, 글자의 뜻으로 응하는 경우이다.

原文 : 若見物形可知字體 故石逢皮則破 人傍木爲休 笠漂水畔泣字分明 火入山林焚形可見 三女有姦私之擾 三牛有犇走之憂 一木兩火榮耀之光 一水四魚鰥寡之象 人繼牛倒防失脫 人言犬中憂獄囚 一斗入空門者鬪爭 兩絲掛白木者樂事 一人立門諸事有閃 二人夾木所問必來 右有省字之應

⑩ 다시 물건 이름의 음(音)이 묻고자 하는 일의 음과 같은 경우가 있으니, 예를 들면 사슴을 보았는데 묻고자 하는 것이 관록(官祿)이라면 녹(祿)과 녹(鹿)은 동음(同音)이므로 가히 관록을 얻게 되고 또는 벌(蜂)을 보았는데 묻고자 하는 것이 벼슬이라면 벌 봉(蜂)자와 봉할 봉(封)자가 음이 같으므로 벼슬의 봉함을 받는 등, 뜻은 다르나 음이 부합함으로써 그대로 응하는 경우가 있다. 고로 배(梨, 배 이)를 보면 이별을 뜻하는 이(離)자와 음이 같으므로 주로 이별하게 되고, 복숭아(桃, 복숭아도)를 보면 도(逃, 달아날 도)자와 음이 같으므로 주로 도주(逃走)하게 된다. 오얏(李, 오얏 리)을 보고 송사를 물으면 리(理, 다스릴 리)자와 음이 같으므로 유리하고, 갓(冠, 갓 관)을 보고 관직을 물으면 관(官, 벼슬 관)자와 음이 같으므로 벼슬을 얻는다.

잡다한 인간사를 모두 예시하기는 어려우나 통(橁-통 합)에 담으면 모든 일을 가히 합할 수 있으나 미리 갖추어 자세히 예시하기는 어려우며, 요는 변통(變通)에 있는 것이다. 이상은 점을 하고자 하는 사람이 본 물건의 이름과 묻고자 하는 일의 음(音)이 부합하는 경우에 이를 취하여 그 점(占)의 응으로 하는 것이다.

原文 : 復指物名以犀音義 如見鹿可以問祿 見蜂可以言封 梨主分別 桃主逃走 見李則問訟得理 逢冠則問名得官 難爲百事和該橁則諸事可合 難以詳備 在於變通 右則物叶音之義

⑪ 대저 자신의 몸에 미치고 있는 것이 실은 묻고자 하는 일의 응(應)이 되는 것이다. 그러므로 내 마음에 근심이 있으면 묻고자 하는 일도 역시 근심스러우며, 내 마음이 즐거우면 그 일도 역시 즐거운 것이다. 내가 마침 한가하면 저쪽도 당연히 조용하고, 내가 일이 바쁘고 다급하면 저쪽도 당연히 일에 쫓겨 고생한다. 이상은 자신의 몸의 반응을 점(占)에 취하는 것으로 곧 가까이 자신의 몸에서 취하여 자신의 일의 응으로 하는 예이다.

原文 : 及夫在我之身 實爲彼事之應 故我心憂者彼事亦憂 我心樂者彼事亦樂 我適閒彼當從容 我値忙彼當窘迫 右卽自己之應 近取諸身之事

⑫ 사람을 관찰하는 도(道)를 궁리하고자 하면 모름지기 역(易)의 괘효에 매여 있는 말씀을 자세히 살펴야 한다. 장차 배반하려고 하는 사람

은 그 말이 부끄러운 듯하며, 장차 누구를 의심하려는 사람은 그 말이 갈라져 가지를 친다. 길한 사람은 말이 적고 조급한 사람은 말이 많다. 착한 이를 무고(誣告)하는 사람은 그 말이 근거가 없이 횡설수설하며, 당연히 지켜야 할 도리를 잃은 사람은 그 말이 비굴하다. 이상은 점을 하고자 하는 사람의 일동일정을 응으로 보는 것이니, 이는 가까이 자신의 몸에서 취하는(近取諸身) 것을 뜻한다.

原文 : 欲究觀人之道 須詳係易之辭 將叛者其辭慙 將疑者其辭支 吉人之辭寡 躁人之辭多 誣善之人其辭游 失其守者其辭屈 右一動一靜之應 近取諸身之義

⑬ 이상은 오행(五行)으로 추리하고 반드시 팔괘(八卦)를 자세히 살펴야 한다. 점괘가 길한데 삼요(三要)의 응(應)함이 길하면 마침내 길하고, 점괘가 흉한데 응함이 흉하면 마침내 흉하다. 점괘와 극응(剋應)이 하나는 길하고 하나는 흉하면 일은 대체로 반은 길하고 반은 흉하다. 생하고 극하는 이치를 밝히고 동정의 기미(機微, 兆朕)를 살피면 일마다 점괘와 극응이 서로 연관되고 물물(物物)이 서로 합치된다. 이는 오행과 팔괘 그리고 극응과 동정의 이치를 살핌에 있어서 그 활법(活法)은 작은 곳에 있으며, 현묘한 기미는 또 스승이 전하는 글 가운데도 있으니, 비록 삼라만상이 어지럽게 많으나 오직 하나의 원리로 융합되어 관통되는 것이다. 힘써서 구할 일은 점괘와 극응의 기미를 서로 발휘함이고 반드시 일에 임해서 자세히 변통하는 것이 중요하다. 이상은 점복(占卜)의 원리를 말한 것이나 그 묘리(妙理)는 사람의 변통에 있는 것이다.

原文 : 右推五行須詳八卦 卦吉而應吉終吉 卦凶而應凶終
凶 卦應一吉一凶事體半吉半凶 明生剋之理 察動靜之機 事事
相關 物物相合 此五行八卦 及剋應動靜之理 活法更存乎方寸
玄機又在於師傳 縱萬象之紛紜惟一理而融貫 務要相機而發
須要臨事而詳 右言占卜之理 在人變通之妙

⑭ 아, 동방삭(東方朔)은 점을 하여 사물의 은미(隱微)함을 알았고, 제
갈공명은 말 앞에서 점을 하여 경각에 일어날 길흉을 판단하였다. 또 황
보진인은 앉은 방위로 점을 하여 신묘한 점험(占驗)을 얻었고, 이순풍은
풍각조점(風覺鳥占)을 하여 역시 점험을 얻었다. 비록 점을 한 목적이나
쓰임은 다름이 있으나 이 이치는 진실로 다름이 없다. 이상은 삼요영응
(三要靈應)의 오묘함을 말한 것이다.

〔역주〕 동방삭은 한무제(漢武帝)의 신하로서 하루는 황제가 물건을 그릇으
로 덮어 숨긴 다음 여러 술자(術者)들에게 점을 하여 그릇 안에 무엇이 있는
지 알아맞히라고 명하였는데, 동방삭이 점을 하여 이를 알아맞혔다(漢書 : 上
嘗使諸數家 射覆).
  그리고『삼국지(三國志)』에 보면 제갈공명(諸葛孔明)이 말 위에서 점을 한
이야기가 전한다. "공명이 유현덕(劉玄德)과 함께 장사군(長沙郡)을 평정하
러 간 관운장(關雲長)을 지원하러 가는 도중, 갑자기 바람이 불어 깃발이 쓰
러지고 갈가마귀가 북쪽에서 남쪽으로 세 번을 울며 날아가는지라 현덕이 놀
라서 '이는 무슨 화복이 응할 조짐인가'라고 물으니 공명은 말 위에서 점을 한
다음 '장사군을 이미 평정하였고 또 대장을 얻었는데 오시가 지나면 알게 될
것입니다'라고 대답하니 현덕이 크게 기뻐하였다(玄德 自雲長來取長沙 與孔
明隨後…正行間靑旗倒捲 一鴉自北南飛連叫三聲而去 玄德曰此應何禍福 孔明
就馬上袖占一課 曰長沙郡已得又主得大將午時後定見分曉 少頃見一少校飛報前

來 玄德大喜)"라고 하였다.

　황보진인과 이순풍의 점사(占事)는 전하는 기록을 찾을 수 없다. 이상 동방
삭과 제갈공명이 점을 한 기록을 살펴보면 삼요영응의 법으로 점을 하였다고
짐작된다.

原文 : 嗟夫 方朔覆射知事物之隱微 諸葛馬前定吉凶於頃
刻 皇甫坐端之妙 淳風鳥覺之占 雖所用之有殊誠此理之無異
右言三要靈應妙處

　⑮ 삼요영응의 비법은 기히 귀신과 합치하는 신묘함이 있고, 가히 시
초(蓍草)와 신귀(神龜)의 영험함이 모여 있다고 하겠다. 그러나 사람이
삼세(三世-夏殷周三代)의 사람이 아니므로 현기(玄機)를 글로 옮겨 지
을 수 없고, 가슴에 칠규(七竅, 일곱구멍)가 있는 성인(聖人)이 아니므로
그 오묘한 원리를 깨달을 수도 없다. 그러므로 점복(占卜)의 도를 얻는
사람은 마땅히 숨겨 간직하고 이 도(道)를 전할 만한 사람이 아니면 전하
지 말 것이며, 가벼이 천기를 누설하면 보이지 않게 하늘의 중한 견책(譴
責)이 있을 것이다. 삼요영응(三要靈應)의 원리를 탐구(探究)함이 깊어
지면 가히 도(道)의 경지에 들게 되고, 이 원리를 씀이 오래 되면 가히 통
신(通神)의 경지에 이를 것이다. 이상은 영응의 묘를 말한 것이니, 가벼
이 전하거나 망령되이 누구에게 주는 것은 불가하다. 숨겨서 중하게 간
직함이 마땅하니, 이는 이 도를 중하게 여기는 뜻이다.

　〔역주〕 칠규(七竅) : 성인(聖人)의 가슴에는 구멍 일곱이 있다고 한 고사(故
　　事)에서 유래한 것이다. 은(殷)나라 말기의 폭군 주왕(紂王, 在位 기원전 1154
　　~1122)이 황음무도(荒淫無道)하여 장차 나라가 망하게 되었으므로 충신 비간

(比干)이 왕의 잘못을 직간(直諫)하자, 주왕은 "어진 사람의 가슴에는 일곱 개의 구멍이 있다고 하니 시험해보자"고 하면서 비간을 죽였다. 칠규는 곧 성인의 이칭(異稱)이다.

原文：可以契鬼神之妙 可以會蓍龜之靈 然人非三世莫能造其玄 心非七竅莫能悟其奧 故得其說者宜秘 非其人者莫傳 輕說天機重遭陰譴 造之深可以入道 用之久可以通神 右言靈應之妙 不可輕傳妄授 宜秘之重之 以重斯道也

【해설】이상 15항목에 달하는 삼요영응의 법은 점복(占卜)의 심오한 경지를 논한 것이다. 대저 삼요로 감지하는 영응은 점을 할 당시에 점괘에 응하는 길흉의 조짐을 말함이니, 천지만물의 변화는 돌연히 변화하는 이치는 없으며, 반드시 미리 조짐이 나타나므로 이를 감지하여 길흉의 조짐으로 취하라는 것이 그 요점이다. 예컨대 달의 운행을 유심히 살펴보면 초순에 나타나는 삭월(朔月)은 장차 만월이 될 것임을 예고하는 조짐이며, 밤하늘을 밝히는 망월(望月)은 아름다우나 참(盈)이 극에 이르렀으므로 극즉필반(極則必反)이라 장차 쇠퇴할 것을 예고하는 조짐이라고 할 수 있다.

이와 같이 모든 변화의 조짐은 그 시초부터 나타나지만 사람들은 이기적인 생각에만 사로잡혀 이를 분별하지 못하는 것이다. 그러므로 점을 할 당시 나타나는 길흉회린(吉凶悔吝)의 조짐은 초승달을 보고 만월을 감지하는 조짐과 같으므로 지극히 자연스러운 것이다. 천지만물이 생성되고 끊임없이 변화하는 이치는 하나의 원리로 관통되어 있으므로 이 변화의 조짐을 미리 감지할 수 있다면 능히 미래의 변화를 헤아릴 수 있다. 이러한 변화의 조짐을 미리 감지할 수 있는 길은 오직 귀(耳)·눈(目)·

마음(心)의 삼요(三要)에 달려 있다. 그러므로 본편 서두에 "귀로는 만물의 변화하는 소리를 듣고 눈으로는 만물의 변화하는 모습을 보며, 마음으로는 이를 생각하고 변통하므로 이 세 가지는 한 몸의 중요한 추기(樞機)인 것이니, 만물의 이치가 보고 듣는 범주(範疇)의 밖에 있는 것이 아니다"라고 말한 것이다.

사람은 삼요(三要)의 영응(靈應)으로 천지만물의 변화를 감지할 수 있는 능력을 갖추고 있으므로 천지와 더불어 나란히 설 수 있는 것이니, 『주역』「계사전(上一章)」에 "쉽고 간명한 도(道)로써 천하의 이치를 얻을 수 있으니, 천하의 이치를 얻음으로써 천지와 더불어 그 가운데 자리(位)를 이룰 수 있는 것이다(易簡而天下之理得矣 天下之理得而成位乎其中矣)"라고 하였으니, 이는 바로 사람은 천지(자연)와 합일할 수 있는 추기(樞機)를 갖추고 있음을 밝힌 것이다. 점복(占卜)의 도(道)에 있어서 삼요영응의 뜻은 참으로 크다고 하겠다.

5. 십응오론(十應奧論)

　십응(十應)의 논은 실은 삼요(三要)에서 나온 것이나 그 오묘함은 삼요보다 앞서는 데가 있다. 다만 귀(耳)와 눈(目)으로써 얻은 바는 길한 조짐을 볼 것 같으면 마침내 반드시 길하고, 흉한 조짐을 만날 것 같으면 흉함을 면할 수 없으니, 이는 이치의 자연스러운 것이다. 그러나 이러한 길흉의 조짐을 만났는데도 역시 그러하지 않은 것이 있으니, 황금이나 백금은 세상의 보배이므로 삼요로 이를 얻으면 반드시 상서로운 것이나 십응의 요결로는 금(金)을 만나서 불길한 경우가 있으며, 날카로운 칼이나 예리한 병기(兵器)는 세상에서 흉기로 여기므로 삼요로 이를 얻으면 역시 흉한 조짐이 되나 십응의 법으로는 병기나 칼을 만나서 도리어 길한 경우가 있다.

　또 출산점(出産占)에서 어린 남자를 보면 삼요의 응으로는 아들을 얻을 기쁜 조짐을 얻었다고 할 것이나 십응론으로는 어린 남자를 보면 흉하며, 병점(病占)에서 관(棺)을 만나면 삼요의 응으로는 반드시 죽을 조짐이라고 할 것이나 십응론으로는 관을 봄으로써 살아나는 뜻이 있는 경우가 있다. 이와 같은 예는 많으나 점복(占卜)을 함에 있어서 응을 잃는 실응(失應)의 경우도 없어서는 불가한 것이다.

原文 : 十應固出於三要 而妙乎三要 但以耳目所得 如見吉
兆而終須吉 若逢凶識不免乎凶 理之自然也 然以此而遇吉凶
亦有未然者也 黃金白金爲世之寶 三要得之必以爲祥 十應之
訣遇金有不吉者 利刃銳兵世謂凶器 三要得之亦以爲凶 十應
之說遇兵刃反有吉者 又若占産見少男 三要得之得爲生子之
喜 十應見少男則凶 占病遇棺 三要得之必死 十應以爲有生意
例多若此 是占卜者 不可無失應也

【해설】십응오론(十應奧論)의 서론을 보면 삼요영응의 법과 배치(背馳)
되는 듯하나 역(易)은 변역의 도(道)이므로 그 묘리는 변통에 있다. 그러
므로 삼요영응만을 천편일률(千篇一律)로 취한다면 이는 변역의 원리에
어긋나는 사법(死法)이 될 것이므로 까닭에 십응론이 필요한 것이다. 황
금이나 백금을 보았을 때, 삼요의 법으로는 길한 조짐으로 취하나 십응
론으로는 금(金)을 보아서 불길한 경우도 있다고 하였으니, 이는 삼요론
은 그 조짐으로만 취한 것이고 십응론은 조짐과 아울러 그 물건의 물상
과 성정(性情, 卦氣)을 모두 취하여 변통하는 것이기 때문이다.

예를 들면 지뢰복(復)괘를 점괘로 얻어 체괘가 진목(震木 ☳)인 경우
진목이 용괘인 곤토(坤土 ☷)를 극(剋)하여 제압하므로 길(吉)하나, 삼
요영응으로 황금 백금의 상서로운 조짐을 얻었다고 하면 이는 조짐은 좋
으나 물상의 성정으로 보면 금옥은 건금(乾金☰)에 해당하므로 건(☰)
금이 체괘 진(☳)목을 손상하게 되는 것이니, 이 점괘에서는 금옥(金玉)
의 조짐이 도리어 불길하게 응하는 것이다. 그러나 반대로 곤(☷)토가

체괘라면 용괘인 진(☳)목이 체괘를 극(剋)하므로 불길하나 황금 백금의 상서로운 극응을 얻었고 또 건(☰)금이 용괘(☳)를 제압하여 마침내는 길하게 되는 것이다. 이런 고로 불길한 경우도 있다고 한 것이니, 이 십응론의 변통(變通)이 없다면 경우에 따라서는 삼요의 영응법이 사법(死法)이 될 수도 있는 것이다. 소강절 선생께서 심역으로 변통하는 묘리를 강조하신 뜻이 바로 여기에 있다.

십응목론(十應目論)

십응은 모두 체괘(體卦)를 위주로 하고 여러 용괘(用卦)를 용으로 한
다. 매양 내괘(內卦)와 외괘(外卦)로 나누어서 체용(體用)괘와 함께 보
는 데에 묘리(妙理)가 있다. 내괘가 불길한데 외괘가 길하면 가히 그 불
길함을 풀 수 있고, 내괘는 길한데 외괘가 불길하면 도리어 그 길함을 깨
뜨린다. 만약 내외 괘가 다 길하면 이는 단연코 길하며, 반대로 다 흉하
면 단연코 흉하다. 그리고 내괘는 길한데 외괘가 흉하거나 또는 내괘는
흉한데 외괘가 길한 경우에는 반드시 자세하게 이치로 살피고 변통한 연
후에 길흉을 판단하여야 하며, 이때는 교주고슬(膠柱鼓瑟)과 같이 하나
의 이치만을 고집하는 일은 삼가해야 한다.

이 외괘 십응(十應)의 조목은 곧 천시(天時)와 지리(地理)로부터 글씨
(寫字)에 이르는 11종류의 응(應)을 논한 것이니, 모두 체괘를 위주로
하고 이에 따르는 응하는 바 모든 괘를 용(用)으로 한다.

〔역주〕교주고슬(膠柱鼓瑟) : 비파나 거문고의 줄을 받치는 기둥(기러기발)
을 아교풀로 고착시키면 한 가지 소리밖에 나지 않는 것처럼 변동성이 없음을
비유한 고사성어이다. 마찬가지로 점괘를 판단함에 있어서 이치로 추구하고

변통(變通)함이 없이 한 가지만을 고집하여서는 불가하다는 것을 비유하여
인용한 것이다.

原文 : 十應竝以體卦爲主 諸用卦爲用 每以內分外 體用卦
參觀爲妙 內卦不吉而外卦又吉 可以解其不吉 內卦吉而外卦
不吉 反破其吉 若內外卦全吉則斷然吉 全凶則斷然凶 其內吉
外凶 內凶外吉 又須詳理以斷吉凶 愼不可膠柱鼓瑟也 外卦十
應之目 則有天時地理及寫字等 其十一類之應 竝以體卦爲主
而隨其所應以爲用也

【해설】십응론(十應論)에서 내괘와 외괘로 나누는 것은 점괘의 체용(體
用)을 말함이 아니라, 점괘를 내괘로 하고 삼요법(三要法)으로 응한 조짐
과 천시, 지리 등을 비롯한 모든 외응을 모두 괘로 취하여 이를 외괘로
한다는 것이다. 또 점괘의 체용을 분별함에 있어서도 체괘를 위주로 하
고 점괘의 용괘는 물론 여타 호괘, 변괘 등을 모두 용으로 하는 것이니,
예를 들면 점괘의 체용에서 용괘가 체괘를 극하여 불길하더라도 여타의
용괘(互卦, 變卦, 外卦)에서 이를 제화(制化)한다면 마침내는 길하게 되
는 것이다. 그러므로 같은 일에 같은 점괘를 얻었다고 할지라도 점을 할
당시의 극응(剋應)과 천시, 지리 등이 다르므로 그 판단은 같을 수 없다.
  이런 고로 삼요영응의 법(法)과 십응론은 이치로 추구하고 심역으로
변통하는 소자점법(邵子占法)의 진수(眞髓)라고 말할 수 있다. 이는 주
자(朱子)의 『역학계몽』에서 취하는 서법(筮法), 즉 내괘(하괘)를 체로
하고 외괘(상괘)를 용으로 하는 내외 괘 체용법과는 전혀 다른 것이다.
이렇게 점법이 서로 다른 것은 주자는 서역(書易, 周易)을 기본으로 한
점법(占法)이고, 소강절 선생은 역서가 있기 이전의 선천역(先天易, 自

然易)을 기본으로 한 점법이기 때문이다. 주자는 『역학계몽』을 저술하면서 소자(邵子)의 상수론(象數論)과 선천방원도(先天方圓圖)를 인용하여 논하며 "소자의 역학은 이른바 선천지학(先天之學)이다"라고 그 뜻을 밝힌바 있다.

1) 다시 천시의 응을 밝힌다(復明天時之應)

하늘에 구름의 가림이 없고 명랑하여 건(☰ 하늘)괘에 해당하는 때에 점을 하여 건태(☰☱)금을 체괘로 얻으면 이는 동기(同氣)로서 비화(比和)하므로 길하고, 감(☵)수가 체괘이면 생(生)을 만나므로 대길하며, 곤간(☷☶)토가 체괘이면 설기(泄氣)가 되어 불길하고, 진손(☳☴)목이 체괘이면 극(剋)을 당하여 역시 불길하다. 날이 개어 맑고 해가 남중(南中)하여 이(離☲)화에 해당하는 때에 점을 하여 곤간(☷☶)토를 체괘로 얻으면 길하며, 비나 눈이 내려 감(坎☵)수에 해당하는 때에 진손(☳☴)괘를 체괘로 얻으면 역시 길하고 이(☲)괘를 체괘로 얻으면 불길하다. 우레와 바람이 일어 진손(☳☴)목에 해당하는 때에 이(☲)괘를 체괘로 얻으면 길하고 곤간(☷☶)괘를 체괘로 얻으면 불길하다. 이상은 천시(天時)의 응을 다시 밝힌 것이다.

原文 : 如天無雲翳明朗之際 爲乾之時 乾兌爲體則比和而吉 坎爲體則逢生而大吉 坤艮爲體則泄氣 震巽爲體則見剋而不吉矣 晴霽日中 爲離之時 坤艮爲體則吉 雨雪爲坎之時 震巽爲體則吉 離爲體則不吉 雷風爲震巽之時 離爲體則吉 坤艮

爲體則不吉 此天時之應也

【해설】점을 할 당시의 천시(天時)가 체괘에 미치는 극응(剋應)을 통변한 것이다. 이는 체괘와 천시의 응만을 논한 것이므로 이것만으로 점사(占事)를 판단하여서는 아니 된다. 점을 판단함에 있어서는 체괘와 용괘 그리고 호괘, 변괘 등의 생극(生剋)과 비화(比和)를 먼저 살피고 다음에 삼요(三要 - 耳目心)로 얻은 길흉의 조짐과 천시의 응을 종합하여 살핀 다음 이를 이치로 미루어 변통한 연후에 판단해야 할 것이다. 예를 들면 점괘와 조짐이 모두 길한데 천시도 길하다면 이는 대길할 것이며, 점괘와 조짐은 길하나 천시가 불길하면 이는 천시를 얻지 못한 것이므로 그 길함이 감소될 것이다. 그리고 점괘나 조짐이 모두 불길하여도 천시가 길하면 이는 천시를 얻은 것이므로 대흉은 면할 수 있을 것이다.

이하 십응(十應)의 오론(奧論)은 모두 점을 하는 당시의 외응을 괘기(卦氣)로 취하여 이를 점괘의 용(用)으로 하여 변통하는 요결이다. 그러므로 일체일용(一體一用)이 아니라 호괘, 변괘 또는 외응으로 취하는 외괘 등 많은 용괘를 얻게 되는 까닭에 이를 종합하여 그 생극제화(生剋制化)를 살피고 또한 이치로 미루어 변통한 연후에 판단하는 것이니, 이것이 곧 심역(心易)의 묘리이다. 이와 같이 삼요영응으로 길흉의 조짐을 취하고 십응의 법으로 외응을 취하는 까닭은 정확한 점험을 얻기 위함이니, 만약 점을 하여 점험을 얻지 못한다면 그것은 이미 점이라고 이름할 수 없기 때문이다.

2) 다시 지리의 응함을 밝힌다(復明地理之應)

　무성한 나무와 빼어나게 대나무가 우거진 곳은 진(☳)목에 해당하는 땅인데, 점을 하여 이(☲)괘나 진손(☳☴)괘를 체괘로 얻으면 길하고 곤간(☷☶)괘를 체괘로 얻으면 흉하다. 강이나 호수(湖水), 못(池澤), 계곡의 시냇물 등은 모두 감(☵)수에 속하는 땅인데, 진손(☳☴)괘나 감(☵)괘를 체괘로 얻으면 길하고 이(☲)괘를 체괘로 얻으면 흉하다. 질그릇을 굽는 가마(陶窯)나 부엌(竈) 등 불을 때는 곳은 이(☲)화에 속하는 땅인데, 곤간(☷☶)괘나 이(☲)괘를 체괘로 얻으면 길하고 건태(☰☱)괘를 체괘로 얻으면 불길하다. 바위나 동굴이 있는 곳은 간(☶)토에 속하는 땅인데, 건태(☰☱)괘나 간(☶)괘를 체괘로 얻으면 길하고 감(☵)괘를 체괘로 얻으면 불길하다. 이상은 지리의 응(應)을 다시 밝힌 것이다.

> 原文 : 茂樹秀竹爲震之地　離與震巽爲體則吉　坤艮爲體則凶　江湖河池川澤溪澗爲坎之地　震巽與坎爲體則吉　而離爲體則凶　窯竈之地爲離　坤艮並離爲體則吉　而乾兌體則不吉　岩穴之地爲艮　乾兌與艮爲體則吉　坎爲體則不吉　此地理之應也

【해설】만물은 하늘과 땅 사이에서 땅에 뿌리를 내리고 존재한다. 그러므로 지리(地理)의 응은 천시(天時)의 응과 더불어 매우 중요하다. 천시와 지리가 모두 길하게 응한다면 설령 점괘가 불길하더라도 천시와 지리의 도움을 얻고 있는 까닭에 대흉은 면한다고 판단하는 것이 옳을 것이다. 그러므로 점을 할 당시의 천시와 지리를 우선 살펴야 함은 점복(占

卜)의 기본이라고 할 수 있으므로 이를 소홀히 하여서는 안 될 것이다.

3) 다시 인사의 응을 밝힌다(復明人事之應)

인사(人事)는 괘상오행(卦象五行)으로 논하는 것이 있고, 괘상오행으로 논하지 않는 것이 있다. 괘상으로 논하는 경우는 노인은 건(☰)괘에 속하고 노부인은 곤(☷)괘에 속하며, 간(☶)괘는 소남(少男)으로 보고 태(☱)괘는 소녀로 보는 류이니, 이렇게 취한 괘기의 생극(生剋)과 비화(比和)하는 이치는 앞의 천시 · 지리의 괘응(卦應)과 동일하게 판단하면 될 것이다.

그리고 괘상오행으로 나누지 않는 경우는 곧 어지럽게 많은 인간사(人間事)를 보고 들음에 있어서 길하고 흉한 조짐이 잡출(雜出)할 것이나 이는 응당 그 길흉의 조짐에 따라 판단하면 될 것이고, 또 사람이 하는 일을 보게 되면 역시 무엇을 하는 사람인가를 분별하여 길흉의 조짐으로 취하면 될 것이다. 예를 들면 관리(官吏)나 의사(醫師) 등으로 분별하여 길흉의 조짐으로 취함을 말한다. 이상은 인사의 응을 다시 밝힌 것이다.

原文：人事 有論卦象五行者 有不論卦象五行者 論卦象則老人屬乾 老婦屬坤 艮爲少男兌爲少女之類 五行生剋比和之理 與前天時地理之卦同斷 其不分卦象五行者 則以人事之紛了見雜出有吉有凶 此應則隨其吉凶而爲兆也 又觀其事則亦爲某人 此人事之應也

【해설】인사의 분별을 괘상오행과 길흉조짐으로 나누어 논한 것은 지극히 이치에 합당한 것이다. 인사를 모두 괘상으로 취하는 데는 문제가 있기 때문이다. 예를 들면 남녀 노인이나 소남 소녀는 쉽게 괘상을 취할 수 있으나 장남 장녀 또는 중남 중녀 등은 괘상을 취하기가 실로 애매하다. 그러므로 괘상오행과 극응조짐으로 나누어 논한 것이니, 이는 십응론과 삼요영응(三要靈應)론을 합한 것이라고 할 수 있다. 혹자는 이렇게 두 가지로 취하는 경우, 길흉 판단의 정확성에 의문을 제기할 수도 있겠으나, 천지 자연의 원리와 역의 원리는 동일한 원리로서 일이관지(一以貫之)되어 있으므로 괘상오행으로 취한 것이 불길하면 조짐도 반드시 불길하게 되어 있고, 또 조짐이 길하면 괘상오행으로 취한 것 역시 길하게 되어 있으므로 점괘에 응하는 바 길흉은 다를 수가 없는 것이다.

원리가 이러함에도 삼요영응론에 이어서 십응론으로 다시 밝히는 것은 삼요법으로 길흉의 조짐을 취할 수 없거나 애매한 경우에는 곧 괘상오행으로 취하여 서로 보완하는 데 뜻이 있다. 사람에게 응하는 길흉회린은 천시와 지리의 변화로 인하여 오는 것도 있으나 그 대부분은 인사(人事)에 의하여 응하는 것이므로 사람의 동정을 분별하는 것이 가장 중요하다고 할 수 있다.

4) 다시 시령의 응을 밝힌다(復明時令之應)

시령(時令)은 반드시 괘상으로 논하지 아니하고 다만 그 시령의 괘기 오행만을 자세히 살펴서 취하는 것이다. 월(月)과 일(日)에 당하는 오행(五行)의 쇠왕(衰旺)은 예컨대 왕성한 기(氣)는 인묘(寅卯)가 닿는 월일이면 목(木)이 왕성하고, 사오(巳午)가 닿는 월일이면 화가 왕성하며, 신유(申酉)가 닿는 월일이면 금이 왕성하고, 해자(亥子)가 닿는 월일이면 수가 왕성하며, 진술축미(辰戌丑未)가 닿는 월일이면 토가 왕성하다. 그리고 쇠약한 것은 목이 왕성한 월일이면 토가 쇠약하고, 토가 왕성하면 수가 쇠약하며, 수가 왕성하면 화가 쇠약하고, 화가 왕성하면 금이 쇠약하며, 금이 왕성하면 목이 쇠약한 것이다.

이런 고로 체괘를 생하여 주는 괘기는 시령의 왕성한 기를 타는 것이 마땅하고, 체괘를 극하는 괘기는 시령의 쇠약한 기를 타는 것이 마땅하다. 이상은 시령의 응을 밝힌 것이다.

原文 : 時令不必論卦象但詳其令 月日値之五行衰旺之氣 旺者 如寅卯月日則木旺 巳午之月日火旺 申酉之月日金旺 亥子之月日水旺 辰戌丑未之月日土旺 衰者 如木旺則土衰 土旺則水衰 水旺則火衰 火旺則金衰 金旺則木衰 是故生體之卦氣 宜値時之旺氣 不宜衰氣 如剋體卦氣則宜乘衰 此時令之應也

【해설】 시령(時令)은 기후를 말함이니, 즉 봄(寅卯月)은 따뜻하고(暖) 여름(巳午月)은 덥고(暑) 가을(申酉月)은 서늘하고(冷) 겨울(亥子月)은 춥다(寒). 그리고 진미술축(三·六·九·十二月)은 계절과 계절을 이어주는 중간 기후이니, 예를 들면 진(三月)은 봄과 여름의 중간 기후로서 봄에 속하며, 미(六月)는 여름과 가을의 중간 기후로서 여름에 속하고, 술(九月)은 가을과 겨울의 중간 기후로서 가을에 속하며, 축(十二月)은 겨울과 봄의 중간 기후로서 겨울에 속한다. 그러므로 월(月)에 배속된 십이지지(十二地支)는 기후를 나타내는 대명사이며, 일(日)에 배속된 십이

지지는 기후의 순환을 뜻하는 것은 아니나 역시 오행의 기는 순환하는 것이므로 그 일진(日辰)에 따라 그 오행의 기를 취하면 될 것이다.

그리고 시(時)에 배속된 십이지지는 월과 마찬가지로 하루의 기후를 뜻하는데, 일년이 춘하추동으로 순환하는 것처럼 하루도 오전(朝), 정오(晝), 오후(夕), 밤(夜)으로 순환하며 하루의 기후를 나타내고 있으므로 역시 오행의 기를 취할 수 있다. 그러나 오행의 쇠왕(衰旺)은 월의 시령이 가장 크며, 일(日)은 월에 종속된 기에 불과하므로 이를 취함에 있어서 반드시 분별하여야 한다. 예컨대 자월(子月, 十一月) 오일(午日)에 점을 하여 이(☲)괘를 체괘로 얻었다고 하면 자수(子水)가 극하므로 시령을 얻지 못하여 불길하며, 그 날의 오화(午火)는 비록 비화(比和)는 되나 쇠약한 체괘에 큰 도움이 될 수는 없다. 그러나 오(午)일 오(午)시에 점을 하였다면 겨울이라도 다소 도움이 되는 것으로 판단할 수 있는 것이니, 요는 이치로 미루어 변통하는 것이 역시 필요한 것이다.

5) 다시 방괘의 응을 밝힌다(復明方卦之應)

방위로 괘를 나누어보면 이(離 ☲)는 남방, 감(坎 ☵)은 북방, 진(震 ☳)은 동방, 태(兌 ☱)는 서방, 손(巽 ☴)은 동남방, 건(乾 ☰)은 서북방, 간(艮 ☶)은 동북방, 곤(坤 ☷)은 서남방으로 하는 류이다. 방위로 길흉을 논한다고 함은 점을 하러 온 사람이 어느 괘의 방위에 앉았는가를 보아 점괘의 용괘를 참작하여 그 길흉을 살피는 것이다. 예컨대 감(☵)괘가 용괘이면 감(☵)방이나 진손(☳☴)방에 앉았음이 마땅하고 이(☲)방은 불길하며, 이(☲)괘가 용괘이면 이(☲)방이나 곤간(☷☶)

방에 있음이 마땅하고 건태(☰☱)방은 불길하다. 대개 본괘(本卦-體卦)의 방위 즉 용괘가 생하는 방위에 있음이 마땅하며, 용괘의 극을 받는 방위는 마땅하지 아니하다. 만약 점괘의 괘기 방위가 점을 하러 온 사람이 앉은 방위와 같을 것 같으면 마땅히 살펴야 하는 것이니, 예컨대 수(水)가 북방에서 왔으면 감(☵)괘의 기가 왕성한 것이고, 곤간(☷☶)방에서 왔으면 감(☵)괘의 기가 쇠약한 것이며, 화(火)가 남방에서 왔으면 이(☲)괘의 기가 왕성하며, 북방에서 왔으면 이(☲)괘의 기는 쇠약한 것이니, 나머지 다른 괘도 이와 같다.

대저 본괘의 방위는 생을 받으면 왕성하고 극을 받으면 쇠약한 것이니, 체괘의 희기(喜忌)를 참작하여 판단함이 마땅하다. 체괘를 생하는 괘기는 왕성한 방위의 기를 받음이 마땅하고, 체괘를 극하는 괘기는 그 기를 극하는 방위의 기를 받음이 마땅한 것이니, 이는 방괘(方卦)의 응을 논한 것이다. 또 진손(☳☴)방위에서는 곤간(☷☶)토는 극을 받으므로 논하지 아니하며, 곤간(☷☶)방위에서는 감(☵)수는 논하지 아니하고, 감(☵)괘 방위에서는 이(☲)화는 논하지 않으며, 이(☲)괘 방위에서는 건(☰)금은 논하지 아니하고, 건태(☰☱)방위에서는 진손(☳☴)목은 논하지 아니한다. 이는 이미 얻은 점괘의 용괘나 호괘, 변괘 등이 방괘의 극을 받기 때문이다.

原文 : 卽分方之卦 如離南坎北 震東兌西 巽東南乾西北 艮東北坤西南類也 論吉凶者 看來占之人 在何卦位 而以用卦參詳 如坎爲用卦 宜在坎與震巽之位 在離則不吉 離爲用卦 宜在離與坤艮之位 在乾兌二位則不吉矣 蓋宜在本卦之方 爲用卦生之方 不宜受用卦剋也 若夫氣在之卦 所在之方 又當審之

如水從坎來爲坎卦氣旺　水從坤艮來則坎之卦氣衰　火從南來
爲離卦氣旺　如從北來則離之卦氣衰　餘皆倣此　大抵本卦之方
生爲旺受剋爲衰　宜以體卦參之　生體卦氣宜受旺方　剋體卦氣
宜受剋方　此方卦之應也　又震巽之方不論坤艮　坤艮之方不論
坎　坎方不論離　離方不論乾　乾兌之方不論震巽　以其寓卦受方
卦之剋也

【해설】방괘(方卦)를 취하는 경우는 두 가지가 있으니, 그 하나는 후천
단법으로 괘를 일으킬 때 물상이 있는 방위에서 괘를 취하여 점괘를 이
루는 방괘이고 또 하나는 십응(十應)의 법으로 취하는 방괘이다. 여기에
서 논하는 방괘는 바로 십응법으로 취하는 방괘를 말함이니, 즉 문복(問
卜)하러 온 사람이 앉은 방위에서 방괘를 취하여 점괘의 체괘와 동일하
게 보는 것이다.

점괘의 체용법은 이미 앞의 체용총결(體用總訣)에서 밝힌 바와 같이
체괘가 곧 점을 하고자 하는 사람이고 용괘가 묻고자 하는 용사(用事)이
니, 그 문복인이 앉은 방위에서 취한 방괘가 곧 문복인에게 응한 괘이므
로 이 괘를 체괘와 동일하게 보는 것은 지극히 이치에 합당하다. 그러므
로 이 방괘를 점괘의 용괘와 대비(對比)하여 그 생극(生剋)과 비화(比和)
를 살펴서 이 외응(外應)을 점괘와 종합하여 변통한 연후에 길흉회린을
판단하는 것이니, 이는 점괘 밖의 외괘(外卦)를 취하여 그 괘기의 희기
(喜忌)를 살피는 것이므로 삼요법으로 취하는 길흉의 조짐과는 다른 것
이다.

6) 다시 동물의 응을 밝힌다(復明動物之應)

　동물을 괘상(卦象)으로 논하는 경우는 건(☰)은 말(馬), 곤(☷)은 소(牛), 진(☳)은 용(龍), 손(☴)은 닭(鷄), 감(☵)은 돼지(豕), 이(☲)는 꿩(雉), 간(☶)은 개(狗), 태(☱)는 양(羊)이며, 또 소라(螺)·조개(蚌) 거북(龜)·자라(鼈) 등은 이(☲)괘의 상이고, 어류는 감(☵)괘에 속한다. 이 동물의 괘는 그 괘기를 체괘와 더불어 살펴 길흉을 판단하는 것이다. 또 동물을 괘상으로 논하지 않는 경우는 그 조짐을 취하는 것이니, 예를 들면 까마귀는 재난을 알리고, 신령한 까치는 기쁨을 알리며, 기러기를 보면 주로 반가운 소식이 있고, 뱀이나 독충을 보면 중독의 피해를 대비해야 하며, 닭들이 합창을 하면 집안의 좋은 소식이 있고. 말이 울면 움직이게 되는 뜻이 있다. 이는 동물의 영응(靈應)으로 그 조짐을 취하는 것이다.

　原文 : 動物 有論卦象者 乾爲馬 坤爲牛 震爲龍 巽爲鷄 坎爲豕 離爲雉 艮爲狗 兌爲羊 又螺蚌龜鼈爲離之象 魚類爲坎之屬 此動物之卦 以體詳與 又不論卦象五行者 如烏鴉報災 靈鵲報喜 鴻雁主有書信 蛇蟲防有毒害 鷄唱爲家音 馬嘶爲動意 此動物之應也

【해설】동물은 그 종류와 수가 많으므로 이를 모두 괘상으로 취할 수는 없다. 그러므로『주역』「설괘전」제八장과 제十一장에서 팔괘에 배속한 동물과 앞 장의 만물분류에서 팔괘에 배속한 동물은 단법(端法)으로 괘를 취하여 그 괘기를 점괘와 더불어 살피고 변통하여 길흉을 판단하는

것이며, 여타 잡다한 동물들은 조짐으로 취하는 것이니, 즉 삼요영응(三要靈應)의 법으로 취하는 길흉의 조짐이 그것이다. 그러므로 동물은 십응법으로 괘를 취하여 괘상오행으로 논할 수도 있고 또 삼요법으로 조짐을 취할 수도 있는 것이니, 이는 어느 것을 취하여도 역의 원리는 하나의 원리로서 일이관지(一而貫之)되어 있으므로 그 결과는 같다. 이런 까닭에 점을 할 당시에 본 동물에서 괘상이 떠오르면 괘를 취하고 길흉의 조짐이 나타나면 조짐을 취하며, 또는 괘와 조짐을 다 취하여도 가한 것이다. 그러므로 어느 것 하나만을 고집하는 것은 옳지 않으며, 그 때에 따라 수기응변(隨機應變)하는 것이 곧 심역의 변통원리인 것이다.

7) 다시 정물의 응을 밝힌다(復明靜物之應)

기물의 종류를 괘상으로 논하는 것이 있으니, 예를 들면 물(水)은 감(☵)괘에 속하고, 불(火)은 이(☲)괘에 속하며, 나무(木)의 류(類)는 진손(☳☴)괘에 속하고, 금속(金)의 류는 건태(☰☱)괘에 속하며, 흙(土)으로 만든 류는 곤간(☷☶)괘에 속한다. 기물에서 취한 외괘(外卦)는 그 괘기를 점괘의 체괘를 위주로 그 희기(喜忌)를 살펴 길흉을 판단한다. 그리고 괘상으로 취할 수 없는 것은 다만 그 기물의 조짐을 보는 것이니, 예컨대 물건이 둥근 것을 보면 일이 원만하게 이루어지고, 기물이 결손된 것을 보면 소망하는 일이 실패하게 된다. 또 그 기물이 어떤 기물인가를 자세히 살펴서 묻고자 하는 일을 판단하는데, 예컨대 붓이나 벼루를 보면 주로 문서로 하는 일이고, 도포나 홀(笏)을 보면 주로 관직의 일이며, 술통(樽)이나 의식에 쓰는 그릇(俎)을 보면 잔치나 연회 등의 일이고, 죄인에게 쓰이는 형구(刑具) 등을 보면 관재(官災)를 방비하여야 한다. 기물의 종류는 그 수가 많고 일정하지 않으므로 그 기물의 형상과 용도(用度) 등을 자세히 살펴야 한다. 이상은 정물의 응을 밝힌 것이다.

原文：器物之類 有論卦象者 如水屬坎 火屬離 木之氣屬震
巽 金之氣屬乾兌 土之氣屬坤艮 爲體卦要參詳 其不分卦象者
但觀其器物之兆 如物之圓者事成 器之缺者事敗 又詳其器物
是何物 如筆硯主文書之事 袍笏主官職之事 樽俎之具有宴集
枷鎖之具防官災 百端不一 審其物器 此靜物之應也

【해설】정물은 스스로 움직이지 못하는 것이나 사람에 의하여 움직이게 된다. 그러므로 그 동하는 것을 보고 괘를 취할 수 있고 또는 움직임이 없더라도 역시 외응(外應)으로 괘를 취하거나 삼요영응으로 조짐을 취할 수 있다. 기물은 대개 사람이 쓰임으로 하는 것이니, 그 쓰임이 길한 용도인가 혹은 흉사에 쓰이는가를 분별하여 길흉의 조짐을 취하며, 혹은 그 기물이 장식용인가 실용적인 것인가 혹은 온전한가 결손된 부분이 있는가 등을 살펴 점을 하는 일의 성사 여부를 판단한다. 그러나 기물의 종류와 그 쓰임이 다양하므로 자세하게 살펴야 할 것이다.

8) 다시 언어의 응을 밝힌다(復明言語之應)

사람의 말을 듣고 분별하는 것은 괘상으로 논하지 아니하며, 다만 그 말한 바 사안을 자세히 살펴 점복(占卜)의 응으로 한다. 즉 길한 말을 들

266

었으면 길하고 흉한 말을 들었으면 흉하다. 만일 여러 사람이 모여 시끄럽게 지껄이는 말은 분별하여 결단하기가 어려우나 조용한 곳에서 몇 사람이 이야기하는 것은 그 말을 들어 분별할 수 있으므로 무슨 일을 말하는지 살펴서 마음으로 그 뜻을 새겨 길흉의 응으로 취하면 될 것이다. 예를 들어 조정에서 인재를 전형하는 문제를 말하면 가히 관직을 구할 수 있고, 지방의 고을 사정 등을 이야기하면 주로 출행을 하며, 송사(訟事)의 일을 말하면 주로 관청의 일이 생기고, 기쁜 경사를 말하면 혼인에 이롭다. 인간사의 화제는 많고 일정하지 않으므로 듣는 바에 따라서 분별하면 될 것이다. 이상은 언어의 응을 밝힌 것이다.

原文 : 聞人言語 不論卦象 但詳其所言之事緒 而占卜之應 聞吉語則吉 聞凶語則凶 若聞鬧叢言語喧集 難以決斷 若定人少之處 或言語可辨其事緒 則審其所言何事 心領而意會之 如說朝廷遷選可以求名 論江湖州郡主出行 言爭訟之事主官司 言喜慶之事利婚姻 事緒不一 隨所聞以依之 此言語之應也

【해설】 언어는 형상이 없으므로 괘를 취할 수는 없으나 그 말의 길흉을 분별하여 점괘의 외응으로 취한다는 것이다. 이는 삼요영응으로 취하는 길흉의 조짐과 다른 것이 없으나 십응법은 말의 내용을 분별하여 취하는 점이 다르다고 할 수 있다. 즉 길한 말을 들으면 점괘에 길한 것으로 응하고 불길한 말을 들으면 불길하게 응하는 것이므로 말을 분별할 수 없는 대화는 외응으로 취하지 아니한다.

9) 다시 성음의 응을 밝힌다(復明聲音之應)

귀에 들리는 음성과 기물의 소리를 괘상으로 논하면 뇌성은 진(☳)괘이고 바람소리는 손(☴)괘이며, 빗소리는 감(☵)괘이고 물소리도 역시 감(☵)괘이다. 두드리는 소리, 치는 소리나 던지는 소리, 쪼개는 소리 등 나무에서 나는 소리는 다 진손(☳☴)괘에 속하고 종소리, 경쇠소리, 방울소리, 징소리 등 금속에서 나는 소리는 다 건태(☰☱)괘에 속한다. 이 성음으로 논한 괘상은 체괘를 위주로 참작하여 길흉을 판단하면 될 것이다.

성음을 길흉의 조짐으로 논하는 경우는 예컨대 즐거운 웃음소리를 들으면 주로 기쁨이 있고, 슬퍼하거나 근심하는 소리를 들으면 주로 근심이 있으며, 노랫소리를 들으면 주로 유쾌하게 즐기는 일이 있고, 성내어 호령하는 소리를 들으면 주로 시끄러운 다툼이 있다. 그리고 만물의 소리에 이르러서는 예를 들면 까마귀의 소리는 재난을 알리고 까치의 소리는 기쁨을 전하며, 기러기의 소리는 주로 먼 곳의 소식을 알리고 닭이나 오리의 소리는 주로 집안에 좋은 소식이 있다. 이상 유추한 것은 성음의 응을 다시 밝힌 것이다.

原文 : 耳所聞之聲音 而論卦象則 雷爲震 風聲爲巽 雨聲爲坎 水聲爲坎 鼓拍搥拆之聲 出於木者皆屬震巽 鐘磬鈴鐃之聲 出於金者皆屬乾兌 此聲音之論卦象 若爲體參詳決之 如聞聲音有歡笑之聲主有喜 悲愁之聲主有憂 歌唱之聲主快樂 怒號之聲主爭喧 至若物聲則 鴉報災 鵲聲傳喜 鴻雁之聲主遠信 鷄鳧之聲主佳音 此類推聲音之應也

【해설】소리는 형체가 없으나 소리를 내는 실체는 형상이 있으므로 그 상에서 괘를 취하여 점괘의 응으로 하는 것이다. 그러나 소리는 비록 형상이 없으나 그 소리에는 희로애락의 뜻이 함축되어 있으므로 이를 길흉의 조짐으로 취할 수 있다. 그러므로 소리 역시 괘를 취하여 외응으로 하고 아울러 그 소리를 분별하여 길흉의 조짐으로도 취할 수 있는 것이다.

10) 다시 오색의 응을 밝힌다(復明五色之應)

오색은 괘상으로 논하지 아니하고 다만 눈으로 본 색상으로 오행을 추리한다. 푸른색 · 옥색 · 초록색 등은 목(木)에 속하고, 분홍색 · 자색 · 붉은색 등은 화(火)에 속하며, 흰색은 금(金)에 속하고, 검은색은 수(水)에 속하며, 황색은 토(土)에 속한다. 외응으로 취한 오행은 내괘(內卦, 占卦) 체용의 생극비화(生剋比和)로 희기(喜忌)를 자세히 살피면 그 길하고 흉함이 나타나므로 가히 판단할 수 있다. 이는 오색의 응을 밝힌 것이다.

原文 : 五色不論卦象 但以所見之色推五行 靑碧綠色屬木 紅紫赤色屬火 白屬金 黑屬水 黃屬土 外應之五行 詳於內卦 體用生剋比和 吉凶可見 此五色之應也

【해설】색상은 괘를 취하지 않는다고 하나 그 색이 오행에 배속되어 있으므로 역시 오행의 기를 취하는 것이다. 그러므로 이를 괘로 분류하여 보면 푸른색은 목에 속하므로 진손(☳☴)괘, 붉은색은 화에 속하므로 이(☲)괘, 흰색은 금에 속하므로 건태(☰☱)괘, 검은색은 수에 속하므

로 감(☵)괘, 황색은 토에 속하므로 곤간(☷☶)괘에 해당한다. 오색에서 취한 오행의 기는 외응(外應)으로 점괘와 더불어 그 생극비화로써 길흉을 판단한다.

11) 다시 글씨의 응을 밝힌다(復明寫字之應)

담백한 가운데 짙은 먹으로 쓴 것을 이름하여 담금질이라 하는데, 짙은 먹으로 쓴 중간은 엷기가 구름과 같다. 점획을 필법에 어긋나게 쓴 것을 이름하여 귀필(鬼筆)이라 하는데, 이런 경우 도적이 암암리에 얽어매고 있음을 알아야 한다. 글씨의 점획이 눈물방울을 흘린 것 같으면 상복(喪服)을 입게 되는 일을 방비해야 하는데, 주로 꿈속에서 근심하고 놀라게 한다. 귀필로 글씨를 잘못 쓰게 되면 도둑을 방비해야 하며, 이는 방위괘와 더불어 추구하면 나타날 일을 알 수가 있다. 이상은 글씨의 응을 징험한 것이다.

原文 : 淡中濃墨名爲淬　濃墨中間薄似雲　點畫愧書名鬼筆
定知賊在暗中纏　涕爲流淚防喪服　定主憂驚夢裡眠　鬼筆愧書
防竊盜　定知方位與通傳　此寫字之應驗也

【해설】이상이 십응오론(十應奧論)의 11항목이다. 삼요영응편에서 귀(耳)와 눈(目)으로 감지한 것을 마음(心)으로 변통하여 점괘에 응하는 길흉의 조짐으로 함은 지극히 자연의 원리에 합치하는 것이다. 그러나 삼요(三要)로 감지한 것이라 할지라도 이를 길흉의 조짐으로 분별할 수 없거나 또는 애매한 경우가 허다하므로 이를 보완하여 다시 밝힌 것이 곧

십응오론이다. 분명 점괘에 응하는 조짐은 있으나 삼요의 감지만으로는 길흉의 조짐을 분별하기가 어려울 때, 이를 괘상으로 취하여 그 괘기오행(卦氣五行)으로써 점괘의 길흉을 분별하는 것은 지극히 오묘한 심역의 경지를 밝힌 것이라고 하겠다.

팔괘의 안에는 천하 만물의 상이 다 갖추어져 있으므로 어떠한 사물이라도 모두 상을 취하여 괘를 이룰 수 있는 것이니, 『주역』「계사전(下三章)」에 "역이라는 것은 상(象)이며, 상이라는 것은 형상을 말함이다(易者象也 象也者像也)"라고 하였는바, 이는 바로 만물의 형상이 모두 역의 괘상(卦象) 안에 내포되어 있음을 밝힌 것이다. 이런 까닭에 소강절 선생께서는 십응오론으로 관물(觀物)의 요법(要法)과 아울러 만물의 형상을 살펴 괘를 취하고 이를 점괘의 외응(外應)으로 하여 길흉을 판단할 수 있도록 그 이치를 밝힌 것이다. 그러므로 사학(斯學)을 탐구하는 사람들은 삼요영응론과 십응오론을 바르게 체득하고 변통할 수 있게 된다면 추구하는 점복(占卜)의 도(道)는 그 경지에 이르게 될 것이며, 따라서 자연의 원리에 역행함이 없이 순리대로 사는 지혜를 얻게 될 것이다.

6. 유 론(遺論)

　만물의 괘수(卦數)는 본래 역(易)에서 유래한 것이다. 그러나 지금 이
책의 글을 살펴보면 오행의 생극(生剋) 원리를 쓰는 데 그치고 십응삼요
(十應三要)의 요결(要訣)은 그 예시가 역서(易書)의 괘효사(卦爻辭)와는
같지 않으니, 이는 어찌하여 그러한가. 대개 그 까닭은 역서가 있기 이전
에 역의 이치가 있었기 때문이니, 즉 역서는 네 성인(四聖人 - 伏羲氏, 文
王, 周公, 孔子)이 나신 뒤에 지어졌으며, 역리(易理)는 네 성인에 앞서
이미 드러나 있었기 때문이다. 그러므로 역서가 나오기 이전부터 이미
사람의 마음에는 다 역리가 갖추어져 있었으니, 곧 심역(心易)인 것이다.
그러나 역서가 갖추어진 뒤에는 점복(占卜)에 괘를 쓰지 않음이 없었으
니, 괘가 곧 역인 것이다. 만일 점을 하여 역의 괘(卦 - 占卦)와 효(爻 - 動
爻)를 얻었다고 하면 그 효사를 보고 괘로써 길흉회린을 판단하는 것이
또한 묘한 것이다.

　일찍이 역을 쓰지 않은 것은 아니나 또 물상을 관찰하고 그 물상에 속
한 괘(卦)와 수(數)로써 기례(起例)한 것을 보면 내괘(內卦, 占卦)만을
용(用)하는 데 그치고 십응으로 취하는 외괘(外卦)를 쓰지 않았음은 이

것 역시 어찌 된 까닭인가. 이는 대개 이 학문이 깊지 않은 초심자들에게 기괘법(起卦法)을 예시한 것에 불과하다.

십응오론(十應奧論)은 선대 학자로부터 전수된 요결(要訣)로서, 예컨대 관매점(觀梅占)의 점례(占例)에 오늘 매화를 구경하다가 택화혁(革)괘를 얻어 여인이 꽃을 꺾으려다 다리를 다칠 것을 알았다고 하여 내일 또 매화를 보다가 혁(革)괘를 얻었을 경우에 역시 여자가 꽃을 꺾는다고 한다면 과연 옳은 판단이라고 할 수 있겠는가. 또 모란꽃의 점례 역시 오늘 모란꽃의 명수(命數)를 헤아려 말(馬)이 밟아 훼손할 것을 알았다고 하여 다른 날 또 모란꽃의 명수를 헤아려 역시 말에 밟힌다고 한다면 과연 옳겠는가. 이는 반드시 그 이치를 밝힌 연후에 판단해야 하는 것이다. 또 지풍승(升)괘의 점례를 보면 점괘의 괘상에는 음식의 조짐이 없었으나 역시 음식의 초대가 있을 것을 알았으니, 이러한 것은 반드시 삼요십응(三要十應)으로 외응(外應)을 취하여 그 조짐을 살핀 연후에 판단함을 요하는 것이다.

原文：萬物卦數本由於易 今觀此書 止用五行生剋之理 十應三要之訣 例不同易何也 蓋未易書有易理 易書作於四聖之後 易理著於四聖之先 人心皆有易理 則於易也占卜無非用卦 卦則易也 若得易卦爻 觀其爻辭 卦以斷吉凶悔吝更爲妙也 未嘗不用易 又觀寅物卦數 起例之篇止用內卦 不用外卦何也 蓋起泛泛人起卦之訣 十應爲傳授之訣 若觀梅卦例曰今日觀梅得革 知女折花有傷股 明日觀梅得革 亦謂女子折花可乎 占牧丹例曰 今日算牧丹爲馬踐毁 異日算牧丹亦爲馬所踐可乎 是必明其理 又於地風升卦 無飮食之兆 而知有人相請 此要外應訣之

【해설】이 유론(遺論)은 소강절 선생께서 제자에게 전수한 글이 아니라 점복(占卜)의 비법을 밝혀 간직하고 있던 것을 선생 사후에 본서를 편찬하면서 수록한 것으로 짐작된다. 그러므로 제목을 유론이라 한 것이다.

글의 내용을 살펴보면 역(易)의 선천지학(先天之學)을 밝힌 것이니, 즉 사람의 마음 가운데 자연적으로 갖추어져 있는 역리(易理)가 곧 심역(心易)이며, 이 심역을 활용하는 길은 삼요(三要)로 변화의 조짐을 감지하고 십응(十應)의 법으로 괘상을 취하여 이를 마음속에 갖추어져 있는 역리로 변통(變通)하는 데 있음을 논한 것이다. 특히 점복(占卜)의 도(道)를 추구함에 있어서 역괘(易卦, 占卦)를 기본으로 하고 심역(心易)을 외응(外應, 外卦)으로 하여 유추(類推)하고 변통하는 데 그 묘리가 있음을 밝힌 것이다. 그러니 괘와 수를 일으켜 점괘를 얻는 것은 쉬운 일이나 길흉을 판단함에 있어서는 역사(易辭)나 괘의 기운의 생하고 극하는 것과 합치고 화합하는 즉 비화(比和)를 살피는 것만으로는 부족하며, 점괘 밖의 조짐이나 외응을 취하여 이를 심역으로 추구하고 변통할 수 있어야만 한다는 것이다.

이러한 경지에 이르는 길은 쉬운 일이 아니나, 역의 괘효(六十四卦 三百八十四爻)에는 천하의 이치와 만물의 성정이 다 갖추어져 있으므로 이를 궁구(窮究)함으로써 천지 자연의 원리와 만물의 품성을 이해하는 것이 그 첩경(捷徑)이라고 할 수 있다. 『주역』「설괘전(一章)」에 "이치를 궁구하고 성심을 다함으로써 천명을 아는 경지에 이르느니라 (窮理盡性以至於命)"라고 함이 바로 그것이다.

이하는 모두 유론으로서 심역의 변통원리를 논한 것이다.

1) 체용(體用)

　무릇 점복(占卜)의 괘를 이루면 곧 삼중(三重)의 괘획(卦畫)이 이루어
지는 것이니, 곧 본괘(本卦, 占卦)와 호괘(互卦), 변괘(變卦)를 말함이다.
본괘를 체용으로 나누면 곧 하나의 체(體)에 하나의 용(用)이 성립한 것
이다. 이는 괘의 오행으로써 체괘와 용괘의 생극(生剋)과 비화(比和)하
는 이치를 밝히는 것이니, 이 하나의 용괘가 체괘에 있어서 가장 절실한
것이다. 다음은 호괘와 변괘를 보는데, 곧 호괘와 변괘도 역시 용괘가 되
는 것이니, 이상은 내괘(內卦, 占卦)의 체용이다. 또 다음으로 보는 응괘
(應卦, 外卦)도 역시 용괘이니, 이는 내괘와 합하여 내외(內外)의 체용이
되는 것이다. 그러면 일체일용(一體一用)에 그치는 것이 아니라 이른바
하나의 체괘에 용괘는 백(百, 多數)이 되는 것이다. 괘기(卦氣)의 생극
(生剋)은 곧 점괘를 체와 용으로 나누게 하고 체와 용으로 나누게 되면
생하고 극함을 논하게 되는데, 즉 용괘가 체괘를 생하면 길하고 반대로
용괘가 체괘를 극하면 흉하며, 체와 용의 괘기가 같아 비화(比和)하면 길
한 것이니, 이는 다시 논할 필요가 없다.
　그리고 체괘를 생하여주는 괘가 많으면 더욱 길하고, 체괘를 극하는
괘가 많으면 더욱 흉하다. 그러나 이 체괘를 생하는 괘를 용괘로 응하는
여러 괘 가운데서 극하는 괘가 있으면 그 길함이 조금 감(減)하고, 반대
로 체괘를 극하는 괘를 용괘로 응하는 여러 괘 가운데서 극하는 괘가 있
으면 그 궁(窮·大凶)함은 조금 풀린다. 그리고 체괘를 극하는 괘를 억제
하는 괘를 생하는 괘가 있으면 길하고 반대로 이 괘를 극하는 괘가 있으
면 흉하다.
　이상은 점괘의 체괘와 용괘의 생극(生剋)을 논한 것이다. 그러나 점괘

의 생극에서 체용을 논하지 않는 것이 있으니, 천시점(天時占)과 같은 경우는 체용으로 나누지 않고 다만 점괘에 진(☳)괘가 있으면 뇌성(雷聲)이 있고 손(☴)괘가 있으면 바람이 불며, 감(☵)괘를 만나면 비가 오고 이(☲)괘를 만나면 날씨가 맑다. 이는 천시점의 일정한 이치를 논한 것이나 또 그렇지 않은 것이 있으니, 예를 들면 괘 중에 건태(☰☱)금이 많으면 진(☳)괘가 있어도 우레가 없고 또 손(☴)괘가 있어도 바람이 없다. 또 반드시 이 요결(要訣)이 있어야 함은 은연(隱然)한 가운데에서 외괘(外卦)를 취하려는 데 뜻이 있는 것이니, 예를 들면 관매점(觀梅占)에서 여자가 꽃을 꺾는 일이 있었고 모란꽃을 헤아려 말이 짓밟는 일이 있었으며, 지풍승(升)괘를 얻어 음식의 조짐이 있음을 안 것 등은 외응의 조짐을 취하지 아니하고는 그와 같은 판단을 할 수가 없는 것이다.

原文 : 凡占卜成卦卽畫成三重 本卦互卦變卦也 使於本卦分體用 此一體一用也 以卦五行明生剋比之理 此一用卦最切看互卦變卦直互變亦用也 此內之體用也 又次看應卦亦用也 此合內外之體用也 然則不止一體一用 所謂體一用百也 生剋卽分體用 則論生剋 生體則吉 剋體則凶 比和則吉 不必論矣 生體多者則愈吉 剋體多者則愈凶 然此卦生體諸卦有剋此卦者 頗減其吉 此卦剋體諸卦又有剋此卦者 稍解其窮 有生此卦者吉 有剋此卦者凶 此體用之生剋也 然卦之生剋 有不論體用者 如占天時 有震則有雷 有巽則有風 逢坎則有雨 逢離則晴 此一定之理 又有不然者 如論卦中乾兌多則震無雷 巽亦無風 又必有此訣也 皆隱然外卦之意 如觀梅有折花 算牧丹有馬踐 地風升有飲食兆 此又非外應之兆 不能決也

【해설】처음 사학(斯學)에 입문하여 수(數)와 패(卦)를 일으키는 법을 대할 때에는 점패를 얻으면 동효를 취하고 동효가 정하여지면 체패와 용패가 정하여지므로 일체일용(一體一用)만을 알고 있다가 삼요영응(三要靈應)과 십응론(十應論)에 이르러서야 점패의 밖에서 외응하는 용(用)이 많이 있음을 알게 될 것이다. 체(體)는 하나인데 용이 많다고 하는 것은 언뜻 수긍하기가 어려울 수도 있겠으나 예를 들면 사람이 이 세상에 태어나면서부터 천지만물을 상대로 하여 독립적으로 생존해가는 이치와 같은 것이다. 물론 천지만물 중에는 나를 생하여주는 것도 있고 또 한편으로는 나를 극하는 것도 있는 것처럼 하나의 체패를 상대로 하는 많은 용패 중에는 체를 생하는 패도 있고 극하는 패도 있는 것이다.

역서(易書)는 자연의 원리를 그대로 패와 글로 옮긴 것이고 심역(心易)은 자연의 원리를 그대로 마음 가운데로 옮겨 갖추어져 있는 것이므로 역서를 기본으로 이치를 추구(推究)하고 심역으로 사물을 관찰하여 궁리하고 변통한다면 어떠한 사물의 변화(變化 - 吉凶)라도 능히 판단할 수가 있는 것이다. 그러므로 『주역』「계사전(下二章)」에 "역은 궁(窮)하면 변(變)하고 변하면 통(通)하며, 통하면 오래 가는 것이니, 이로써 하늘(天-自然)로부터 도움을 얻어 길하여 불리함이 없느니라(易 窮則變 變則通 通則久 是以自天祐之 吉無不利)"라고 하였는바, 역은 일정 불변(不易)의 원리를 바탕으로 하여 항상 바뀌고 변화하는 이치를 밝힌 것이다. 이 변하고 바뀌는 이치를 통하게 된다면 곧 자연과 합일하는 경지에 이르게 되므로 길하여 불리함이 없게 되는 것이다.

2) 체용류(體用類)

심역(心易)으로 만물을 변통하는 쓰임(用)은 체괘를 위주로 한다. 그러나 사람들은 일체일용(一體一用)의 상법(常法)만 알고 일체백용(一體百用)의 변법(變法)이 있음은 알지 못한다. 체괘와 함께 하는 변법은 전괘(全卦, 占卦)를 내괘(內卦)로 하는데, 내괘 역시 용괘 하나만 알고 호괘와 변괘가 다 용괘임을 알지 못한다. 그리고 삼요(三要)와 십응(十應)의 법으로 취한 괘는 다 외괘(外卦)이니, 외괘 역시 하나가 아니며, 용이 아닌 외괘는 없는 것이다. 점복(占卜)으로 만물의 변화를 탐구하는 사람들은 점괘의 체용을 얻는 것만으로 지극한 점술이라고 하나, 십응(十應)으로 외괘를 취하는 이치를 체득한 사람은 드물며, 또 십응의 오론(奧論)을 이해한 뒤에는 삼요영응(三要靈應)으로써 조짐을 취할 수 있어야만 온전한 점술이 되는 것이다.

또한 체용은 그저 체용이고 삼요는 그저 삼요로 하여 이를 변통함이 없이 점괘의 체용만으로 길흉을 판단한다면 삼요로 취한 길흉의 조짐과 십응으로 취한 외응이 점괘의 체용에 그대로 미치고 있음을 누가 알 것인가. 아~ 체용에는 삼요가 없으면 불가하고 십응에는 체용이 없이는 불가한 것이니, 체용과 삼요십응은 그 이치가 빈틈이 없이 혼연(渾然)한 것이다.

이와 같이 체용과 삼요십응의 이치를 체득하면 이는 심역의 점술이 온전한 것이니, 가히 점복(占卜)의 도(道)를 다할 수 있는 것이다. 또 예를 들면 건태(☰☱)금이 많으면 손(☴)목도 바람을 일으키지 못하고, 곤간(☷☶)토가 많으면 감(☵)수도 비를 내리지 못하며, 감(☵)수가 많으면 이(☲)화가 있어도 날씨가 개이지 않는다. 이렇게 되는 까닭은 건태(☰

≡)금이 진손(☵ ☵)목을 극하고 곤간(☷ ☶)토는 감(☵)수를 극하며, 감(☵)수는 이(☲)화를 극하기 때문이다. 이는 또 반드시 변통을 하고 이치로 추구한 연후에 판단하여야 점험(占驗)을 얻을 수 있다. 또 예를 들면 음식의 점을 하여 점괘와 외응(外應)에 감(☵)수가 있으면 술(酒)이 있고 태(☱)금이 있으면 먹을 것이 풍부하나 곤간(☷ ☶)토를 만날 것 같으면 감(☵)수가 있어도 술이 없고 이(☲)화가 있으면 태(☱)금이 있어도 역시 먹을 것이 없는 것이니, 나머지 괘는 다 이상의 예시를 참작하여 유추하면 될 것이다. 그러므로 이 두 가지의 예를 들어 심역(心易)으로 점괘의 생극(生剋)을 판단하는 예로 하는 바이다.

原文 : 心易寓物之用 以體爲主 然人知一體一用之常 不知一體百用之變 竝體之變 全卦爲內卦 內亦不知一用而互變皆用也 三要十應之卦外卦也 外亦不一無非用也 學寓物者得體用以爲至術 十應則罕有之 後則三要以爲全術 且爲體用自體用 三要自三要 遂以體用決吉凶 以三要爲吉凶之兆 孰知三要十應體用之致 嗚呼 體用不可無三要 十應不可無體用 體用三要十應 理無間然也 如此者是爲心易之全術 而可以盡占卜之道也 又如乾兌多則巽無風 坤艮多則坎無雨 坎多則離亦不晴 盖以乾兌之金剋震巽之木 坤艮之土剋坎水 坎水剋離火也 此又須通變而推驗之 又若占飮食有坎則有酒 有兌則有食 如遇坤艮則坎亦無酒 離值則兌亦無食 餘皆可以類推 故擧此二類 爲心易生剋之例耳

【해설】체용을 논한 다음 다시 체용류(體用類)를 논한 것은 점괘의 체용

만으로 길흉을 판단하여서는 안 되는 이치를 밝히기 위함이다. 체괘는 하나이나 용괘는 점괘의 용괘를 비롯하여 호괘와 변괘 그리고 삼요(三要)로 감지한 조짐(兆朕)과 십응(十應)으로 취한 외괘(外卦) 등이 있으므로 이 많은 용괘를 어떻게 변통하여 길흉을 판단할 것인가를 밝힌 것이다. 이 학문을 탐구하는 사람은 모름지기 심역의 오묘한 진리를 체득하고 점괘의 체용과 십응으로 취한 외괘, 그리고 삼요로 감지한 조짐 등을 하나의 원리로 관통(一以貫之)하여 변통할 수 있어야만 비로소 점복(占卜)의 도(道)를 다할 수 있음을 강조하고 아울러 이해를 돕기 위하여 사례를 예시하면서 그렇게 되는 이치를 밝힌 것이다.

소강절 선생께서 심역의 변통을 시종일관 강조하신 뜻은 선천역(心易)과 후천역(書易)이 별개의 역이 아니라 하나의 역임을 점복의 도를 통하여 이해하도록 하려는 데 그 참뜻이 있는 것이다.

3) 쇠왕론(衰旺論)

이미 체용의 생극(生剋)을 밝혔으므로 다음은 당연히 괘기의 쇠왕(衰旺)을 살펴보아야 한다. 괘기가 왕성한 것은 봄의 진손(☳☴)목, 여름의 이(☲)화, 가을의 건태(☰☱)금, 겨울의 감(☵)수, 사계월(四季月 - 三六 九 十二月)의 곤간(☷☶)토이다. 괘기가 쇠약한 것은 봄의 곤간(☷☶)토, 여름의 건태(☰☱)금, 가을의 진손(☳☴)목, 겨울의 이(☲)화, 사계월의 감(☵)수이다. 무릇 점복(占卜)에 있어서 체괘의 괘기는 마땅히 왕성해야 하고 또 왕성하면서도 생하여주는 괘를 만나면 길하고 시령(時令)을 얻어 왕하여도 거듭 극하는 괘를 만나면 흉하다. 만일 체괘가 시령을 얻지 못하여 쇠약한데 극하는 괘를 만나면 그 흉함은 심한 것이며, 체괘가 쇠약하나 생하여주는 괘가 있으면 그 쇠약함은 조금 풀린다. 대저 체괘의 괘기는 마땅히 왕성해야 하고 체괘를 생하여주는 괘기 역시 왕성함이 마땅하며, 체괘를 극하는 괘기는 쇠약함이 마땅하다. 이는 심역으로 쇠왕을 논하는 요결이다.

原文 : 旣明生剋 當看衰旺 旺者如春震巽木 夏離火 秋乾兌金 冬坎水 四季之月坤艮土是也 衰者如春坤艮 夏乾兌 秋震巽 冬離 四季之月坎是也 凡占卜 體卦宜盛旺 氣旺而又逢生則吉 重遇剋則凶 若體衰而逢剋則其凶甚矣 體衰而有生體之卦則衰稍解 大抵體之卦宜旺 生體之卦氣亦宜旺 剋體之卦氣宜衰 此心易之論衰旺之訣也

【해설】 하늘과 땅 사이의 만물은 모두 왕쇠(旺衰)의 과정을 거쳐 일생을 마치는 것이 자연의 원리이므로 이런 점에서 팔괘(八卦)의 괘기오행 역시 왕쇠의 범주 밖에 있는 것이 아니다. 만물이 비록 다양하고 많으나 모두 팔괘의 범주에 배속할 수 있다는 것은 팔괘와 만물이 별개의 것이 아니라 팔괘가 곧 만물이고 만물이 곧 팔괘이므로 괘기의 왕쇠를 논함은 당연한 이치이다.

앞에서도 이미 설명한 바와 같이 역(易)은 천지만물과 그 천지만물이 존재하는 원리를 그대로 괘효(卦爻)와 글로 옮긴 것이므로, 이를 용(用)으로 하면 팔괘는 잡다한 만사만물의 변화를 헤아릴 수 있는 척도(尺度)가 되는 것이니, 이런 까닭에 역점(易占)은 팔괘를 용하고 또 팔괘의 괘기를 논하는 것이다. 그러므로 점괘를 얻어 길흉을 판단함에 있어서 점을 할 당시의 절기(節氣)로 체용괘의 왕쇠를 분별하고 이를 변통하는 것은 지극히 자연의 역(自然之易)에 합당한 것이므로 자연의 역을 마음 가운데로 옮긴 심역으로 이를 분별하라고 한 것이다.

4) 내외론(內外論)

무릇 점복(占卜)은 점괘의 체용을 내괘로 하고 모든 응괘(應卦)를 외괘로 하는바, 이는 점복의 예(例-法式)이다. 모든 응괘와 더불어 삼요(三要)의 응(應-兆朕)과 십응(十應)의 외응을 반드시 내괘와 합하여 내외 괘를 변통한 연후에 판단해야 하는 것이다. 만일 내외 괘를 합하는 이치를 알지 못하고 판단한다면 이는 체용은 그저 체용이고 삼요십응은 그저 삼요십응일 것이니, 이와 같이 내외 괘를 합하지 아니하고 판단한다면 그 점험(占驗)을 얻는 것을 보기가 드물 것이다. 그러나 십응의 이치를 알고 변통하는 사람은 드무니, 앞의 십응오론(十應奧論)에서 이르기를 금은(金銀)은 세상의 보물이므로 삼요(三要)로는 길한 조짐으로 취하나 만일 점괘에 진손(☳☴)목이 체괘이면 금이 목을 극하여 도리어 불길하며, 병기(兵器)나 칼날은 세상의 흉기이므로 삼요의 법으로는 흉한 조짐으로 취하나 만일 감(☵)수가 체괘이면 금이 수를 생하여 도리어 흉하지 아니하다.

또 산점(産占)에 남자애를 보게 되면 득남할 조짐으로 취할 것이나 가령 체괘가 감(☵)수일 경우에는 소남(少男)은 간(☶)토이므로 토가 수를 극하여 도리어 출산에 불길하며, 병점(病占)에 관(棺)을 보게 되면 반드시 죽을 조짐이라고 할 것이나 만일 체괘가 이(☲)화일 경우에는 목이

화를 생하여 도리어 길하다. 이와 같은 류는 곧 내괘에는 외괘가 없으면 불가하고 또 외괘에는 내괘가 없으면 불가한 것이니, 점복(占卜)의 정밀함은 내외의 괘를 합하는 도(道)가 아닌 것이 없다.

原文 : 凡占卜 體用爲內 諸應卦爲外卦 此占卜之例也 諸應卦與三要之應 與十應之應 必合內外卦而斷之也 苟不知合內外卦爲斷 謂體用自體用 三要十應自三要十應 如此則鮮見其有驗者 然十應罕有知者 如前奧論云 金銀爲世寶 三要爲吉者 若震巽爲體則金剋木 反爲不吉 兵刃爲世凶 三要爲凶者 若坎爲體則金生水 反爲不凶 占産見男子 謂有生子兆 設坎爲體 少男爲艮土 土剋水 産反不吉 占病見棺必死 若遇離體則木生火而反吉 似此之類 則內卦不可無外卦 外卦不可無內卦 占卜之精者 無非合內外之道也

【해설】내외론은 음양(陰陽)의 도(道)를 논한 것이다. 천지만물은 모두 음양의 상대를 이루고 있으며, 뿐만 아니라 만물은 유유상종(類類相從)으로 음양이 짝을 이루어 내외(內外, 男女)가 합을 이룸으로써 만물이 끊임없이 생성된다. 그러므로 점괘 역시 음양의 도에서 벗어날 수 없으니, 이런 까닭에 점의 판단에 있어서도 반드시 내괘와 외괘를 합하여 그 생극제화(生剋制化)를 살피고 외응으로 취한 조짐 등을 종합적으로 변통한 연후에 결론을 내려야 함을 강조하고 있는 것이다. 점괘의 음양을 살펴보면 체괘는 변할 수 없는 정적(靜的)인 괘이므로 음에 속하고 용괘는 동효에 의하여 변화하는 동적(動的)인 괘이므로 양에 속한다. 그리고 본괘(本卦, 占卦)는 이미 얻어진 괘로 바꿀 수 없으므로 내괘(內卦 - 陰)에 속

하고, 내괘에 응하는 괘는 고정된 괘가 아니라 변화가 무상한 점괘 밖의 괘이므로 외괘(外卦 - 陽)에 속한다. 이런 까닭에 길흉을 판단함에 있어서 내외(內外)와 동정(動靜)을 살피고 괘기의 쇠왕(衰旺)과 외응으로 취한 조짐 등을 합하여 변통하지 않으면 안 되는 것이다. 이와 같이 종합적으로 살피지 아니하고 어느 한 가지만을 고집하여 판단한다면 결코 점험(占驗)은 기대할 수 없는 것이므로, 그러한 까닭에 내외의 도(道)를 논하는 것이다.

5) 동정(動靜)

무릇 점(占)을 판단함에 있어서 동정(動靜)의 기미(機微)를 밝혀야 한다고 하나 동정에는 항상 그렇게 동하고 정하는 이치가 있고 또 한편으로는 사물을 변화시키는 작용이 있다. 양(陽)의 성정은 동(動)하는 것이고 음(陰)의 성정은 정(靜)하는 것이며, 한번 동하면 한번은 정하게 되는 것이 곧 동정의 항상 그러한 이치(常理)인 것이다. 그리고 이것이 정(靜)하면 저것은 동(動)하고 이것이 동하면 저것은 정하는 것은 음양의 상대적인 원리이며, 또 동정에는 하나(一)는 정(靜)하나 그 하나를 상대로 하여 주위를 싸고 있는 모든 것이 동(百動)하는 이치가 있으니, 이것이 곧 사물을 변화시키는 동정의 원리이다.

천하의 사물은 어지럽게 많고 무리(群)로 동하는데, 나는 곧 하나(一)로서 고요(靜)히 기다리는 것이니, 사물의 움직임(動)에는 각기 그 까닭이 있으므로 나는 곧 하나(一)로서 고요히 그 움직임(動)을 헤아리는 것이다. 동함이 없으면 점(占)을 하지 아니하고 일에 연유하지 않으면 역시 점을 하지 아니하나, 점을 하게 되는 경우에는 그 무리로 움직이는 사물(事物)을 살펴서 그 움직임이 흉한 것을 보거나 들으면 내 점괘의 흉한 조짐으로 응하고 그 움직임이 길한 것을 보거나 들으면 내 점괘의 길한 조짐으로 응하는 것이다. 그러나 시장(市場)과 같은 시끄러운 곳에서 사람과 물건이 어지럽게 섞여 있고 무리로 움직이는 것이 가득할 때에는 어느 사물을 길한 조짐(兆朕)으로 취하여 내 점괘의 외응(外應)으로 할 것인가 하는 문제는, 이것 또한 역의 이치로 추구하여 그 사물의 합당한 것을 취하여야 한다. 대개 무리로 움직이는 것 가운데 혹은 나의 귀와 눈 가까이에 다가오는 것이거나 혹은 먼저 본 것이거나 혹은 무리가 하는 일이 분명한 것이거나 혹은 내 마음이 일념으로 가 있는 것이거나 하면 이는 내가 점을 한 바에 발용(發用)되는 것이다. 그러니 만일 명예(名譽, 官職)를 구하는 점이라면 무리로 움직이는 가운데 혹 관부(官府)의 사람이 있거나 혹은 문서나 포홀(袍笏) 또는 관부의 의식에 사용하는 물품 등을 가진 사람을 보게 되면 관직을 얻게 되는 응(應)으로 취하고, 또 재물을 구하는 점일 것 같으면 혹 큰 사업가나 부상(富商)을 만나거나 혹은 돈이나 보화 등의 재물을 보거나 하면 이를 이익을 얻게 될 외응(外應)으로 취한다. 만일 송사를 점(占)하는 경우에 문득 곤장(棍杖)이나 사슬(鎖) 등 형구(刑具)를 보게 되면 그 송사는 마침내 불리하게 되고 또 질병의 점에 상복(喪服)이나 관곽(棺槨) 등 장례용품을 보지 않으면 병세는 근심할 것이 없다.

무릇 이와 같은 외응(外應)은 이른바 일(事)마다 서로 연관되고 물(物)마다 서로 응하므로 이로써 내 점괘를 징험(徵驗)하는 절실한 요체(要諦)가 되는 것이다. 점(占)의 길흉이 응하는 시기를 판단함에 이르러서는 점의 당사자가 앉아 있으면 늦게 응하고 길을 가는 중이면 빨리 응하며, 달려가는 중이면 더욱 빨리 응하고 누워 있으면 더욱 늦게 응하는 것이니, 이는 움직임을 살펴서 그 응하는 시기(時期)를 판단하는 단서로 취하는 것이다. 내 마음은 본래 고요(靜)하게 안정되어 있는데, 점을 하러 사람이 오게 되면 그때 생각이 일어나면서 응하는 것이 곧 동(動)함이니, 이 동으로 저쪽의 동을 헤아리고 이쪽에서 동할 때 일어나는 생각(느낌)으로 저쪽의 점험(占驗)을 구하는 것이므로 이러한 것은 진실로 신(神)만이 이를 알 것이다. 이런 이치를 아는 사람은 가히 동정(動靜)의 기미를 알 수 있을 것이다.

原文 : 凡占決 雖明動靜之機 然有理之常 有事之變 陽動而陰靜 一動一靜者理之發 此靜而彼動 一靜百動者事之變也 天下之事物 紛紛群動 我則以一靜而待之 事物之動各有其端 我則以一靜而測之 不動不占 不因事不占 占卜之際 察其群物之事 物動而凶者 兆吾卦之凶 物動而吉者 兆吾卦之吉 然於鬧喧市廛之地 人物雜擾群物滿前 何事拈何物爲吉 吾占卜之應 此又推乎理而合其事 蓋於群動之中 或觀其身臨吾耳目之近者 或以先見者 或群事分明者 或吾之一念所在者 此發占之所用 若求名則於群動之中 或於官府 或有文書及袍笏儀衛之物 則爲得官之應 若求財利 則遇巨商富賈 或有錢寶貨財之物 則厥爲獲利之應 若占訟事 而忽逢笞杖枷鎖之具 則訟終不吉 病占而不見衰麻棺槨之物者 病當無恙 凡此所謂事事相關 物物相應 是以驗吾占卦之切要也 至若坐則應遲 行則應速 走則愈速 臥則愈遲 此則察其動之端也 吾心本靜 人來占卜 起念以應之 卽動也 以此動而測彼動 於此之念而求彼之驗 誠而神知之 知此者可以知動靜之機矣

【해설】점괘에 응하는 길흉의 조짐을 동(動)하고 정(靜)하는 이치로 밝힌 것이니, 천지만물은 모두 음과 양의 한번 동하고 한번 정하는(一動一靜) 원리에 의하여 생성되고 변화하는 것이다. 그러므로 미래의 변화를 헤아리는 점복(占卜)에 있어서 동하고 정하는 이치에 따라 삼요(三要)와 십응(十應)으로써 길흉의 조짐을 감지하고 외괘를 취하여 이를 점괘의 쓰임(用)으로 하는 것이 지극히 음양의 원리에 합당한 것이다.

『주역』「계사전(上一章)」에 "동하고 정함이 항상 일정한 법칙이 있으므로 강(剛-陽)하고 부드러움(柔-陰)을 판단한다(動靜有常 剛柔斷矣)"라고 하였는바, 동(動)하는 것은 양의 상리(常理)이고 정(靜)하는 것은 음의 상리(常理)이니, 이것이 곧 항상 그러한 불변의 법칙이므로 이를 바탕으로 하여 만사만물이 동하고 정하는 것을 보아 음양을 분별하고 따라서 길흉의 조짐과 외응을 취하여 판단할 수 있는 것이다.

동정(動靜) 두 글자는 그 뜻이 간단한 것 같으나 이 동하고 정하는 음양의 원리에 의하여 천지만물이 생성되고 변화하는 것이다. 주자(周子-濂溪)의 『태극도설』에 "무극이면서 태극이니 태극이 동하여 양을 생하고 동함이 극에 이르면 고요해지니, 이 고요함(靜)이 음을 생한다. 그리고 정함이 극에 이르면 다시 동하는 것이니, 한번 동하고 한번 정함이 서로 뿌리가 되어 음양으로 나뉘어져 양의(兩儀)가 성립하는 것이다. 양은 동하므로 변하고 음은 정하므로 이를 합하여서 수화목금토의 오행(五行)을 생하며, 이 오기(五氣)가 고루 퍼져 사시(四時)가 운행된다. 그러므로 오행은 곧 하나의 음양이고 음양은 곧 하나의 태극이며, 태극은 본래 무극인 것이다. 오행은 생(生)하면서부터 각각 하나의 성정(性情)을 가지며, 무극의 진(眞)과 이오(二五-陰陽五行)의 정(精)이 묘하게 합하고 엉켜서 건도(乾道)는 남(男-陽)을 이루고 곤도(坤道)는 여

(女-陰)를 이루어 이 두 기운(氣)이 서로 교감(交感)하여 만물을 화생(化生)하는 것이니, 만물이 낳고 또 낳아서 변화가 무궁한 것이다"라고 하였는바, 이는 바로 음양의 동정작용이 만물을 생성하고 변화시키는 근본임을 밝힌 것이다.

그러나 동정의 작용을 다만 '움직임' '고요함'으로 해석함은 그 뜻을 이해하기에는 미진한 듯하다. 특히 고요함(靜)은 움직임이 없는 적막무짐(寂寞無朕)한 고요함으로 생각하기 쉬우나 이러한 생각은 그 작용을 이해하는 데 도움이 되지 않는다. 동(動)은 물론 적극적으로 움직이는 작용이나 정(靜)은 움직임의 반대 작용으로서 역시 움직이는 작용이니, 즉 동의 반대 운동이라고 할 수 있다. 이를 쉽게 이해하려면 원(圓, ○)의 순환운동을 생각하면 될 것이다. 원의 순환운동을 수(數)로 표시하면 1에서 출발하여 9까지 전진하는 것은 곧 동(動)으로서 양(陽)이 상승하는 운동이며, 극(9)에 이른 양은 결국 10에 이르러 음(陰)으로 전환되고 10에서 출발점(1)으로 후퇴하는 것은 곧 정(靜)으로서 음이 하강하는 운동이다. 원주(圓周) 운동은 출발점에서 전진하여 극(9)에 이르면 더 전진할 수 없으므로 결국 출발점으로 되돌아가는 후퇴운동으로 전환하게 되는바, 이 전진과 후퇴운동이 곧 동정(動靜)인 것이다.

그러므로 똑같은 운동이나 전진하느냐 후퇴하느냐에 따라 동정의 작용이 교차하는 것이며, 이런 까닭에 음(陰-靜)과 양(陽-動)은 이기(二氣)가 아니라 일기(一氣)의 동정일 따름이니, 양이 동함은 전진과 상승을 뜻하고 음이 정함은 후퇴와 하강을 뜻하는 것이다.

음양의 변화 역시 동하고 정함에 의하여 나타나는 현상을 말함이니, 즉 양이 동하여 나아감(進)은 생(生)의 과정으로서 변(變)을 뜻하고 음이 정하여 물러감(退)은 본원(本原)으로 돌아가는 사(死)의 과정으로서 화(化)를 뜻하는 것이므로 『주역』 「계사전(上二章)」에 "변하고 화하는 것은 나아가고 물러가는 상이다(變化者 進退之象也)"라고 함이 바로 이를 밝힌 것이다. 그러므로 만물의 생과 사 역시 음양의 동정 작용의 일면이니, 생명체에 있어서 동정의 작용이 멈추는 것은 곧 근본으로 환원(還元-死)함을 뜻하는 것이다.

노자(老子)의 『도덕경(第十六章)』에 "대저 만물은 다양하게 자라 무성하게 어울리지만 제각기 또 다시 근본(根本 - 本原)으로 돌아가는 것이니, 근본으로 돌아감을 정(靜)이라 한다(夫物芸芸 各復歸其根 歸根曰靜)"라고 하였는바. 이는 바로 동정에 의하여 변화하는 이치를 말한 것이다.

이런 까닭에 점복(占卜)에 있어서 점을 할 당시에 동(動)하는 외응(外應)을 취하여 길흉의 조짐을 헤아리고 이를 점괘와 합하여서 그 변화를 판단하는 것은 진실로 음양의 동하고 정하는 원리에 부합하는 것이다. 양이 극에 이르면 음을 생하고 음이 극에 이르면 다시 양을 생하는 것이 곧 음양의 동하고 정하는 원리이므로 이 원리를 기본으로 하여 삼요로 취한 조짐과 십응으로 취한 외응을 변통한다면 점괘의 길흉은 쉽게 드러날 것이다.

6) 향배(向背)

무릇 점복(占卜)의 외응(外應)을 구함에 있어서 반드시 내 앞에 나타나 보이는 것과 나를 등지고 있는 상황, 즉 향배(向背)를 살펴야 한다. 향(向)이라 함은 점을 할 때에 사물의 외응이 나를 향해서 오는 것을 말하며, 배(背)라 함은 사물의 외응이 나를 등지고 가는 것을 말한다. 예를 들면 갈가마귀(鴉)는 재난을 알린다고 하였는데, 점을 할 때에 마침 날아와서 운다면 장차 그 재난은 오게 될 것이고 그때 다른 곳으로 날아갔다면 재난은 이미 지나간 것이다. 또 까치는 기쁨을 알린다고 하였는데, 점을 할 때에 마침 날아와서 지저귀면 그 기쁨은 장차 오게 될 것이고 그때 이미 다른 곳으로 날아갔다면 기쁨은 이미 지나간 것이니, 외응(外應)으로 취하는 모든 것이 다 그러하다. 그리고 체괘를 극하는 괘를 얻었는데, 이 괘를 돕는 기물(器物)이 그때 왔다면 장차 화(禍)가 오게 될 것이고 그 기물이 다른 곳으로 갔다면 화는 사라지게 될 것이며, 체괘를 생하는 괘를 얻은 경우에 그때 이 괘에 유리한 기물이 오면 길하고 그 기물이 가면 길함은 이미 지나간 것이다. 여타 응하는 조짐도 모두 그러하다. 이는 점괘에 응하는 조짐의 향배(向背)로 길흉을 판단하는 것이니, 지극히 당연한 이치이다.

原文 : 凡占卜求應 必須審其向背 向者爲事物之應相向而來 背者爲事物之應相背而去也 如鴉報災鴉飛適來其災將至 鴉飛而去則災已過去也 如鵲報喜 鵲飛適來其喜將至 鵲飛已去則喜已過去也 至於外應之皆然 其剋體之卦 器物方來其禍將至 去則禍散 其生體之卦 器物方來則吉 去則吉已過矣 其他應兆皆然 此爲占卦向背 至當之理也

【해설】 삼요십응(三要十應)으로 취한 조짐이나 외응(外應)이라 할지라도 그 향배(向背)를 살펴야 함은 당연한 것이다. 점을 할 때, 길한 조짐이거나 또는 흉한 조짐이거나 간에 그 외응이 나를 향해서 온다면 이는 정응(正應)이므로 그 조짐을 취할 것이나, 나를 등지고 가는 경우라면 이는

거응(去應)이므로 점괘에 미치는 영향은 가볍다고 보아야 한다. 그러므로 정응인 경우에는 점괘가 길하면 대길하고 점괘가 흉하면 대단히 흉할 것이다. 그러나 점괘는 길하나 흉한 조짐이 정응(正應)한다면 이는 반길 반흉이므로 선길후흉(先吉後凶)의 상이며, 반대로 점괘는 흉하나 길한 조짐이 정응한다면 이는 반흉반길의 상이므로 선흉후길(先凶後吉)의 상이다. 이와 같이 점괘와 외응이 상반하는 경우에는 또 다른 조짐이나 동효(動爻)의 효사(爻辭) 등을 면밀하게 살펴 추구(推究)하고 변통한 연후에 길흉을 판단해야 할 것이다.

그리고 외응이 떠나간 거응(去應)의 경우는 점괘에 미치는 영향은 크지 않으나 역시 감소시키는 영향은 있다고 보아야 한다. 예를 들면 길한 점괘를 얻었는데 길한 조짐이 떠나갔다면 대길할 수는 없으나 역시 길할 것이고 흉한 조짐이 떠나갔다면 역시 길하나 대길하다고 판단할 수는 없는 것이다. 또 흉한 점괘를 얻었는데 흉한 조짐이 떠나갔다면 대흉하지는 않으나 역시 흉한 것이고 길한 조짐이 떠나갔다면 물론 흉하나 대흉에는 이르지 않을 것이다.

이상은 삼요(三要)로 감지한 길흉의 조짐이나 십응(十應)으로 취한 외괘(外卦)를 어떻게 점괘와 배합할 것인가를 논한 것이므로 매우 중요한 것이나 요는 길흉을 판단함에 있어서는 이치로 추구하고 심역으로 변통을 하여야만 정확한 결론을 얻을 수 있을 것이다.

7) 정점(靜占)

무릇 점복(占卜)은 외응(外應)을 취하는 것이나, 고요한 방에서 점을 하였을 경우에는 조짐이나 외괘(外卦)를 취할 만한 것을 듣거나 볼 것도 없으므로 이럴 때에는 외괘나 조짐의 응은 논하지 아니하고 다만 점괘의 괘기(卦氣)를 당일의 연월일의 간지(干支)와 시령(時令)에 비추어 오행의 쇠왕(衰旺)을 살펴 희기(喜忌)를 취하고 체괘와 용괘의 생극비화(生 剋比和)로써 길흉을 판단한다.

原文：凡應占在靜室 無所聞見 則無外卦 卽不論外卦 但以 全卦年月日 値五行衰旺之氣 以體用決之

【해설】이상 유론(遺論)에서 정점(靜占)까지 8항목의 요결은 본서의 가장 핵심적인 진수(眞髓)라고 할 수 있다. 이는 소강절 선생께서 점복(占 卜)을 통하여 얻은 점험(占驗)을 바탕으로 하여 삼요십응(三要十應)으로 취한 외응과 조짐을 점괘와 합하여 변통하는 데 필수적으로 알아야 할 요점(要點)들을 기록하여 비장(秘藏)하였던 것으로 짐작된다. 그러므로 삼요영응론(三要靈應論)과 십응오론(十應奧論) 그리고 이 유론(遺論)은 심역(心易, 先天易)을 기본으로 한 소자점법(邵子占法)의 핵심 원리이 니, 이 학문에 뜻을 세운 학자들은 이를 바탕으로 하여 탐구한다면 반드 시 심역으로 변통할 수 있는 경지에 도달할 수 있을 것이다. 아니 변통의 경지를 뛰어넘어 도(道)의 경지에 이를 수 있을 것이다. 공자가 말씀하신 "군자는 함부로 점을 치지 않는다"를 넘어서는 점을 칠 필요가 전혀 없는 자연합일의 경지를 느낄 수 있을 것이다.

7. 관물통현가(觀物洞玄歌)

   통현가는 천지만물의 현묘한 이치를 통달한 것을 가결(歌訣)로 밝힌 것이다. 이 가결은 가택(家宅)의 길흉을 많이 점단(占斷)하면서부터 비롯되었다. 옛날 우사회(牛思晦) 선생이 일찍이 어떤 사람의 집에 들어가서 그 가택에 나타난 길흉의 조짐을 미리 판단하였는데, 이때부터 이 점법(占法)이 생겼다고 한다. 이런 고로 가택이 흥하고 쇠퇴함에는 반드시 상서(祥瑞)로운 조짐이나 요상한 조짐이 나타나는데, 이치를 아는 사람은 이를 살펴서 알 수 있으나 이치를 모르는 사람은 몽매(蒙昧)하여 알지 못한다. 그러므로 이 가결은 나타난 조짐(兆朕)대로 반드시 그렇게 길흉이 응하는 심오(深奧)한 이치를 밝힌 것이니, 절대로 이 가결을 천박한 것으로 지목하여 가볍게 여겨서는 아니 된다.

原文 : 洞玄歌者 洞達玄妙之說也 此歌多爲占宅氣而發 昔年思晦嘗入人家 知其吉凶先兆 盖此術云 是故家之興衰 必有禎祥妖孼之懺 識者鑑之 不識者昧之 故此歌發其蘊奧皆理之必然者 切勿以淺近目之也

【해설】위의 글은 관물통현가의 내용과 유래를 밝힌 서론이다. 소강절 선생께서는 전래(傳來)되어 내려온 이 통현가를 보시고 이 가결(歌訣)에는 심오한 원리가 담겨져 있고 또한 조짐(兆朕)으로 응(應)하는 길흉의 이치를 밝힌 점복(占卜)의 요결이므로 이를 후세에 전하고자 서론을 쓰신 것으로 짐작된다. 그리고 삼요영응편(三要靈應篇)과 십응오론(十應奧論)으로 취하는 외응(外應)과 길흉의 조짐을 추구(推究)하고 변통함에 있어서 이 통현가에서 밝힌 것을 유용한 것으로 판단하신 듯하다.

인간세상의 만사는 수(數) 아님이 없으니, 이치는 그 가운데 있다. 길흉회린(吉凶悔吝)은 그 기미(機微, 兆朕)가 있으므로 그 기미를 잘 살피면 화복을 가히 먼저 알 수 있다. 오행(五行)의 금목수화토는 생하고 극하는 이치를 우선 위주로 하며, 청황적흑백(靑黃赤黑白)의 다섯 형상은 분명하게 살펴서 오행으로 분별함을 요한다.

가택의 길하고 흉함을 어떻게 보아야 할 것인가 현묘(玄妙)한 이치로 공경하는 마음으로 판별하여야 한다. 문에 들어서서 보고 듣는 것을 분별하여 살필 때에 그 견문(見聞)에서 흥하고 쇠퇴할 조짐을 보아야 한다. 만일 가택에 봄(春)이 온 듯 온화하면 그 집은 흥하여 화기가 생하며, 만일 냉랭함이 가을 날씨 같으면 이로부터 가세는 점차 쇠미(衰微)하게 된다. 자연스런 향기가 난실(蘭室)과 같이 풍기면 복이 들어오는 것이 거르는 날이 없으며, 닭(鷄), 돼지(豚), 고양이(猫), 개(犬) 등이 흉측하고 더러운 냄새를 풍기면 가난과 질병이 다투어 침범한다.

남녀의 의복이 다 갖추어져 단정하면 이로부터 가풍이 왕성해지며, 집안의 사람들 얼굴에 때가 있고 머리가 흐트러져 있으면 반드시 집안에 슬픈 근심이 있다. 부인이 마음속 근심을 귀신이 울듯 한탄하면 여인이나 어린아이에게 화해(禍害)가 있으며, 노인이 까닭 없이 울고 두 눈에 눈물이 흐르면 세상을 떠날 근심과 슬픔이 있다. 문 앞의 담장이나 벽이 파손되면 가세는 점차로 기울어지며, 처마 끝에서 떨어지는 물이 밖의 문 쪽으로 흐르면 재물을 길게 보존하기 어렵다. 문득 지붕(屋上) 위에 신기한 풀이 나면 음덕(蔭德)으로 가세가 더욱 좋아지며, 집안에 먼지나 티끌이 없이 그윽하고 상쾌하면 반드시 높은 인재가 난다. 헌 신발이 우연히 대문에 걸려 있으면 부리는 종이 반드시 주인을 속이며, 왼쪽 대문이 길게 깨어져 금이 나면 결단코 가장에게 불리하다. 복숭아꽃이 요염하게 피어 대문을 가리거나 우물가에 있으면 그 집안 부녀자의 풍기가 문란해지며, 집 앞이나 집 뒤에 높은 오동나무가 있으면 그 집 주옹(主翁)은 이별을 하게 된다. 우물가에 높은 배나무(梨)가 있으면 늘 고향 땅을 떠나게 되며, 사당의 신주 앞에 때가 아닌데 문득 분향을 하면 화액(火厄)을 당할까 두렵다.

처마 끝의 개와 조각이 문 앞에 떨어지면 모든 일이 붕파(崩破)될 근심이 생기고, 만일 깨진 사발을 뒷간 통에 버리면 이로부터 빈궁(貧窮)함을 보게 된다. 대낮에 등불을 땅위에 켜놓으면 죽은 사람의 뒤를 이어가게 되며, 공연히 쥐가 남쪽(日中)에서 집을 향하여 오면 머지 않아 자산이나 재물이 소모된다. 암탉(牝鷄)이 새벽에 울면 여인이 득세하여 가산이 소실되며, 개가 중당(中堂)에서 짖고 서서 울면 집안 식구에게 재액이 있다. 이른 아침에 까치가 연달아 지저귀면 멀리 떠났던 사람이 돌아오며, 구렁이가 뜻하지 않게 집으로 들어오면 사람이 병들고 요상한 것을 보게 된다. 참새가 떼지어 문간에 와서 지저귀면 반드시 구설이 분분하며, 부엉이나 솔개가 대문을 향하여 울어대면 집안 식구에게 재난이 이어진다.

대문을 들어서며 양떼를 보게 되면 집주인이 병으로 누렇게 되며, 배

(舟船)가 평지 위에 올라와 있으면 비록 평온하나 하는 일은 지체되어 성사가 안 된다. 남의 집 나무그늘이 담을 넘어 들어오면 많은 횡재를 하게 되며, 계단의 석축이 부서지고 부러진 곳이 있으면 성사되었던 일이 많이 쇠멸된다. 집에 들어가 자리에 앉았을 때에 소리에 응하여 다과가 나오면 그 집 주부가 재산을 주관하며, 세 때 밥짓는 연기가 일찍 올라오면 그 집터가 점차로 좋아지고, 밤을 넘기는 불씨가 이어지지 않으면 사람이 흩어지고 재물이 떠난다.

천문만호(千門萬戶) 그 많은 집들을 모두 말하기는 어려우나 그 이치는 내 마음속에 있다. 이 글을 인용하는 길은 선천역학(先天易學)에 있으니, 심오(深奧)한 이치를 깨달으면 현묘하고 또 현묘한 경지에 들어가게 될 것이다.

原文 : 世間萬事無非數 理在其中 吉凶悔吝有其機 禍福可先知 五行金木水火土 生剋先爲主 青黃赤黑白五形 辨察要分明 人家吉凶何堪見 祇向玄中判 入門辨察見聞時 於此察興衰 若還宅氣如春意 家室生和氣 若然冷落似秋時 從此漸衰微 自然馨香如蘭室 福至無虛日 鷄豚猫犬穢薰猩 貧病至相侵 男粧女飾皆齊整 此去門風盛 家人垢面與蓬頭 定見有悲憂 鬼啼婦嘆情懷悄禍害道陰小 老人無故泣雙垂 不見日愁悲 門前牆壁缺 家道中漸歇 溜漕水勢向門流 財帛永難收 忽然屋上生奇草 益蔭人家好 門戶幽爽絶塵埃 必定出高才 偶懸破履當門戶 必有奴欺主 長長破碎左邊門 斷不利家君 遮門臨井桃花艶 內有風情染 屋前屋後有高桐 離別主人翁 井邊倘種高梨樹 長有離鄕土 祠堂神主忽焚香 花厄恐相招 簷前瓦片當門墜 諸事愁崩

破 若施破碗厠坑中 從此見貧窮 白晝不宜燈在地 死者還相繼
公然鼠向日中來 不日耗貲財 牡鷄司晨鳴 陰盛家消索 中堂犬
吠立而嗁 人眷有災厄 淸晨鵲塞連聲繼 遠行人將至 蟒蛇偶爾
入人家 人病見妖邪 雀群爭逐當門盛 口舌紛紛定 偶然鵬鳥
(卽鷗鴉也)叫當門 人口有災連 入門若見有群羊 家主病瘟黃
舟船若安在平地 雖穩成淹滯 他家樹蔭過墻來 多得橫來財 階
前石砌多殘折 成事多衰滅 入門茶菓應聲來 中饋主家財 三餐
時候炊烟早 漸基好 連宵宿火不成時 人散與財離 千門萬戶難
詳備 理在吾心地 斯文引路發先天 深奧入玄玄

【해설】 이상이 관물통현가의 전부이다. 문장(文章)이 술가류(術家流)의
속(俗)된 표현이 많고 미사여구(美辭麗句)를 쓰지 않았으므로 혹자는 천
박한 글로 오해할 수도 있을 듯하나, 이 글은 문장을 취하려는 것이 아니
라 역리(易理)에 의하여 밝힌 이치를 취하려는 데 뜻이 있다. 이런 까닭
에 소강절 선생께서 서두에 "이 통현가는 필연적으로 그렇게 되는 심오
한 이치를 밝힌 것이니, 절대로 천박한 글로 지목하여 가벼이 여기기지
말라"고 당부하신 것이다.

　이 통현가를 가택점(家宅占)에만 필요한 것으로 인식하기 쉬우나 인간
생활의 대부분이 가택을 중심으로 한 생활인 고로 가택의 길흉이 곧 사
람의 길흉이며, 이는 분리하여 논할 수 없는 것이므로 인사백반의 점복
(占卜)에 모두 응용이 가능하다. 가령 참새가 떼를 지어 대문간으로 날아
와서 시끄럽게 지저귀는 것을 보고 삼요영응(三要靈應)의 법으로 이를
취하였을 경우에 이것이 무슨 조짐인지 길흉을 분별하기가 어려울 때,
이 통현가를 보았다면 집안에 구설이 분분할 조짐(雀群爭逐當門盛 口舌

紛紛定)이라고 쉽게 판단할 수가 있을 것이다.

이 통현가에서 밝힌 길흉의 통변이 대개 점을 통하여 얻은 점험(占驗)에 근거하여 그렇게 응하는 이치를 밝힌 것이므로 이 학문을 탐구함에 있어서 심오한 경지에 이르는 데 도움이 되는 귀중한 자료라고 하겠다.

이 통현가와 삼요영응편은 동일한 원리에서 나왔으나 그 내용은 조금 다르다. 삼요편은 대부분이 점복(占卜)의 요결로 대개 점(占)을 할 당시 나타나는 사물을 보고 이로써 그 점괘에 응하는 길흉의 조짐으로 취하고 있으나, 이 통현가는 특별히 점복의 일을 논한 것이 아니라 잠깐 다른 사람의 집에 들어가서 위 가결에 예시한 것을 보고 이에 응하는 일이 있을 것을 알았으니, 여기에는 반드시 그렇게 되는 이치가 있는 것이다. 이 통현가에는 사물을 관찰할 수 있는 술(術 - 觀法)이 많이 내포되어 있으나, 여기에도 수리(數理)의 단서는 있는 것이다. 사람들이 이 이치를 터득한다면 미리 살펴 경계할 수 있고 또 이를 피하여 넘어갈 수도 있을 것이며, 혹은 전화위복이 되도록 할 수도 있을 것이다. 그러나 우연히 그렇게 나타나는 바 연유는 알 수 없으나 역시 수(數)의 가운데 그 이치가 내포되어 있다. 내가 살펴 보건대 밝게 살피고 변통(變通)하여 판단한다면 선악(善惡 - 吉凶)은 그 범주를 벗어날 수 없는 것이다.

原文 : 右洞玄歌與靈應 同出而小異 彼篇多爲占卜之訣 盖占卜之際 隨所出所見 以爲剋應之兆 此歌則不特爲占卜之事 一時而入人家有此事 必有此理 盖多寓觀察之術也 然有數端 人家可得儆戒而超避之 或可轉禍爲福 偶不知所因 而宥於數 中 俾吾見之 善惡不逃乎明鑒矣

【해설】이 글은 소강절 선생께서 관물통현가의 내용을 평한 것이다. 선생은 통현가와 삼요영응편은 그 연원이 같으므로 대동소이(大同小異)하나 통현가는 특별히 점복(占卜)만을 위하여 쓴 글은 아니라고 하였다. 그러나 눈과 귀로 관물(觀物)하는 것은 같으며, 여기에도 수(數)의 이치가 내포되어 있으므로 이를 유추하고 변통한다면 괘를 취할 수도 있다는 것이다. 그러므로 통현가를 삼요영응편과 비교하면서 그 이치를 추구(推究)하고 변통한다면 사물을 관찰하고 조짐을 취하는 데 많은 도움이 될 것이다.

1) 괘를 일으키는 데 수를 가산한 예 (起卦加數例)

인(寅)년 十二월 초一일 오(午)시에 이웃 마을의 사이에 여러 채의 집을 새로 지으려고 기공(起工)하였는데, 그 중 세 집에서 위 연월일시로 선생에게 점(占 - 屋舍占)을 의뢰하여 왔다. 같은 날에 같이 왔으므로 점괘가 같을 수밖에 없는데, 만일 점괘가 같으면 세 집의 길흉을 분별할 수 없게 되므로 선생은 일으킨 수(數)에 각 성(姓)씨의 획수를 가산(可算)하여 괘(卦)를 일으키고 드디어 점괘의 길흉을 판단하였다. 뒤에 선생께서 판단한 대로 다 점험(占驗)을 얻었으니, 점을 의뢰한 세 집의 성씨는 전(田)씨 왕(王)씨 한(韓)씨였다.

수를 일으켜 점괘를 얻은 예(例)는 다음과 같다.

먼저 왕(王)씨부터 수를 일으켰으니, 인(寅)년은 三수, 十二월은 十二수, 초一일은 一수, 이 연월일의 합수 十六에 왕(王)자 四획을 더하여 모두 二十수를 얻어 이를 二八 – 十六으로 八八제지하여 남는 四수로써 진(震☳)괘를 얻어 상괘(上卦)로 하고, 상괘를 얻은 二十수에 오(午)시 七수를 합하여 모두 二十七수를 얻어 이를 三八－二十四로 제하여 남는 三수로써 이(離☲)괘를 얻어 하괘(下卦)로 하였으며, 그리고 상하 괘를 얻은 二十七수를 다시 四六－二十四로 六六제지하여 남는 三수를 동효로 취하니, 이에 뇌화풍(豊)괘에 三효동이라 중뇌진(重雷震)괘로 변하였고 호괘(互卦)에는 태(兌☱)괘와 손(巽☴)괘가 보인다. 다음 전(田)씨는 연월일의 수 十六에 전(田)자 六획을 보태어 합한 二十二수로써 수풍정(井)괘를 얻었으며, 동효가 五효이므로 지풍승(升)괘로 변하였고 호괘에는 이(☲)괘와 태(☱)가 보인다. 그리고 마지막으로 한(韓)씨는 연월일의 수 十六에 한(韓)자 二十一획을 합한 三十七수로써 풍뇌익(益)괘를 얻었으며, 동효가 二효이므로 풍택중부(中孚)괘로 변하였고 호괘에는 간(☶)괘와 곤(☷)괘가 보인다.

이에 각 성씨의 획수를 더하여 수(數)를 일으키고 각각 점괘를 얻었으므로 따라서 각각 얻은 점괘로 판단하면 되는 것이다. 그리고 특별히 집을 새로 지을 때만 성씨의 획수를 가산할 것이 아니라 무릇 관례(冠禮)나 혼례 또는 장사(葬事)의 점(占)에도 하나의 성(姓)자를 더하는 것이 가할 것이며, 만일 혼인의 경우는 남녀의 대사이므로 반드시 남녀의 두 성씨를 더하는 것이 가할 것이다. 북쪽 극지(極地)의 사람은 성이 없다고 들었으나 이름은 반드시 있을 것이므로 그 이름의 획수를 더하면 될 것이고 그 글자를 분별할 수 없으면 부르는 소리를 헤아려서 가산하면 될 것이며, 이름도 없는 경우에는 그 사람이 사는 지명을 취하면 될 것이다.

原文 : 寅年十二月初一日午時 有數家起造 俱在隣市之間 有三家以此年月日時 求占於先生 若同卦則吉凶莫辨矣 先生 以各姓而加數 遂斷之而皆驗 盖三家求占 有田姓者 有王姓者

有韓姓者 若寅年三數 十二與一共十六 加王姓四畫得二十數
除二八一十六 得四震爲上卦 又加午時數 總二十七數 除三八
二十四 得三離爲下卦 二十七中 除四六二十四 零三爲爻 得
豊變震互兌巽 其田姓 加田字六畫得水風井變升 互見離兌 其
韓姓 加入二十一畫之數 得益變中孚 互見艮坤 乃以各家之姓
起數 隨各家之卦斷之也 不特起屋之年月日時加姓也 凡冠婚
及葬事加一姓可矣 若婚姻則男女大事 必加二姓可也 極北之
人無姓 亦必有名 不辨其字則數聲音 無名則隨所寓也

【해설】동일 동시에 여러 사람이 같은 일을 물어 왔을 때, 수(數)를 일으켜 점괘를 얻으려 하면 같은 괘를 얻게 되므로 길흉을 분별할 수가 없다. 이에 선생께서는 성씨의 획수를 가산하는 방법으로 해결하였는바, 실로 이치에 합당하다고 하겠다. 점을 할 당시 삼요십응(三要十應)으로 외응이나 조짐을 취할 수는 있으나 점괘가 같다면 역시 통변이 어려운 것이다. 그러므로 선생께서 성씨를 가산하는 법으로 직접 실험하여 보시고 이를 후학들에게 밝힌 것이다. 여러 사람이 같이 온 경우에 유의할 것은 반드시 그 사람들이 앉은 방위로 외괘(外卦)를 취하고 이를 점괘와 합하여 생극제화(生剋制化)를 변통한 다음 판단해야 할 것이다. 방위괘는 문왕후천괘의 방위에 의하여 취하면 될 것이다.

다음의 옥택점결(屋宅占訣)은 성씨의 획수를 가산하여 수를 일으키고 기괘(起卦)하는 것이 과연 역의 진리에 부합하는가를 직접 점을 하여 확인한 점례(占例)이다. 수(數)를 일으키고 점괘(占卦)를 얻는 것은 누구나 할 수 있는 일이나 외응과 조짐을 취하고 이를 점괘와 종합하여 길흉을 판단하는 것은 쉬운 일이 아니다. 그러므로 선현의 점례를 많이 보는

것이 유익하며, 그 다음은 직접 점을 하여 점험(占驗)을 얻어 확인하는
길뿐이다. 만일 점을 하여 점험을 얻지 못하는 경우에도 실망하지 말고
무엇을 잘못 변통(變通)하였는지 그 원인을 찾아 밝히고 그 이치를 추구
(推究)한다면 이 학문은 크게 향상될 것이다.

2) 옥택의 점결(屋宅之占訣)

〔역주〕성씨의 획수를 가산하여 수를 일으키는 기괘법(起卦法)에 따라 선생
께서 직접 점을 하신 실례를 밝힌 것이다. 선생의 선천역학을 주자(朱子)도
높이 평가한 까닭은 선생께서는 이론만으로 역의 진리를 논한 것이 아니라
직접 점복(占卜)을 통하여 진리를 확인한 다음 이를 밝혔다는 점이다. 그러므
로 선생은 사람의 명운(命運)뿐만 아니라 만물에도 모두 명수(命數)가 성립
되어 있음을 역시 점단(占斷)을 통하여 일일이 확인하셨으니, 참으로 위대하
다고 아니할 수 없다.

인(寅)년 十二월 초一일 오(午)시에 집을 기공(起工)하는 전(田)씨의
옥택점(屋宅占)은 연월일시의 수에 성씨의 획수를 가산한 수로써 기괘
(起卦)하여 수풍정(井)괘를 얻었고 九五효가 동하여 지풍승(升)괘로 변
하였으며, 호괘에는 이(☲)화와 태(☱)금이 보인다. 이 점괘는 손(☴)목
이 체괘인데 용괘인 감(☵)수가 생하므로 길하다. 비록 호괘의 태(☱)금
이 체괘 손(☴)목을 극하나 또 호괘에 이(☲)화가 있어 태(☱)금을 억제
하는바, 이(☲)화가 비록 시령(時令)을 얻지 못하여 기가 약하나 마침내
는 태(☱)금을 억제한다. 그러나 유(酉)금이 닿는 연월일에는 역시 손실
을 당할 근심이 있으며, 해자(亥子)수가 닿는 연월일에는 자산과 이익이

늘어나게 될 것이고 혹은 물가(水邊)의 재물을 얻게 될 것이니, 이는 감(☵)수가 체괘를 생하는 까닭이다.

또 인묘(寅卯)목이 닿는 해에는 뜻하는 바가 크게 이루어져 만족하게 되는데, 이는 인묘목이 체괘(☴)와 비화(比和)하기 때문이다. 다만 이 집에 사는 동안 구설수(口舌數)로 시끄러울 때가 많을 것이니, 이는 역시 태(☱)금이 있는 까닭이다. 체괘가 목(木☴)이므로 봄(春)에 가까이 감을 기뻐하고 감(☵)수를 만나게 되면 이 집에서 반드시 왕성하게 발전할 것이다. 二十九년 후에 이 집은 헐리게 되겠는데, 연수를 二十九년이라고 단정한 것은 점괘의 모든 괘수를 합한 총수가 二十九수이므로 이를 취한 것이다. 만일 점괘 가운데 태(☱)금이 있지 않았다면 다시 二十九년을 맞이한다고 할지라도 이 집은 근심할 것이 없었을 것이다.

〔역주〕 이 집의 연한을 二十九년으로 그 응기(應期)를 정한 것은 얻은 점괘의 모든 괘수(卦數)를 합한 총수를 취한 것이다. 즉 본괘가 손(☴)五 감(☵)六, 호괘가 태(☱)二 이(☲)三, 변괘가 손(☴)五 곤(☷)八이므로 이 괘수를 모두 합하면 二十九수이다. 선생의 다른 점례(占例)에서는 점괘를 얻은 총수(成卦之數)로써 응기를 판단하였는데, 여기서는 점괘의 모든 괘수를 합한 수로써 응기를 정하였음은 대체 무슨 까닭인가. 선생께서 그 이유는 밝히지 않았으나 필자의 견해로는 여기의 점례는 성자(姓字)의 획수를 가산하여 얻은 수이므로 점괘를 이룬 총수를 쓰지 않고 전괘(全卦)의 괘수를 취하신 것으로 추측된다. 여하간 이는 연구과제로 남길 수밖에 없다. 이하 왕(王)씨 한(韓)씨의 점례도 역시 같다.

原文 : 寅年十二月初一日 起屋者其家田姓 其占水風井變地風升 互見離兌 巽木爲體 用卦坎水生之 雖兌金剋木 得有離火 火雖無氣 終是制金 然有兌金 酉年月日亦當有損失之憂亥子

水年月日 當有進益 或得水邊之財 坎生體用也 寅卯年當大快
意 比和之氣也 但家中必多口舌之聒亦爲兌也 木體近春喜逢
坎水此居必能發旺 二十九年後 此屋當毁 盖二十九年者 全卦
六卦之成數也 若非有兌在中 雖再見二十九年 屋當無恙也

동일 동시에 옥택점(屋宅占)을 의뢰한 왕(王)씨도 역시 연월일시의 수
에 성씨를 가산하고 기괘(起卦)하여 뇌화풍(豊)괘를 얻었으며, 九三효
가 동효이므로 중뇌진(重雷震)괘로 변하였고 호괘에는 태(☱)금과 손
(☴)목이 보인다. 진(☳)목이 체괘이고 이(☲)화가 용괘인데, 체괘의 기
를 설(泄)하는 것이 불길하다. 또 태(☱)금은 체괘의 호괘로서 체괘(☳)
를 극(剋)함이 절박한데, 비록 용괘인 이(☲)화가 태금을 억제하기는 하
나 역시 순수하게 좋다고는 할 수 없다. 용괘인 이(☲)화가 체괘(☳)의
기운을 설하므로 재산의 손실을 당하게 되는데, 매양 화(火)를 만나는
연월일에 주로 손실을 보게 되고 혹은 부인으로 인한 손실이 있으며, 또
는 집안의 여자로 인한 시비가 많이 일어날 것이다.

그러나 해자인묘(亥子寅卯)의 수목(水木)이 닿는 해에는 주로 전지(田
地)나 재산이 늘어나는 이익을 보게 된다. 이는 체괘 진(☳)목이 비록 점
괘에 감(☵)수는 없으나 수(水)년은 체괘를 생하므로 마침내는 이로운
것이며, 그리고 진(☳)괘나 손(☴)괘가 없더라도 인묘(寅卯)가 닿는 해
에는 체괘가 시령(時令)을 얻어 길한 것인데, 이 점괘에는 진(☳)목과
손(☴)목이 다 있으므로 이 집에 사는 동안 인묘(寅卯)나 목운이 닿는
해에는 반드시 크게 뜻을 얻게 되고 또 주로 장자(長子)의 힘을 얻게 될
것이니, 이는 변괘가 중뇌진(重雷震)괘이기 때문이다. 이 집은 二十二년
후에는 화재로 소실(燒失)되어 없어질 것이다.

〔역주〕위 점례의 해석에 "부인으로 인한 손실과 집안의 여인으로 인하여 시비가 많이 일어난다"고 판단한 것은 점괘의 용괘인 이(☲)화와 호괘인 태(☱)금은 모두 체괘인 진(☳)목을 극설(剋洩)하여 손상하므로 그렇게 판단한 것이다. 즉 이(☲)괘는 중녀(中女) 태(☱)괘는 소녀(少女)에 해당하는 괘이므로 그 작용과 속성 등을 참작하여 여인으로 인한 손실과 시비로 판단한 것이다.

原文 : 同時 王姓之家起造 得雷火豊變震 互見兌巽 震木爲體 離爲用卦 兌爲體之互 剋體亦切 雖得離火制兌金 亦不純美 用火泄體之氣 破耗資財 每遇火年月日 主見此事 或因婦人而有損失 家中亦多女子是非 亥子寅卯之年月 却主進益田財 盖震木爲體 雖不見坎終是利水年 生體之氣 不見震巽 亦逢寅卯爲體卦得局之時也 凡有震有巽 此居寅卯與木之氣運年月 必大得意 亦主得長子之力 變重震也 二十二年後 爲火所焚

한(韓)씨의 집 역시 연월일시의 수에 성씨를 더한 四十四수로써 기괘(起卦)하여 풍뇌익(益)괘를 얻었으며, 六二효가 동하여 풍택중부(中孚)괘로 변하였다. 손(☴)목이 체괘이고 호괘에는 간(☶)토와 곤(☷)토가 보이는데, 용괘인 진(☳)목이 태(☱)금으로 변하여 체괘를 극하므로 이 집에 사는 동안 관재(官災)와 송사가 있을 것이니, 집을 지은 후 유(酉)가 닿는 연월에 당할 것이며, 그 뒤 신유(申酉)년에는 연달아 병환이 있을 것이다. 그러나 기뻐하는 바는 용괘인 진(☳)목이 체괘인 손(☴)목과 동기(同氣)로서 비화(比和)하는 것이니, 인묘(寅卯)가 닿는 연월에 그 길함을 보게 될 것이다. 그 뒤 신유(申酉)년에는 길한 뒤에 흉한 일이 있을 것이며, 三十一년이 지난 후 신유(申酉)년을 만나면 이 집은 헐리게 될 것이다. 만일 점괘에 태(☱)금이 있지 않고 혹 하나의 감(☵)수가 있다면 三十一년이 다시 지나도 이 집은 근심할 것이 없었을 것이다.

〔역주〕여기에서 정한 三十一년의 시한(時限) 역시 점괘의 체용괘와 호괘 변괘의 괘수(卦數)를 합산하여 그 수로써 판단한 것이니, 즉 본괘 손五 진四, 호괘 간七 곤八, 변괘 손五 태二를 합산하여 얻은 수이다.

原文：韓姓之居 得益變中孚 巽體 互卦艮坤 變兌剋體 此居必有官訟見於酉年月 後申酉年連見病患 所喜用卦 其震與巽體比和 當見寅卯年月 後申酉年吉後凶 三十一年之後 遇申酉年 此居當毁 若非有兌 或有一坎 再見三十一年 此居亦無恙也

3) 기물점(器物占)

대저 기물의 점(占)은 거의 모두 태(兌☱)괘를 봄을 기뻐하지 않는바, 대개 태(☱)금은 무찌르고 꺾는 성정을 갖고 있기 때문이다. 만일 감(☵)수가 체괘라면 태(☱)금을 보아도 상생이 되므로 손상함이 없으며, 건(☰)금이 체괘인 경우에도 비화(比和)하므로 역시 해가 없다. 그 나머지 괘체는 태(☱)금을 만나면 오래 갈 수 없으며, 나무로 만든 기물이라면 곧 파괴된다. 혹 진손(☳☴)목이 체괘이고 태(☱)금이 용괘라면 그 기물은 태(☱)금의 파괴를 막을 수 없으므로 오래 쓸 수 없으며, 기물이 파손되는 날은 반드시 신유(申酉)일이거나 점을 한 날의 일진(日辰-干支)이 닿는 연월일이 될 것이다.

또 집에서 기르는 가축도 건태(☰☱)금이 체괘를 극함은 마땅하지 않으며, 씨앗으로 심은 식물이나 옮겨 심은 나무도 건태(☰☱)금이 체괘를 극하면 성장이 안 되고 혹 성장이 되어도 곧 도끼나 연장으로 베어 죽게 된다. 그러므로 식물은 마땅히 감(☵)수를 보아야 한다.

무릇 기물을 보고 그 성훼(成毀)를 알고자 하면 역시 점괘의 체괘를 보아 극하는 괘가 없으면 오래 갈 수 있고 극하는 괘를 만나면 오래 갈 수 없다. 그리고 기물의 기수(氣數)를 정하는 것은 점괘의 전체 괘(本卦 互卦 變卦)의 괘수(卦數)를 합한 수로 하는데, 오래 갈 것은 연수(年數)로 판단하고 오래 가지 못할 것은 월수(月數)로 판단하며, 아주 빠른 것은 일수(日數)로 판단한다.

原文 : 大抵占器物 竝不喜見兌卦 盖兌爲毀折也 若坎爲體
則見兌無傷 乾卦爲體亦無害 其餘卦體逢兌不久 卽破木之器
物 或震巽爲體 見兌爲用 必不禁耐用矣 破器之日必申酉與卜
年月日也 又畜養之物 又不宜乾兌剋體 種植之物乾兌剋體必
不成 卽成亦被斧斤之厄 種植之物宜見坎也 又凡見器物 欲知
其成毀 亦看卦體無剋者久長 體逢剋者則不久 視其器物之氣
數 可久者以全卦之年數斷之 不可久者以月數斷之 至速者以
日數斷之也

【해설】기물의 점은 일상 사용하는 기물과 또는 가축이나 애완동물, 혹은 재배하는 식물 등의 명수(命數)를 판단하는 점을 말함이다. 그러나 아무 때나 점을 하는 것이 아니라 기물이나 동물을 처음 들여놓았을 때나 또는 식물의 씨앗을 뿌리거나 나무를 옮겨 심었을 때에 그 연월일시로 점을 하는 것이다. 이는 사람의 명수와는 상관이 없다고 하겠으나 기물

과 동물 또는 식물 등은 모두 사람에게는 재물에 속하므로 역시 사람의 재운과는 연관이 된다고 할 수 있다. 그러나 대개 기물의 점을 하는 까닭은 점복(占卜)으로 기물의 명수를 헤아려 그 점험(占驗)을 얻음으로써 역의 진리를 확인하려는 데 뜻이 있다. 본서의 서문에 소강절 선생께서 의자(椅子)의 명수를 헤아려 점험을 얻은 것이 그 예이다. 그리고 기물점의 응기도 점괘를 이룬 성괘수(成卦數)로 정하는 것이 아니라 앞의 옥택점과 마찬가지로 점괘의 전괘수(全卦數)로 정한다고 하였는바, 이는 옥택점과 더불어 연구하고 확인해야 할 과제이다.

邵康節先生梅花觀梅數全集　卷三

1. 팔괘방위지도(八卦方位之圖)

팔괘방위지도(八卦方位之圖)

〔역주〕 팔괘방위지도는 곧 문왕(文王)의 후천팔괘도이다. 복희씨(伏羲氏)의 선천팔괘도는 하도(河圖)의 원리를 바탕으로 하였고 문왕의 팔괘도는 낙서(洛書)의 원리를 바탕으로 한 팔괘도이다. 복희팔괘도는 선천의 생성원리로서 체(體)가 되고 문왕팔괘도는 후천의 변화원리로서 용(用)이 된다. 그러

므로 점복(占卜)에 있어서도 처음 수(數)와 괘(卦)를 일으키는 것은 선천팔괘도의 원리에 의하여 성괘(成卦)하고 길흉을 판단하는 것은 후천팔괘도의 원리에 의하여 그 변화를 헤아리는 것이다.

2. 관매수결서(觀梅數訣序)

아~ 역을 어찌 쉽게 말할 수 있겠는가. 역의 글 됨이 지극히 정미(精微)하고 그 원리는 지극히 현묘(玄妙)하다. 그러나 역수(易數)라는 것 역시 역리(易理)의 밖에 있는 것이 아니다. 선천과 후천의 다름이 있기는 하나 역수로는 여러 소리가 화협(和協)된 가운데에서 성음(聲音)을 분별하여 근심하는 바를 헤아려 그 득실(得失)의 기미(機微, 兆朕)를 밝히고 호괘와 변괘로써 그 응함의 늦고 빠름을 가늠한다. 사람의 명수(命數)는 이미 정하여져 있다고 하나 그 화복(禍福)을 헤아리기는 어렵다. 그러나 역수와 역리로 추구(推究)한다면 밝은 불빛 아래에서 보는 것처럼 그 길흉화복을 살필 수 있는 것이다.

나는 선천현황(先天玄黃)과 영응(靈應) 등 여러 편(篇)을 구하여 얻고 이밖에 역사(易辭)에서 가려내어 그 진수(眞髓)를 모아 이름하기를 관매수결(觀梅數訣)이라 제(題)하였다. 그리고 그림을 벌려 오행의 상생상극과 괘기(卦氣)의 쇠약하고 왕성한 이치를 밝히고 사례(事例)를 유형별로 나누어서 흉함을 피하고 길한 방향으로 갈 수 있는 도(道)를 제시하였다. 이 학문을 탐구하는 후학 군자들은 이를 거울삼아 잘 살펴서 사학(斯

學)에 도움이 된다면 다행이라 하겠다. 『주역』「계사전(上十一章)」에 "역에 태극의 원리가 있으니, 태극이 양의를 생하고 양의는 사상을 생하며, 사상은 팔괘를 생한다"라고 하였는바, 팔괘는 곧 만물을 생하는 것이다. 소자(邵子)께서 말씀하시기를 "태극에서 나뉘어져 팔괘를 이루는 것은 수(數)로는 一이 나뉘어져 二가 되고, 二가 나뉘어져 四가 되며, 四가 나뉘어져 八이 되는 것이다"라고 하였으며, 설괘전(第三章)에서 이르기를 "역은 역수(逆數)하는 것이다"라고 하였다. 또 소자께서 말씀하시기를 "팔괘의 괘수는 건(☰)一, 태(☱)二, 이(☲)三, 진(☳)四, 손(☴)五, 감(☵)六, 간(☶)七, 곤(☷)八이니, 건괘에서 곤괘에 이르기까지 다 역수(逆數)로써 생하지 아니한 괘를 얻어 나아가는 것이며, 비유하면 사시(四時)가 거슬러서 진행하는 원리와 같은 것이다"라고 하였다. 후천의 六十四괘 역시 이 이치에 의거하면 될 것이다.

〔역주〕 서문을 쓴 사람이 누구인지는 알 수 없으나 소강절 선생께서 남기신 글을 모아서 편찬하고 이름을 '관매수결'이라 제(題)하였다고 밝힌 점으로 보아 선생의 선천역학(先天易學)을 계승한 후학이라고 짐작된다. 고로 관매수 전집 권 1, 권 2는 선생께서 서거한 후 제자들에 의하여 편찬된 것이고 권 3은 이 서문을 쓴 후학이 편찬하여 합본(合本)한 것으로 추측된다. 그 이유는 선생이 관매점(觀梅占)을 한 이후 선생께서 밝힌 역수를 관매수라고 부른 것은 후대(後代)에 내려와서 후학들이 그렇게 이름한 것이기 때문이다.

原文 : 嗟乎 易豈易言哉 盖易之爲書 至精微至玄妙 然數者不外乎易理也 有先天後天之殊 有犀音取音之辨 明憂虞得失之機 取互變遲速之應 數有前定 禍福難測 易理灼然可察 予求得先天玄黃靈應諸篇 外採易辭曰觀梅數訣 列圖明五行生

剋衰旺之理 分例指避凶趨吉之道 後學君子幸鑒焉 易辭曰 易
有太極是生兩儀 兩儀生四象 四象生八卦 八卦生萬物 邵子曰
一分爲二 二分爲四 四分爲八也 說卦傳曰易逆數也 邵子曰
乾一兌二離三震四巽五坎六艮七坤八 自乾至坤 皆得未生之
卦 若逆推四時之比也 後天六十四卦倣此

1) 팔괘의 음양을 정하는 차서(八卦定陰陽次序)

≡ 乾爲父   ☳ 震長男   ☵ 坎中男   ☶ 艮少男

☷ 坤爲母   ☴ 巽長女   ☲ 離中女   ☱ 兌少女

【해설】 하늘(≡)과 땅(☷)은 만물의 부모로서 건곤 부모가 서로 사귀
어 三남 三녀를 얻으니, 곧 팔괘이다. 위 음양괘의 차서(次序)는 음괘와
양괘가 대대(待對)하여 만물을 생성하는 원리를 밝힌 것이다. 『주역』
「설괘전(第十章)」에 "건(≡)은 하늘이라 고로 부(父)라 일컫고 곤(☷)
은 땅이라 고로 모(母)라 일컫는다. 진(☳)은 한번 구하여 아들을 얻음
이라 고로 장남(長男)이라 이르고, 손(☴)은 또 한번 구하여 딸을 얻음
이라 고로 장녀(長女)라 이르며, 감(☵)은 두번째 구하여 아들을 얻음이
라 고로 중남(中男)이라 이르고, 이(☲)는 또 두번째 구하여 딸을 얻음
이라 고로 중녀(中女)라 이르며, 간(☶)은 세번째 구하여 아들을 얻음이
라 고로 소남(少男)이라 이르고, 태(☱)는 또 세번째 구하여 딸을 얻음
이라 고로 소녀(少女)라 이르니라(乾天也故稱乎父 坤地也故稱乎母 震一
索而得男故謂之長男 巽一索而得女故謂之長女 坎再索而得男故謂之中男

離再索而得女故謂之中女　艮三索而得男故謂之少男　兌三索而得女故謂之
少女)" 라고 하였다.

2) 상생이 좋고 비화는 다음이다(相生及美比和次之)

체괘와 용괘는 변효로서 동(動)괘와 정(靜)괘를 지어 취하는데, 동효
가 있는 동괘를 용으로 하고 동효가 없는 정괘를 체로한다.

原文 : 體用於變爻　作動靜取之　動者爲用　靜者爲體

〔역주〕제목은 상생(相生)과 비화(比和)이나 글은 체용의 동정만을 논하였
는바, 이는 상생과 비화를 논한 글은 결문(缺文)이 된 것으로 추측된다.

3) 점례를 논한다(論占例)

澤火革變　　體 兌金　　用 離火　　互 巽木 乾金
澤山咸卦　　　　　　變 艮土

용괘인 이(☲)괘의 초九 양효가 동하여 음효로 변하니, 간(☶)괘로 변
하였다. 체괘 태(☱)금은 소녀인데, 이(☲)화가 극하며, 호괘 손(☴)목
의 물상은 넓적다리인데 역시 호괘인 건(☰)금이 극하니, 고로 다리를
다친다고 하였다. 그러나 변괘인 간(☶)토가 체괘 태(☱)금을 생하여주
므로 죽음에 이르지는 않는다고 판단한 것이다.

原文 : 離卦初爻 陽動變陰 變艮卦 兌金爲少女 離火剋之
巽爲股 乾金剋之 曰傷股 得艮土生入兌金 斷曰不至於死

〔역주〕 소강절 선생의 관매점(觀梅占)을 다시 해석한 것이다(卷一 占例參照).

地雷復卦	體 坤土	用 震木	互 重坤土
變地澤臨		變 兌金	

지뇌복(復)괘의 六二효가 동하여 지택림(臨)괘로 변하였다. 용괘가
진(☳)목이므로 판단하건대 이는 연(軟)한 재질로 된 물건이고 글(文章)
이 들어 있는 체이다. 확인해보니 과연 나경(羅經)이었다.

原文 : 地雷復卦 變地澤臨卦 木是用爻 斷出軟物 文章之體
也 將出是羅經

〔역주〕 이 점례(占例)는 물건을 감추어놓고 점을 하여 알아맞히는 복사점
(覆射占)의 예이다. 점괘로 얻은 지뇌복(復)괘는 정북방(正北方)에 해당하는
괘이고 용괘인 진(震)괘는 정동방(正東方)에 해당하는 괘이므로 이는 동서남
북의 방위를 뜻하고 있다. 나경(羅經)은 지금의 나침반으로 정북방을 가리키
는 기구이며, 문장이 들어 있고 동서남북의 방위를 분별하는 데 쓰이는 것이
다. 점괘를 정확하게 유추하고 변통하여 점험(占驗)을 얻은 예이다.

天澤履卦	體 乾金	用 兌金	互 巽木 離火
變重乾卦		變 乾金	

이 점괘는 철(鐵)로 만든 기물이라고 판단하였는데, 꺼내서 확인하여 보니 과연 머리를 깎는 데 사용하는 체도(剃刀, 면도칼)였다.

原文 : 此卦斷出 果是鐵器之物 將出是剃刀也

〔역주〕이 점례(占例) 역시 감추어놓은 물건을 판단하는 '복사점'의 점례를 예시한 것이다. 점괘를 살펴보면 천택리(履)괘의 六三효가 동하여 중천건(乾)괘로 변하였고 호괘에는 손(☴)목과 이(☲)화가 보인다. 용괘인 태(☱)금은 예리한 칼에 해당하는데, 체괘인 건(☰)금에 속한 호괘 손(☴)목을 극하므로 머리(☰-乾爲首)에 난 모발(☴-巽爲木)을 자르는 상이라 고로 체도(剃刀)라고 판단한 것이다. 체도는 이발기구로 옛날에는 칼로 머리를 깎았다.

澤火革卦　　體 離火　　用 兌金　　互 巽木 乾金
變噬嗑卦　　　　　　變 震木

이 점괘는 호괘 손(☴)목을 용하는데, 체괘인 이(☲)화는 여름의 화로서 시령(時令)을 얻어 왕성하므로 능히 토(土)를 생하며, 토중의 산물이 나오는 상이다. 그러므로 반드시 흙에서 나온 물건이다.

原文 : 此卦乃用爻木 體火 夏火得旺 能出土 必是土物也

〔역주〕이 점례는 착오가 있는 듯하다. 택화혁(革)괘가 화뇌서합(噬嗑)괘로 변하려면 九三 九五 上六의 세 효가 변하여야 하는바, 관매점법(觀梅占法)은 일체일용(一體一用)이므로 세 효가 변할 수 없기 때문이다. 필자의 관견으로는 화택규(睽)괘의 九二효가 동하여 화뇌서합괘로 변한 것을 잘못 예시한 듯하다.

歸妹卦變	體 兌金	用 震木 互 坎水 離火
火澤 卦		變 離火

용괘는 목(☳)에 속하는데 화(火)로 변하였고 체괘는 금(☱)에 속한다. 四효가 변하여 간(☶)토를 이루니, 토가 능히 금을 생하는 고로 철물(鐵物)이라고 판단하였는데 과연 그러하였다.

原文 : 用爻屬木變火 體卦屬金 四爻變卦成艮土 能生金 斷
出是鐵

〔역주〕이 점례 역시 착오가 있는 듯하다. 뇌택귀매(歸妹)괘가 화택규(睽)괘로 변하려면 상효(上六)가 동하여야 하는데, 그 해문(解文)을 보면 四효가 변하여 간(艮)토를 이룬다고 하였는바, 四효가 변하면 지택림(臨)괘가 되므로 이는 예시한 점괘와 그 해설이 맞지 않는다. 인쇄과정에서 잘못된 듯하다.

澤天夬卦	體 兌金	用 乾金 互 重乾
變 兌卦		變 兌金

이 점괘는 금속의 물건이 아니라 돌(石)로 된 물건이다. 이에 판단하기를 이는 깨어진 사기 접시이다.

原文 : 此卦非金是石 斷是破磁 也

〔역주〕체괘 용괘 호괘 변괘가 모두 금(金)인데, 금속이 아니라 돌로 만든 물건이라고 판단한 것은 변괘의 상하 괘가 모두 태(兌)금으로 변하였으므로

그렇게 판단한 것이다. 태금의 성정은 강하고 그 작용이 깨고 꺾는 것이기 때문이다.

澤火革卦　體 兌金　用 離火　互 乾金 巽木
變 艮卦　　　　變 艮土

본괘로 택화혁(革)괘를 얻어 체괘인 태(☱)금를 소녀(少女)라고 하였는데, 태(☱)괘의 물상을 가까이 몸에서 취하면 입(口)이 되고 멀리 만물에서 취하면 양(羊)이 된다. 용괘인 이(☲)화는 중녀(中女)가 되나 가까이는 눈(目)이 되고 멀리는 꿩(雉)이 된다. 용괘(☲)의 초효가 동하여 간(☶)토로 변하므로 토는 능히 금을 생하는지라 태(☱)금 소녀를 도와 일으킬 수 있었다. 그리고 동효인 초九는 응효(應爻)인 九四의 자리로 옮겨 호괘인 손(☴)목의 재난을 도와 소녀가 다리를 다치는 일이 일어났다. 그러나 초효가 동하여 간(☶)토로 변하므로 간토가 태금을 생조(生助)하는 구(救)함이 있는 고로 다리를 다치기는 하였으나 죽음에 이르지는 않은 것이다.

팔괘의 물상은 만사만물을 모두 그 범주에 배속할 수 있으나, 가까이 사람의 몸에서 취하면 건(☰)은 머리(頭), 곤(☷)은 배(腹), 진(☳)은 발(足), 손(☴)은 넓적다리(股), 감(☵)은 귀(耳), 이(☲)는 눈(目), 태(☱)는 입(口), 간(☶)은 손(手)이며, 멀리 만물에서 취하면 건은 말(馬), 곤은 소(牛), 진은 용(龍), 손은 닭(鷄), 감은 돼지(豕), 이는 꿩(雉), 간은 개(狗), 태는 양(羊)이니 이는 축생을 말함이다.

原文 : 本卦得澤火革爲少女 近物爲口遠取羊 內離爲中女
近目遠取雉 初爻變艮卦爲土 土能生金 則扶起兌金之妹 次除
去初爻移上四爻 又成巽木 佐得傷股之災 得初爻變艮土生兌
金 是故有救而不至於死也 近取諸身 八卦乾頭坤腹震足巽股
坎耳離目兌口艮手 人身 遠取諸物 乾馬坤牛震龍巽鷄坎豕離
雉艮狗兌羊 畜道

〔역주〕 소강절 선생의 관매점(觀梅占)을 다시 논한 것이다. 관매점의 점례를
재차 논하는 까닭은 관매점이야말로 심역(心易)으로 변통한 역점(易占)의 표
본으로 소자역학(邵子易學)의 진수(眞髓)이기 때문이다. 그러므로 후학들은
이 점례를 선천역학의 표본으로 삼아 그 현묘한 이치를 탐구하여야 할 것이
다. 그리고 팔괘의 속상(屬象)은 『주역』「설괘전(第八章, 九章)」에서 인용
하여 해설한 것이다.

天水訟卦　　體 坎水　　用 乾金　　互 巽木 離火
變 兌卦　　　　　　變 兌金

천수송(訟)괘의 용괘인 건(☰)금의 상효가 동하여 태(☱)금으로 변하
였다. 이 점(占)은 재물을 구(求)하는 점(占)이었는데, 점괘를 보면 체괘
감(☵)수를 용괘인 건(☰)금이 생하고 또 변괘 태(☱)금도 역시 체괘를
생하므로 길하다. 그러나 호괘 손(☴)목이 체괘의 기를 설기(洩氣)하여
뺏어가므로 재물을 구하는 일은 허망(虛望)이 되었고 그리고 또 하나의
호괘 이(☲)화는 용괘 건(☰)금과 변괘 태(☱)금을 극하므로 체괘는 고
통을 받는 상이다. 그날 오(午☲)시에 뜻하지 않은 손님이 와서 술과 밥
을 먹고 갔으니, 재물을 구하기는커녕 도리어 소모만 되고 말았다.

原文 : 天水訟卦變兌 欲要求財 盖卦是體生 而乃泄己之氣
其財空望 次得離卦屬火 能剋金 其日午時 客來食去酒 返自
消耗也

〔역주〕 이 점례는 점을 판단함에 있어서 변통(變通)이 얼마나 중요한가를
보여주는 예이다. 대개 용괘와 변괘가 체괘를 생하면 길한 것이나 이 점례에
서는 호괘(☴)가 체괘(☳)를 설기하고 또 하나의 호괘(☲)는 용괘(☰)를 극
하므로 크게 흉한 것은 없었다고 할지라도 소망하는 바는 이루어지지 않은 것
이다. 위의 해설에서는 삼요십응(三要十應)의 외응(外應)이나 조짐은 밝히지
않았으나 만일 감수(坎水)에 해당하는 외응이 있었다면 반드시 소망은 이루어
졌을 것이다. 고로 가장 중요한 요체는 심역으로 변통하는 것이다.

3. 점괘의 판단요결(占卦訣)

점괘를 얻어 길사(吉事)를 묻는 경우, 괘 가운데 체괘(體卦)를 생하는 괘가 있으면 길사의 응함이 반드시 빠르므로 곧 그 괘의 팔괘배속과 시서(時序) 등을 보아 응하는 일시를 판단한다. 그리고 체괘를 생하는 괘가 용괘(用卦)일 것 같으면 일은 즉시 이루어지고, 체괘를 생하는 괘가 호괘(互卦)이면 일은 점차적으로 이루어지며, 그 괘가 변괘(變卦)이면 일의 성사는 조금 늦어진다. 만일 체괘를 생하는 괘가 있는데 또 체괘를 극하는 괘가 있으면 일이 진행되는 도중에 장애가 생겨 막히는 고비가 있으므로 좋은 가운데 부족함이 있게 된다. 이런 때에는 곧 극하는 괘의 괘기(卦氣)와 괘수(卦數)를 살펴 얼마 동안 막힐 것인가를 판단하는데, 만일 체괘를 극하는 괘가 건(☰)괘이면 하루가 막히고 태(☱)괘이면 이틀이 막히는 것으로 나머지 괘도 유추하면 될 것이다.

길사(吉事)의 점(占)에 체괘를 생하는 괘는 없고 극하는 괘만 있으면 일은 이루어지지 않으며, 체괘를 극하는 괘가 없으면 길사는 반드시 성취된다. 또 불길한 일의 점에 체괘를 생하는 괘가 있으면 구(救)함을 얻어 해로움이 없으며, 체괘를 생하는 괘가 없으면 일은 반드시 불길하게 될 것이다. 괘로써 응하는 시기를 논할 것 같으면 점괘에 체괘를 생하는 괘가 있으면 그 괘의 괘기(卦氣-卦數)가 닿는 날에 길한 일이 응할 것이며, 체괘를 극하는 괘가 있으면 그 괘의 괘기가 닿는 날에 불길한 일이 응할 것이다. 그러나 중요한 것은 이것 하나만을 고집하지 말고 활법(活法)으로 취용하여야 할 것이다.

原文 : 又如占卦而問吉事 則看卦中有生體之卦 則吉事應之必速 便看生體之卦 於八卦時序類決其日時 如生體是用卦 則事卽成 就生體是互卦則事漸漸成 生體是變卦則稍遲耳 若有生體之卦 又有剋體之卦 則事有阻節好中不足 便看剋體卦氣 阻于幾日 若乾剋體阻一日 兌剋體阻二日之類推之 如占吉事 無生體之卦 有剋體之卦 則事不該矣 無剋體之卦則吉事必可成就矣 又如占不吉之事 卦中有生體之卦 則有救無害 如無生體之卦 事必不吉矣 若以日期而論 看卦中有生體之卦 則事應於生體卦氣之日 有剋體之卦 則事敗於剋體卦氣之日 要在活法取用也

【해설】점괘를 얻어 체괘와 용괘의 생극(生剋)으로 길흉을 판단하는 대체적인 요결을 논한 것이나, 이는 다음에 차례로 이어지는 요결을 요약한 서론이라고 할 수 있다. 이 요결을 보면 점괘의 길흉을 판단함에 있어서 삼요십응(三要十應)으로 취하는 외응(外應)이나 길흉의 조짐은 참작하지 않은 것으로 생각하기 쉬우나, 체괘를 생하거나 극하는 괘 중에는 용괘를 비롯하여 호괘와 변괘 그리고 외응으로 취하는 외괘(外卦) 등을 모두 포함하여 논한 것이므로 결코 삼요영응으로 취한 외응을 도외

시(度外視)한 것이 아님을 유념하기 바란다. 다음에 열거하는 여섯 가지 요결은 소자점법(邵子占法)을 총괄하여 요약한 판단비결이라고 할 수 있다.

1) 체용호변지결(體用互變之訣)

무릇 점복(占卜)에 있어서 체괘(體卦)를 위주로 하고 호괘(互卦), 용괘(用卦), 변괘(變卦) 등은 다 체괘에 응(應)하는 괘인데 용괘가 가장 응함이 긴박하고 호괘는 다음이며 변괘는 또 그 다음이다. 그러므로 용괘는 점을 한 일이 즉시 응하고 호괘는 그 중간에 응하며, 변괘는 일이 끝날 무렵에 응한다. 그리고 호괘는 체괘의 호괘와 용괘의 호괘로 나누는데, 체괘가 상괘(上卦)일 것 같으면 상호(上互)가 체괘의 호괘이고 하호(下互)가 용괘의 호괘이며, 체괘가 하괘(下卦)이면 하호가 체괘의 호괘이고 상호가 용괘의 호괘이다. 체용의 호괘 가운데 체괘의 호괘가 가장 긴박하게 응하고 용괘의 호괘는 그 다음이다. 예를 들면 관매점의 택화혁(革)괘는 호괘에 건금(☰)과 손목(☴)이 있는데, 체괘인 태금(☱)이 호괘인 손목(☴)을 극취(剋取)하는 상이라 고로 여자가 꽃을 꺾는다고 통변한 것이며, 만약 건금(☰)이 체괘라면 노인(老人)이 꽃을 꺾었을 것이다. 대개 태금(☱)과 건금(☰)이 다 체괘를 극하는 경우에는 다만 태(☱)금만을 취하고 건(☰)금은 취하지 않는데, 이는 체괘 호괘의 쓰임이 다르기 때문이다. 무릇 점괘에서 변괘가 체괘를 극하면 점을 한 일이 끝날 무렵에 반드시 불길하며, 변괘가 체괘를 생하거나 괘기가 같아 비화(比和)하면 일이 끝날 무렵에야 길하고 이롭게 된다. 이상은 용괘와 호괘 변괘가 체괘와 생극비화(生剋比和)하는 데 따른 요결이다.

原文：大凡占卜 以體爲其主 互用變皆爲應卦 用最緊 互次
之 變卦又次之 故曰用爲占之卽應 互爲中間之應 變爲事占之
終應 然互卦則分其有體之互 有用之互 如體在上 則上互爲卦
體之互 下互爲用之互 體卦在下 則下互爲體之互 上互爲用之
互 體互最緊 用互次之 例如觀梅恒(革)卦 互兌(巽)乾 兌爲
體 互見女子折花 若乾爲體互則老人折花矣 盖兌乾皆剋體 但
取兌而不取乾 此體互用之分 大凡占卦 變卦剋體 事於末後
必有不吉 變生體及比和 則事事臨終有吉利 此用互變之訣也

【해설】이 요결은 점괘의 체괘를 위주로 하고 용괘, 호괘, 변괘와의 생
극비화(生剋比和)에 따른 길흉과 그 응하는 시기가 응하는 괘에 따라
빠르고 늦어지는 이치를 논한 것이다. 여기에서 특이한 것은 호괘를 상
호괘(上互卦)와 하호괘(下互卦)로 나누어서 체괘에 응하는 경중(輕重)
을 논한 것인데, 체괘에 가까이 있는 호괘가 중하고 멀리 있는 호괘는
가볍다고 하였는바, 원근에 따라 그 응하는 정도가 다름은 이치로 미루
어볼 때 당연히 그러할 것이다.

그리고 관매점(觀梅占) 예시의 원문에 "觀梅恒卦互兌乾"이라고 한 것
은 인쇄과정에서 오식(誤植)된 것으로 사료되는바, 이에 필자는 원서의
글을 "觀梅革卦互巽乾"으로 바로잡으려 하다가 원서는 손대지 않기로
하고 번역만 바로잡았음을 첨언(添言)하는 바이다.

이 관매점의 예시에서 묘한 것은 체괘인 태(☱–少女)금이 멀리 있는
용호괘 손(☴–梅花)목을 꺾으려고(剋取) 하다가 용괘인 이(☲)화의

극을 받아 꽃도 꺾지 못하고 손상(傷股)을 당하는 상이 여실히 드러나는 바, 이와 같이 누구나 이해할 수 있도록 통변한 것은 음미(吟味)할 만한 대목이다.

2) 체용생극지결(體用生剋之訣)

점괘를 얻으면 곧 체괘, 용괘, 호괘, 변괘로 나누고 이어서 괘기의 생극비화(生剋比和)를 오행의 원리로 변통(變通)하여 그 길흉을 판단하는 것이나 이러한 생극(生剋)의 원리는 점괘의 안에서 체괘와 용괘, 호괘, 변괘 간의 생하고 극하는 이치로 이는 일정한 것이다. 그러나 외응(外應)에서 취하는 외괘(外卦)의 경우는 반드시 오행의 진생(眞生), 진극(眞剋)하는 이치를 밝히고 그 경중을 분별하여 변통하면 화복(禍福)이 그대로 응하는데, 이는 대체 무슨 까닭으로 그러한 것인가. 가령 건태(☰☱)금을 체괘로 얻었을 때에 외응(外應)으로 불(火)을 보면 극을 받게 되는데, 그러나 외응으로 취하는 화(火)에는 실제로 타고 있는 불이 있고 또는 이(☲)괘에 속하는 형상과 색상 등이 있는바, 실제로 타고 있는 진화(眞火)는 능히 금을 극할 수 있으나, 이(☲)화에 속하는 형상이나 색상(色象) 등은 건태(☰☱)금을 극할 수는 없다. 그러므로 실제 타고 있는 불(火☲)의 극을 당하면 불길하나 이(☲)화에 속하는 형상이나 색상의 극은 미약하므로 그저 순탄하지 않을 뿐이다. 대개 화로(火爐)의 불이나 가마(窯) 또는 부엌에서 때는 불은 진화이고 또 맹렬한 불꽃이나 등촉(燈燭)의 불도 역시 진화이므로 건태(☰☱)금의 체괘가 이를 외응으로 만나면 불길하다.

그러나 이(☲)괘에 속하는 붉은 색의 물건이나 혹은 가운데가 공허(空虛)한 물상이나 마른 나무(枯木) 또는 부엌을 비추는 햇빛 등은 진화가 아닌 형색으로 비록 이(☲)괘에 속하나 실제로 뜨겁게 타는 진화가 아니므로 건태(☰☱)금의 체괘가 이를 만나도 깊이 꺼리지 아니한다. 또 하나의 등잔불이나 한 자루의 촛불은 비록 진화의 체이나 경미하므로 조금 불리할 따름이다. 또 예를 들어 진손(☳☴)목의 체괘가 금(金)을 만나면 극을 당하게 되는데, 그러나 비녀(釵) 팔지 등의 금이나 혹은 얇게 가공한 금박(金箔)이나 혹는 은으로 가공한 귀중품이나 또는 쟁반, 술잔 등 그리고 주석으로 만든 그릇 혹은 구리나 쇠붙이의 부스러기 등은 다 금이나 이러한 금이 어찌 목(木)을 극할 수 있겠는가. 진손(☳☴)목이 꺼리는 것은 도검(刀劍)이나 예리한 칼날 또는 큰 도끼나 톱(鋸) 등이니, 이러한 것을 외응(外應)으로 만나면 반드시 불길하다. 또 예를 들면 이(☲)화가 체괘일 때 외응으로 물(眞水)을 보면 극을 받게 된다. 그러나 감(☵)괘에 속하는 검은(黑) 색상이나 혹은 습(濕)한 물체 또는 피(血) 등을 보게 되면 꺼리기는 하나 큰 해로움은 없다.

나머지 다른 괘도 외응으로 취한 외괘의 극을 만날 경우, 위 예시를 유추하여 경중을 판단하면 될 것이다. 그리고 체괘를 생하는 외괘의 경우도 역시 그 경중을 분별하여야 한다. 흙(土)이나 질그릇 등은 다 곤(☷)토에 속하므로 금(金)이 이를 만나면 토는 능히 금을 생하는 것이나 질그릇 등은 금을 생하지 못한다. 또 수목(樹木)이나 땔나무(柴薪) 등은 다 목(木)에 속하는데, 땔나무는 화(火)를 생함이 빠르나 벌채하지 않은 수목은 화를 생함이 늦다. 또 목의 체가 외응으로 물을 만나면 길하여 복이 되나 감(☵)수에 속하는 돼지(豕)나 피(血) 등은 목을 생함이 경미한 것이다. 나머지 괘의 오행 생극도 모두 위의 예에 따라 유추하면 될 것이다.

原文：占卦卽以卦分體用互變 卽以五行之理 斷其吉凶 然生剋之理 於內卦體用互變 一定之生剋 若外卦 則須明其眞生眞剋之五行 以分輕重 則禍福立應何也 假如乾兌之金爲體 見火則剋 然有眞火之體 有火之形色 眞火能剋金 形色則不能剋 能剋則不吉 不能剋則不順而已 蓋見爐中火窯竈之火眞火也 烈焰炬炷眞火也 乾兌爲體遇之不吉 若色之紅紫 形之中虛 槁木之離 日竈之火 則火之形色 非眞火之體 乾兌之體 不爲深忌 又若一盞之燈 一炬之燭 雖曰眞火 微細而輕 小不利耳 又若震巽之木體 遇金則剋 然釵釧之金 金鉑之金 成錠之銀 杯盤之銀 與器之錫 瑣屑之銅鐵 皆金也 此等之金豈能剋木 木之所忌者 快刀銳刃 巨斧大鋸 震巽之體 值之必有不吉 又若離火爲體 見眞水能剋 然但見色之黑者 見體之濕者與夫血之類 皆坎之屬 終忌之而不深害也 餘卦爲體所值外應剋者 皆以輕重斷之 若夫生體之卦 亦當分辨 土與瓦器皆坤土 金遇之土能生金 瓦不能生也 樹木柴薪皆木也 離火值之 柴薪生火之捷 樹木之未伐者生火之遲也 木爲體 眞水生木之福重 如豕如血雖坎之屬 生木之類輕也 其餘五行生剋 竝以類而推之

【해설】 체용의 생극(生剋)을 분별함에 있어서 점괘의 체괘, 용괘와 호괘, 변괘는 괘기오행(卦氣五行)으로 생극과 비화(比和)를 논함은 이미 공식화된 일정한 이치이다. 그러나 삼요십응(三要十應)으로 취하는 외괘와 점괘의 생극에 대하여 외응(外應)으로 얻은 물상을 진생(眞生) 진극(眞剋)으로 분별하고 그 경중을 헤아려 길흉을 판단하는 이치를 밝힌 것은 실로 경탄을 금할 수 없으며, 심역(心易)으로 변통(變通)하는 최고의

경지라고 하겠다.

이는 어떤 한 가지 일의 길흉을 판단하는 데 그치지 않고, 역의 원리가 크게는 광대무변한 우주 공간으로부터 작게는 미세한 물질에 이르기까지 하나의 원리로 관통되어 있음을 증명한 것이다. 『주역』「계사전(上五章)」에 "천지(乾坤)의 조화(造化)는 전체를 포함하고 있으므로 지나침이 없고 곡진(曲盡)하게 만물을 생성하여 버리지 아니하며, 낮과 밤의 순환하는 이치(道)를 통해서 이를 알게 함이라. 고로 음양의 작용(神)은 수시로 어디에서나 변화하므로 일정하게 있는 곳이 없으며, 역(易)은 이러한 것을 밝히는 원리이므로 일정한 체가 없다(範圍天地之化而不過 曲成萬物而不遺 通乎晝夜之道而知 故神无方而易无體)"라고 함이 이를 말한 것이다. 그러므로 때와 장소를 불문하고 점(占)을 할 당시에 취한 외응(外應)이나 조짐은 모두 역(음양)의 변화원리와 추호의 오차도 없이 부합하는 것이다.

이 진생진극(眞生眞剋)의 요결은 점을 할 당시에 응하는 물상에서 취한 외괘(外卦)에 대하여 그 괘기만으로 길흉을 판단하는 것이 아니라 그 물상의 성정을 분별하고 추리하여 경중을 가려서 변통(變通)하는 이치를 밝힌 것이니, 이로써 삼요십응으로 취한 외괘나 조짐의 길흉을 분별할 수 있는 지침이 마련된 것이다.

3) 체용쇠왕지결(體用衰旺之訣)

무릇 체괘는 왕성한 시령(時令)의 기(氣)를 얻음이 마땅하고 체괘를 극하는 괘의 기는 쇠약함이 마땅하다. 대개 체괘의 기는 예를 들면 봄의 진손(震巽☳☴)목, 여름의 이(離☲)화, 가을의 건태(乾兌☰☱)금, 겨울의 감(坎 ☵)수, 四계월(辰戌丑未月)의 곤간(坤艮 ☷ ☶)토는 다 시령 (時令)을 얻은 괘로 왕성한 시령의 기를 타고 있으므로 비록 다른 괘의 극을 받는 경우라도 역시 큰 해로움은 없는 것이다. 그리고 용괘, 호괘, 변괘도 시령의 왕성한 기를 타면 다 길하나 다만 체괘를 극하는 괘가 시령을 얻어 왕성하고 체괘의 기가 쇠약하게 되면 이는 점괘에 크게 불길한 것이니, 점을 하여 이런 점괘를 얻으면 질병을 물었을 경우는 반드시 사망할 것이고 송사(訟事)를 물었다면 반드시 낭패를 당할 것이다.

만일 송사나 질병을 묻지 않고 일상적인 점을 하였다면 관재(官災)나 질병을 방비하여야 하며, 그 응(應)하는 시기는 체괘를 극하는 괘의 괘기가 왕성해지는 달(月)이나 날(日)이 될 것이다. 만약 체괘의 괘기가 시령을 얻어 왕성하고 다시 체괘를 생하여주는 괘가 있으면 길한 일이 오는 것은 가히 시각을 지체하지 않고 이르게 될 것이다. 또 내괘(內卦 - 占卦)나 외괘(外卦 - 外應)에 체괘를 생하는 괘가 많다면 체괘가 비록 시령을 얻지 못하여 쇠약하더라도 역시 큰 해로움은 없다. 그러나 내괘나 외괘에 체괘를 생하는 괘가 없는데 비록 체괘와 괘기가 같은 동류의 무리가 많다고 하더라도 다 시령을 얻지 못한 쇠약한 괘이므로 마침내는 불길한 것이다. 그러므로 체용(體用)의 모든 괘는 반드시 점을 할 당시의 시령에 비추어 성쇠(盛衰)를 자세히 살펴야만 하는 것이다.

原文 : 凡體卦宜乘旺 剋體之卦宜衰 盖體卦之氣 如春木夏火秋金冬水四季之月土 此得令之卦 乘旺之氣 雖有他卦剋之 亦無大害 用互變卦乘旺皆吉 但不要剋體之卦氣旺而體卦氣衰 是不吉之占 占者有此 若問病必死問訟必敗 若非問訟與病而常占 則防有官病之事 未臨其期 在于剋體卦氣之月日也 若

卦體旺而復有生體之卦 吉事之來 可刻期而至矣 若內卦外卦
有生體者衆 體卦雖衰亦無大害也 內外竝無生體 雖體之卦黨
多 皆是衰卦 終不吉也 故體用之卦 必須詳其盛衰也

【해설】 하늘과 땅 사이의 만물은 잠시도 멈춤이 없이 변화하면서 순환
을 반복한다. 그러나 그 변화는 하루아침, 하루저녁에 돌연히 일어나는
것이 아니라 점진적으로 과정을 거쳐서 변화하는 것이니, 예를 들면 한
해의 계절 변화도 춘하추동의 과정을 반복하면서 순환하는 것이며, 또
생명의 순환 역시 생로병사(生老病死)의 모습으로 변화하면서 순환하는
것이다 그러므로 괘기오행(卦氣五行) 역시 계절의 변화에 따라 왕(旺 -
旺相)하고 쇠(衰 - 休囚)함을 거치면서 순환하는 것은 지극히 당연한 이
치라 하겠다.

『주역』 「계사전(下五章)」에 "해(日)가 가면 달(月)이 오고 달이 가면
해가 다시 와서 해와 달이 서로 밀어(相推) 밝음이 나오며, 찬 것(寒)이
가면 더운 것(暑)이 오고 더운 것이 가면 다시 찬 것이 와서 차고 더운 것
이 서로 밀어 해(歲)를 이루는 것이니, 가는 것은 굽힘이고 오는 것은 폄
(信 - 伸)이라, 굽히고 폄이 서로 느껴서 이로움이 생하느니라(日往則月
來 月往則日來 日月相推而明生焉 寒往則暑來 暑往則寒來 寒暑相推而歲成
焉 往者屈也 來者信也 屈信相感而利生焉)"라고 하였는바, 이는 일월이
주야를 교차하고 찬 기운(寒氣 - 陰)과 더운 기운(暑氣 - 陽)이 서로 밀어
교차함으로써 사시(四時 - 春夏秋冬)를 이루고 만물을 변화시키는 순환
원리를 밝힌 것이다.

사람을 비롯하여 만물은 모두 수화(水火 - 寒暑)의 순환운동에 의하여
변화(變化 - 生死)하면서 존재하는 것이나 이러한 변화는 하루아침 하루

저녁에 돌연히 일어나는 것이 아니라 일정한 과정을 거치면서 점진적으로 이루어지는 것이니, 이 과정이 곧 왕쇠(旺衰-生老病死)이다. 그러므로 점괘로 얻은 내외 괘의 괘기 역시 춘하추동으로 순환하는 오기(五氣)의 왕쇠에서 벗어날 수 없는 것이다. 이런 까닭에 점괘를 얻으면 체용의 모든 괘를 그 당시의 계절에 비추어 그 괘기의 왕쇠를 분별한 연후에 길흉을 판단하는 것이 역(易-自然)의 순환원리에 부합하는 점복(占卜)의 도(道)이므로 이를 요결로 밝힌 것이다.

4) 체용동정지결(體用動靜之訣)

점괘를 얻으면 곧 체괘, 용괘, 호괘, 변괘로 나뉘어지는데 반드시 내괘(內卦-占卦)와 외괘(外卦-外應)의 동(動)하는 괘와 동하지 않는 괘를 살펴야 한다. 동함이 없으면 점을 하지 아니하고(不動不占) 또 판단도 하지 않는 것이니, 길흉(吉凶)과 회린(悔吝)은 동하는 데서 생기는 것이기 때문이다. 대저 체괘는 동함이 없는 정괘(靜卦)이고 호괘도 역시 정괘이나 용괘와 변괘는 곧 동괘(動卦)이니, 이는 점괘의 내외(內外) 괘와 동정(動靜)을 말함이다. 외응(外應)으로 취하는 외괘(外卦)의 동정을 말할 것 같으면 방위에서 응하는 방괘(方卦)와 천시(天時)나 지리(地理)에서 응하는 외괘는 동하는 것이 아니므로 다 정괘이며, 인사(人事)의 응이나 기물(器物)에서 취하는 외괘는 움직임에서 취하는 것이므로 다 동괘이다. 기물은 본래 움직임이 없는 정(靜)한 것이나 사람이 기물을 가지고 오면 동하는 것이며, 건(☰)괘에 속하는 말(馬)이나 곤(☷)괘에 속하는 소(牛) 등은 다 동하는 괘에 속한다. 대개 우물과 늪(沼)의 물, 또는 산의 흙과 암석 등은 다 정(靜)한 것이나, 점을 할 당시 사람이 물을 길어 메고 온다면 이는 물이 동하는 것이며, 또는 돌이나 흙을 지고 온다면 이는 토가 동하는 것이다. 외괘(外卦)가 응함에 있어서 그 동함을 보아 길흉을 살펴 판단하는데, 동함이 길한 것은 그 길함이 빨리 응하고 동함이 흉한 것은 그 흉함이 역시 빨리 응하며, 움직임이 없는 외물(外物)이 응하는 것은 길흉이 당장은 나타나지 않은 것이다. 이상은 외괘와 체용의 동정을 논한 것이다.

　대저 괘를 일으키고 동정을 살핌에 있어서도 역시 나는 중앙에 정좌(靜坐)하여 당시에 동하는 것을 보고 점괘를 판단한다. 예를 들면 새가 서로 다투다가 땅에 떨어지는 것이나 혹은 소나 닭이 슬피 우는 것이나 또는 마른 나뭇가지가 바람도 없는데 떨어지는 것 등은 모두 물건이 동하는 것이니, 나는 고요히 동하는 것을 보고 길흉을 판단하는 것이다. 또 점을 하여 일을 묻는 사람이 앉아 있으면 그 일의 응함이 늦고 걷고 있는 중이면 그 응함이 빠르며, 서 있는 경우면 반은 늦고 반은 빠른 것이니, 이는 다 동정의 이치이다.

原文 : 占卦體用互變旣分 必以內外之卦 察其動不動 不動不占亦不斷 其吉凶悔吝生乎動也 夫體卦爲靜 互卦爲靜 用卦變卦則動也 此內卦之動靜也 以外卦言之 方應之卦 天時地理之卦應皆靜 若人事之應 器物之類 則有動者矣 器物本靜 人持其器物而來則動矣 若乾馬坤牛皆動者矣 盖水之井沼 土之山岩石 皆靜者矣 人汲水擔水而前 水之動也 又人持石負土而前 土之動也 於外卦應觀其動 而審其吉凶 動而吉者應吉之速 動而凶者應凶之速 不動而應者 吉凶之未見也 此則外卦體用之

動靜也 若夫起卦之動靜 亦以我之中靜 而觀其動者而占之 如
雀之爭墜 如牛鷄之哀鳴 如枯木之墮 皆物之動者 我以靜而占
之也 又若我坐則事應之遲 我行則事應之速 我立則半遲半速
此皆動靜之理也

【해설】천지만물의 동하고 정하는 이치를 논한 것이다. 『주역』「계사전
(上二章)」에 "양의 강함과 음의 부드러움이 서로 밀어서 변화가 일어나
는 것이니, 이런 고로 길하고 흉함은 잃고 얻는 상이고 뉘우치고(悔) 인
색(吝)함은 걱정하고 근심하는 상이며, 변화한다는 것은 나아가고 물러
가는 상이고 양이 강하고 음이 부드러운 것은 낮과 밤의 상이니, 육효(六
爻)가 동함은 삼극(三極 - 天地人)의 도이다(剛柔相推而生變化 是故吉凶
者失得之象也 悔吝者憂虞之象也 變化者進退之象也 剛柔者晝夜之象也 六
爻之動三極之道也)"라고 하였고, 또 「계사전(下三章)」에 "효(爻)라 함은
천하의 움직임(動)을 본받은 것이니 이런 까닭으로 길흉과 회린(悔吝)이
나타나느니라(爻也者 效天下之動者也 是故 吉凶生而悔吝著也)" 또 「계
사전(下一章)」에 "길흉과 회린은 동하는 데서 생하고(中略) 효의 상은
안에서 동하고 길과 흉은 밖에서 나타나며, 공과 업은 변하고 통하는 데
서 나타나고 성인의 뜻은 말씀에 나타난다(吉凶悔吝者 生乎動者也… 中
略… 爻象動乎內 吉凶見乎外 功業見乎變 聖人之情見乎辭)"라고 하였다.

이상 계사전의 말씀을 종합해보면 길흉회린이 천하의 동(動)에서 생겨
나며, 또 효상(爻象)은 점괘 안에서 동하고 길흉은 밖에서 나타나는 것이
라고 하였다. 그러므로 점괘를 얻으면 체용과 호괘, 변괘로 나뉘어지고
점괘 안에서 생극제화(生剋制化)가 일어남은 일정한 이치이나, 점괘의
길흉을 판단함에 있어서는 외응(外應)에서 취하는 외괘(外卦)와 그 동정

(動靜)을 살피고 변통(變通)하여야 하는 까닭을 이미 성인께서 밝혀놓았으므로 이는 소홀히 할 수 없는 요체인 것이다.

5) 점괘좌단지결(占卦坐端之訣)

좌단(坐端)이라 함은 내가 앉은 자리를 중앙으로 하여 팔방에 팔괘를 배열하고 점을 하러 온 사람이 앉은 방위를 괘로 취하여 점괘를 판단하는 것이니, 반드시 마음을 비우고 대응하여 그 사람이 임의로 앉으면 단법(端法)으로 팔방에 배열한 팔괘에서 괘를 취하고 그 응하는 조짐을 살펴 이를 묻고자 하는 일의 응(應)으로 하여 점괘를 판단하는 것이다. 그러므로 그 방괘(方卦)의 생극(生剋)에 따라 응하는 것을 취하여 그 방위에 앉은 사람의 문복(問卜)하는 바 길흉을 판단하는 것이다.

건(乾)괘 방위(西北方)의 건(☰)금을 토가 있어 생하고 또 건궁에 여러 길한 조짐이 있으면 집안의 존장(尊長) 또는 노인에게 길한 경사가 있다. 만일 건금을 화(火)가 극하거나 또는 흉한 조짐이 있으면 주로 장상(長上)의 노인에게 근심이 생긴다.

곤(坤)괘 방위(西南方)의 곤(☷)토를 화(火)가 있어 생하고 혹은 곤토에 길한 조짐이 있으면 주로 모친이나 혹은 여인에게 길하고 이로움을 얻는 기쁨이 있다. 만일 곤궁이 극을 당하고 혹은 흉한 조짐이 있으면 주로 노모나 여인에게 재난과 액운이 있다.

진(震)괘 방위(正東方)의 진(☳)목을 수(水)가 있어 생하고 또 길한 조짐이 있으면 기쁨이 장자(長子)와 장손에게 있다. 만일 진궁이 극을 당하거나 혹은 흉한 조짐이 있으면 장자나 장손에게 불리하다.

감(坎☵)괘 방위(正北方)는 오금(五金)을 보는 것이 마땅하고 또 길하고 이로운 조짐이 있으면 기쁨이 중남(中男)에게 있다. 만일 토의 극을 받거나 흉한 조짐이 있으면 근심이 중남에게 있게 된다.

이(離☲)괘 방위(正南方)는 목(木)이 생하여줌을 기뻐하고 또 기쁜 조짐이 있으면 중녀(中女)에게 기쁨이 있다. 만일 극을 만나거나 혹은 흉한 조짐이 있으면 중녀에게 액운이 있게 된다.

간(艮☶)괘 방위(東北方)는 소남(少男, 막내아들)의 자리로서 화(火)로 생하여줌이 마땅하고 또 길한 조짐이 있으면 소남에게 기쁨이 있다. 만일 극을 만나거나 혹은 흉한 조짐이 있으면 재난은 소남에게 있으며, 혹 출산을 물었다면 반드시 기르지 못할 것이다.

태(兌☱)괘 방위(正西方)는 소녀(少女, 막내딸)의 자리로서 토로 생하여줌이 마땅하고 또 길한 조짐이 있으면 소녀에게 기쁨이 있거나 혹은 기쁘고 즐거운 일이 있다.

질병을 물었을 경우, 건(☰)괘가 극을 받으면 병은 머리(頭)에 있고, 곤(☷)궁이 극을 받으면 병은 배(腹)에 있으니, 이렇게 추리하여 진(☳)괘는 발(足), 손(☴)괘는 넓적다리(股), 이(☲)괘는 눈(目), 감(☵)괘는 귀(耳) 또는 혈질(血疾), 간(☶)괘는 손가락(手指), 태(☱)괘는 입과 치아(齒牙)로서 극을 받게 되면 반드시 그 병을 앓게 된다.

여덟 방위의 단괘(端卦)로 판단을 함에 있어서 신기하고 교묘한 바가 있으나 이는 곧 점을 판단하는 사람의 변통(變通)에 달려 있다. 이상은 단괘의 판단비법을 예를 들어 논한 것이다.

原文 : 坐端者 以我之所坐爲中 八位列於八方 占卦決斷之 須虛心待應 坐而端之 察其八卦八方應兆 以爲占卜事端之應

隨其方卦有生剋之應者 以定所占之家吉凶也 如乾上有土生
之 或乾宮有諸吉兆 則尊長老人分上 見吉慶之事 若乾上有火
剋之 或有凶兆則主長上老人有憂 坤上有火生之 或坤上有吉
兆 則主母親分上 或主陰人有吉利之喜 坤宮見剋 或有凶兆
則主老母陰人有災厄 震宮有水生之 及東方震宮有吉兆 則喜
在長子長孫 見剋而或見凶 則長子長孫不利 坎宮宜見五金 及
有吉利之識 則喜在中男之位 若土剋若見凶 則憂在中男矣 離
宮喜木生之 或有可喜之應 則中女有喜 若遇剋或見凶 則中女
有厄矣 艮爲少男之位 宜火生之 見吉則少男之喜 若遇剋或見
凶 則災及少男 問産必不育矣 兌爲少女 土宜生之 見吉則少
女有喜 或有歡悅之事 若問病 如乾卦受剋病在頭 坤宮見剋病
在腹 推之 震足 巽股 離目 坎耳及血 艮手指 兌口齒 於其剋
者 定見其病 至於八端之中 有奇占巧卜者 則在乎人 此引其
端爲之例也

【해설】점괘의 체괘는 곧 문복(問卜)을 하는 당자이고 용괘를 비롯한
여러 괘는 체괘를 상대로 응하는 괘이다. 이 단법의 요결은 문복을 하러
온 당자가 앉은 방위의 방괘(方卦)를 체괘와 동일하게 보고 점괘의 여러
용괘와 외응으로 취하는 외괘(外卦)와의 생극비화(生剋比和)를 살피고
또 당시에 응하는 조짐등을 변통하여 그 방위에 앉은 당자의 길흉을 판
단하는 것이다. 이는 점괘의 체괘가 곧 문복하는 당자이므로 그 당자가
앉은 방위의 괘를 체괘와 동일하게 보는 것이니, 삼요영응(三要靈應)으
로 취하는 외응(外應)과는 또 다른 차원의 점법이라고 할 수 있다. 그러
나 체괘와 다른 점은 그 판단하는 범위가 팔괘에 배속된 육친(父母子女)

과 질병 등에 국한하고 전반적인 길흉은 점괘의 체괘를 위주로 하여 판단하는 것이다. 그러므로 이 단법은 점괘를 제쳐놓고 판단하는 것이 아니라 점괘를 위주로 하여 판단하되 다만 방위에서 취한 단괘(端卦)로 부모와 자녀의 길흉 또는 질병 등을 부수적으로 판단하는 것이므로 점괘와 혼동하여서는 아니 된다.

⑥ 점복극응지결(占卜剋應之訣)

극응(剋應)이라 함은 점괘를 판단한 응기(應期)에 어김없이 길흉의 징험(徵驗)이 응함을 말한다. 점복(占卜)의 도(道)에 있어서 이 요결(要訣)이 없으면 점을 한 일의 길흉과 성패(成敗)가 언제 응할지를 알지 못할 것이므로 극응은 점괘를 판단함에 있어서 절실한 것이다. 그러나 그 응하는 시기를 판단하는 것은 가장 어려우니, 괘수(卦數)로써. 그 응기(應期)를 정하는 경우도 있고 또는 이치로써 정하는 경우도 있으나 이는 다 중요한 이론이다. 괘수로써 응기를 정할 때에는 반드시 그 이치를 밝혀야 하니, 예를 들면 집을 새로 지을 때에 그 집의 연한(年限)을 헤아리는 것이나 혹은 남녀가 처음 결혼하였을 때, 혹은 장례(葬禮)를 모셨을 때, 혹은 기물을 처음 들여놓았을 때 등은 모두 연월일시에 사물(事物)의 수를 가산하여 괘를 일으키고 점괘가 이루어지면 체괘, 용괘, 호괘, 변괘 등 모든 괘의 괘수(卦數)를 합한 수로써 그 응하는 시기를 약정한다.

점을 한 사물을 이치로 살펴 그 늦고 빠름을 판단함에 있어서 집(屋宅)이나 분묘 등은 길게 오래 가는 것이다. 그러므로 집의 경우는 점괘의 전체 괘수(卦數)를 합한 수로써 그 시기를 판단하는데, 집의 마지막 응기는 대개 그 집이 낡아 허물게 되는 때를 말하며, 분묘도 역시 손괴(損壞)되는 일이 있기는 하나 분묘는 다만 길흉만을 판단하고 성패는 논하지 아니한다.

남녀의 혼인은 멀어도 수년에 불과하고 대개 연내에 이루어지는 일이므로 점괘 전체의 괘수로 판단함이 가하나 집의 연한이 장구(長久)한 것과는 같지 않다. 그러나 혼인 역시 혼인 후의 길흉만을 판단하고 그 기한을 논할 필요는 없다. 그리고 길흉의 응기를 판단함에 있어서는 점괘의 체괘를 위주로 하여 체괘를 생하거나 비화(比和)하는 연월(年月)을 길한 응기로 하고 체괘를 극하는 연월을 불길한 응기로 한다.

기물의 경우는 금석의 질은 멀리 오래 가고 초목의 질은 오래 갈 수 없는 것이므로 오래 가는 것은 점괘의 전체 괘수를 연기(年期)로 판단하고 오래 가지 못할 것은 전체 괘수를 월기(月期)로 하며, 더 가까운 것은 전체 괘수를 일기(日期)로 한다. 예를 들면 벼루(硯)를 새로 들여놓고 점을 하였다고 하면 이는 금석의 질이라 오래 가는 것이므로 전체 괘수를 해(歲)로 계산하여 판단하며, 붓이나 먹(墨)과 같은 것도 역시 그 연한을 해로 계산한다면 옳은 판단이라고 하겠는가. 필묵과 같은 작은 것은 소모품이므로 날(日)로 계산함이 옳을 것이다. 이는 기물의 응기를 판단하는 예이다.

선천수로 점괘를 얻은 관매점(觀梅占)이나 모란점(牧丹占) 등 두 꽃은 모두 아침 저녁에 시드는 것이므로 이치로 미루어 판단한 것이니, 전체 괘수를 헤아려 멀리 판단할 필요가 없다. 또 후천단법으로 점괘를 얻은 노인과 소년 그리고 닭, 소의 점은 방괘(方卦)와 물괘(物卦)의 괘수를 합한 수로 응기를 헤아려 판단하였는데, 이와 같은 점은 역시 날(日)로 헤아림이 옳다. 만일 길고 먼 것을 판단한 점이라면 날을 달(月)로 하고 달을 연(年)으로 헤아리면 될 것이다.

점을 하는 사람이 점괘의 길흉을 살핌에 있어서 보통 일상의 점사(占事)를 판단하는 것이라면 점괘 전체를 자세히 살펴본 연후에 체괘를 생하는 괘를 길함이 응하는 시기로 판단하고 체괘를 극하는 괘를 흉함이 응하는 시기로 판단하는데, 멀면 연(年)으로 헤아리고 가까우면 달(月)로 헤아리며, 더 가까우면 날(日)로 헤아린다. 예컨대 관직이나 명예를 구하는 일을 묻는 경우에 체괘가 건(☰)금이라면 점괘 중에 체괘를 생하는 곤간(☷☶)토가 있을 경우 곧 진술축미(辰戌丑未)의 토가 닿는 달이나 날에 성사될 것으로 판단하는데, 이는 체괘를 생하는 길사의 응기를 판단하는 예이다. 만약 질병을 묻는 점에 체괘가 건(☰)금인 경우, 점괘 가운데 체괘를 극하는 이(☲)화가 있고 체괘를 생하는 곤간(☷☶)토는 없으며, 또 흉한 조짐까지 있다면 그 병자는 사오(巳午)화가 닿는 날에 사망하게 될 것이니, 이는 체괘를 극하는 흉사의 응기를 판단하는 예이다. 또 출행한 사람이 언제 돌아올 것인가를 묻는 점은 체괘를 생하는 날이 돌아오는 날이며, 체괘를 생하거나 비화(比和)하는 날이 멀리 있으면 반드시 돌아옴이 늦어질 것이다.

이와 같은 예를 모두 실을 수 없으므로 이 학문을 하는 사람들은 스스로 살피기 바란다.

原文 : 剋應者 所謂剋期應驗者也 占卜之道 無此訣則吉凶成敗之事 不知應於何時 故剋應爲卦之切要也 然剋則最難 有以數而剋之者 有以理而剋之者 皆要論也 以數而剋期必詳其理 如算屋宅之初創 男女之始婚 墳墓之方葬 器物之新置 俱

以年月日時 加事物之數而起卦 卦成則欲體用互變之中 視全
卦之數 以爲約定之期 如審其事端之遲速而刻之 如屋宅墳墓
永久者也 屋宅則以全卦之數刻其期 如屋宅之終應 盖屋宅有
朽壞之期也 墳墓亦有事壞 然占墓但占吉凶不計成敗也 男女
之婚 遠亦不過數年 年內之事 全卦之數可決 又不如屋宅之久
也 然婚姻亦不過卜其吉凶 不必刻其期也 若吉凶之期 但以生
體及比和之年月爲吉期 剋體之年月爲不吉之期也 器物之占
則金石之質終遠 草木之質終不久也 遠者以全卦之數爲年期
近者以全卦之數爲月期 又近者以全卦爲日期也 如置硯則全
卦之數爲歲計 筆墨亦可以全卦爲歲計乎 筆墨之小者以日計
之可也 此器物刻期之占也 如先天觀梅與牧丹二花 俱朝夕之
事 故以卦理推 則不必決其遠日也 如後天老人少年鷄牛之占
以方卦物卦之數合而計之 老少鷄牛之占 亦只可以日計也 若
永遠之占則以日爲月 以月爲年矣 占者詳吉凶 必又尋常之占
事刻期 則於全卦中細觀 生體之卦爲吉應決期 剋體之卦爲凶
應之期 遠則以年 近則以月 又近則以日也 如問求名 則乾爲
體 看卦中有坤艮 則斷其辰戌丑未之土月日 盖乾兌金體也 此
爲吉事生體之應 若問病而乾卦爲體 則看卦中有離 又看卦中
無坤艮 及有凶犯 則體其死于巳午之月日 此剋體爲凶事之期
也 又若問行人 以生體之日爲歸期 無生體比和之日則歸必遲
若此例者具難盡載 學者審焉

【해설】 점복(占卜)의 도(道)에 있어서 길흉회린(吉凶悔吝)이 응하는
시기를 판단하는 것이 가장 중요한 요체라고 할 수 있다. 만약 이 요결

을 밝히지 않았다면 하늘에는 흐리고 맑음이 반복되나 그것을 예측할 수 없을 것이며, 지상에서 일어나는 천변만화(千變萬化)와 인간만사의 길흉회린이 끊임없이 반복하나 그 일어나는 시기를 알지 못할 것이니, 비록 점괘를 얻어 그 길흉을 알았다고 하더라도 미래의 변화는 헤아릴 수 없을 것이다. 그러므로 이 극응(剋應)의 요결은 점괘에 나타난 길흉회린에 대하여 그 응기(應期)를 판단할 수 있는 비법을 밝힌 것이므로 이를 유추(類推)하고 변통한다면 능히 만사만물의 미래변화를 헤아려서 피흉추길(避凶趨吉)할 수 있는 지혜를 얻어 슬기로운 삶을 영위할 수 있을 것이다.

이상 체용호변(體用互變), 생극(生剋), 쇠왕(衰旺), 동정(動靜), 좌단(坐端), 극응(剋應) 등 여섯 가지의 요결로 소자점법(邵子占法)의 모든 비법을 밝혔다고 할 수 있다.

천지변화의 도(道)와 인간사의 길흉 변화는 쉽게 알 수 있는 것이 아니나 이를 헤아리고자 하는 사람들의 의지와 욕망은 인류 역사의 초창기부터 태동되었으니, 이를 상고(詳考)해보면 이미 상고(上古) 시대에 태호복희씨(太昊伏羲氏)가 최초로 팔괘를 지어 역의 근본 원리를 밝히셨고 중고(中古) 시대에 이르러 문왕(文王)과 주공(周公)이 역의 괘효(卦爻)에 말씀(辭)을 달아 역의 변화 원리를 밝혔으며, 공자(孔子)께서는 문왕역을 이어서 십익(十翼)을 지어 역의 의(義)와 리(理)를 밝히고 서역(書易)을 완성하였다. 그 이후에 많은 학자들이 역의 비의(秘義)를 탐구하여 주석(註釋)을 하였는바, 이와 같이 역리를 탐구하는 역사가 유구한 것은 모두 천지인의 변화지도(變化之道)를 밝혀 미래를 헤아리고자 하는 노력의 일환(一環)인 것이다.

공자께서는 『주역』「계사전」의 끝 장(下十二章)에 "대저 건(乾)은 천하의 지극히 굳건함이니 그 덕행이 항상 쉬움으로써 험한 것을 알게 하였고, 대저 곤(坤)은 천하의 지극히 순함이니 그 덕행이 항상 간략함으로써 막힌 것을 알게 하나니, 건도(乾道)로 능히 천지의 운행하는 이치를 알아 기뻐하고 곤도(坤道)로 그 이치를 연구하여 험하고 막힘을 알아 천하의 길흉을 정하며, 이렇게 함으로써 천하의 힘쓰고 힘쓰는 바를 이루게 한다. 이런 까닭에 천지의 음양이 변화하고 사람이 말과 행동을 함에 있어서 길한 일에는 상서로운 조짐이 나타나는 것이니, 괘의 상으로써 사물의 형상을 알고 점(占)을 하여 미래의 일(吉凶)을 아는 것이다. 천지가 그 위(位)를 베풀음에 성인이 능히 이를 본떠서 팔괘를 지으시니, 이를 바탕으로 사람이 꾀하고 귀신이 꾀하는 바를 백성들도 능히 참여하여 천지운행에 맞추어 살 수 있게 되었다(夫乾天下之至健也 德行恒易以知險 夫坤天下之至順也 德行恒簡以知阻 能說諸心 能研諸慮 定天下之吉凶 成天下之亹亹者 是故 變化云爲 吉事有祥 象事知器 占事知來 天地設位 聖人成能 人謀鬼謀 百姓與能)"라고 하였다.

이에 소강절 선생께서는 점복(占卜)으로써 역의 진리를 확인하시고 이 점법을 후세에 밝혀 누구나 간편하게 점을 하여 미래의 변화를 헤아리고 자신의 천명(天命)을 깨달아 천지운행에 맞추어 살 수 있는 길(道)을 제시하였으니, 선생의 뜻은 높고 위대하다고 하겠다.

4. 만물부(萬物賦)

〔역주〕 만물을 이미 팔괘의 범주(範疇)에 배속하였으므로 만물은 곧 팔괘를 뜻하며, 만물이 점괘에 미치는 이치와 그 길흉을 논한 것이다. 이 만물부는 이미 앞 장에서 부문별로 밝힌 것을 종합하여 가결(歌訣)로 엮은 것이니, 이는 활용하는 데 편리하도록 하기 위함이다. 그러므로 이를 조목조목 숙지(熟知)하여 기억한다면 그 응용하는 폭이 넓어질 것이다. 예를 들어 "見婦啼嘆 陰小有災" 등으로 요약하여 기억한다면 점괘를 판단하는 데 크게 도움이 될 것이다.

사람은 음양의 품성(稟性)을 받아 태어났으며, 팔괘는 선천과 후천으로 나뉘어진다. 세상 일을 통달한 사람은 가까이는 자신의 몸에서 이치를 취하고 멀리는 저 만물에서 이치를 취한다. 만물의 이치를 달관한 사람은 고요(靜)하면 땅의 원리를 보고 동(動)하면 하늘의 원리를 본다. 원래 만물에는 수(數)가 있고 역수(易數)는 다함이 없으므로 동정(動靜)의 이치를 가히 알 수 있으나 현묘한 천도(天道)의 밖으로 벗어나지 않으며, 길하고 흉함을 반드시 볼 수 있으나 여섯 효(爻)와 괘상의 가운데를 떠나지 아니한다.

점괘를 이루기 전에는 반드시 마음을 비워 그 응함을 구하고 이미 괘가 이루어진 뒤에는 그 시각에 응하는 것을 보아 점괘를 판단한다. 외물의 소리나 사람의 말소리, 주변 사람의 말과 조짐, 눈에 들어오는 형체나 영상의 왕래 등은 다 내 마음을 가리키는 실상이니, 육효(六爻)로 점괘를 정하고 삼천(三天-三極)이 이미 생하면 비로소 괘상에서 길흉의 단서를 찾고 마침내 반드시 응하는 이치를 헤아린다.

이렇게 함으로써 길한 조짐을 만나면 마침내 기쁨이 있음을 알고 흉한 조짐을 보면 반드시 흉함을 면할 수 없는 것이다. 그러므로 남의 집안 일을 알고자 하면 반드시 나의 귀와 눈에 기대어 듣고 보아야 하며, 괘를 이루기 전에 듣고 본 것은 이미 일어난 일이고, 점괘를 다 정한 뒤에 관찰한 것은 미래의 기미(機微, 兆朕)이다. 혹 어디서 싸우고 떠드는 소리를 듣게 되면 주로 다투고 싸울 일이 생기며, 혹은 이때 웃는 말소리가 들리면 반드시 길한 경사를 만나게 된다. 부녀자가 울고 탄식하는 것을 보게 되면 그 집의 여자나 어린애에게 재난이 있으며, 동쪽에서 군사(軍士)가 오는 것을 보면 반드시 관재나 송사가 있게 된다. 혹 죄인을 구속하는 형구(刑具, 枷鎖)를 만나면 그 형구가 내 몸에 임하며, 혹은 채찍이나 곤장(棍杖)을 만나면 반드시 곤장을 맞는 송사가 나에게 이른다. 만일 도살한 고기를 지고 가는 것을 보면 이는 골육에 재난이 있으며, 혹 핏빛(血光)을 보면 또 재난이 가축에 있을까 두렵다. 무당이나 약(藥)을 보면 집에 병환이 생기며, 간사한 말을 들으면 선조에 누를 범하게 되며, 술을 만나면 소원을 신(神)에게 빌게 된다. 여인이 들어오면 여자에게 액운이 있으며, 남자가 들어오면 남자가 재난을 당한다.

또 반드시 팔괘 가운데서 분별하여야 하나 모두 일례(一例)로 논함은 불가하다. 점괘가 길하고 또 효와 상이 길하면 마침내는 화환(禍患)이 없으며, 점괘가 흉하고 또 조짐이 흉하면 재앙(災殃)을 면하기 어렵다. 삼베옷을 입은 상주를 보면 반드시 상복을 입게 되며, 지팡이를 갖고 우는 사람을 보면 반드시 가족들이 한 방에 모여 호곡(號哭)하게 된다. 문복(問卜)하러 온 그 사람에게 근심하는 빛이 있으면 마침내 근심할 일이 있으며, 그 사람에게 기쁜 빛이 있으면 반드시 기쁜 일이 있게 된다. 그러므로 마땅히 얼굴 빛을 보고 형상을 살핌으로써 그 뜻을 분별하고 마음으로 변통(變通)하여 길흉을 판단한다. 혹 북을 치며 즐기는 소리를 듣거나 또는 술잔이나 안주를 담은 그릇을 보면 신부를 맞이하는 잔치를 하게 되거나 아니면 반드시 손님을 초청하여 연회를 즐기게 된다.

이러한 일이 어느 날 응할 것인가를 알고자 하면 반드시 효상(爻象 - 卦)이 갖고 있는 수(數)를 보아야 하는바, 손(☴)괘는 五일이고 곤(☷)괘는 八일이며, 이(☲)괘는 三일이고 감(☵)괘는 六일이다. 또 응하는 시기의 멀고 가까운 것은 점을 하는 실상을 보아 적합하게 판단하여야 한다. 먼 것은 점괘의 모든 괘수로 헤아리고, 가까운 것은 그 때(時節)를 헤아려서 판단한다. 가령 천지비(否)괘는 상괘는 천(天☰)一이고 하괘는 지(地☷)八이며, 또 택화혁(革)괘는 상괘는 태(兌☱)二이고 하괘는 이(離☲)三이니, 이와 같이 추리하면 만에 하나도 잃음이 없을 것이다.

이상은 사람과 기물의 조짐을 논한 것이니, 자세히 살피고 유추하여 판단함이 가하다. 그리고 새나 짐승의 극응에 이르러서는 이미 징험(徵驗)으로 얻은 법도가 있으니, 곧 까치가 지저귀면 기쁜 빛이 이미 동하였고 까마귀가 울면 장차 화(禍)가 다가옴을 알게 한다. 또 소(牛), 양(羊), 돼지(猪), 개(犬) 등은 새벽에는 보이지 않으나 금(金, 庚辛申酉)일에 만나면 육축(六畜)에 손상이 있고 목(木, 甲乙寅卯)일에 돼지(豚 - 亥)를 보면 반드시 양돈(養豚)으로 성공하며, 경(庚)일에 닭(鷄 - 酉)이

우는 것을 보거나 정(丁)일에 양(羊-未)이 지나가는 것을 보면 이는 흉한 칼날(刃)과 같은 살(殺)이 되고, 기(己)일에 마침 말(馬-午)이 오거나 임(壬)일에 돼지(亥)가 지나가면 이는 다 식록(食祿)의 조짐이니, 길한 조짐을 보면 백사가 형통하고 흉한 조짐을 만나면 모든 일이 막히고 정체된다. 혹 재물을 구하거나 이익을 묻는다면 반드시 극응을 살펴서 통변해야 하는데, 삼태기(簣)나 상자는 재물을 저장하는 쓰임이고, 줄이나 노끈(繩索)은 돈을 꿰는 물건이며, 금백(金帛)이나 보화 등을 보면 반드시 이루어지는 이치가 있고, 도검(刀劍)이나 칼날 등을 보면 손상하는 뜻이 있으므로 이익이 없다.

또 원괘(元卦, 占卦)도 보고 살펴야 하며, 한 가지만을 고집하여서는 아니 된다. 재물을 만나면 재물이 있고 재물을 만남이 없으면 이익이 없다. 무릇 기물은 온전한 것을 보아야 성취함이 있으며, 깨지거나 결손된 것을 보면 얻음이 있다고 하여도 부족함이 있다. 혹 혼인을 묻는 경우도 이치는 서로 같으니, 둥글고 원만한 물건을 보면 즉시 이루어지고 파손된 물건을 보면 중도에 장애가 생겨 좌절된다.

이는 또 한 집안의 사정을 들었을 때에도 이 이치로 만사를 분명하게 밝힐 수 있는 것이니, 섶이나 탄(柴炭)을 보면 주로 근심이 있고, 깎은 보리(折麥)를 보면 주로 슬픔이 있으며, 쌀(米)을 보면 반드시 신기한 일이 있고, 콩(豆)을 보면 반드시 손상이 있으며, 상인과 신발(末鞋)을 보면 만사가 화해되고, 바둑(棊)과 약(藥)을 보면 사람과의 기약이 이루어지며, 도끼나 톱을 보면 반드시 집을 수리하게 되고, 양식 쌓은 것(糧儲)을 보면 반드시 멀리 출행하게 되며, 새 소리를 들으면 꾀하는 일이 허사가 되고, 북소리를 들으면 교역이 공허하게 된다. 눈을 비비고 속눈을 깜박이면 안으로 울고 곡할 일이 있으며, 칼날에 의한 피를 보면 밖으로 벌레의 독과 같은 모해(謀害)를 당하게 된다.

극응은 이미 밝혀졌으니, 음식도 같은 이치로 판단한다. 물을 보면 음식과 술(酒), 탕(湯)이 되고 불을 만나면 전(煎), 구운 고기(暑炮), 적(炙) 등이 되며 쌀(米)을 보면 밥 한 그릇을 얻는 상이고 술병(壺)을 들고 있으면 술을 따르는 의례(儀禮)가 있다. 물(☵)은 생선, 새우 등 수중산물의 식품이고, 토(☶☷)는 소나 양 또는 흙에서 생산된 채소이며, 강면(姜麫)은 매운 맛의 얼큰한 국(辣羹)이고 도침(刀砧, 칼도마)은 향기와 비린내가 나는 맛 좋은 음식이다.

이는 삼천(三天 – 三極)의 극응이며, 만물의 추기(樞機)이므로 능히 이를 통달하는 사람은 잘 간직하여 존중하기를 바란다.

原文：人稟陰陽 卦分先後 達時務者 近取諸身 遠取諸物 觀物理者 靜則乎地 動則乎天 原夫萬物有數 易數無窮 動靜可知 不出於玄天之外 吉凶必見 莫逃乎爻象之中 未成卦以前 必虛心而求應 旣成卦以後 觀刻應以爲斷 聲音言語 傍人識兆 當遇形影往來 我心指實皆是 及其六爻以定 三天旣生 始尋卦象之端 終測刻應之理 是以逢吉兆而終知有喜 見凶識而不免乎凶 故欲知他人家之事 必須憑我耳目之聞見 未成卦而聞見之 乃已生之事 旣定卦而觀察之 乃未來之機 或聞何處喧鬧 主有鬪爭 或聽此間笑語 必逢吉慶 見婦啼嘆 其家陰小有災 東至軍來 必有官司詞訟 或逢枷鎖 而枷鎖臨身 倘遇鞭杖 而鞭杖必至訟 若屠而負肉 此爲骨肉有災 倘逢血光 而又恐災於孶畜 師巫藥餌 病患臨門 見誠則有犯家先 逢酒則欠神願 陰人至則女子有厄 陽人至則男子當災 又須八卦中公 不可一例而

論 卦吉而爻象又吉禍患終無 卦凶而讖兆又凶災殃難免 披麻帶孝 必然孝服臨頭 持杖而號 定主號泣滿室 其人憂終是爲憂 其人喜還須有喜 故當觀色察形 以爲決意斷心 其或鼓樂聲喧 又見酒杯器皿 若不迎婚嫁娶 定須會客宴 欲知應在何日 須觀爻象值數 巽五日而坤八日 離三朝而坎六朝 又觀遠近剋應 以斷的實之相期 應遠則全卦相同 應近而各時同斷 假如天地否卦 上天一而下地八 設若澤火革卦 上兌二而下離三 依此推之萬無一失 此人物之兆察之可推也 及其鳥獸之應 仍驗之有準 鵲噪而喜色已動 鴉鳴而禍事將來 牛羊豬犬日晨不見 金日遇之六畜有損 木日見豬養豬必成 庚日見雞鳴 丁日見羊過 此乃凶刃之殺 巳日值馬來 壬日有豬過 此皆食祿之兆 見吉兆而百事亨通 逢凶讖而諸事阻滯 或若求財問利須憑剋應以言 箱爲藏財之用 繩索爲穿錢之物 逢金帛寶貨之類 理必有成 遇刀刃劍具之器 損而無益 又看元卦 不可執一 逢財而有財 無財而無益 凡物成器方係得全 缺損破碎有之不足 或問婚姻理亦相似 物團圓指日而成 物破損中途阻折 此又是一家聞奧 斯理明萬事昭然 逢柴炭主憂 折麥主悲 米必奇 豆必傷 末與鞋萬事和諧棋與藥與人期約 斧鋸必有修造 糧儲必有遠行 聞禽鳴謀事虛說 聽鼓聲交易空虛 拭目瞤睫 內有哭泣之事 持刃見血外有虫毒之謀 剋應既明 飲食同斷 見水爲飲食酒湯 遇火爲煎炮熇炙 見米爲一飯之得 提壺爲酌杯之禮 水乃魚蝦水中物味土乃牛羊土內菜蔬 姜䴱爲辛味辣羹 刀砧乃薰腥美味 此三天之剋應 萬物之樞機 能達此者 尙其秘之

352

【해설】만물부는 삼요영응편(三要靈應篇)을 가결로 요약한 것이라고 할 수 있다. 삼요(三要-耳目心)로 취하는 조짐은 천문, 지리를 비롯하여 인사백반 그리고 금수, 초목 등 만사만물을 살펴 귀로 듣고 눈으로 볼 수 있는 것은 모두 조짐을 취할 수 있으나 이는 너무 광범할 뿐만 아니라 그 길흉을 분별한다는 것이 쉬운 일이 아니다. 그러므로 이 만물부는 삼요로 취한 조짐을 쉽게 점단(占斷)에 활용할 수 있도록 가결(歌訣)로 요약한 것이다.

무릇 학문은 그 원리를 탐구하는 것이나 원리를 이해한 뒤에는 이를 요약하여 체계화한 연후에야 그 탐구한 바를 활용할 수 있으므로 이런 까닭에 점복(占卜)의 도에 있어서 만물부가 차지하는 비중은 크다고 하겠다. 본 만물부를 비롯하여 이하 여러 편의 가결은 대개 권 1, 권 2에서 밝힌 내용을 요약하여 응용하는 데 편리하도록 엮은 것이다.

5. 음식편(飮食篇)

〔역주〕음식편은 음식을 팔괘로 분류하여 논한 것이다. 여기에서 논하는 음식은 일상 집에서 먹는 음식을 말함이 아니라 초청을 받았을 때 어떤 음식을 먹게 될 것인가를 판단하거나 혹은 특별한 음식을 먹으러 가는 경우에 만족하게 먹을 수 있는가를 판단하는 것이다. 이러한 음식의 점은 먹는 데 뜻이 있는 것이 아니라 이를 통하여 역의 원리를 징험(徵驗)하려는 데 참뜻이 있다. 여기에서 논하는 음식은 옛날의 중국 음식이므로 식생활 문화가 다른 우리 나라의 음식과는 다른 것이 많으며, 또 음식의 종류도 헤아릴 수 없이 많으므로 이를 점단(占斷)에 응용하기 위해서는 이치로 유추(類推)하고 변통(變通)하여야 할 것이다. 점복(占卜)을 통하여 역의 원리를 확인함에 있어서 점험(占驗)을 즉시 확인할 수 있는 것은 음식의 점이 가장 빠르다고 하겠다. 그리고 본 편 역시 앞 장에서 이미 밝힌 내용들을 팔괘로 분류하여 요약한 것이다.

대저 건(乾 ☰)괘의 상(象)됨은 둥글면서 굳고 그 맛은 맵다. 그 상을 취하면 높으며, 가축의 머리로 말(馬)과 돼지(猪)에 해당한다. 가을에 건(☰)괘를 얻으면 식록(食祿)이 풍성하고, 여름에 얻으면 식록이 넉넉하지 못하며, 봄에 얻으면 시절에 새로 나는 물건으로 과일과 소채(蔬菜)

등속이고, 겨울에 얻으면 냉하게 묵힌 음식이다. 점괘에 감(☵)괘가 있으면 강이나 바다에서 나는 음식이고 또 수(水)가 있으면 과일과 소채류의 진귀한 음식이다.

간(艮☶)괘는 흙에서 나온 산물을 같이 삶은 것이고 이(☲)화가 있으면 불로 굽거나 지진 전(煎)과 적(炙)이다. 가을의 간(☶)괘는 게(蟹)이고 봄에는 말이며, 무릇 간(☶)괘로 얻는 음식은 안에 살이 많고 그 맛은 반드시 맵다. 그리고 질그릇에 음식이 가득하고 따라 나온 술병은 금으로 만든 귀중품이다. 채소는 미나리이고 음식 재료는 날개가 있는 것이다. 체괘가 밖으로 극하고 다른 괘의 생을 받으면 반드시 거위나 오리고기를 먹게 되고, 체괘가 다른 괘를 생하거나 또 극을 받으면 이름 없는 야채를 먹게 된다.

곤(坤☷)괘는 곧 곤(☷)토이니, 이를 얻으면 먼 곳에서 손님이 오거나 옛 친구가 찾아오며, 쓰이는 바는 반드시 질그릇이고 음식은 쌀과 열매로 가공한 별미이다. 괘가 정하면 배(梨), 대추, 연근(蓮根), 토란 등이고 동하면 절인 생선이거나 생선 양고기 등이며 그리고 뼈가 없는 육포(肉脯) 또는 절여서 저장한 것이거나 또는 내장 등이다. 만나는 손님은 반드시 부인이며, 이를 극하면 반드시 구설이 따른다. 체괘가 밖으로 극하고 생을 받으면 쇠고기를 맛보게 되고, 극입(剋入, 剋取)하면 생물에 여러 가지를 섞어 삶게 된다. 건태(☰☱)금을 보게 되면 잘게 썰고 얇게 저민 음식이고, 진손(☳☴)목을 보게 되면 새로 난 것과 묵은 것을 함께 삶은 음식으로 그 색은 검은 황색이며, 그 맛은 달고 맛이 좋다. 수화(☵☲)를 모두 보게 되면 불을 때어 찐 음식이고 사시(四時)에 다 쌀과 밀로 만든 음식이며, 깨와 생강 등의 양념을 쓴다. 자세히 미루어 살피면 반드시 징험을 얻을 수 있다.

손(巽☴)괘는 주로 문서를 분별하여 요약하고 강론을 하는 때로서 밖의 손님이나 혼인 혹은 옛 친구와의 서신왕래 등이다. 그 색은 희면서 푸르고 그 성정은 굽으면서도 곧고 그 맛은 시고(酸) 그 상은 길다. 과일로는 복숭아, 자두, 모과 등이고 음식으로는 소박한 잿밥이며 식품으로는 물고기(魚), 닭(鷄), 콩(豆), 밀가루(麪) 등속인데, 누가 주어서 얻는 것이 아니라 반드시 호미로 파고 가꾸어서 얻는 것이다. 점괘에 건태(☰)금이 있으면 먹은 뒤에 병을 얻게 되고 곤(☷)토가 있으면 얻는 것이 어렵지 않으나 음식은 채소를 볶은 요리이다. 이(☲)괘는 볶은 차(茶)이고 감(☵)괘가 있으면 술과 탕을 먹게 되나 감(☵)수를 생함이 없으면 반은 날것이고 반은 찐 것이다. 간(☶)괘가 있으면 이웃 사람과 귀인이 모여 연회를 하나 먹을 것은 많지 않고 입에 맞을 정도이며, 과일은 귤과 유채, 채소 등이다. 간(☶)은 산이므로 벌채한 산림에서 절기에 따라 범(虎), 개(狗), 토끼, 사슴 등을 그물로 포획한다. 손(☴)괘는 쌀과 밀국수 등으로서 체괘(☲)가 극을 받으면 잡식을 하게 되고 체괘가 밖으로 극하면 양고기를 먹게 된다. 그러나 극을 받는 경우는 구설과 시비 등 숨은 재난이 있으므로 다 먹는 것은 불가하나 그 맛은 달고 맛이 좋으며, 그 색은 검고 누렇다.

감(坎☵)괘는 물의 상이므로 가까운 물에서 바다에 이르는 해물로 향이 있고 비늘이 작은 것이며, 혹은 네발(四足)이 있는 짐승도 되나 무릇 물에서 나는 것은 반드시 음식으로 가하다. 혹 퉁소나 북소리가 나는 곳이거나 혹은 예악(禮樂)이 베풀어지는 곳에서 먹게 되는데, 그 색은 검고 그 맛은 짜다. 체괘(☲)가 밖으로 극하면 술을 먹게 되고 생을 받으면 생선을 먹게 된다. 감(☵)의 물상은 돼지(豕), 눈(目), 귀(耳), 피(血) 등이며, 음식은 해물로 만든 국과 탕 또는 술과 장국 등이다. 이(☲)괘를 만나면 글과 글씨를 논하고 건(☰)괘를 만나면 해물의 맛을 보게 된다.

진(震☳)괘는 목(木)에 속하는 괘이다. 진괘를 얻으면 술친구가 취하여 미친 사람처럼 날뛰어 공연히 놀라는 괴이한 일을 당한다. 진(☳)괘에 해당하는 식품은 큰 나무의 과일이나 숲에서 재배한 채소로 그 색은 푸르고 그 맛은 시다. 모임에는 음식의 가짓수는 많으나 초청한 손님은 적으며, 혹은 음식에 누린내의 기가 있고 혹은 이상한 향기가 나는 안주도 있다. 점괘에 이(☲)화가 많으면 주로 소금과 차(茶)이며, 감(☵)수를 보면 절인 생선이나 식초이다.

이(離☲)괘는 곧 문서와 교역이다. 이괘를 얻으면 모임에 친척이나 스승으로 존경받는 학자 등 좌중에는 예를 갖춘 인사가 많고 연회석상에는 모두 영재로서 이름 있는 선비들이 모인다. 음식은 전(煎)과 불에 구운 적(炙) 등이 있고 그 사이에는 차(茶)와 식혜가 있다. 맑은 날 저녁 때는 촛불을 밝히고 봄이나 여름에는 무릇 식물들이 꽃을 머금고 있으나 노인은 이런 연회에서 음식을 먹지 말아야 하며, 먹으면 심사가 편치 않다. 그러나 젊은 사람은 좋으며, 강론을 들으면 유익하고 좋다. 식품으로는 닭(鷄), 꿩(雉), 게(蟹), 뱀(蛇) 등으로 색은 붉고 맛은 쓰며, 그 성정은 열이 많고 기는 향기롭다. 감(☵)괘를 만나면 술을 청하여 다툼이 있고 손(☴)괘를 만나면 음식은 나물을 볶은 것뿐이다.

태(兌☱)괘는 백금(白金)에 속하며, 그 맛은 맵고 색은 희다. 혹 먼 곳의 손님이 갑자기 오거나 혹은 가까운 친구와 다툼이 있다. 무릇 동물과 도침(刀砧)은 대개 맛은 반드시 맵고 얼큰하다. 무릇 포장하여 절여서 저장한 식품은 그 마른 것은 부추와 마름이고 그 채소는 파와 부추이다. 음식을 차려놓으면 비린 냄새가 있고 태(☱)괘가 왕하면 양과 거위(鵝)이다. 좌중에는 분수를 모르고 날뛰는 사람이 있거나 혹은 노래하는 여인이 있게 되는데, 홀로 있으면 반드시 구설을 듣게 되나 여럿이 있으면 반드시 즐거운 시간을 보내게 된다. 밖으로 나가면 주로 많이 먹게 되고, 체괘(☲)가 다른 괘를 극하여 나가면 반드시 좋은 일이 있다.

대저 그 음식을 헤아림에 있어서 반드시 점괘의 동정을 살펴야 한다. 그러므로 동(動)하면 음식이 있고 정(靜)하면 음식이 없다. 하괘(下卦)를 체괘로 하여 나의 괘로 하고 상괘(上卦)를 인괘(人卦)로 하며, 하괘가 변하면 손님으로 하고 위의 호괘(互卦)를 술(酒), 아래의 호괘를 음식으로 한다. 상을 취함에 있어서 체괘인 하괘로 어떤 음식을 먹게 되는가를 판단하고 변괘는 손님인데 하괘의 음식은 마침이 없으므로 체괘를 생하면 길하다. 체괘를 생하는 호괘와 변괘는 음식을 얻지 못하며, 다른 괘가 극응(剋應)하여도 역시 음식을 얻기 어렵다. 다른 괘가 체괘를 생하면 초청을 받게 되고 체괘가 다른 괘를 생하면 내가 손님을 초청하는 것이다. 호괘의 생을 받으면 술을 헤아릴 수 없으며, 상괘인 체가 생을 받으면 손님을 헤아릴 수 없다. 변괘가 호괘를 생하면 늦게 오는 손님이 있으며, 호괘가 체괘를 생하고 변괘를 극하면 먼저 가는 손님이 있다. 그 일시를 취하고 호괘를 용으로 한다.

原文 : 夫乾之爲象也 員堅而味辛 取象乎凸爲牲之首 爲馬爲猪 秋得之而食祿盛 夏得之而食祿衰 春爲時新之物 果蔬荣之屬 冬爲冷物隔宿之食 有坎乃江湖海味 有水爲蔬果珍羞 艮爲土物同烹 離乃火邊煎炙 秋爲蟹 春爲馬 凡內必多肉其味必辛 盛有瓦器伴有金樽 其於荣也爲芹 其於物也帶羽 剋出生回食必鵝鴨 生出剋入野荣無名 坤其於坤也 遠客至故人來 所用必瓦器 所食米果工味 靜則梨棗茄芋 動則魚鮓鮮羊 無骨肉脯

殺亦爲醃藏 亦爲肚腸 遇客必婦人 剋此必主口舌 剋出生回乃
牲之味 剋入生物乃雜物之烹 見乾兌細切薄披 見震巽而新生
舊煮 其色黑黃 其味甘甛 水火竝之蒸炊而已 四時皆爲米麥之
味 必帶蔴薑 仔細推詳必有驗也 巽之爲卦 主文書束約之間
講論之際 外客婚姻故人舊交 或主遠信近期 其色白靑 其性曲
直 其味酸 其象長 桃李木瓜 齋辣素食 爲魚爲鷄其豆其麪 非
濟摯而得之 必鋤掘而得之 有乾兌食之而致病 有坤得之非難
炊爲炒菜蔬 離爲炒茶 帶坎于中 酒湯其食 其無生 半齋半薰
其在艮也 會隣里有貴人 食物不多適口而已 其橘油菜果蔬 斫
伐之山林帶節 虎狗兎鹿 漁捕網羅 米蔴麵麥 剋入雜食 剋出
羊肉 剋入口舌是非陰災 極不可食 其味甘甛 其色玄黃 坎爲
水象也 水近信至海內 味香有細鱗或四足 凡曰水簇必可飲食
也 或聞簫鼓之聲 或在禮樂之所 其色黑 其味鹹 剋出飲酒 生
回食魚 爲豕爲目 爲耳爲血 羹湯物味 酒食水醬 遇離而說文
書 逢乾而爲海味 震之爲卦 木屬也 酒友疎狂 虛驚怪異 大樹
之果 園林之蔬 其色靑而味酸 其數多會客少 或有羶臭之氣
或有異香之肴 同離多主鹽茶 見坎或爲鹽醋 離則文書交易 親
戚師儒 坐中多禮貌之人 筵上總英才之士 其物乃煎熇炙燒 其
間或茶鹽 白日之夕 雖之以燭 春夏之際 凡物帶花 老人莫食
心事不寧少者宜之 宜講論卽有益 爲鷄爲雉 爲蟹爲蛇 色赤味
苦 性熱而氣香 逢坎而酒請有爭 逢巽則炒菜而已 兌之爲卦
其屬白金 其味辛而色白 或遠客暴至 或近交爭 凡動物刀砧
凡味必有辛辣 凡包裏醃藏 其於暴也爲韭爲薤 其於菜也爲蔥
爲韭盛而有腥臭 旺而有羊鵝 坐間有僭越之人 或有歌唱之女

單則必然口舌 重則必有懽喜 主出多食 剋出好事 夫算其飲食
必須察其動靜 故動則有 靜則無 以體卦下卦爲己卦 上爲人卦
下爲變爲客 互之上爲酒 下爲食物 取象體之下爲食何物 變爲
客體 下食之不終 生體下吉互客體之不得食 他人剋應亦難食
他人生下人請 己生體生下己請人 互受生後 不計杯杓(酌) 上
體受生客不計數 變生互 客有後至者 互生剋 有先去者 取其
日時 以互卦用矣

6. 관물현묘가결(觀物玄妙歌訣)

〔역주〕이 가결(歌訣)은 『주역』 「설괘전」에서 밝힌 물상을 바탕으로 하고 점괘의 체괘를 기본으로 하여 논한 것이다. 즉 체괘가 용괘를 비롯한 호괘와 변괘를 만남에 따라 변화하는 현묘(玄妙)한 이치를 괘별로 논한 것이니, 점괘를 판단하는 데 있어서 필수적으로 알아야 할 요결이라고 하겠다. 여기에서 밝힌 내용은 대개 전편(前篇)에서 이미 논한 것이나 이를 다시 가결로 요약한 것은 쉽게 응용할 수 있도록 하려는 데 그 뜻이 있다.

만물을 관찰하고 이를 점복(占卜)을 통하여 시험하는 것은 비록 이 세상에 유익함은 없다고 하나 이 학문을 하는 사람은 이로써 역수(易數)를 징험(徵驗)하고 이에 성인께서 역을 지으신 신령함을 알게 되니, 이 세상에 존재하는 만물은 반드시 수(數)가 있는 것이다. 하늘이 둥글고 땅이 방체(方體)인 것은 만물의 형상이며, 하늘은 검고 땅은 누른 것은 만물의 색(色)이다. 하늘은 동적이고 땅은 정적인 것은 만물의 성정이며, 하늘은 위에 있고 땅은 아래에 있는 것은 만물의 위상이다. 건(乾 ☰)은 굳세고 곤(坤 ☷)은 부드러운 것은 만물의 체질이다.

그러므로 건(乾 ☰)의 괘됨은 굳세면서 둥글고 귀하면서 굳으며, 금

(金)과 옥(玉)이 되고 붉은 것과 둥근 것이 되며, 큰 것과 머리(首)가 되고 위에 달린 과실이 된다. 태(☱)괘를 보면 부수어져 꺾이고 감(☵)괘를 만나면 빠져 가라앉는다. 이(☲)괘를 보면 건(☰)금을 달구어 단련(鍛鍊)하고 진(☳)괘를 만나면 움직이는 물건이며, 손(☴)괘를 보면 둥근 나무 과실이 되고 곤간(☷ ☶)토를 만나면 흙 속의 돌이 된다. 화(火)를 얻으면 기물이 이루어지고 태(☱)금이 있으면 예리한 칼날이 된다. 가을에 건(☰)금을 얻으면 값이 높고 여름에 얻으면 그 기세가 쇠약하다.

곤(坤☷)의 괘됨은 그 형상은 곧으면서 방(方-四隅)하고 그 색은 검으면서 누르다. 그리고 문채(文彩)와 포백(布帛)이 되고 수레와 가마솥이 되며, 그 동물의 상은 소(牛)가 되고 그 성정은 움직임(動)을 싫어한다. 건(☰)괘를 얻으면 가히 둥글 수 있고 가히 방(方)할 수 있으며, 가히 귀(貴)할 수 있고 가히 천(賤)할 수 있다. 진손(☳ ☴)괘를 보면 긴 기물이 되고, 이(☲)괘를 만나면 문장(文章)이 되며, 태(☱)괘를 보면 흙 가운데서 나온 금(金)이 되고, 간(☶)괘를 만나면 굳센 것을 띤 도석(土石)이 된다.

진(震☳)의 괘됨은 그 색이 검고 누르면서 푸른 빛이 많다. 그 형상은 나무와 소리(聲)가 되고 대나무와 갈대밭이 되며, 번성하고 선명한 새싹의 형상이다. 위는 부드럽고 아래는 굳세며, 이러한 성정은 진동(震動)하여 가히 사람을 놀라게 한다. 건(☰)괘를 얻으면 이름 있는 값있는 물건이 되고 태(☱)괘를 얻으면 쓰임이 없는 목(木)이 되며, 간(☶)괘를 보면 산림 사이의 돌이 되고 감(☵)괘를 보면 기운이 있는 목류(木類)가 된다. 손(☴)괘를 보면 지엽이 있는 나무가 되고 이(☲)괘를 보면 꽃을 머금은 나무가 된다.

손(巽☴)의 괘됨은 그 색은 희고 그 기는 향기롭다. 그 형상은 초목이며, 성정은 굳세기도 하고 부드럽기도 하다. 이(☲)괘를 보면 문서가 되고 태건(☱☰)금을 보면 금속의 칼(金刀)을 만나는 상이므로 쓰임(用)으로 하지 아니한다. 곤간(☷☶)토를 보면 초목 류가 되고 감태(☵☱)괘를 만나면 가히 먹을 수 있는 식품이 된다. 형체는 길고 곧으며, 진(☳)괘와 나란히 있으면 봄에 나서 여름에 자라는 초목의 과실과 채소가 된다.

감(坎☵)의 괘됨은 그 색은 검고 또한 가히 둥글고 가히 모(方) 있는 물건이 되며, 부드럽기도 하고 썩기도 한다. 안은 굳센 물건으로 낮고 습한 곳에서 얻을 수 있으며, 많게는 물 가운데 있는 물건이다. 건(☰)괘를 보면 역시 둥글고 태(☱)괘를 보면 역시 훼손되거나 또는 습하고 더러워지며, 진손(☳☴)목을 얻으면 가히 먹을 수 있는 물건이 된다. 이(☲)괘를 보면 수화기제(既濟)로서 물에 의하여 나오고 불에 의하여 이루어지나 또는 물질에 의하여 정체된다. 태(☱)금을 보면 입(口)을 띠게 되고 진손(☳☴)목을 보면 지엽이 꽃을 띠게 된다.

이(離☲)의 괘됨은 그 색은 누르면서 푸르고 그 체는 건조하며, 그 성정은 위는 굳고 아래는 부드럽다. 물상은 산의 돌로 된 물건이고 흙을 빚어 만든 개와(瓦)나 질그릇의 류이며, 작은 돌이 있는 큰 산이 되고 문간의 거처도 된다. 건(☰)괘를 보면 굳세고 태(☱)괘를 만나면 훼절(毀折)되며, 곤(☷)괘를 보면 흙덩어리(土塊)가 된다. 그리고 손(☴)괘를 보면 풀(草)로 만든 물건이 되고 진(☳)괘는 나무로 된 물건 등이다. 감(☵)괘와 나란히 있으면 하천 기슭의 물건이고 이(☲)괘가 나란히 있으면 질그릇이 되며, 진손(☳☴)괘를 다 보면 울타리를 이루는 물건이 된다.

태(兌☱)의 괘됨은 그 색은 희고 그 성정은 부드러움이 적고 강(剛)함이 많으므로 아래로는 부수고 꺾는 성질이 있다. 태금은 입(口)을 띠고 있으므로 둥그나 건(☰)금을 보면 먼저는 둥글고 뒤에는 이지러진다. 간(☶)괘를 보면 금석으로 된 기물의 폐물이고 진손(☳ ☴)괘를 보면 나무를 깎아서 만든 물건이며, 감(☵)괘를 보면 물로 만든 물건이 된다. 건(☰)괘를 얻으면 강(剛)함이 많고 곤(☷)괘를 얻으면 부드러움이 많으며, 늘 서쪽 못(澤) 안에 물 가운데 있는 종류로 부드러운 것을 얻어야 기물을 이룬다.

原文 : 觀物戲驗者 雖云無益于世 學者以此驗數 而知聖人
作易之靈耳 物之于世 必有數焉 故天圓地方 物之形也 天玄
地黃 物之色也 天動地靜 物之性也 天上地下 物之位也 乾剛
坤柔 物之體也 故乾之爲卦 剛而圓 貴而堅 爲金爲玉 爲赤爲
圓 爲大爲首 爲上之果物 見兌爲毀折 逢坎而沈溺 見離爲煉
煆之金 震爲有動之物 巽爲木果爲圓 坤艮土中之石 得火而成
器 兌爲劍鋒之銳 秋得而價高 夏得之而衰矣 坤之爲卦 其形
直而方 其色黑而黃 爲文爲布 爲輿爲釜 其物象牛 其性惡動
得乾乃可圓可方 可貴可賤 震巽爲長器 離爲文章 兌爲土中出
之金 艮爲帶剛之土石也 震之爲卦 其色玄黃而多靑 爲木爲聲
爲竹爲萑葦 爲蕃鮮 及生形上柔下剛 是性震動而可驚 得乾乃
爲聲價之物 得兌爲無用之木 見艮山林間之石 見坎有氣之類
巽爲有枝葉 見離爲帶花 巽之爲卦 其色白 其氣香 爲草木 爲
剛爲柔 見離爲文書 見兌乾爲不用 乃遇金刀之物 坤艮爲草木
之類 坎兌爲可食之物 爲長爲直 竝震而春生夏長 草木之果蔬
坎之爲卦 其色黑 亦可圓可方 物爲柔爲腐 內則剛物 得之卑
濕之所 多爲水中之物 見乾亦圓 見兌亦毀 又乃汚濕 得震巽

而可食 離水火既濟 假水而出 假火而成 又爲滯于物 兌爲帶
口也 震巽爲帶枝葉 爲帶花也 離之爲卦也 其色黃而靑 體燥
其性則上剛下柔 爲山石之物 土瓦之類 小石于大山 爲門途之
處 爲物見乾而剛 兌而毁折 坤而土塊 巽爲草之物 而震爲木
物類也 坎竝爲河岸之物 離竝爲瓦器 震巽竝見籬壁之物 兌之
爲卦 其色白 其性少柔而多剛 爲毁折而下 金帶口而圓 見乾
先圓後缺 見艮則金石廢器 見震巽爲剝削之物 見坎爲水之類
得乾而多剛 得坤而多柔 長於西澤之內 於水中之類 得柔而成
器也

【해설】 하늘과 땅 사이에 존재하는 만물은 모두가 합성(合成)된 물질로
이루어졌으며, 순수하게 하나의 물질만으로 이루어진 것은 없다. 이 관
물현묘가결은 만물이 이루어진 현묘한 이치를 밝힌 것이니, 즉 점괘의
체괘를 위주로 하여 용괘, 호괘, 변괘, 외괘 등 만나는 괘에 따라 합성되
는 물상을 밝힌 것이다. 괘별로 나누어 예시한 물상을 살펴보면 모두 괘
의 성정과 원리에 따라 분류한 것으로 그 현묘함은 경탄을 금할 수 없다.
이 가결에서 예시한 것은 그 일부에 불과하나 이를 유추(類推)하고 이치
로 변통한다면 만사만물을 모두 헤아릴 수 있을 것이다.

7. 제사향응가(諸事響應歌)

〔역주〕제사향응가(諸事響應歌)라 함은 인간만사 모든 일을 묻는 점괘에 울림처럼 길흉의 조짐(兆朕)이 응하는 이치를 밝힌 가결을 말함이다. 이 가결은 이미 전편(前篇)에서 밝힌 내용들이나 이를 종합적으로 요약하여 응용하는 데 편리하도록 한 것이다. 이러한 시결(詩訣)은 기억하는 데 도움을 주기 위하여 시가(詩歌) 형식을 취하여 저술한 것이므로 이를 응용하기 위해서는 번역문으로 뜻을 이해한 다음 원시(原詩)를 숙독(熟讀)하는 것이 기억하는 데 도움이 될 것이다.

혼돈한 천지가 개벽(開闢)하고 천지와 나란히 인극(人極)이 세워지니, 길흉이 울림(響)처럼 응하므로 사람이 이를 피하기는 더욱 어렵네. 선현께서 이 이치를 미리 알아 후세에 남기셨으니, 『황극경세서(皇極經世書)』와 『관매수(觀梅數)』는 다 주역에서 나온 것이다. 이수(理數)의 현미(玄微)함은 넓은 바다와 같아 그 끝이 없으니, 선현들이 밝히신 많은 말씀은 다 기억할 수 없다. 대저 점괘의 체괘는 용괘의 생을 받음이 마땅하고 그 괘기가 왕상(旺相)하면 하는 일이 마침내 유익하다. 괘기가 같아 비화(比和)하면 길하고 극(剋)을 당하면 흉하다.

비(雨)를 묻는 점괘에 하늘이 맑은 것은 감(☵)괘와 태(☱)괘가 없기 때문이니, 가뭄이 극심할 것으로 판단하면 마침내 옳으리라. 장마가 심하여 언제 갤 것인가를 묻는 점괘에 간(艮), 이(離), 비(賁)괘를 얻으면 울림처럼 응하리라. 건(☰)괘는 맑고 곤(☷)괘는 흐리며, 손(☴)괘는 바람이 많고 진(☳)괘는 주로 천둥과 번개가 진동함을 의심하지 말라.

무릇 인사(人事)를 묻는 점괘에 체괘가 용괘를 극하면 모든 일이 형통하고 반드시 행운이 있으며, 괘기가 같아 비화함이 묘하고 체괘가 극을 받으면 흉하니, 그 괘가 어느 괘인가를 보아서 증험(證驗)하라. 건(☰)은 주로 공문(公門－公職)이나 또는 노인도 되며, 곤(☷)은 음인(陰人－女人)을 만남이니 이는 토(土)가 응함이다. 진(☳)은 동방으로 혹은 산림(山林)이며, 손(☴)괘 역시 산림이나 혹은 채소나 과일도 된다. 감(☵)은 북방으로 아울러 수성(水姓)의 사람이니 술(酒貨), 생선, 소금 등으로 반드시 재물을 얻는다. 이(☲)는 문서라고 말하나 로야(爐冶, 대장간)의 이익이 있고 역시 남방으로서 안색(顔色)은 잡스럽다. 간(☶)은 동북방으로 산림의 재물이며, 태(☱)는 서방으로 기쁨과 즐거움이 있다. 체괘를 생하거나 극하거나 그 방위는 같으며, 편집하여 기록한 대로 모든 일이 응하리라.

가택(家宅)을 묻는 점괘는 체괘를 위주로 하는데, 괘기가 왕성하면 모름지기 전토(田土)가 늘어나게 됨을 알며, 체괘가 용괘를 생하면 모름지기 재물이 소모되어 흩어진다고 말할 수 있다. 괘기가 같아 비화(比和)하면 가택이나 집안이 안정되며, 체괘를 극하게 되면 결단코 흉한 것이다.

출산(出産)을 묻는 점괘는 체괘를 산모로 보는데, 체괘와 용괘가 다 생왕(生旺)함이 마땅하고 쇠약함은 마땅하지 아니하다. 홀수(奇數－陽)와 짝수(偶數－陰)의 가운데에서 아들인가 딸인가를 살피는데, 건(☰)괘는 양이고 곤(☷)괘는 음이니, 점을 할 당시 찾아온 사람과 점괘의 효(爻) 안에서 취한다. 음이 많으면 딸을 낳고 양이 많으면 아들을 낳게 되니, 이 기우(奇偶)의 수에는 분명히 역리(易理)가 갖추어져 있는 것이다. 혼인을 묻는 점괘에 체괘가 용괘를 생하면 혼사는 이루어지기 어렵고 비화(比和)하거나 용괘를 극하면 크게 길하고 이롭다.

음식을 묻는 점괘에 용괘가 체괘를 생하면 반드시 음식과 안주가 풍성하여 기쁨이 있고 체괘가 용괘를 생하거나 체괘가 극을 당하면 음식은 먹기 어렵다. 체괘가 용괘를 극하면 음식은 반드시 없으며, 괘기가 같아 화합하는 것이 아름답다. 감태(☵)는 술이고 진(☳)은 생선이니, 팔괘로 추구하고 괘기의 쇠왕(衰旺)으로 그 많고 적음을 취한다.

일을 도모하는 점괘에 괘기가 비화(比和)하면 만족함을 얻게 되며, 용괘를 극하면 도모하는 일이 늦어짐을 알아야 한다. 이름(名-官職)을 구하는 점괘에 용괘를 극하면 가히 구할 수 있으며, 체괘를 생하거나 비화하여도 모두 얻을 수 있다. 재물을 구하는 점괘에 용괘를 극하면 날마다 재물이 있으며, 체괘를 생하거나 비화하여도 역시 만족함을 얻을 수 있다. 교역(交易)을 묻는 점괘에 체괘를 생하거나 비화하면 반드시 유리하게 이루어지고 뒤에 염려할 일이 없다.

출행(出行)을 묻는 점괘에 용괘를 극하거나 용괘가 체괘를 생하면 이르는 곳마다 뜻을 얻음이 많으며, 감(☵)괘를 얻으면 배를 타고 이(☲)괘를 얻으면 일직 길에 오른다. 건진(☰☳)괘를 얻으면 많이 움직이게 되고 곤간(☷☶)괘를 얻으면 머무르게 된다. 행인(行人)을 묻는 점괘에 용괘를 극하면 반드시 돌아옴이 늦으며, 체괘를 생하거나 비화하면 행인은 즉시 돌아온다. 택산함(咸)괘를 점괘로 얻으면 먼 곳에 있고 뇌풍항(恒)괘를 얻으면 돌아옴이 늦으며, 지풍승(升)괘를 얻으면 돌아오지 않는다. 또 중산간(艮)괘를 얻으면 돌아올 길이 막혀 있고 중수감(坎)괘를 얻으면 험난한 처지에 있는 것이니. 이를 잘 기억해두어야 한다.

알현(謁見)을 묻는 점괘에 체괘가 용괘를 극하거나 또는 비화하거나 체괘를 생하면 알현이 가능하다. 태(兌)괘를 얻으면 주로 밖에서 알현하고 송(訟)괘를 얻으면 가까이 갈 수 없으며, 건(乾)괘를 얻으면 대인(大人)이나 장자(長者)를 알현함이 이롭다.

실물(失物)을 묻는 점괘에 체괘가 용괘를 극하면 빠르게 찾을 수 있으니, 괘에 의하여 그 방위와 있는 곳을 판단하며, 상생이 되거나 비화하면 마침내 찾을 수 있다. 용괘가 태(☱)괘이면 깨어진 기물이나 우물가에 있고 이(☲)괘이면 화덕(冶爐) 근처나 남방에 있으며, 곤(☷)괘이면 모가 있는 기물 안에 있으니 괘상으로 미루어 살펴보라.

질병을 묻는 점괘는 체괘가 왕성함이 가장 마땅하며, 용괘를 극하면 쉽게 안정되고 약효도 있다. 괘기가 같아 비화하면 흉한 중에도 구(救)함이 있으며, 체괘가 극을 받으면 이는 흉한 조짐이다. 이(☲)괘가 체괘를 생하면 열약을 복용함이 마땅하고 감(☵)괘이면 냉약을 복용하며, 곤(☷)괘이면 주로 따뜻한 보약이 형통한다. 질병이 귀신의 작란이라 해도 역시 괘상으로 추리할 수 있으니, 용괘가 진(☳)괘이면 주로 요괴의 형상이고 손(☴)괘는 목을 매거나 형(刑)을 받아 죽은 귀신이며, 곤간(☷☶)괘는 물에 빠져 죽거나 혈질(血疾)로 죽은 귀신이다.

무릇 송사(訟事)를 묻는 점괘는 용괘를 극함이 마땅하고 체괘의 기가 왕성하면 마침내 유리하며, 괘기가 같아 화합하면 화해를 함이 가장 기특하고 전적으로 타인의 힘에 의지하면 아니 된다.

묘혈(墓穴)이 어느 곳에 있는가를 묻는 점괘에 곤(☷)괘를 얻으면 평평한 양지쪽이고 손(☴)괘를 얻으면 숲이 있는 곳이며, 건(☰)괘를 얻으면 높은 곳이 마땅하고 간(☶)괘를 얻으면 큰 산이 좋다. 이(☲)괘를 얻으면 인가(人家)가 가까운 곳이고 태(☱)괘를 얻으면 흥하였다가 패가한다. 괘기가 같아 화합하거나 체괘를 생하면 장지(葬地)로 마땅하고 체괘가 용괘를 극하게 되면 더욱 길하고 크게 이롭다.

만일 사람이 점을 하러 왔을 때 주위 사람들의 말을 들어서 웃으며 하는 말이나 닭이 울면 역시 길하고 좋으며, 또 아름다운 물건을 보게 되면 이는 상서(祥瑞)로운 조짐으로 추리하라. 대략 편언(片言)으로 예를 들었으나 이를 유추(類推)하면 만사만물을 통할 수 있으리라.

原文

混沌開闢立人極　吉凶響應尤難避　先賢遺下預知音　皇極觀梅出周易
玄微浩瀚總無涯　各述繁言人莫記　大抵體宜用卦生　旺相謀爲終有益
比和爲吉剋爲凶　生用亦爲凶兆矣　問雨天晴無坎兌　亢旱言之終則是
天時連雨問晴明　艮離賁卦響應耳　乾明坤晦巽多風　震主雷霆定莫疑
凡占人事體剋用　諸事亨通須有幸　比和爲妙剋爲凶　又看其中何卦證
乾主公門是老人　坤遇陰人曰土應　震爲東方或山林　巽亦山林蔬果品
坎爲北方幷水姓　酒賣魚鹽才取定　離言文書爐冶利　亦曰南方顏色雜
艮爲東北山林才　兌曰西方喜悅是　生體剋體亦同方　編記以爲諸事應
凡問家宅體爲主　旺相須知進田土　生用須云耗散財　比和家世安居處
剋體爲凶決斷之　生產以體爲其母　兩宜生旺不宜衰　奇偶之中察男女
乾卦爲陽坤爲陰　又有來人爻內取　陰多生女陽生男　此數分明具易理
婚姻生用必難成　比和剋用大吉利　若問飲食用生體　必知肴饌豐厚喜
生用剋體飲食難　剋用必無比和美　坎兌爲酒震爲魚　八卦推求衰旺取
求謀稱意是比和　剋用謀爲遲可已　求名剋用名可求　生體比和俱可取

求財剋用日有財　生體比和俱稱意　交易生體及比和　有利必成無後慮
出行剋用用生體　所至其方多得意　坎則乘舟離早途　乾震動則坤艮止
行人剋用必來遲　生體比和人卽至　咸遠恒遲升不回　艮阻坎險君須記
若去謁人體剋用　比和生體主相見　兌主外見訟不親　乾利大人長者是
來問失物體剋用　速可追尋依卦斷　相生比和終可尋　兌臨缺處幷井畔
離爲冶爐及南方　坤主方器憑推看　疾病最宜體旺相　剋用易安藥有効
比和凶則有救星　體卦受剋爲凶兆　離宜服熱坎服冷　坤土卦溫補料亨
亦把鬼神卦象推　震主妖怪爲狀貌　巽爲自縊井鎖枷　坤艮落水及血衄
凡占公訟用宜剋　體卦旺相終得理　比和助解最爲奇　非止全伏他人力
若問墓穴在何地　坤則平陽巽林裏　乾宜高葬艮臨山　離近人烟兌興廢
比和生體宜葬之　剋用尤爲大吉利　若人臨問聽傍言　笑語鷄鳴亦吉美
美物是爲祥瑞推　若擧片言通萬類

374

8. 제괘반대성정(諸卦反對性情)

〔역주〕 본 편은 향응가(響應歌)에 이어서 점괘로 얻는 중괘(重卦)의 반대 성정을 역시 시결(詩訣)로 밝힌 것이다. 점괘를 판단함에 있어서는 팔괘의 물상과 수리 또는 괘기오행의 생극제화 등을 체득하는 것이 필수적인 요체이다. 그러나 점괘를 이루는 것은 중괘이므로 六十四괘의 성정도 역시 깊이 통달하여야만 정확한 판단을 할 수 있는 것이다. 그러므로 기억하는 데 편리하도록 하기 위하여 시가체(詩歌體)로 그 성정을 논한 것이다.

중천건(重天乾)괘의 성정은 굳세고 중지곤(重地坤)괘의 성정은 부드러우므로 그 뜻이 반대이다. 수지비(水地比)괘는 기쁨과 즐거움이고 택수곤(澤水困)괘는 근심과 염려함이다. 지택림(地澤臨)괘는 만물을 만남이고 풍지관(風地觀)괘는 뜻한 바를 구(求)함이다. 산수몽(山水蒙)괘는 밝음을 드러내기 어렵고 수뢰둔(水雷屯)괘는 제자리를 잃지 않음이다. 산천대축(山天大畜)괘는 복(福)을 낳음이고 천뢰무망(天雷无妄)괘는 화(禍, 災難)의 시초이다. 지풍승(地風升)괘는 한번 가면 다시 돌아오지 않음이고 택지취(澤地萃)괘는 모이면 마침내 가지 않음이다. 지산겸(地山謙)괘는 스스로 높음이요 뇌지예(雷地豫)괘는 게으른 사람이다. 중뢰진

(重雷震)괘는 움직여 일어남이고 중산간(重山艮)괘는 그쳐서 머무름이다. 중택태(重澤兌)괘는 밖으로 드러나 만남이요 중풍손(重風巽)괘는 안으로 들어가 감춤(藏)이다. 택뢰수(澤雷隨)괘는 앞에 있고 중수감(重水坎)괘는 뒤에 있어 구차하게 편안하다.

산지박(山地剝)괘는 체(體)에서 사라져 헤어짐이요 지뢰복(地雷復)괘는 스스로 낳아 돌아옴(反)이다. 산풍고(山風蠱)괘는 전의 잘못을 고치는 것뿐이다. 지화명이(地火明夷)괘는 안이 밝으나 또 밝음이 손상됨을 만나게 되고 화지진(火地晉)괘는 주로 밝음이 밖으로 드러나고 아울러 이치를 통달함이다. 풍뢰익(風雷益)괘는 무성함과 비교되고 산택손(山澤損)괘는 쇠퇴함을 상징한다. 택산함(澤山咸)괘는 빠르고 뇌풍항(雷風恒)괘는 늦으며, 풍수환(風水渙)괘는 멀리 숨는 것이다. 천화동인(天火同人)괘는 안으로 친하고 화택규(火澤睽)괘는 밖으로 흩어져 통함이다. 뇌수해(雷水解)괘는 풀렸으므로 조용하고 수산건(水山蹇)괘는 험난함을 열기 어렵다.

중화이(重火離)괘는 문채(文彩)가 아름답고 중산간(重山艮)괘는 빛이 밝다. 천산돈(天山遯)괘는 몸을 돌려 물러남이고 천풍구(天風姤)괘는 양과 서로 만남이다. 화천대유(火天大有)괘는 무리가 있음이요 뇌화풍(雷火豊)괘는 연고가 많음이다. 중수감(重水坎)괘는 험한 것을 밟음이요 중뇌진(重雷震)괘는 움직여 일어남이다. 수천수(水天需)괘는 나아가지 않음이요 천수송괘(天水訟)괘는 편안하지 않음이다. 수화기제(水火旣濟)괘는 제자리에 안정되어 염려가 없음이요 화수미제(火水未濟)괘는 양이 제자리를 잃었으므로 남자(陽)의 마침이며, 뇌택귀매(雷澤歸妹)괘는 부녀(婦女)가 집을 떠나가는 것이니 새 삶의 시작을 의미한다. 천지비(天地否)괘는 큰 것이 가고 작은 것이 오는 상이고 지천태(地天泰)괘는 작은 것이 가고 큰 것이 오는 상이다.

택화혁(澤火革)괘는 낡은 옛것을 제거함이요 화풍정(火風鼎)괘는 새로운 것을 좇음이다. 풍천소축(風天小畜)괘는 적은 것을 쌓음이고 화뢰서합(火雷噬嗑)괘는 음식을 씹어서 먹는 것이다. 화산여(火山旅)괘는 밖으로 나가는 굴레이고 택풍대과(澤風大過)괘는 근본이 약하여 뒤집힘이다. 택천쾌(澤天夬)괘는 소인의 도가 사라지므로 상쾌하게 이롭다.

괘를 판단함에 있어서 글자마다 자세하게 정밀히 살핌을 요하며, 잡괘(雜卦)는 반대되는 성정을 밝히는 데 있는 것이다.

原文 : 乾剛坤柔反其義 比卦歡欣困憂慮 臨逢百物觀求之 蒙卦難明屯不失 大畜其卦福之生 無妄若遇禍之始 升者去而不復回 萃者聚而終不去 謙卦自尊豫怠人 震則動而艮則止 兌主外遇巽內藏 隨前坎後偸安矣 剝體消爛復自生 蠱改前非而已矣 明夷內朗又逢傷 晉主外明幷通理 益擬茂盛損象衰 咸速恒遲渙遠遁 同人內親暌外疎 解卦從容蹇難啓 離文美麗艮光明 遯退回身姤相遇 大有曰衆豊曰多 坎卦履險震卦起 需則不進訟不寧 旣濟一定無後慮 未濟之卦男之終 歸妹之辭歸之始 否遭大往而小來 泰卦大來而小去 革去舊故鼎從新 小畜曰寡 噬嗑食 旅羈其外大過顚 夬卦分明曰快利 要將字字考精詳 雜卦性情反對是

【해설】六十四괘의 반대 성정을 논한 본편은 『주역』 「잡괘전(雜卦傳)」을 바탕으로 한 것이다. 괘를 「서괘전(序卦傳)」의 순서에 따르지 않고 그 상대적인 성정에 따라 뒤섞어 논하므로 잡괘라 이름한 것이니, 이는

천지만물이 모두 음양으로 대대(待對)하고 짝을 이루어 뒤섞여 존재하는 이치에 따른 것이다.

여기에서 논하는 '제괘반대성정'은 「잡괘전」과 대동소이하나 그 상대를 이루는 괘의 배합에 있어서 「잡괘전」의 배열과 다른 이유는 六十四괘의 형상과 성정을 위주로 반대되는 괘를 논하였기 때문이다. 그러나 六十四괘 중에서 지수사(師), 천택리(履), 산화비(賁), 산뇌이(頤), 뇌천대장(大壯), 풍화가인(家人), 수풍정(井), 풍산점(漸), 수택절(節), 풍택중부(中孚), 뇌산소과(小過)괘 등 十一괘가 누락되었는바, 이는 후세에 전하는 과정에서 결문(缺文)이 된 것으로 추측된다. 그러므로 「잡괘전」과 대조하면서 각 괘의 반대 성정을 탐구한다면 결문을 보충할 수 있을 것이다.

9. 점물류예(占物類例)

〔역주〕 점괘의 동효를 보고 그 효사(爻辭)로 판단하고자 하는 물상을 유추하는 이치를 예시(例示)와 아울러 논한 것이다. 사람들이 묻는 점괘는 대개 물질과 연관된 이해(利害)나 그 길흉을 판단하는 것이므로 그 물상을 유추하는 것은 점단(占斷)을 함에 있어서 필수불가결한 요체이다.

무릇 물상과 수(數)를 보고 점괘를 이룬 다음 동효의 효사를 보아 그 물상을 판단한다. 예컨대 건(乾 - 重乾)괘를 얻어 초九효가 동하면 그 효사가 잠겨 있는 용이니 쓰지 말라(潛龍勿用)이므로 이는 쓸 수 없는 물건이며, 九二효가 동하면 효사가 나타난 용이 밭에 있다(見龍在田)이므로 이는 밭 가운데의 물건이고, 九四효가 동하면 효사가 혹 뛰었다가 못에 있다(或躍在淵)이므로 이는 물 가운데 물건이며, 상九효가 동하면 효사가 높이 오른 용이니 뉘우침이 있으리라(亢龍有悔)이므로 이는 폐물이다.

또 곤(坤 - 重坤)괘를 얻어 六二효가 동하면 효사가 곧고 모가 있는 큰 것(直方大)이므로 이는 마땅히 모가 있는 큰 기물이며, 六四효가 동하면 효사가 주머니를 매면 허물이 없다(括囊无咎)이므로 이는 싸여져 있는 물건이고, 六五효가 동하면 효사가 누런 치마면 크게 길하다(黃裳元吉)이므로 이는 누런 색의 의복이다. 그리고 효사가 그 색이 검고 누런 색이고 돌로 인하여 괴롭다(其色玄黃困於石)이면 이는 석물(石物)이거나 혹은 돌을 만나 깨어진 물건이며, 또 숲 그루에서 괴롭다(困于株林)이면 이는 나무로 만든 물건이다. 또 효사에 물상을 말하지 않아 판단할 수 없는 경우는 반드시 팔괘에 배속되어 있는 물상을 살펴서 판단하고자 하는 물상을 유추하면 될 것이다.

原文 : 凡看物數 看其成卦 觀其爻辭 如得乾曰潛龍勿用乃曰不可用之物 見龍在田乃曰田中之物 或躍在淵乃曰水中之物 亢龍有悔乃廢物也 如得坤之直方大 乃曰宜而方大之器物 括囊无咎乃曰包裹之物 黃裳元吉乃曰黃色衣服之物 其色玄黃困於石 乃曰石物或逢石而破 困于株林乃曰木物 又言爻辭不言物類而不能決者 須以八卦所屬之象察之

1) 우결(又訣)

점괘의 체용으로 물상을 판단하는 묘리(妙理)는 체괘와 용괘의 생극제화(生剋制化)의 묘에 있으니, 여러 요결 중에서 이 요결이 극히 좋은 점험(占驗)을 얻었다. 체용괘로 판단한 바는 즉 체괘를 생하는 괘는 가히 먹을 수 있는 물건이며, 체괘를 극하는 괘는 가까이 할 수 없는 더러운 물건이고, 체괘가 생하는 괘는 미완성의 기물이며, 체괘가 극하는 괘는 깨지거나 꺾여 손상된 물건이며, 체괘와 비화(比和)하는 괘는 유용한

쓸모가 있는 온전한 기물이다. 또 체상(體象)을 생하는 괘는 귀중한 물건이고, 체상을 극하는 괘는 천한 물건이며. 체괘의 기를 설하는 괘는 폐물이다.

原文 : 體用斷物之妙 生剋制化之妙 於諸訣中此訣極爲美驗 其所訣以生體者爲可食之物 剋體者爲不可近之穢物 體生者爲不成之器 體剋者爲破碎損折之物 比和者乃有用成器之物 又生體象者爲貴物 剋體象者爲賤物 所泄爲廢物也

2) 우결(又訣)

무릇 괘수(卦數)를 헤아림에 있어서 체괘를 위주로 하여 그 강유(剛柔-陰陽)를 보고, 용괘의 물상은 쓰임(用)이 있는가 없는가를 본다. 체괘가 방원곡직(方圓曲直)의 물상을 생하는 경우에도 가히 지을 수 있고 또 쓰임이 될 수도 있으니, 용괘가 체괘를 생할 것 같으면 이는 가히 먹을 수 있는 것이다.

변괘와 호괘는 그 물상의 색상과 수(數)를 보는 것이니. 이는 호괘로 그 물상의 수를 판단하는 것이다. 예컨대 호괘에 건태(☰☱)를 거듭 보면 이는 一 二의 수로 판단하며, 또 호괘에 간곤(☶☷)을 보면 이는 七 八의 수이다. 다만 호괘가 중건(重乾), 중간(重艮), 중곤(重坤), 중감(重坎), 중리(重離) 등 같은 괘가 둘이면 이는 모두 두 가지의 물건이며, 괘기가 왕성하면 물건의 수는 더 많고 쇠약하면 물건의 수가 적다. 그리고 이(☲)괘이면 가운데가 빈 물건이거나 혹은 손(手) 안에 물건이 없는 것이다. 또 물건의 수를 판단하는 것은 호괘가 간(☶)괘이면 선천 괘수로 七수이며, 후천 괘수로 헤아려도 역시 八수의 범위를 벗어나지 않는다.

原文 : 凡算此數 以體卦爲主看其剛柔 用卦看其有用無用 體生方圓曲直可作可用 如用生體乃可食用 變互卦看其色與 數目 此互卦決其物之數目也 如互見重乾兌決爲一二之數 互 見艮坤爲七八之數也 但互卦重乾重艮重坤重坎重離之屬 皆 是兩件物 乘旺物數又多 衰而物少 離爲中虛之物 或空手無物 又決物之數者 如互艮卦先天七數 後天亦不出八數之外

10. 물수를 체로 판단하는 요결(物數爲體訣)

　무릇 물상의 수를 헤아리는 것은 다만 체괘만으로 물상의 체를 판단하는 것이 아니다. 무릇 점괘 안에 괘기(卦氣)가 많은 것을 그 물상의 체로 함이 가하다. 예컨대 건(☰)금이 많아 금을 체로 하면 그 물상은 굳셈(剛)이 많으며, 곤(☷)토가 많아 토를 체로 하면 부드러움(柔)이 많다. 또 건(重乾)을 점괘로 얻어 체괘가 건(☰)금이고 호괘 또한 건(☰)금이면 금이 체이므로 이 물상은 당연히 굳센 것이니, 곧 이는 둥글면서 굳세고 강경(剛硬)한 것으로 반드시 금속이나 돌이 아닌 이것을 물상의 체로 하는 것이다. 물상을 관찰함에 있어서 체괘, 호괘, 변괘의 괘기가 나란히 생왕(生旺)함이 없어 오행의 물상으로 판단할 수 없을 때에는 점괘의 효(爻)를 보아 괘 중에 양효가 많으면 이는 굳셈이 많은 물건이고 음효가 많으면 이는 부드러움이 많은 물건이다.

原文 : 凡算物數者　不但以體卦爲體　凡卦之多者　皆可爲體
如乾金多而金爲體則多剛　坤多而土爲體則多柔　乾卦　體卦乾
而互又是乾　固曰金爲體而剛矣　便是圓健剛硬之物　非金非石

此爲體矣 觀物有體互變卦 竝無生旺之氣者 爲不入五行之物
觀物觀爻 如八卦中陽爻多乃多剛之物 陰爻多乃多柔之物

1) 우결(又訣)

물상을 관찰하고 판단함에 있어서 변효가 五효 상효에 있으면 대개 이
물체는 능히 날아서 움직이는 것이 많다.

原文 : 觀物 變在五六爻 多是能飛動之物

2) 관물은 변효를 위주로 본다(觀物看變爻爲主)

무릇 물상을 살핌에 있어서 변괘를 위주로 하는데, 점괘에 응용하면
그대로 응하여 점험(占驗)을 얻을 수 있다. 예컨대 건(☰)괘를 얻어 초
효가 동하면 손(☴)괘로 변하므로 이는 금속의 칼로 깎은 나무로 된 물
건이며, 二효가 동하면 이(☲)괘로 변하므로 이는 금속을 불에 달구어
만든 물건이고, 三효가 동하면 태(☱)괘로 변하므로 이는 금속으로 만
든 기물이나 손상된 기물이니, 비록 둥글어도 파손된 곳이 많다.

原文 : 凡觀物以變卦爲主 應用之應驗也 如得乾 初爻變爲
巽 乃金刀削過木之物 二爻動變爲離 乃火中煅煉之金 三爻動
變爲兌 乃毁折五金之器 雖圓而破處多也

3) 관물극응법(觀物剋應法)

　무릇 물상을 헤아림에 있어서 그 성패는 또 체괘에 밖으로부터 응(外應)하는 극응(剋應)이 어떠한가를 살피는 것이다. 즉 점괘를 이루고 판단을 하려고 할 때에 둥근 물상이 있음을 보게 되면 곧 이는 둥근 물건이라고 점괘를 판단하며, 흙을 지고 지나가는 사람을 보면 곧 흙에서 나온 산물로 판단한다. 또 굳센(剛健) 물건을 보면 곧 이는 굳센 물건으로 판단하며, 부드럽고 부패한 물건을 보게 되면 곧 이는 부드럽고 부패한 물건으로 판단한다.

　〔역주〕 관물극응법은 삼요십응(三要靈應)으로 취하는 외응의 조짐이나 십응법(十應法)으로 취하는 외괘와 맥을 같이한다. 그러나 삼요십응으로 취하는 조짐이나 외괘는 점괘의 길흉과 괘기의 생극제화를 논하는 데 그쳤으나 관물극응법은 그 물상을 판단하는 것이다. 이는 삼요십응으로 취한 조짐이나 외괘를 보고 이를 취한 물상의 형상과 성정을 분별하여 알고자 하는 물상을 판단하는 것이다. 이는 삼요십응으로 취한 외응을 분별하여 물상을 판단하는 것이므로 삼요십응법과 분리하여 별도로 외응을 취하는 것이 아니다.

　原文 : 凡算物之成敗　又看體卦剋應如何　成卦未決之際　見有圓物相遇　卽斷是圓物　見有負土者過　卽斷爲土中之物　見剛健之物　卽言是剛健之物　見有柔腐之物　卽言是柔腐之物

4) 관물취시법(觀物趣時法)

무릇 물상을 헤아림에 있어서 시령(時令)에 따라 이치로 살피면 징험
(徵驗)하지 않음이 없다. 봄에 진(☳)괘와 이(☲)괘를 얻으면 이는 꽃이
며, 여름에 진(☳)괘를 얻으면 이는 소리가 있는 물건이고, 가을에 태
(☱)괘를 얻으면 이는 부수고 끊어서 이룬 기물이며, 겨울에 곤(☷)괘를
얻으면 이는 흙으로 만든 무용지물이다.

原文 : 凡算物 趣時察理 無有不驗 以春得震離爲花 夏得震
爲有聲之物 秋得兌爲毁折成器之物 冬得坤爲無用土物也

5) 관물용역례(觀物用易例)

어떤 사람이 대나무 바구니에 물건이 가득 담겨 있는 것을 보고 괘를
일으켜 지천태(泰)괘를 얻었는데, 초효가 동하여 지풍승(升)괘로 변하였
다. 이에 판단하기를 "이는 반드시 초목의 종류로서 흙에서 난 산물이며,
색은 푸르고 뿌리는 누런 색으로서 뿌리가 달려 있는 초목이다." 지천태
괘 초九 효사에 "띠(茅) 뿌리를 뽑음이라 그 무리이다(拔茅茹以其彙)"라
고 하였으니, 이는 뿌리 채 뽑은 마른 초목이라고 판단한 것이다. 이에
그 담긴 물건을 확인해보니 과연 뿌리까지 뽑은 초목으로 금방 채취한
것이니, 호괘의 진(☳)은 푸른색이고 태(☱)는 황색의 뿌리이다.
또 종(鐘) 안에 물건을 넣어 엎어놓은 다음 점을 하여 무슨 물건인지
판단하라고 하였다. 즉시 괘를 일으켜 화풍정(鼎)괘를 얻었고 상효가 동

하여 뇌풍항(恒)괘로 변하였다. 이에 "이는 명성과 가치가 있는 물건으로 비록 둥근 것이나 지금은 훼손된 부분이 있으며, 그 색은 희고 가히 쓸 만하다. 화풍정괘 상구효사에 '솥의 고리가 옥으로 된 고리이니 크게 길하다(鼎玉鉉大吉)' 라고 하였고 호괘에 건태(═══)금이 보이므로 비록 둥그나 훼손된 부분이 있는 물건이다"라고 판단하고 종을 열어보니 그 물건은 옥으로 만든 가락지로 과연 파손된 부분이 있었다.

原文 : 有人以籠盛物者 算得地天泰之初變升 互見震兌 曰此必是草木類以生土中也 色靑根黃當連根之草木也 盖爻辭曰拔茅連茹 以其彙 乃曰此乃乾根之草木也 視之乃草木連根新採於土中也 互震爲靑色 兌爲黃根也 又有以令鐘覆物者 令占之 得火風鼎之雷風恒 乃曰此有聲價氣勢之物 雖圓而今毁缺矣 其色白而可用 盖其詞曰鼎玉鉉大吉 互見乾兌雖圓而毁也 開視之乃玉條環果破矣

---

6) 만물희험수중불가상위지(萬物戱驗數中不可常爲之)

〔역주〕만물희험(萬物戱驗)이라 함은 시험삼아 점을 하는 경우를 말함이다. 예를 들면 손 안에 물건을 쥐거나 그릇 속에 물건을 감추어놓고 점을 하여 무엇을 감췄는지를 판단하도록 하는 것이니, 이를 복사점(覆射占)이라 한다. 만물에는 모두 수(數)가 성립되어 있으므로 점을 할 수는 있으나, 이는 단순히 실험하기 위하여 점을 하는 것이므로 늘 장난삼아 하여서는 불가하다는 것이다.

무릇 손 안에 있는 물건을 점단(占斷)하는 경우에 건(☰)괘를 얻으면 이는 둥글고 흰 물건으로 그 색은 희고 그 성질은 굳세며, 보화(寶貨)에 속하는 물건이나 괘기가 무기(無氣)하면 값어치가 없는 물건이다. 감(☵)괘를 얻으면 이는 검은 색에 성질은 부드럽고 물 가까이에 있는 물건이며, 또 간(☶)괘를 얻으면 이는 흙 가운데 물건으로 개와(瓦)나 돌로 된 물건이니, 유기(有氣)하면 기물이 이루어진 것으로 그 색은 황색이다. 태(☱)괘를 만나 부드러운 것이 극(剋)을 당하면 무기(無氣)할 경우 이는 꺾여 손상된 물건이다. 또 손진(☴☳)괘는 대(竹)나 나무인데, 유기하면 유용한 물건이거나 먹을 수 있는 물건이고 무기하면 죽목(竹木)에 속하는 물건이다. 태(☱)괘에 속하는 것은 먹을 수 있는 당시의 과물(果物)로 색은 푸르고 유기하면 부드럽고 무기하면 굳은 것이다. 진손(☳☴)목이 감(☵)수를 만나면 이는 더럽고 습한 물건이며, 혹 유기하거나 무기할 것 같으면 이는 불에 타거나 썩어 문드러진 나무이다. 이(☲)괘는 붉은 색이고 그 성질은 부드러우며, 물(☵)이 있고 목(☴☳)이 있는데 이를 이(☲)화가 불사르면 이는 반드시 불에 구워서 만든 숯(炭)의 종류로 유기하면 값있는 재화(財貨)이다. 곤(☷)괘는 흙 가운데 물건으로 색은 누렇고 그 성질은 따뜻하며, 태(☱)괘는 부서지고 꺾인 물건으로서 주둥이가 있다.

무릇 점을 하여 물건을 판단함에 있어서 봄의 진손(☳☴)목, 여름의 이(☲)화, 가을의 건태(☰☱)금, 겨울의 감(☵)수 등 시령(時令)을 얻어 유기하면 이는 모두 쓰임이 있는 온전한 기물이며, 무기하면 쓰임이 없는 물건이다. 그리고 상하 사방에서 체괘를 충파하는 경우면 반드시 물건이 없는 빈손이다.

原文：凡猜手中物 乾金爲圓白之物 其色白 其性剛 爲寶貨之物 無氣無價物 坎爲黑色 性柔近水之物 又艮爲土中之物瓦石之類 有氣爲成器之物其色黃 逢兌剋柔 無氣折傷之物 又巽震爲竹木 有氣爲有用之物 爲可食之物 無氣爲竹木之屬 又兌之屬可食當時之果物色青 有氣柔無氣剛 震巽遇坎爲污濕物 或有氣如無氣爲爛朽之木 離色赤性柔 有水有木離火焚之必炭之類 有氣爲價值可貨之物 坤爲土中之物 色黃而性溫 兌爲毀折之物帶口 凡占物 以春震巽 夏離 秋乾兌 冬坎 皆當以爲可用之物成器之物 否則爲無用之物 値六虛沖破 則必無物而空手矣

11. 점복십응결(占卜十應訣)

　　무릇 점복(占卜)은 체괘를 위주로 하고 용괘를 사물의 응으로 판단하는 것은 진실로 당연한 것이며, 다만 체괘를 위주로 하여 용괘, 호괘, 변괘가 서로 응하는 것을 보아 화복을 판단한다. 그러나 오늘 어떤 한 괘를 얻어 체용과 호괘, 변괘 가운데에서 길흉을 판단하였는데, 내일 다시 같은 괘를 얻게 되면 어찌 또 다시 같은 판단을 할 수 있겠는가. 그렇다면 어떻게 판단하여야 할 것인가. 이는 반드시 십응(十應)의 요결을 이해한 뒤에야 판단이 가능할 것이다. 십응이라 함은 정응(正應), 호응(互應), 변응(變應), 방응(方應), 일응(日應), 각응(刻應), 외응(外應), 천시응(天時應), 지리응(地理應), 인사응(人事應) 등이 있으니 이른바 십응이다.

　　대저 정응이라 함은 정괘(正卦－體用卦)의 응을 말하며, 호응이라 함은 호괘의 응을 말함이고 변응이라 함은 변괘의 응을 말함이니, 체용 두 괘의 응으로 점을 하는 사람은 모두 이를 용하여 길흉을 판단한다. 그러나 이밖에 여러 가지의 응에 이르러서는 알지 못하는 사람이 있으므로 반드시 모든 응이 성립하는 요결을 체득하여야만 점괘마다 점험(占驗)을 얻을 수 있을 것이다.

이 요결을 체득하지 아니하면 점복(占卜)의 길흉 판단이 혹은 점험을 얻고 혹은 점험을 얻지 못할 것이니, 이 요결을 얻는 사람은 마땅히 잘 간직하여야 할 것이다.

原文 : 凡占卜以體卦爲主 用爲事應固然矣 但體卦旣爲主 用互變卦相應參看禍福 然今日得此一卦 體用互變中決之如此 明日復得此卦 體用一般 豈可又復以此決之 然則若何而可 必得十應之說以後可也 盖十應之說 有正應 互應 變應 方應 日應 刻應 外應 天時應 地理應 人事應 所謂十應也 夫正應者正卦之應也 互應者互卦之應也 變應者變卦之應也 此二卦之訣也 占者俱用之 以斷吉凶矣 至於諸應之理 人有不知者 故必得諸用之訣 卦無不驗 不得其訣 此占卜吉凶 或驗或不驗矣 得此訣者宜秘之

【해설】 점복십응결(占卜十應訣)의 서론이다. 점을 하여 길흉을 판단함에 있어서 점괘의 체괘를 위주로 용괘와 호괘, 변괘의 생극비화(生剋比和)를 살핌은 기본이나, 이것만으로 길흉을 판단한다면 점험을 얻을 수도 있고 혹은 점험을 얻지 못하는 경우도 있을 것이다. 그 까닭은 인간만사는 잡다한데 얻을 수 있는 점괘는 六十四괘 뿐이라 같은 일에 같은 괘를 얻을 수도 있는 것이니, 이럴 경우 점괘의 길흉을 천편일률로 동일하게 판단할 수는 없으므로 이에 십응의 요결이 필요한 것이다.

다음에 차례로 논하는 십응의 요결은 이미 앞장에서 논했는데도 다시 한번 논하는 것은 이를 점복(占卜)에 활용하는 데 편리하도록 요약한 것이다. 모든 학문은 탐구만 하는 데 그치고 이를 요약하지 않는다면 결론을 도출(導出)할 수가 없다. 그러므로 이 십응요결은 점괘의 길흉을 판단하는 데 있어서 필수 불가결한 요체(要諦)라고 할 수 있다.

1) 정응(正應)

정응(正應)이라 함은 즉 점괘의 체괘(體卦)와 용괘(用卦) 두 괘로 길흉을 판단하는 것이다.

原文 : 正應者 卽體用二卦 決吉凶

【해설】 점괘를 얻으면 동효에 의하여 자연스럽게 체용으로 나뉘어지며, 체괘를 위주로 하여 용괘를 보아 길흉을 판단하게 되는데, 그 용괘에 물으려고 하는 일의 길흉이 응하여 판단하는 경우를 정응이라 한다. 그러나 물으려고 하는 일이 언제나 용괘에만 응하는 것이 아니므로 십응(十應)의 요결이 필요하다. 까닭에 십응요결을 체득하지 않고서는 점복(占卜)을 논할 수 없으며, 다만 정응은 기본적인 것이므로 먼저 논한 것이다.

2) 호응(互應)

호응이라는 것은 즉 점괘의 호괘 가운데에 점사(占事)의 길흉이 응하여 판단하는 것을 말함이다.

【해설】물으려고 하는 일의 길흉이 호괘 가운데에 응한다는 것은 예컨 대 용괘가 체괘를 생하면 길한 것이나 두 호괘 가운데 하나의 호괘는 용 괘를 극하고 하나의 호괘는 체괘를 극하는 경우라면 그 점괘의 길흉은 전적으로 호괘에 달려 있으므로 이를 호응이라 한다.

3) 변응(變應)

변응이라는 것은 즉 점괘의 변괘 가운데에 길흉이 응하여 판단하는 것을 말함이다.

原文 : 變應者 卽變卦中決吉凶

【해설】용괘의 동효가 변하여 이룬 변괘에 길흉이 응하는 것을 변응이 라 한다. 변괘에 길흉이 응한다는 것은 예컨대 용괘가 체괘를 극하면 흉 한 것이나 동효에 의하여 변한 괘가 체괘를 생하게 되면 이는 선흉후길 (先凶後吉)의 상이며, 또 반대로 용괘는 체괘를 생하나 변괘가 체괘를 극 하면 이는 선길후흉(先吉後凶)의 상이라 그 점괘의 길흉이 변괘에 의하 여 결정되므로 이를 변응이라 한다.

4) 방응(方應)

방응이라는 것은 체괘를 위주로 하여 점을 하러 온 사람이 어느 방위
에 앉았는가를 보고 곧 그 앉아 있는 방위로 방괘(方卦)를 취하는데, 이
방괘는 체괘를 생함이 마땅하고 또는 체괘와 비화(比和)하면 길하다. 반
대로 체괘를 극할 것 같으면 흉하고 또는 체괘가 방괘를 생하여도 설기
(泄氣)를 당하므로 역시 불길하다.

原文 : 方應者以體爲主 看來占之人 在何方位上 卽看其所
坐立之方位 宜生體卦 又宜如體比和則吉 如剋體卦則凶 如體
卦生之亦不吉矣

【해설】 방위괘는 문왕팔괘도(文王八卦圖)에 의하여 괘를 취한다. 점을
하러 온 사람이 앉은 방위에서 취하는 방괘는 점괘 이외의 외괘(外卦)로
서 주로 그 괘기를 보며, 체괘를 위주로 하여 그 생극비화(生剋比和)에
따라 길흉을 판단한다. 방괘의 응(應)으로 길흉을 판단하는 경우는 방괘
의 생극(生剋)이 그 점괘의 길흉을 좌우하는 관건(關鍵)이 되었을 때에
방괘로 길흉을 판단하게 되는데, 이를 방응이라 한다.

5) 일응(日應)

일응이라는 것은 체괘를 위주로 하여 점괘가 어느 괘에 속하는가를 살
펴보고 체괘와 그날의 괘기(卦氣, 日辰)로서 점괘의 괘기쇠왕(卦氣衰旺)

이 어떻게 응하는가를 보고 그 길흉을 판단하는 것을 말한다. 이 일응은 체괘를 생하거나 비화(比和)함이 마땅하며, 체괘를 극하거나 체괘가 그 날의 괘기를 생함은 마땅하지 아니하다.

그날에 소속된 괘기는 즉 인묘(寅卯)일은 목(木☳☴)이고 사오(巳午)일은 화(火☲)이며, 신유(申酉)일은 금(金☰☱)이고 해자(亥子)일은 수(水☵)이며, 진술축미(辰戌丑未)일은 토(土☶☷)이다.

原文 : 日應者 以體卦爲主 看所自卦占屬何卦 及體卦與本日衰旺如何 盖卦宜生體 宜比和 不宜剋體 亦不宜體卦生之也 本日所屬卦氣 如寅卯木 巳午火 申酉金 亥子水 辰戌丑未土也

【해설】일응이라 함은 그날 그날에 임하는 오행의 괘기가 점괘에 응하는 것을 말함이다. 그러므로 같은 일에 같은 점괘를 얻었다고 할지라도 점을 한 날의 괘기가 다르므로 그 판단은 달라진다. 이것이 이른바 수기응변(隨機應變)이라고 하는 것이다. 그리고 비록 점을 한 날의 괘기가 같다고 할지라도 그 당시의 계절도 참작하여야 할 것이다. 예를 들면 점을 한 날이 인묘목(寅卯木)에 해당하는 날이라도 봄에 응하는 괘기와 가을에 응하는 괘기는 그 강약에 있어서 현격한 차이가 있는 것이다. 괘기 오행이 순환하는 것은 자연법칙의 지극한 이치가 그 안에 있는 것이므로 점괘에 응하여 영향을 미침은 당연하며, 결코 소홀히 하여서는 안 될 것이다.

6) 각응(刻應)

각응이라는 것은 즉 삼요영응(三要靈應)의 요결을 말함이다. 점을 할 당시에 듣고 본 바에 따라 응하는 길흉의 조짐으로 점괘를 판단하는 길흉의 응으로 하는 것이다.

原文 : 刻應者 卽三要之訣也 占卜之頃 隨所聞所見吉凶之兆 以爲吉凶之應

【해설】각응이라 함은 점을 하는 그 시각에 귀로 듣고 눈으로 보아 마음으로 응하는 길흉의 조짐을 말함이다. 이는 이미 앞 장의 삼요영응론(三要靈應論)에서 자세히 밝혔으므로 참조하기 바란다. 이 삼요의 각응은 점괘의 길흉을 판단함에 있어서 매우 중요한 추기(樞機)라고 할 수 있다.

7) 외응(外應)

외응이라는 것은 점괘 밖에서 취한 외괘의 응을 말함이다. 점을 할 때에 우연히 밖에서 물건이 오는 것을 보면 곧 그 물건이 어느 괘에 속하는가를 보는 것인데, 불을 보면 이(☲)괘를 얻고 물을 보면 감(☵)괘를 얻는 류이다. 또 노인이나 말(馬), 금옥(金玉), 둥근 물건 등을 보면 건(☰)괘를 얻고 늙은 부인이나 소(牛), 흙 개와(瓦) 등속을 보면 곤(☷)괘를 얻는 류이다. 이러한 것을 보고 외응의 괘를 얻으면 점괘의 체괘와 더불어 생극비화(生剋比和)의 이치로 살펴보고 길흉을 판단하는 것이다.

原文 : 外應者 外卦之應也 占卜之際 偶見外物之來者 卽看
其物屬何卦 如火得離 如水得坎之類 如見老人馬金玉圓物得
乾 見老婦牛土瓦得坤之類 又如見此者 爲外應之卦 並看其卦
與體卦生剋比和之理 以決吉凶

【해설】외응이라 함은 점괘 밖의 사물에서 취한 외괘(外卦)의 응을 말함
이다. 이는 팔괘의 만물분류에 배속한 사물을 보고 괘를 취하여 점괘의
길흉을 판단하는 외응으로 하는 것이니, 이미 앞 장에서 논한 십응오론
(十應奧論)이 곧 외응을 논한 것이므로 참조하기 바란다.

8) 천시응(天時應)

천시응이라 함은 점을 할 때에 천기(天氣)가 청명하면 이(☲)괘, 비나 눈
이 오면 감(☵)괘, 바람이 불면 손(☴)괘, 우레 소리가 나면 진(☳)괘를 취
하여 점괘의 응으로 함을 말한다. 이 천시응은 예컨대 이(☲)괘가 체괘이
면 천기가 쾌청(快晴)함이 마땅하고 감(☵)괘가 체괘이면 비(雨)가 내림
이 마땅하며, 손(☴)괘가 체괘이면 바람이 부는 것이 마땅하고 진(☳)괘가
체괘이면 우레(雷)가 울림이 마땅하며, 화(火)가 우레(雷)를 보면 비화(比
和)하고 또는 체괘를 생(生)하거나 극(剋)함을 참작하여 길흉을 정한다.

原文 : 天時之應 占卜之際 晴明爲離 雨雪爲坎 風爲巽 雷
爲震 如離爲體宜晴 坎爲體宜雨 巽爲體宜風 震爲體宜雷 火
見雷爲比和參之生剋以定吉凶

【해설】천시응이라 함은 점을 할 당시의 천기(天氣 - 日氣)를 괘로 취하여 점괘의 외응으로 함을 말한다. 천시는 오행의 기(氣)가 나타난 현상이므로 이를 괘기로 취하여 점괘의 길흉을 판단하는 외응으로 함은 지극히 이치에 합당하다고 하겠다. 이는 하늘이 점괘에 응하는 것이므로 하늘의 응을 살피지 아니하고 길흉을 판단한다면 점험(占驗)을 얻기가 어려울 것이다.

9) 지리응(地理應)

지리응이라 함은 점을 할 때에 그 곳이 대나무나 나무숲이면 이는 진손(☳☴)괘에 해당하는 땅이고 강(江)이나 시냇물 사이 또는 못(池)이나 늪이 있는 곳이면 감(☵)괘에 해당하며, 쇠붙이를 다루는 곳이면 건태(☰☱)괘에 해당하고 가마나 부엌 또는 화로등 불을 다루는 곳이면 이(☲)괘에 해당하며, 흙바닥이나 토기를 다루는 곳이면 곤간(☷☶)괘에 해당한다. 이 지리에서 취한 외괘는 체괘와 견주어 생극비화(生剋比和)의 이치로 살펴 길흉을 판단한다.

原文 : 地理之應 占卜之時 在竹林間爲震巽之地 在江河溪澗池沼之上爲坎 在五金之處爲乾兌之鄕 在窯竈爐火之所爲離 在土瓦之所爲坤艮 竝爲體卦論生剋比和之理 以訣之

【해설】지리의 응은 점을 하는 곳의 지리적 외응을 괘로 취하여 점괘의 길흉을 판단함을 말함이다. 사람을 비롯한 모든 생명체는 땅에 의지하여

존재하므로 지리의 응을 점괘에 반영함은 지극히 당연한 이치라고 하겠다. 그러므로 점을 할 일이 생겼을 때에 그 지리적인 현상을 살펴야 하며, 그 괘기를 취하여 점괘의 체괘와 견주어 생극비화(生剋比和)의 오행원리로 묻고자 하는 일의 길흉을 판단하는 것이다. 그러나 점복(占卜)의 기본인 정응, 호응, 변응 등을 무시하고 지리응만으로 판단하라는 뜻은 아니다.

10) 인사응(人事應)

인사의 응은 즉 삼요영응(三要靈應)의 요결 가운데 인사의 극응을 말함 이다. 대개 점을 할 때에 우연히 길(吉)한 일을 만나면 길하고 흉한 것을 만나면 흉한 것이다. 예컨대 즐거워하는 웃음소리를 들으면 주로 길한 경 사가 있고 곡(哭)하며 우는 사람을 만나면 주로 슬프고 근심할 일이 있 다. 또 사람이 괘에 속하는 경우를 논하면 노인은 건(☰)괘, 늙은 부인은 곤(☷)괘, 소년은 간(☶)괘, 소녀는 태(☱)괘이다. 이 인사의 괘는 점괘 의 체괘와 견주어 생극비화(生剋比和)를 살펴보고 길흉을 판단한다.

原文 : 人事之應 卽三要中人事之剋應也 盖占卜之際 偶遇 人事之吉爲吉 偶遇人事之凶爲凶 如聞笑語主有吉慶之事 遇 哭泣主有悲愁之事 又以人事之屬卦者論之 老人爲乾 老婦爲 坤 少男爲艮 少女爲兌 竝看此人事之卦 與體卦生剋比和 以 決吉凶

【해설】인간만사에는 희로애락이 점철되어 있으므로 이러한 인사의 외

응(外應)을 취하여 점괘의 길흉의 조짐으로 하는 것이다. 뿐만 아니라 희로애락의 동정이 없는 사람을 보게 되면 그 인물의 현상으로 괘로 취하여 길흉을 판단하는 쓰임으로 한다. 이 인사의 응은 앞장의 삼요영응 편에서 자세히 논하고 밝혔으므로 그것을 참조하여 유추하고 응용하면 될 것이다.

이상 십응의 이치는 무릇 점을 할 때에 귀로 듣고 눈으로 본 것으로써 길흉을 판단하는 것이니, 이는 점괘의 체괘를 위주로 하여 그 생극비화의 이치로 견주어 살피는 것이다. 예컨대 질병의 점을 한 경우, 호괘나 변괘 가운데 모두 체괘를 극하는 괘만 있고 점괘 가운데 체괘를 생하는 괘가 없으면 이는 결단코 불길하다. 그리고 또 시령(時令)에 비추어 체괘의 쇠왕(衰旺)을 보아 만일 체괘가 왕하면 거의 회복할 가망이 있으나 체괘가 쇠약한 경우에는 다시 회복하여 살아날 가망이 없다. 이와 같이 또 여러 외응(外應)을 살펴서 그 가운데 체괘를 생하는 외응이 있으면 위험한 중에서도 구원이 있는 상이나 여기서도 체괘를 극하는 외응만 있다면 질병이 회복될 가망은 없다고 할 것이다. 이밖에 모든 일의 점복(占卜)에 있어서도 이상의 예시를 유추하여 판단하면 될 것이다.

原文 : 右十應之理 凡占卜之際 耳聞目見 以決吉凶 竝以體卦爲主 而詳其生剋比和之理 如占病症 互變中俱有剋體之卦 而本卦中又無生體之卦者 斷不吉也 又看體衰旺 若體旺則庶幾有望 體又衰則無復生理 如是又看諸應有生體者 險中有救 又有剋體則不可望安矣 其餘占卜 竝以類推之

12. 논사십대응(論事十大應)

〔원주〕 論日辰秘文

〔역주〕 논사십대응은 무엇을 기본으로 하여 무슨 응을 논한 것인지 그 뜻을 알 수 없다. 이는 삼요영응론(三要靈應論)이나 십응오론(十應奧論)과는 그 맥이 다른 연원에서 나온 요결이라고 짐작되나 역자(譯者)의 능력으로는 이해하기가 어려운 글이다. 그러므로 여기서는 원문만을 옮기는 데 그치고 이 요결의 해석은 고명한 학자의 해석이 나오기를 기다리기로 한다.

原文

一行問 官事屬 不旺木 有文書 屬火 有官司財 金木財有至 有客至問病 人大潮熱 金水米漿

二立官司不發 木土無金木 大小口舌 病不凶 財水土 有貴人至 文書發動

三坐問官司 有訟不成 主財屬火 主和勸金敗財 木得財病 却月又有犯 林木神 有禍不凶

四臥官司 側睡者欲起 必做主陰人事 金有財 火事發破財 土水無財難就 土木有財

五擔官司 被人自驚火 與面說人成口舌 問信見水土得財 金木
　客至 病有犯四肢沈重 不能起

六夯官司不成 火有財 水土有財 心下不安 有貴人 主口舌 不凶

七頭官司 立見口舌 火大官司 水土比和財無 小人分上口 舌
　嘔氣病 主陰人小口災

八跣足官司破財 外人欺 心下驚慌 火主破財 土不凶 病有孝至

九喜官司 自己無主 外人有請 勸官司 有酒肉別人事 口舌紛
　紛 求財不許 不凶

十怒官司 主外人欺凌 不見官 主破財 倚人脫卸火驚病凶

13. 괘응(卦應)

〔원주〕 與前八卦屬類 大同小異 觀者可以互參

〔역주〕 괘응(卦應)론은 앞장(卷一)의 팔괘만물속류(八卦萬物屬類)와 대동소이하나 여기서는 『주역』「설괘전(第十一章)」의 물상론을 첫머리에 인용하여 물상을 취한 뜻과 원리를 밝히는데 중점을 두고 있다. 그러므로 서로 비교하면서 그 이치를 탐구하여야 할 것이다. 만물에는 모두 수(數)가 성립되어 있으므로 어떠한 사물이라도 귀로 듣고 눈으로 보게 되면 다 괘를 취할 수 있다. 그러나 아래에 예시한 것은 만사만물에는 미치지 못하나 이를 유추하고 응용한다면 어떠한 사물이라도 모두 팔괘의 범주 안에 배속할 수 있으며, 이렇게 만물에서 취한 괘는 점괘의 외응(外應)으로 하여 길흉을 판단하는 데 응용하는 것이다.

1) 건(乾 ☰)괘

건(乾)은 하늘로 둥근 것이며, 임금과 아버지가 되고 머리가 되며, 금이 되고 옥이 되며, 찬 것이 되고 얼음이 되며, 크게 붉은 것이 되고 말이 되며, 좋은 말이 되고 늙은 말이 되며, 여윈 말이 되고 얼룩말이 되며, 나무의 과실이 된다.

"구가역(九家易)에 이르기를 용이 되고 곧음이 되며, 옷이 되고 말씀이 된다고 하였다."

原文 : 乾爲天 爲圓 爲君父 爲首 爲金 爲玉 爲寒 爲氷爲大赤 爲馬 爲良馬 爲老馬 爲瘠馬 爲駁馬 爲木果 九家易云爲龍爲直爲衣爲言

〔역주〕이상의 글은 『주역』「설괘전(第十一章)」의 내용과 대동소이하다. 그러므로 이 괘응론에서 밝힌 만물분류는 『주역』「설괘전」에서 밝힌 물상을 바탕으로 하여 유추한 것임을 알 수 있다. 이하 다른 괘도 역시 같다. 구가역(九家易)이라 함은 전국 말기부터 한(漢)나라 때에 성행한 상수역(象數易)을 말함이다.

『주역』「설괘전」에서 위와 같이 물상을 취한 뜻을 살펴보면 다음과 같다.

1) 하늘(天), 둥근 것(圓), 임금(君), 아버지(父), 머리(首) 등으로 취상한 것은 건(☰)괘의 높고 존귀한 천존(天尊)의 뜻을 형상으로 취한 것이다.

2) 옥(玉)은 둥글고 순수함을, 금(金)은 질이 순수하고 굳셈을 취한 것이다.

3) 찬 것(寒)과 얼음(氷)으로 취상한 것은 건(☰)괘의 방위가 서북방이고 계절로는 입동(立冬)에 해당하므로 이를 취한 것이다.

4) 크게 붉은 것(大赤)이라 함은 왕성한 양의 색을 취한 것이니, 복희씨의 선천팔괘도의 건(☰)괘 자리에 문왕의 후천팔괘에는 이(☲)괘가 자리하므로 건괘가 이괘로 괘변하는 뜻을 취하여 대적(大赤)이라 한 것이다.

5) 건(☰)을 말(馬)로 취상한 것은 달리는 동물 중에서 가장 빠르고 굳건한 것이 말이므로 건괘의 상으로 취한 것이다.

6) 나무 열매(木果)라고 한 것은 열매는 나무 위에 매달려 있으므로 낮은 곳에 있는 음(陰)이 범할 수 없는 단단한 상을 취한 것이고 또한 열매는 씨앗이므로 지극히 순수한 양(陽)인지라 고로 재천성상(在天成象)의 뜻을 함축하고 있다.

천풍구(姤), 천산돈(遯), 천지비(否), 천택리(履), 천뢰무망(无妄), 천수송(訟), 천화동인(同人) 등 건궁(乾宮)의 七괘는 건(☰)괘가 위에 있으므로 강건(剛健)함이 밖에 있는 것이며, 화천대유(大有), 지천태(泰), 뇌천대장(大壯), 택천쾌(夬), 수천수(需), 산천대축(大畜), 풍천소축(小畜) 등 七괘는 건(☰)괘가 아래에 있으므로 안이 강건한 것이다. 건괘와 곤괘의 굳세고 부드러움은 사시(四時)를 발동하고 팔방(八方)을 변화시키는 원리이나 오직 六효가 동하는 때에 따라 다름이 있으므로 하나에만 구애하여서는 아니 된다. 건(☰)은 성정이 따뜻하면서 강직하고 그 괘위(卦位)는 서북쪽에 치우쳐 있으며, 자오(子午－南北)의 정위(正位)에 자리하지 아니하고 술해(戌亥－西北)에 자리한다. 건(☰)괘는 예법을 따르면 굳세면서 착하고 밝음이 되나 예법에 따르지 아니하면 굳세면서 악하고 흉폭(凶暴)함이 된다.

原文 : 如 遯否履无妄訟同人 七卦 乾在上剛在外 如大有泰大壯夬需大畜小畜 七卦 乾在下剛在內 乾坤剛柔 四發八變惟六動隨時有異不拘于一 乾性溫而剛直 偏位西北 不居于子午 而居戌亥 附於禮法 則爲剛善爲明 不附於禮法 則爲剛惡爲凶暴

〔天文〕 눈(雪), 노양(老陽).

〔天氣〕 차가움(寒).

〔凶盜〕 군인(軍), 궁수(弓手), 도적(賊), 굳센 횡포(强横), 시체실(停尸).

〔官貴〕 조정의 고관(朝貴), 지방의 수령(鹽司 太守), 지방의 우두머리(座主－座首)

〔身體〕 정수리(頂), 얼굴 뺨(面頰), 광대뼈(頄輔).

〔性情〕 강건하고 정직하다(剛健正直), 높고 무게가 있다(尊重), 높음
을 좋아한다(好高), 싸움을 좋아한다(戰吉), 성음(聲音), 바
르고 맑음(正淸), 상음(商 - 金音).

〔信音〕 아침의 소식은 해롭다(朝信敗), 소명을 받음(召命), 천거를 받
음(擧薦), 요직에 승진(關陞), 의롭고 친함(義親).

〔事意〕 상괘이면 형편이 좋은 가문(上卦爲形象之家), 하괘이면 힘으
로 횡포하는 무리(下卦爲強橫之輩).

〔疾病〕 수태양맥현긴(手太陽脈弦緊), 하늘의 위엄으로 벌하는 바 옹
목열(天威所罰壅目熱), 한열(寒熱).

〔附藥〕 먹는 환약(丸子食物), 붉은 떡(餠子之赤者), 손떡(手餠), 만두
(饅頭), 연꽃 열매(荷包), 국(羹), 진분(珍粉), 찐 만두(餛飩).

〔禽獸〕 참새(雀), 솔개(鵰), 물수리(鶚), 대붕새(鵬), 매(鷹).

〔衣服〕 검붉은 색 옷(赤玄色).

〔器用〕 둥근 뚜껑(圓物盖), 주전자 받침(注子盤), 수정(水晶), 옥가락
지(玉環), 일정한 그릇(定器), 둥근 공(毬).

〔財〕 은의로 받는 재물(恩義交貨), 돈이나 말(錢馬之類).

〔祿〕 임신(壬申).

〔字〕 방원형의 머리가 있는 글자(方圓形字有頭者須旁八卦).

〔策〕 二百一十六.

〔軌〕 七百六十八.

2) 곤(坤☷)괘

곤(☷)은 땅이 되고 어머니가 되며, 펼침이 되고 가마(釜)가 되며, 배(腹)가 되고 인색함이 되며, 균등함이 되고 소(牛)가 되며, 새끼 소와 어미 소가 되고 큰 수레가 되며, 무늬(文彩)가 되고 무리(衆)가 되며, 자루(손잡이)가 되고 그 땅에서는 검은 빛이 된다(『주역』「설괘전(第十一章)」참조).

〔역주〕위와 같이 물상을 취한 뜻과 그 원리를 살펴보면 다음과 같다.
1) 땅(地)과 어머니(母)가 된다고 한 것은 곤(☷)괘는 하늘(☰) 아래 낮은 곳에 자리한 대지(大地)를 뜻하며, 그리고 만물을 생하므로 이를 취한 것이다.
2) 펼침(布)과 가마(釜)라고 한 것은 땅은 넓고 커서 만물을 널리 편다는 뜻을, 가마는 만물을 담고 새 생명을 만들어내는 뜻을 취한 것이다.
3) 배(腹)와 인색(吝嗇)함이 된다고 한 것은 배가 모든 음식을 받아들이는 것처럼 대지도 만물을 받아들이는 뜻을, 땅은 하늘에서 받기만 하고 주지는 않으므로 인색하다는 뜻을 취한 것이다.
4) 고르다(均), 새끼 소와 어미 소(子母牛)가 된다고 한 것은 땅은 만물을 다 균등하게 살도록 하는 뜻을, 대지는 새끼가 딸린 어미 소처럼 지극한 모성애와 암소처럼 유순하다는 뜻을 취한 것이다.
5) 큰 가마(大輿)라고 한 것은 대지는 만물을 다 싣고 있으므로 이를 큰 가마의 상으로 취한 것이다.
6) 무늬와 무리라고 한 것은 땅에는 산천초목이 무늬를 이루고 있으며, 곤(☷)괘는 음효만으로 무리를 이룬 상이므로 이를 취한 것이다.
7) 자루(柄)가 된다고 함은 땅은 만물의 근본 모체로서 뿌리를 내리게 하므로 그 뿌리를 잡고 있는 상이라 이를 자루의 상으로 취한 것이다.
8) 검은 빛(黑)이 된다고 함은 땅은 태양의 빛이 없을 때에는 검은 빛으로

화하므로 그 상을 취한 것이다.

原文 : 坤爲地 爲母 爲布 爲金 爲腹 爲吝嗇 爲均 爲牛 爲
子母牛 爲大輿 爲文 爲衆 爲柄 其於地也爲黑

곤(☷)이 상체(上體)가 되면 밖으로 여섯 괘이고 유(柔－坤)함이 아래
에 있으면 부드러움이 안에 있는 것이다. 곤(☷)토는 두터우나 그 자리
는 서남방의 신(申)금 위에 치우쳐 있다. 이법(理法)에 따르면 성현이 되
고 따르지 아니하면 간사하고 방탕함이 된다.

〔역주〕 곤(☷)괘가 상체가 되는 여섯 괘는 지뢰복(復), 지택림(臨), 지천태
(泰), 지풍승(升), 지산겸(謙), 지화명이(明夷), 지수사(師) 등 七괘이나 건
(☰)괘 위에 있는 지천태(泰)괘를 제외하면 六괘이고, 곤(☷)괘가 아래에 있
는 괘는 천지비(否), 택지취(萃), 화지진(晉), 뇌지예(豫), 풍지관(觀), 수지
비(比), 산지박(剝) 등 七괘이다. 그리고 사탕(邪蕩)이라 함은 땅(坤)은 법도
에 따라 가꾸면 성현처럼 정연하나 가꾸지 아니하면 어지럽고 무질서하여 흡
사 간사한 방탕아처럼 쓸모 없게 된다는 뜻이다.

原文 : 坤上體矣 外於六卦 柔在下柔在內 坤厚位居偏 在西
南申上 附於理法 則爲聖賢 否則爲邪蕩

〔天文〕 안개(霧), 이슬(露), 구름(雲), 그늘(陰).
〔地理〕 지방정부(郡國), 궁궐(宮闕), 성읍(城邑), 담이나 벽(牆壁).
〔人物〕 어머니(母), 처(妻), 선비(儒), 농군(農), 중(僧).
〔凶盜〕 후미진 곳에 숨어 있는 노비(奴婢藏在僻處).

〔官貴〕 장관(大臣), 교관(敎官), 문자검열관(考校文字).

〔生育〕 여자(女), 살찌고 비만(肥厚).

〔性情〕 순하고 느리며 일은 불신한다(順緩不信事), 완고하고 둔하
며 인자한 사랑이 없다(頑鈍無慈愛).

〔聲音〕 궁음(宮音).

〔事意〕 지체된다(遲滯), 완고하고 나약하다(頑懦), 비천하고 인색하
다(碌吝), 조용하다(從容).

〔疾病〕 손병(手), 태음후(太陰候), 복통(腹痛), 비위폐맥침복(脾胃閉
脈沈伏).

〔飮食〕 명아주국(藜羹), 굽고 볶은 음식(燒熬凍物), 거위(鵝), 오리
(鴨), 허파(肺), 성대한 잔치 음식(太牢飮食), 엿(飴糖).

〔五味〕 쓴맛(苦), 매운맛(辣), 단맛(甘).

〔果品〕 과즙(取物汁).

〔音信〕 순리대로 하면 가히 이루며, 진술축미월에 응한다(順遂可許
爲捷應辰戌丑未月).

〔財物〕 정성 들여 만든 승의(束修抄制題僧衣), 베 치마(布裳).

〔婚姻〕 부잣집(富家), 시골 양반집(莊家), 상인 가문(商家), 추하다
(醜), 졸렬한 성품에 인색하다(拙性吝), 배가 크다(大腹), 씩
씩하다(壯), 느리고 둔하다(遲鈍), 얼굴이 누렇다(面黃).

〔器用〕 가마(轎), 수레(車), 질그릇(瓦器), 농기구(田具), 사기(沙器).

〔禽獸〕 소(牛), 암말(牡馬), 갈매기(鷗雀), 갈가마귀(鴉), 비둘기(鴿).

〔字〕 규금사우방(圭金四牛旁).

〔祿〕 계유(癸酉).

〔策〕 一百四十四.

3) 진(震 ☳)괘

　진(☳)은 우레가 되고 용이 되며, 검고 누런 색이 되고 펼침이 되며, 큰
길이 되고 큰아들(長子)이 되며, 발이 되고 결단과 조급함이 되며, 푸른
대나무가 되고 갈대가 되며, 말(馬)에 있어서는 잘 우는 말이 되고 발
(足)이 흰색의 말이 되며, 잘 뛰는 말이 되고 이마에 흰 털이 있는 말이
되며, 농사에 있어서는 싹이 터 나옴이 되고 궁극에는 굳셈이 되며, 번성
하고 고운 것이 된다(『주역』「설괘전」참조).
　"구가역에 이르기를 왕이 되고 고니가 되고 북이 된다고 하였다."

　〔역주〕위와 같이 물상을 취한 뜻과 그 원리를 살펴보면 다음과 같다.
　1) 우레(雷)와 용(龍)이라고 한 것은 진(☳)괘의 동하는 성정을 취한 것이다.
　2) 검고 누런 색(玄黃)이라 함은 곤(☷)괘에 건(☰)괘의 양효 하나가 가서
　　진(☳)괘를 이루었으므로 하늘(玄)과 땅(黃)의 색이 섞였음을 취한 것
　　이다.
　3) 펼침(敷)이 된다 함은 양기가 동하여 널리 펴 나가는 상을 취한 것이다.
　4) 큰길(大塗)이라 함은 진괘의 초양이 위로 나아감에 위의 두 음효가 큰길
　　을 터주고 있는 상이라 이를 취한 것이다.
　5) 장자(長子)와 발(足)이 된다고 함은 가장 먼저 낳은 양효이므로 장자라
　　하고 또 가장 아래에 있으면서 동하므로 발의 상이라 이를 취한 것이다.
　6) 결조(決躁)라 함은 양이 아래에서 위로 나아감에 있어서 위의 두 음을
　　조급하게 결단하는 상이므로 이를 취한 것이다.
　7) 창랑죽(蒼莨竹)이라 함은 뿌리(初陽)는 실하나 뻗은 대궁의 속(二陰爻)

은 비어 있는 상이므로 이를 취한 것이다.

8) 말(馬)이라고 한 것은 진괘의 초양(初陽)은 건괘에서 왔으므로 말이 되며, 잘 우는 말(善鳴)이라 함은 우레가 진동하는 상에서 취한 것이고. 발이 흰 말(馵足)이라 한 것은 아래에 있는 양이므로 발에 해당하고 위는 음이므로 위의 몸통은 검고 발은 흰 상이라 이를 취한 것이다.

9) 반생(反生)이라 함은 봄에 싹이 터 나오는 상을 취한 것이며, 진괘의 양효는 건괘에서 왔으므로 굳건(爲健)하다고 한 것이고, 새싹은 무성하고 고운 상을 취하여 번선(蕃鮮)이라고 한 것이다.

原文 : 震爲雷 爲龍 爲玄黃 爲敷 爲大塗 爲長子 爲足 爲決躁 爲蒼莨竹 爲萑葦 其於馬也爲善鳴 爲馵足 爲作足 爲的顙 其於稼也爲反生 其究爲健 爲蕃鮮 九家易云爲王爲鵠爲鼓

봄과 여름에는 성정이 엄하고 강직하여 무리로부터 존경을 받으며, 가을과 겨울에는 굳세기는 하나 이룸이 없으므로 만물을 제압하지 못한다. 한가함을 좋아하지 않고 그 생각이 한쪽으로 치우쳐 있으며, 우연하게 이법(理法)을 따르면 위엄이 있으나 이법을 따르지 아니하면 성질이 조급하고 난폭하다. 체용에 진(☳)이 상괘에 있으면 나는 것처럼 빠르고 하괘이면 달리는 것이 된다.

原文 : 春夏性嚴剛直 衆所欽服 秋冬剛而不成 不能制物 不好閑 付惟偏而偶附於理 則爲威嚴 否則爲躁暴 體用上卦爲飛 下卦爲走

〔역주〕 진(☳)괘가 상괘인 괘는 뇌천대장(大壯), 뇌택귀매(歸妹), 뇌화풍

(豊), 뇌풍항(恒), 뇌수해(解), 뇌산소과(小過), 뇌지예(豫) 등 七괘이고, 하 괘인 괘는 천뇌무망(无妄), 택뇌수(隨), 화뇌서합(噬嗑), 풍뇌익(益), 수뇌둔 (屯), 산뇌이(頤) 지뇌복(復) 등 七괘이다.

〔天文〕 우레(雷), 무지개, 암무지개(虹霓), 번개(電).

〔地理〕 장터거리(屋市宅), 대문간(門戶枋), 방소(方所), 정동방(正東).

〔人物〕 행상인(商旅), 장수(將帥), 목공(工匠).

〔凶盜〕 동쪽으로 감(東去), 남자 도둑(男人盜).

〔官貴〕 감사(監司), 군수(郡守), 형리(刑幕), 경찰(巡檢), 법관(法官).

〔生育〕 장남전동허경괴이(長男轉動虛驚怪異).

〔性情〕 처음이 강하므로 결단한다(始剛故決斷), 급하게 움직이므로 조급하다(急於動故躁).

〔婚姻〕 벼슬하는 집(官宦家), 기능공(技巧工), 여자는 심신이 동정을 좋아하고 쉽게 바뀐다(女容心神好動靜易轉).

〔聲音〕 상하각성(上下角), 상평성(上平聲), 삼음칠성(三音七聲).

〔信音〕 약속하였으나 오지 않는다(所許不至).

〔事意〕 옛일이 중첩하여 유명무실하다(舊事重疊有名無實).

〔疾病〕 냉기가 쌓여 위 손상(氣積冷傷胃), 과로로 四체가 피로하다 (四體勞倦), 덥고 찬 음식에 상한 병(溫冷傷食).

〔醫藥〕 족태양혈(足太陽), 맥홍부(脈洪浮).

〔宴會〕 술잔치(酒宴), 구경하는 모임(玩賞), 정기 모임(期會).

〔食物〕 국수(麪食), 만두(包子), 술(酒), 새로 나온 식물(時新之物).

〔穀果〕 토란(芋), 팥(小豆), 벼(稼), 새로 나온 과실(時新之果).

〔禽獸〕 벌(蜂), 나비(蝶), 백로(白鷺), 학(鶴).

〔器用〕 무소반(木器盤), 대나무 광주리(竹器筐), 주판 알(算盤子), 배

수레(舟車), 병차(兵車), 가마(轎), 그릇(器皿), 병·잔·사
발(瓶盞甌), 악기(樂器), 북(鼓).

〔衣物〕 치마와 허리띠(裙腰帶).

〔纏帶〕 노끈(繩), 비단필백(疋帛), 청·현·황색의 비단(青玄黄之綵).

〔財物〕 여인에게서 찾은 죽목을 판 돈(陰人取索竹木錢).

〔祿〕　녹을 끼고 있다(夾).

〔字〕　주죽방의 글자(走竹旁), 설립 변의 글자(立畫偏).

〔色〕　청색(青), 검은색(玄), 황색(黄).

〔策〕　百六十八.

〔軌〕　七百四.

④ 손(巽 ☴)괘

손(☴)은 나무로서 바람이 되고 장녀가 되며, 먹줄이 되고 목공이 되
며, 흰 것이 되고 긴 것이 되며, 높음이 되고 진퇴가 되며, 열매를 맺지
못함이 되고 물고기가 되며, 닭이 된다. 사람에게 있어서는 털이 적음이
되고 이마가 넓음이 되며, 눈에 흰자가 많음이 되고 넓적다리가 되며, 가
까운 시장에서 세 배의 이익을 얻음이 되고 그 궁극에는 조급한 괘가 된
다 (『주역』「설괘전」참조).

"구가역에 이르기를 위로 오름이 되고 황새가 된다."

〔역주〕 위와 같이 물상을 취한 뜻과 원리를 살펴보면 다음과 같다.

1) 손(☴)이 나무(木)가 되고 바람이 됨은 손괘의 들어가는 성질(入也)에
서 취한 것이니, 즉 나무는 뿌리가 땅 속으로 들어가고 바람이 하늘로부

터 땅의 틈 속으로 들어가므로 그 성질을 취한 것이며, 먹줄(繩直)은 나무의 곧게 뻗는 성질에서 취한 것이고, 목수(工)는 이러한 성질의 나무를 다루는 데서 취한 것이다.

2) 흰 것(白)이 된다 함은 위에 두 양효가 있어 희게 보이는 상을 취한 것이며, 긴 것(長)과 높은 것(高)은 나무가 높이 올라가고 길게 뻗는 성질을 상으로 취한 것이다.

3) 진퇴(進退)라 함은 양은 나아가고 음은 물러나는 성질에서 취한 것이며, 불과(不果)라 함은 건(☰)괘는 목과(木果)이나 손(☴)괘는 아래 효가 음이므로 열매를 맺을 수 없음을 취한 것이다.

4) 털이 적음(寡髮), 이마가 넓음(順顙), 눈에 흰자가 많음(多白眼)이라 한 것은 음효 위에 두 양효가 있으므로 음보다 양이 많음을 취한 것이다.

5) 근리시삼배(近利市三倍)라 함은 아래의 음효 하나가 앉아서 두 양효를 얻고 있으므로 그 이익이 큼을 취한 것이다.

6) 조급한 괘(躁卦)가 된다고 함은 손(☴)괘는 바람이므로 그 성질이 조급함을 취한 것이다.

原文 : 巽爲木 爲風 爲長女 爲繩直 爲工 爲白 爲長 爲高 爲進退 爲不果 爲魚 爲鷄 其於人也 爲寡髮 爲順顙爲多白眼 爲股 爲近利市三倍 其究爲躁卦 九家易云爲揚爲

봄과 여름에는 권세가 있으므로 꾀와 책략으로 호령하며, 가을과 겨울에는 굳세고 부드러움이 일정하지 않아 만물과 더불어 해로움이 있다. 손(☴)은 사람에 있어서는 무릇 일에 과감하여 회피하거나 후퇴하지 아니한다. 그러나 손(☴)목은 음으로서 품성이 음에 치우쳐 있다. 예법을 따르면 권세와 꾀가 있으나 예법을 따르지 아니하면 성품이 간사하게 된다.

原文：春夏有權 號令謀略 秋冬剛柔不一 與物爲害 巽人也
凡事敢爲不退避 巽陰賦性偏 附於禮法 則爲權謀 否則爲姦邪

〔天文〕 바람(風).

〔地理〕 숲 동산(林苑), 과수원(園圃).

〔人物〕 사대부의 처(命婦), 약 짓는 노파(藥婆), 여자 기능인(工術女).

〔凶盜〕 노비를 꾀어 갔으니 급히 오게 하라(奴婢商量取去宜急來之).

〔官貴〕 형무관(典獄), 시험관(考校), 요직 관리(幹官), 휴직(休宄).

〔身體〕 귀(耳), 눈(目), 쓸개(膽), 털(髮), 목숨(命), 입(口), 팔다리(肢).

〔生育〕 장녀(長女), 달 차지 않은 자녀(胎月少), 맑고 희다(瑩白).

〔性情〕 야비하다(鄙野), 구두쇠로서 인색하다(慳吝), 괴롭고 고통스
러다(艱苦), 울부짖는다(號咷).

〔婚姻〕 사대부의 처(命婦), 종실녀(宗室女), 위망(委望), 진퇴(進退).

〔聲音〕 각음(角音), 각측성삼성사성상하(角仄聲三聲四聲上下).

〔信音〕 소명(召命), 승전보(報捷), 임금의 차사(辟差), 과거교지(擧狀).

〔事意〕 천거(薦擧), 징발 명령(呈發), 심사신청(申審), 호령(號令),
명령을 받는다(聽命).

〔疾病〕 수족궐회화지기후삼십일(手足厥會和之氣候三十日), 혈맥이
약하다(脈濡弱), 주식에 위가 상하여 가슴이 결림(飮食傷胃宿
酒痞膈), 악취가 난다(爲臭), 소화불량(水穀不化).

〔藥〕 초약(草藥).

〔宴會〕 집에서 하는 잔치(家庭), 손님이 차지 않음(客不齊).

〔穀果〕 마(麻), 가루(粉), 차(茶).

〔食物〕 국수, 가루음식(長麪紛羹), 회(膾), 닭(鷄), 생선(魚), 내장(腸),

뱃살(肚), 신 음식(酸物), 하괘면 거위와 오리(下卦爲鵝鴨).

〔禽獸〕 닭(鷄), 거위(鵝), 오리(鴨), 물고기(魚), 잘 우는 벌레와 새(善
鳴之蟲禽), 상괘-나는 것(上卦飛), 하괘-달리는 것(下卦走).

〔衣物〕 옷(衣), 끈(繩), 실(絲).

〔色〕 청색(靑), 녹색(綠), 하늘색(碧), 흰색(白), 자색(紫色).

〔財〕 시장이 이로우며 국을 기뻐한다(利市喜羹), 세 받은 돈(租錢),
구문 받은 돈(料錢).

〔祿〕 신(辛).

〔字〕 초목죽방의 글자(草木竹旁), 서방(西方).

〔策〕 百九十二.

〔軌〕 七百三十六.

5) 감(坎 ☵)괘

감(☵)은 물이 되고 도랑이 되며, 가운데아들이 되고 귀가 되며, 돼지
가 되고 숨어 엎드림이 되며, 굽은 것을 바로잡음이 되고 활과 바퀴가 되
며, 사람에 있어서는 근심을 더함이 되고 마음의 병이 되며, 귀의 통증이
되고 혈괘(血卦)가 되니 붉은 색이 된다. 말(馬)에 있어서는 아름다운 척
추가 되고 급한 마음이 되며, 머리를 내림이 되고 엷은 발굽이 되며, 끄
는 것이 된다. 수레(輿)에 있어서는 재앙이 많음이 되고 통함이 되며, 달
(月)이 되고 도적이 되며, 나무에 있어서는 중심이 견고한 나무가 많음
이 된다(『주역』「설괘전」 참조).

〔역주〕위와 같이 물상을 취한 뜻과 원리를 살펴보면 다음과 같다.

1) 물(水)이라 함은 감(☵)괘의 외유내강(外柔內剛)한 성질과 외암내명(外暗內明)한 상에서 취한 것이며, 도랑(溝瀆)이라 함은 가운데 양(一)효가 두 음(--) 사이에 빠져 있는 상이므로 이를 취한 것이다.

2) 귀(耳)라고 함은 음효 사이에 있는 가운데 양효를 고막의 상으로 취한 것이고, 앞뒤 분간을 못하고 저돌하는 돼지(豕)를 감괘의 상으로 취한 것이며, 숨어 엎드림(隱伏)은 양이 음효 사이에 빠져 보이지 않는 상을 취한 것이다.

3) 굽은 것을 바로잡음(矯輮)이라 함은 상하의 구부러진 음을 가운데 양효가 바로 잡는 상이므로 이를 취한 것이다.

4) 활과 바퀴(弓輪)라 함은 물이 굽이쳐 흐르는 상을 취한 것이다.

5) 근심을 더한다(加憂)라고 함은 두 음효 사이에 양효가 빠져 있으므로 이를 근심이 가중하는 상으로 취한 것이다.

6) 마음의 병(心病)과 귓병(耳痛)이라 한 것은 양이 가운데에 있어 상하의 소통을 막고 있는 상을 취한 것이니. 심장이나 귀는 가운데가 비어 있어야 하는 것인데, 그 가운데를 양이 막고 있으므로 병이 되는 것이다.

7) 혈괘(血卦)와 붉다(赤)라고 한 것은 감괘는 물이나 인체의 혈액과 여자의 경수(經水)는 물이지만 붉은색의 피(血)이므로 이를 취한 것이다.

8) 척추가 아름다운 말(馬)이라 함은 중앙의 양효는 건괘에서 왔으므로 말이되고 중정(中正)을 얻었으므로 척추가 아름다운 것으로 취상한 것이다.

9) 극심(亟心)은 양이 음 가운데 빠져 있어 조바심을 내는 상을 취한 것이다.

10) 머리를 내림(下首)이라 함은 상효가 음이므로 머리를 숙인 상으로 취한 것이며, 발굽이 엷음(薄蹄)은 아래 초효가 음이므로 발굽이 엷은 상이다.

11) 끈다(曳)고 함은 물은 차례대로 흘러가는 것이 끌고 가는 상이다.

12) 재앙이 많음(多眚)은 감(坎)의 상이 빠지는 것이므로 재앙이 많다는 뜻이다.

13) 통(通)한다고 함은 물은 두루 흘러 막힘이 없음을 취한 것이다.

14) 달(月)이라 함은 감(☵)괘가 양(밝음)이 음(어둠)에 싸여 있는 외암내

명(外暗內明)의 상으로 어둠 속에서 빛나는 달의 상이므로 이를 취한 것이다.

15) 도둑(盜)이라 함은 물의 스며드는 성질에서 취한 것이고 또 감(坎)은 자(子)에 해당하므로 동물로는 쥐이며, 밤중에 해당하므로 도둑의 상이다.

16) 중심이 견고하다(多堅心) 함은 가운데 양효가 있으므로 중심이 견고한 상이다.

봄과 여름에는 성정이 험악하여 위태함이나 망할 것을 돌아보지 아니하고 일을 함에 있어서 난폭함이 많다. 가을과 겨울은 성정이 고요하여 먼저는 어렵고 뒤에는 쉬우며, 꾀와 지략이 있고 담대한 뜻이 있다. 감(☵)은 험난하나 오직 안으로는 형통하며, 주로 낮은 곳으로 빠지는 품성으로서 북쪽에 자리한다. 감(☵)의 체는 숨어 엎드리는 물성(物性)으로서 물 가운데의 물질이며, 이법(理法)을 따르면 굳세고 이법을 따르지 아니하면 험난(險難)에 빠지게 된다.

原文 : 坎爲水 爲溝瀆 爲中男 爲耳 爲豕 爲隱伏 爲矯輮爲弓輪 其於人也 爲加憂 爲心病 爲耳痛 爲血卦 爲赤 其於馬也 爲美脊 爲心病爲下首 爲薄蹄 爲曳 其於輿也 爲多眚爲通 爲月 爲盜 其於木也 爲堅多心 春夏性險 不顧危亡 爲事多暴 秋冬性靜 先難後易 有謀略 有膽志 坎險維心亨內 主坎陷賦性而居北 坎之體 隱伏之物 水中之物 附於理法爲剛 否則爲險陷

〔天文〕 달(月), 무지개(虹), 구름(雲), 서리(霜).
〔地理〕 넓은 바다(海闊), 샘물(水泉), 하수도랑(溝瀆), 뒷간(厠), 방

소(方所), 언덕의 무덤 안(丘墓中), 정북방(正北), 여우나 토끼굴 안(狐兔穴中).

〔人物〕 승려(僧), 도인(道).

〔凶盜〕 편리함을 타서 오나 머리와 꼬리가 노출된다(乘便而來脫頭露尾), 쉽게 실패하고 반드시 잡힌다(易敗必獲).

〔官貴〕 해운관리(漕運), 돈이나 양곡운송 해운관리(錢糧漕官運屬).

〔身體〕 모발(髮), 비만(膏), 혈액(血).

〔生産〕 난산(難産), 가운데아들(中男), 맑고 빼어남(淸秀).

〔性情〕 마음가짐이 음흉하다(心機陰陷), 지혜는 수기응변에 능하나 바르지 않다(智隨方圓委曲).

〔婚姻〕 부잣집(富家), 술집(酒家), 친가에서 신경을 쓴다(親家用性).

〔聲音〕 상괘면 우음 중성(羽中上卦), 하괘면 우음 평성의 六성이다(羽平六聲下卦).

〔信音〕 미루기를 반복하는 소인의 사기(詐反覆猶豫小人欺), 아첨하고 교활하다(佞狡獪), 도적(盜賊), 형사소송(獄訟).

〔疾病〕 족태음지기(足太陰之氣), 혈관경화증(脈滑扏).

〔附藥〕 보신약(補腎藥), 혹주수하(或酒水下).

〔食物〕 술(酒), 짠맛의 식물(鹹物), 돼지(豕), 생선(魚), 해산물로 굳고 핵이 있는 식물(海味中硬而核), 요자(腰子).

〔穀果〕 보리(麥), 대추(棗), 매실(梅), 오얏(李), 복숭아(桃), 밖은 부드럽고 안에 견고한 씨앗이 있는 과실(外柔內堅有核).

〔禽獸〕 사슴(鹿), 돼지(豕), 코끼리(象), 여우(狐), 제비(燕), 소라(螺).

〔器用〕 술그릇(酒器), 차바퀴(車輪), 부서진 차(敗車).

〔衣物〕 청흑색 옷(靑黑色).

〔財物〕 송사로 다투는 재물 또는 화합하여 타협한 편재(爭訟之財和
合打偏財).

〔字〕　양두점수(兩頭點水), 전수월소궁지속(全水月小弓之屬).

〔祿〕　술(戌).

〔色〕　검은색(黑色), 흰색(白).

〔策〕　百六十八.

〔軌〕　七百零四.

6) 이(離 ☲)괘

이(☲)는 불이 되고 해(日)가 되며, 번개가 되고 가운데 딸(中女)이 되
며, 갑옷과 투구가 되고 병사(兵士)와 창이 되며, 사람에게 있어서는 큰
배(腹)가 되고 눈(目)이 되며, 건(乾)괘가 되고 꿩이 되며, 게가 되고 소
라가 되며, 조개가 되고 거북이 되며, 나무에 있어서는 속이 비고 위의
가지가 마른 고목(槁木)이 된다(『주역』「설괘전」 참조).

"구가역에는 기르는 소와 암컷 양이 된다고 하였다."

〔역주〕 위와 같이 물상을 취한 뜻과 원리를 살펴보면 다음과 같다.

1) 이(☲)괘는 외명내암(外明內暗)한 화(火)의 상이므로 불(火)이 되고 해
(日)가 된다고 한 것이다. 즉 해(日)는 화의 정(精)이고 달(月)은 수의
정이다.

2) 번개(電)가 된다 함은 번개는 화에 의하여 발생한 빛이므로 이를 취한 것
이다.

3) 갑옷 투구(甲冑), 무기(兵戈)라고 함은 모두 단단한 양효가 밖을 싸서

422

부드러운 안(陰)을 보호하는 괘상에서 취한 것이다.

4) 큰 배(大腹)라고 함은 중정(中正)을 얻은 음효가 곤(☷)괘에서 왔으므로 곤괘의 상을 이어서 취한 것이다(이괘는 가운데가 허하므로 큰배의 상이다).

5) 건(☰)괘가 된다 함은 후천팔괘에는 이(☲)괘가 선천팔괘의 건괘 자리로 가서 건괘를 대신하여 주괘(主卦)가 되므로 이를 취한 것이다.

6) 꿩(雉)이 된다 함은 꿩의 아름다운 색상을 이명(離明)의 상으로 취한 것이다.

7) 자라(鼈), 게(蟹), 소라(蠃), 조개(蚌), 거북(龜) 등은 모두 외피가 단단하여 몸을 보호하는 갑옷과 같으므로 이를 취한 것이다.

8) 속이 비어 있고 위가 마름(科上槁)은 이(☲)괘의 상이 가운데가 비어 있으므로(虛中) 이를 취한 것이고, 불은 타올라가므로 위가 마른 상으로 취한 것이다.

봄과 여름에는 성정이 밝고 문채(文彩)가 있으며, 과단성이 있다. 가을과 겨울에는 성품이 아둔하고 밝지 않으며, 시종 결단력이 없다. 이(☲) 화는 허공에 걸리는 것이니, 중심에서 밝게 살피고 품성이 곧으며, 정남(正南)방에 자리한다. 이법(理法)을 따르면 문채(文彩)가 있고 밝으나 이법을 따르지 아니하면 어둡고 밝지 못하다.

原文：離爲火 爲日 爲電 爲中女 爲甲冑 爲兵戈 其於人也 爲大腹 爲目 爲乾卦 爲雉 爲鼈 爲蟹 爲蠃爲蚌 爲龜 其於木也 爲科上槁 九家易云爲牧牛 正沫作牡羊 春夏性明 文彩有斷 秋冬晦而不明 始終不決 離麗也 明察於心 賦性直而居正南 附於理法則爲文明 否則爲非也

〔天文〕 해(日), 노을(霞), 번개(電), 맑음(晴).

〔地理〕 전당(殿堂), 중당 -대청(中堂), 처마(簷), 부엌(廚竈), 방소 (方所), 정남방(正南).

〔人物〕 장군이다(爲將帥), 창과 갑옷으로 무장한 병사(兵戈甲之士).

〔凶盜〕 부인 도둑으로 남방으로 달아났다(婦人盜從南方去).

〔官貴〕 한원 -옥당의 문관(翰苑), 교관(敎官), 보좌관(通判), 남방의 직책을 맡은 관원(任宜在南方).

〔身體〕 삼초(三焦), 소장(小腸), 눈(目), 심장(心).

〔生育〕 차녀(次女), 성질이 조급하고 많이 운다(多性燥啼哭).

〔性情〕 총명(聰明), 일을 보면 명료하게 처리한다(見事明了).

〔信音〕 아침 소식은 문서(朝信文書), 승전보(報捷), 계약문서(契券).

〔事意〕 근심과 의심(憂疑), 떠들썩하게 개척함(眡拓), 화합하며 떠들 다(喧哄), 성질이 급하다(性急), 헛된 근심(虛憂).

〔疾病〕 수족태양이군 명삼상화로 인한 눈병(手足太陽二君明三相火 眼病), 기가 조열한 질병으로 발광한다(氣燥熱疾發狂).

〔禽獸〕 무늬가 아름다운 봉황(鳳有文彩), 자라(鼈), 소라(螺), 조개 (蚌), 게(蟹), 차오조개(鰲), 대합조개(蛤) 우렁이(蠃), 메추 라기(鶉), 학(鶴), 나는 새(飛鳥), 암컷 양(牝羊).

〔食物〕 떡, 만두(餛飩), 게(蟹), 가재(鱉), 조개(蚌), 딱지가 있는 충류 (介虫之屬), 중간이 빈 음식(中虛物), 굽고 지진 음식(炙煎物).

〔穀果〕 곡식·기장·연뿌리(穀實粱藕), 외피가 굳고 안이 부드러운 과물(外堅內柔之物), 가시나무의 꽃과 잎 또는 마른 가지(棘 木之花葉枯枝).

〔器用〕 등불을 켜는 기구(燈火之具), 밖은 굳고 안은 부드러운 물건

(外堅內柔之物), 병풍·장막·발·깃발(屛幕簾旗幟), 창과
갑옷투구(戈兵甲胄), 소반(盤), 시루·병·실타래·구슬 등
중간이 빈 물건(甑瓶繳璧一應中虛之物), 가마·부엌·대장간
합·독·대바구니(窯竈爐冶盒子甕籠).

〔衣物〕 적색·홍색·자색 옷(赤紅紫色).

〔財〕 멀리 옛날의 의외의 재물을 찾아 얻는다(遠舊取索意外之物).

〔字〕 불화·날일변 글자(火日旁).

〔祿〕 사(巳).

〔策〕 百九十二.

〔軌〕 七百六十三.

7) 간(艮☶)괘

간(☶)은 산이 되고 어린(막내)아들이 되며, 손(手)이 되고 지름길이
되며, 작은 돌이 되고 작은 문과 큰 문이 되며, 과일과 풀 열매가 되고 내
시(內侍)가 되며, 손가락이 되고 개(狗)가 된다(한상역漢上易에는 표범과
곰, 범의 새끼가 된다고 하였다). 그리고 쥐가 되며, 부리가 검은 부류의 짐
승이 된다. 나무에 있어서는 굳어서 마디가 많은 나무가 된다(『주역』「설
괘전」참조).

"구가역에는 코가 되고 피부가 되며, 피혁이 되고 범이 되며, 여우가
된다고 하였다."

〔역주〕 위와 같이 물상을 취한 뜻과 원리를 살펴보면 다음과 같다.
1) 간(☶)은 단단한 양효가 음효를 덮고 그쳐 있으므로 그 상이 산(山)의

모습이다.

2) 손(手)이라 함은 양이 끝에 있으므로 모든 신경이 끝에 모인 손의 상이며, 또 간(☶)은 지지로는 일년의 끝 달인 축(丑)월에 해당하고 축(丑)자는 손의 상이다.

3) 지름길(徑路)은 양이 더이상 나아갈 길이 없는 상이므로 지름길의 상을 취한 것이다(진 은 큰길(大塗)이나 간은 그 반대이므로 지름길이 된다).

4) 작은 돌(小石)이라 함은 간산(艮山) 위에 있는 돌이므로 작은 돌이 된다.

5) 문(門闕)이라 함은 간(☶)의 상이 아래는 열리고 위는 덮여 있어 문을 상징한다.

6) 나무 열매와 풀 열매(果蓏)라 함은 간괘의 상에서 취한 것이니. 위의 양효는 나무열매(碩果 -剝上九)이고 아래의 음효는 잡다한 풀 열매의 상이다.

7) 내시(閹寺)와 개(狗)라고 한 것은 간(☶)의 문을 지키는 상에서 취한 것이다.

8) 손가락(指)은 사람의 몸 끝에 맺혀 있는 것이 손가락이라는 뜻이다.

9) 쥐(鼠)와 검은 부리(黔啄)의 새 등은 그 강점(强點)이 이빨과 부리에 있음을 취한 것이다. 손가락의 상을 취한 뜻과 같다.

10) 간괘는 위가 단단하고 그치는 것이므로 나무에서 단단하고 그치는 것은 마디이므로 마디가 많고 굳은 상으로 취한 것이다.

봄과 여름에는 성품이 온화하여 착한 것을 좋아하고 가을과 겨울에는 고집과 정체됨이 심상하지 않아 일을 함에 있어서 지체함이 많다. 간(☶)은 멈추는 것이니 굳셈도 있고 부드러움도 있으며, 양(陽)에 뿌리를 두나 품성이 치우쳐서 그 방위도 한쪽에 치우쳐 동북간 방에 자리한다. 이법(理法)을 따르면 강직하나 이법을 따르지 아니하면 완고하고 막힌다.

原文：艮爲山 爲少男 爲手 爲徑路 爲小石 爲門闕 爲果 爲
閽寺 爲指 爲狗 (漢上作 豹熊虎之子) 爲鼠 爲黔喙之屬 其於木
也 爲堅多節 九家易云 爲鼻 爲膚 爲皮革 爲虎 爲狐 春夏性
稟 溫和好善 秋冬執滯不常 爲事遲緩 艮止也 有剛有柔 陽賦
性偏而居偏 附於理法爲剛直 否則爲頑梗

〔天文〕 별(星), 연기(烟).

〔地理〕 산길이나 담이 있는 골목(山徑墻巷), 언덕동산(丘園), 문과
담(門墻), 빗장(闌), 내시청(閽寺), 종묘(宗廟), 방소(方所),
동북방(東北方), 동북방의 문과 담(艮門墻), 절(寺).

〔人物〕 내시청의 노복(閽寺僕隷), 관료(官僚), 보인(保人).

〔凶盜〕 이하 자취를 살피도록 한 사람((以下所使警迹人).

〔官貴〕 산간 고을의 옮기지 않는 관리(山郡無遷轉).

〔身體〕 손가락·코·늑골·비장과 위장(手指鼻肋脾胃).

〔生產〕 태아손상(損胎), 차남(次男).

〔性情〕 침체되어 의심이 많고 느긋하나 안은 굳센 가운데 유연하
다(濡滯多疑優游內剛中軟).

〔聲音〕 청산평(清上平), 일음십이음삼성(一音十二音三聲).

〔事意〕 진퇴를 반복하며 거취에 의심이 많다(反覆進退去就多疑).

〔疾病〕 수태양(手太陽), 비장과 위장의 오랜 병환(久患脾胃), 넓적다
리의 질병(股疾), 혈맥침복(脈沈伏).

〔附藥〕 습토석약(濕土石藥).

〔宴會〕 늘 즐기다(常酣), 마시는 잔치(宴飲), 정기 모임(期集).

〔穀果〕 팥과 콩(豆), 크고 작은 채소(大小菜).

〔食物〕 장식하는 음식으로 먹는 바가 같지 않다(粧點之物所食不一),
　　　　 술과 미음 통째로 구운 식물(酒漿雜爐之物), 냉동물의 잡탕
　　　　 (凍物雜羹), 즙이 있는 식물(有汁物), 오리와 거위(鴨鵝), 단
　　　　 맛(甘味).

〔禽獸〕 암소(牝牛), 새끼 소와 어미 소(子母牛), 고니(鵠), 송골매
　　　　 (鶻), 갈가마귀(鴉), 까치(鵲), 참새(雀), 집오리(鶩), 갈매기
　　　　 와 백구(鷗), 쥐(鼠).

〔器用〕 가마와 수레(轎輿), 밭 가는 기구(犁具), 병기와 갑옷(兵甲
　　　　 器), 질그릇(陶冶瓦器), 솥·가마·병·독·제사기구(鍋釜瓶
　　　　 甕簋傘), 전대(錢袋), 도자기(磁器), 등자(踏鐙), 나전칠기(螺
　　　　 鈿), 합(盒子), 안이 부드럽고 밖이 강한 물건(內柔外剛之物).

〔衣物〕 황색치마(黃裳), 승복(僧衣), 검은 옷(黑皂), 무늬가 있는 비
　　　　 단(彩帛), 돈자루(袋布).

〔祿〕　 병(丙).

〔財〕　 원금은 놔두고 굴린 돈으로 밭을 사서 올린 돈(舊錢置轉貨買田
　　　　 上趁錢).

〔字〕　 흙토·소우·밭전 변의 글자(土牛田旁).

〔策〕　 百六十八.

〔軌〕　 七百零四.

8) 태(兌☱)괘

태(☱)는 못(澤)이 되고 소녀가 되며, 무당이 되고 입과 혀가 되며, 헐

고 꺾음(毁折)이 되고 붙은 것을 결단함이 되며, 땅에 있어서는 굳셈과 짠것(鹹)이 되며, 첩이 되고 양(羊)이 된다(『주역』「설괘전」참조). "구 가역에는 집(堂)이 되고 광대뼈와 뺨이 된다고 하였다."

〔역주〕위와 같이 물상을 취한 뜻과 원리를 살펴보면 다음과 같다.

1) 못(澤), 소녀(少女), 무당(巫), 구설(口舌) 등의 상은 모두 태(☱)괘가 기쁨을 뜻하는 데서 취한 것이다. 만물을 적셔 기쁘게 함은 못이고 젊고 아름다운 여자는 남자를 즐겁게 하니 곧 소녀이며, 신과 인간을 기쁘게 하는 것은 무당이요 말로써 사람을 기쁘게 함은 구설이 된다.

2) 헐고 꺾음(毁折)이라 함은 역시 괘상에서 취한 것이니, 두 양효 위에 하 나의 음효가 둘로 나뉘어져 있으므로 훼절의 상이다.

3) 붙어 있는 것을 결단한다(附決) 함은 양효 위에서 훼절하는 음효를 결단 한다는 뜻을 취한 것이니, 즉 택천쾌(夬)괘의 결단과 같은 뜻이다.

4) 굳세고 짠것(剛鹵)은 물이 흘러가 고여 있는 큰 못(大澤 -海)의 물은 단 단한 소금이 되는 데서 취한 것이다.

5) 첩(妾)이라 함은 양(陽)이 마지막으로 끝에 얻은 음(少女)으로 기쁨을 주는 상이므로 이를 첩의 상으로 취한 것이다.

6) 태괘의 괘상이 밖은 유순(柔順-陰)하고 안은 강(剛-陽)하므로 이를 양 (羊)에 비유하여 취한 것이다.

봄과 여름에는 기쁨이 있고 구변(口辯)이 좋으며, 가을과 겨울에는 씩 씩하고 강함을 좋아한다. 태(☱)는 기뻐함이니, 간사한 말과 거짓된 행 동으로 무소불위(無所不爲)하며, 물결치는 대로 따르고 흐름을 따라 좇 는다. 그러나 이법(理法)을 따르면 화평하고 순하며, 이법을 따르지 아니 하면 간사한 재주를 부리고 음탕하다.

原文 : 兌爲澤 爲少女 爲巫 爲口舌 爲毁折 爲附決 其於地
也 爲剛鹵 爲妾 爲羊 九家易云 爲堂 爲輔頰 春夏說好辯 秋
冬好雄 兌說也 邪言僞行 無所不爲 隨波逐流 附於理法則和
順 否則邪伎淫濫

〔天文〕 비와 이슬(雨露), 봄에는 안개(春霧), 보슬비(細雨), 여름과
　　　　 가을은 짙은 안개(夏秋重霧), 겨울에는 큰 눈(冬大雪), 위는
　　　　 비가 되고(上爲雨) 아래는 이슬이 된다(下爲露).

〔地理〕 우물(井), 샘(泉), 사수와 못(泗澤), 방소(方所), 서방(西方).

〔人物〕 선생(先生), 손님(客人), 무당(巫匠), 중매인(媒人), 거간인
　　　　 (牙人), 소녀(少女), 기생첩(妾娼).

〔官貴〕 학관(學官), 장수(將帥), 지방현령(縣令), 과거시험관(考校)
　　　　 악관(樂友), 서방으로 부임하는 관리(赴任西方).

〔凶盜〕 집에서 부리던 종으로 벽지에 숨어 있다(家使僮僕藏于僻地).

〔身體〕 입과 폐(口肺), 방광(膀胱), 대장(大腸), 광대뼈와 뺨(輔頰),
　　　　 혀(舌), 태양(太陽).

〔生育〕 막내딸(少女)이고 태월이 한달 부족한 九삭동이다(少女一胎
　　　　 月不足), 기이함이 많다(多奇異).

〔性情〕 기쁨이 많고 말이 많으나 아름답다(喜悅口舌多美).

〔聲音〕 상(商)음 상하 상음의 잠긴 四성(商上下商之溺四聲).

〔婚姻〕 평범한 집안의 막내딸로 애교가 많다(平常之家少女媚悅).

〔信音〕 유축(酉丑)일시에 오는 소식이 기쁘다(喜酉丑日時至).

〔事意〕 입술을 놀리는 구설로 중상 비방하며 서로 속인다(脣吻口舌讒
　　　　 謗相欺), 부인을 때리면서 다툰다(爭打婦人), 아둔하고 밝지

못하다(暗昧).

〔疾病〕 입병(口痛), 입술과 치통(脣齒), 인후병(咽喉), 고단하고 위
태하다(危困).

〔附藥〕 썰어서 지은 약(剉劑).

〔宴會〕 학술모임(講書), 벗들과의 모임(會友), 선생님을 모시는 모임
(請先生), 시를 읊고 감상하는 모임(吟賞).

〔食物〕 만두 류(包子), 입이나 혀가 있는 물건(有口舌物), 꿀떡(糖
餠), 구운 떡(燒餠), 간과 허파(肝肺).

〔穀果〕 밤(栗), 기장(黍), 대추(棗), 오얏(李), 호도(胡桃), 석류(石
榴).

〔禽獸〕 염소(羔羊), 사슴(鹿), 원숭이(猿), 범 표범(虎豹), 승냥이
(豺), 집오리(鶩), 물고기(魚).

〔器用〕 돗자리(席), 철(鐵), 구리(銅), 돈(錢), 그릇(器皿), 술잔(酒
盞), 병(瓶), 사발(甌), 주둥이가 있는 기물(有口器), 혹 주둥
이가 결손된 기물(或損缺).

〔衣物〕 비단 옷(綵).

〔財〕 스승에게 바치는 예물(束脩), 함수(含水).

〔祿〕 정(丁).

〔字〕 가금(家金), 입구변(釣口傍).

〔色〕 순백색(素白).

〔策〕 一百九十二.

〔軌〕 七百三十六.

邵康節先生心易觀梅數全集 終